贝壳研究院 | 新经纪系列丛书

存量房时代

经纪人的职业化

全球模式与中国道路

巴曙松、贾娜娜、杨现领 著

厦门大学出版社
XIAMEN UNIVERSITY PRESS
国家一级出版社
全国百佳图书出版单位

图书在版编目(CIP)数据

存量房时代经纪人的职业化：全球模式与中国道路/巴曙松，贾娜娜，杨现领著. —厦门：厦门大学出版社，2018.9

ISBN 978-7-5615-7079-1

Ⅰ.①存… Ⅱ.①巴…②贾…③杨… Ⅲ.①房地产业-经纪人-研究 Ⅳ.①F293.3

中国版本图书馆 CIP 数据核字(2018)第 197935 号

出 版 人　郑文礼
策划编辑　宋文艳
责任编辑　吴兴友
封面设计　闫昱菲
美术编辑　张雨秋
技术编辑　朱　楷

出版发行　**厦门大学出版社**
社　　址　厦门市软件园二期望海路 39 号
邮政编码　361008
总 编 办　0592-2182177　0592-2181406(传真)
营销中心　0592-2184458　0592-2181365
网　　址　http://www.xmupress.com
邮　　箱　xmup@xmupress.com
印　　刷　厦门集大印刷厂

开本　720 mm×1 000 mm　1/16
印张　28
插页　3
字数　410 千字
印数　1～3 000 册
版次　2018 年 9 月第 1 版
印次　2018 年 9 月第 1 次印刷
定价　79.00 元

厦门大学出版社
微信二维码

厦门大学出版社
微博二维码

本书如有印装质量问题请直接寄承印厂调换

前　言

房地产经纪人的核心职责是是信息匹配和交易撮合，身份具有独立性和服务性

　　房地产经纪人作为房地产交易中连接着买卖双方的中间人，其核心职责是匹配买方和卖方的需求，撮合交易的达成。与普通消费品销售人员的根本差异在于房地产经纪人的身份具有独立性和服务性。独立性是指房地产经纪人的身份相对于交易标的物——房屋的独立。房地产经纪人的职业身份是典型的中间人身份。由于房屋（尤其是存量房）分散在每一个独立的个体手中，具有非常强的分散性和隐秘性，所以获取房源是房地产经纪业务职责中非常重要的环节。

　　房地产经纪人的服务性是指经纪人在了解并深度解析和掌握了买卖双方的需求后提供专业服务、促进交易达成而收取服务费用的属性。经纪人不直接掌握房屋资源，获取的报酬是基于自身对于信息的掌握、对于买卖双方需求的分析和对交易的撮合达成而收取的佣金。由于房屋交易的复杂性、低频性和高额性，使得房地产经纪人的服务性具有专业性、长周期性和推介性。

房地产经纪业务的属性决定了房地产经纪人必须实现职业化

　　职业化是职业实现专业性过程。专业性是衡量职业发展水平的重要标准，是职业发展的高级阶段和成熟阶段。专业性具有以全职从业者为主、具备一定的专业知识和技能要求及利他品质的属性。一个职业到底应不应该实现职业化由该职业的社会角色和属性所决定，职业化的最终目的是构建合理的职业门槛、获得职业认同感、实现职业自主性和提升职业的社会地位。

规模化的房地产经纪行业发展已经有超过百年的历史。房地产经纪人完成了由早期社会分工下的一个角色或者兼职的身份到职业的转变。持续的房屋交易需求为经纪人职业生命周期奠定了基础(职业的稳定性),在全球范围内具有一定规模的从业者(职业的群体性),房屋交易过程的专业化分工实现了经纪人与其他职业角色的互动(职业的社会性),房地产经纪行业行为规范的建立界定了经纪人的行为边界(职业的规范性),获取经济层面或者其他层面的报酬是房地产经纪人职业的目的性。房地产经纪人必须实现职业化本质上是由经纪人职业的社会属性所决定的,经纪人作为房屋交易的中间人,在复杂、高额、低频和非标准化的房屋交易中担任信息匹配和交易撮合的重要角色,因此,如何为客户提供安全交易和高质量服务成了经纪人实现职业化的外部推动力,而经纪人重要的功能和较低地位之间的矛盾则是经纪人职业实现职业化的内部推动力。打造职业的经纪人群体是维护消费者利益、提升消费者体验和提高房地产经纪行业社会地位的重要措施,是维护经纪人正当利益、提升经纪人群体社会地位的重要手段。

房地产经纪人职业化需要具备的要素及组织形式

本书通过对国内外不同国家及地区房地产经纪人实现职业化的动力、所采取的措施、演变的路径、参与的角色及取得的效果进行梳理,提炼并总结了推动房地产经纪人实现职业化所需要的要素包括:设立经纪人从业的门槛、形成闭环的监管体系、引导经纪人塑造职业素养、建立对经纪人的职业保障、搭建经纪人的业务平台和树立经纪人的职业品牌,总结为设门槛、做监管、塑素养、建保障、搭平台和立品牌。

门槛是对想要进入房地产经纪行业的从业者进行的第一道筛选机制,通过在年龄、学历、品行、经验及从业资格等方面设定标准来筛选满足条件的经纪人。门槛的设定作为强制性的标准实施是提升经纪人群体整体素质、降低经纪人群体大规模轮换（替代）和保障经纪人群体利益的重要手段。合理的门槛设定是推动经纪人职业化建设的首要措施。房地产经纪人从业门槛标准的设定权力一般归属于代表经纪人群体的行业协会或政府机构，需要通过立法予以确定并推行。

监管是指对经纪人进入行业到作业层面制定详细的规则和制度，对于违反规则和制度的行为给予相应的处罚，打造从经纪人进入到作业再到退出的全方位监督和管理，围绕经纪人形成职业监管的闭环。但从行业的持续、健康发展来看，仅对经纪人进行监管远远不够，良性的行业发展需要参与方共同遵守规则。所以除了对经纪人的监管外，对于消费者也应该设定合理的规则，建立公平的契约制度，从而维护房地产经纪行业和经纪人的正当利益，促进行业良性、健康发展。在对房地产经纪人的监管上，建立公平、健全、合理的行业行为规范和制度是首要措施，行业代表和政府共同参与提案和制定规则，并通过立法的形式予以确立，设定专职的政府机构或由政府和行业协会共同落实，是大部分国家和地区在监管层面的做法。

房地产经纪人的职业素养是指经纪人以诚信、公平和客观作为职业道德，培养遵守规则、尽职尽责的职业意识，始终以坚持客户合法利益最大化作为引导自己行为习惯的标准，持续提升自己的专业能力。职业素养是经纪人的无形财富，有助于经纪人建立职业认同感，从而实现经纪人在房地产经纪行业的长期发展。与设定门槛、做监管不同，职业素养很难通过强制性手段进行落实并进行客观的衡量。在经纪人职业素养的塑造上，制订指导性方案并在经纪人群体中进行宣传和呼吁是绝大部分国家和地区的做法。

对房地产经纪人的职业保障是指建立促进房地产经纪行业健康发展、经纪人职业健康成长的行业和职业环境，包括比较平稳和健康的市场环境、市场化的佣金费率和对职业风险的抵御。职业保障的实施需要市场、政府、企业和经纪人的共同参与，推动经纪人职业保障制度的建立、促进经纪人职业保障供给主体的完善。有效的职业风险抵御机制能够有效保护经纪人的合法利益，促进经纪人职业化的发展。

平台作为连接经纪人与经纪人、经纪人和消费者的重要纽带，是经纪人开展业务的重要工具，是推动经纪人职业化建设非常重要的设施。随着互联网技术在房地产经纪行业的深度渗透，互联网平台的建设将会是推动经纪人职业化建设的重要措施。互联网的信息平台具有典型的网络效应，房屋信息和客户规模存在着正反馈：房屋信息越真实、齐全、及时，所吸引的客户数量越多；客户数量越多，吸引投放的房屋信息越多。搭建连接经纪人和买卖双方的平台已经成为当前推动房地产经纪人职业化非常重要的措施。

随着人口流动范围的扩大，房地产实现了更大地理范围的交易，也不再局限于熟人圈层，在低频、高额、复杂和非标属性兼具的房屋交易中，经纪公司和经纪人的品牌知名度成为开拓市场、获取客户的重要手段。对客户来说，依赖品牌知名度选择经纪公司和经纪人能够为其所获得的服务和交易安全增加筹码；对经纪人来说，经纪公司和个人的品牌知名度是突破熟人网络获取资源和业绩的重要砝码。行业格局极度分散是房地产经纪行业不具备规模效应的体现，因此，房地产经纪行业的品牌建设不同于具有规模效应的行业。房地产经纪行业的品牌建设是建立平台的品牌，通过信息的传播、对经纪人的业务培训、开发支持经纪人业务的工具等赋能经纪人。

中国大陆房地产市场结构的转变和房地产经纪行业的发展

自 1998 年启动住房商品化改革以来，中国大陆房地产市场走过了快速发展的 20 年。经过 20 年的发展，中国大陆住房自有率由 1998 年之前的 4%～5%、人均居住面积 4～5 平方米发展到今天的 60% 和 36.6 平方米（2016 年数据，城镇人均住房面积），存量房数量达到 2.4 亿套，户均套数超过 1 套。在城镇化步入后期、人口增速放缓、人口老龄化加重的情形下，中国大陆房地产市场的发展也逐渐步入了存量房时代。与增量阶段对新增供应的需求不同，在存量房时代，房屋的流通成为解决住房的重要途径。

自 2009 年左右开始,北京、上海等一线城市二手房的交易量相继超过了新房。截至 2017 年,有 24 个城市二手房成交套数超过新房。越来越多的二线城市,甚至三线城市二手房交易超过新房,如常州、中山和无锡等。2016 年,北京、上海、广州、深圳等一线城市的二手房交易量分别达到新房的 3.3 倍、1.1 倍、1.7 倍和 2.7 倍。

在房地产市场快速发展的 20 年中,中国大陆房地产经纪行业的发展走过了 1998 年之前的萌芽阶段、1998—2007 年的乱象丛生阶段和 2008 年至今的行业调整阶段。1998 年之前,中国大陆的住房制度以实行政府福利分房为主,房屋交易规模十分有限,房地产经纪业务在有限的市场规模下没有取得明显的发展,对于房地产经纪行业和经纪人的管理也处于探索阶段。1998 年启动房地产市场化改革,房地产交易日益活跃,从事房地产经纪业务的公司在短时期内大规模成立。出于行政管理的需要,我国部分省、市开始着手对房地产经纪法规的建设,尝试设立经纪人从业门槛、制定对经纪行业和经纪人的管理规定、将对经纪人的监管权归口于省级主管部门。但一方面由于部分规则的设定在当时不具备实施的社会环境,如对经纪人申请资质的过高设定,另一方面由于行业规则设定不够全面、难以落实,对经纪行业和经纪人的监管基本缺失,致使中国大陆房地产经纪行业在这一时期的发展乱象丛生,消费者利益遭受损失、行业声誉严重受损,使得房地产经纪行业和经纪人的形象在社会公众心目中负面固化。2008 年金融危机引发全球房地产市场降温,中国大陆房地产市场受到影响,房地产经纪行业经历洗牌,行业整合加速,企业格局逐渐拉开。以链家为首的房地产经纪公司率先制定了合理、规范的发展规则并严格执行,从经纪人的进入、作业到退出实施全方位的设定标准,以引领行业走向更加规范和健康的发展道路。政策层面,多部门联合制定和细化房地产经纪行业的管理规范,加大对房地产经纪行业的监督管理,政府和企业共同推动房地产经纪行业更加规范地发展,推动房地产经纪人职业化的建设。

中国大陆推进房地产经纪人职业化建设的现状及问题

在中国大陆,32.7%的房地产经纪人无从业经验,77%的房地产经纪人年龄在30岁以下,全行业经纪人年流失率高达120%,高收入预期是绝大部分房地产经纪人最大的从业动机。职业生命周期短、职业认同感不强、自主性缺失和社会地位低、流失率高是中国大陆房地产经纪人群体的典型特征。整体上,中国大陆房地产经纪人职业化的水平处于低位。

早期房地产经纪行业无序、无规则的发展造成客户利益受损、行业声誉下降,致使公众对于房地产经纪人形成了比较刻板的"偏见"。但是近年来随着行业规范逐步完善和健全,社会的舆论环境并没有随着房地产经纪行业的逐步规范发展而发生相应的变化,房地产经纪人的价值和服务长期得不到公正、客观的认可与评价,经纪人缺乏公正的职业环境;从房地产经纪行业的自身发展来看,缺乏对经纪人有效的筛选机制,行业规范不够健全难以做到对经纪人的有效监管,推动经纪人职业化的组织和机构的交叉重叠造成权责边界不清晰,这些因素共同导致了中国大陆房地产经纪人职业化水平较低的现实。

推动中国大陆房地产经纪人职业化建设的建议

健全房屋交易制度、促进交易流程的专业化分工是推动房地产经纪人职业化建设的基础保障。健全的房屋交易制度是降低房屋交易难度、提高房屋交易效率的基础。房屋交易流程的专业化分工不仅有助于促进房地产经纪人职业化的实现,而且有助于促进房屋交易全流程、各环节从业者实现职业化,从而推动房屋交易全流程的职业化建设,提升房屋交易服务质量和效率。

进一步完善房地产经纪人从业知识体系和传播方式并进行客观、动态的考核是实现职业化长久发展的根本动力。符合房地产经纪业务逻辑、具备长久生命力和核心竞争力的知识体系是构建经纪人核心竞争力的关键。房地产经纪人是实践性非常强的职业,其知识体系的设定应该源于实践且能够指导实践,知识的传播方式也应该在实践中完成。客观、动态的考核标准源自于房地产行业的市场性、周期性和动态性,房地产经纪人必须养成持续学习、不断更新自己知识体系的习惯,以便在变化的市场中构建自己的职业优势。

进一步细化和完善对经纪人的监管体系,形成监管的闭环,是保障经纪人职业化在全行业层面推进的重要方式。对现有的经纪人管理规范进行梳理,在行业上位法的基础上进一步补充监管闭环上缺失或者不充分的部分,形成对房地产经纪人全方位的闭环监管,是保障消费者利益的重要措施,也是维护经纪人合法权益的重要措施。监管体系的建设不仅仅是对经纪人的监督和管理,也是规范消费者和经纪人行为的重要措施,是推动全行业房地产经纪人实现职业化的重要措施。

促进行业信息平台的搭建和品牌的建设是加速推进经纪人职业化的重要条件。互联网技术的快速发展、房屋交易规模和结构的变化,都在改变和重塑着房地产经纪行业的发展模式。信息平台作为连接经纪人与经纪人、经纪人和客户的重要工具,已经成为房地产经纪人业务开展不可缺少的工具。品牌是经纪人开拓市场、获取资源的第一形象,是房地产交易突破地理范围、熟人圈层后对经纪人的重要选择依据,优质的品牌能够给经纪人提供包括知识培训、技能提升、工具支撑和业务拓展等在内的重要资源,是经纪人逐步走向专业化的重要条件。

目 录

第一章

职业及职业化的理论研究综述

一、职业及职业化的理论研究

职业起源于中世纪，但是关于职业研究的系统化尝试发端于19世纪末20世纪初。20世纪初，英国出现了药剂师、外科医生和内科医生的融合，法律职业下级分支机构兴起，测量员、建筑师和会计师出现，以及美国常规医学战胜各个医学学派、大学专业学院的增长和大批准职业的出现，标志着对职业系统化研究的开始。①

对职业进行系统化研究之前，职业带有一定的等级性。职业的等级性是指职业以明显过时的社团方式组织，但是这种等级制的起源并非是新兴的资本主义社会组织形态，而是从旧制度中获得的一种与现代行业界迥异的公务人员性质。

在开启了对职业的系统化研究之后，对职业这一社会现象的理论研究基本上可以划分为三个大的阶段，第一阶段是对职业定义的研究和争论，第二阶段是对职业化的研究，第三阶段是对职业的结构性（从业群体的结构和职业的权利、自主性等）的研究。本书重点梳理前两个阶段。

目前，对于职业化理论的系统研究方面，美国学者安德鲁·阿伯特和中国学者刘思达教授均做出了非常大的贡献，安德鲁·阿伯特教授于1988年出版的《职业系统——论专业技能的劳动分工》和利恩达教授的多篇论文对职业化研究进行了阐述。本章节在对职业化理论的梳理方面，对二位的研究进行了深入的学习，并多次引用二位的观点作为支撑。

1.对职业定义的研究

1933年卡尔·桑德斯和威尔逊合作发表了《职业》一书，这是有史以来

---

① Abbott A. The system of professions：An essay on the division of expert labor[M]. University of Chicago Press，1988.

第一部系统化研究职业的理论著作。

卡尔·桑德斯和威尔逊将职业的研究对象局限于律师、医生等英美国家所公认的代表性职业上。这种研究是从总结个案特征推导出一个职业在当时应具备什么特征，然后用这些特征去判定一个工作或状态属不属于职业。最终，作者提出职业是由用高深的知识解决特定问题的专家组成的集体，这种知识具有复杂的传授和训练体系，成员经由考试筛选，还有其他形式方面的要求，并且奉行某种伦理规范和行为规范。

可见，这种定义职业的方法是一种削足适履的方式，因为作者强行界定了每个个案符合哪些特征，今天来看，这种从个体表面特征简单推导职业定义的方式缺乏内在的逻辑性，虽然这种定义的外延足够大，但是内涵缺失。但是，作为第一部系统性的研究著作，这本书中提出的职业一系列属性后来发展成为界定职业的核心要素。

到 20 世纪 60 年代，贝克对卡尔·桑德斯和威尔逊这种研究的局限性提出了质疑，他认为通过个案特征的列举来定义"职业"的局限性在于这一概念的模糊性。而这种模糊性体现在两个方面：一方面，它成了众多研究人员认定的科学的职业概念而广泛引用；另一方面，这种描述具有一定的道德风险，比如，如果某人讨厌一份社会工作，就会否定这份工作所具有的"职业"特征，从而将该份工作排除在职业之外。[①]

因此，职业的定义在很长一段时间里困扰着这一领域的研究者。

到 20 世纪 60 年代末 70 年代初，对职业的这种特征式定义逐渐被"职业化"的研究所取代，因为研究者们意识到，与其将注意力放在通过外在的特征来理解职业，不如深入职业发展的本质，从职业形成的社会条件来认识职业，即职业所需要的知识及职业团体为什么能够实现对某一职业的专业性技能垄断。至此，研究者们对于职业的系统化研究从职业的定义转向了职业化。

2.对职业化的研究

首先，我们来分析为什么研究者们的研究视角会从职业定义转向到职

---

① 刘思达.职业自主性与国家干预——西方职业社会学研究述评[J].社会学研究，2006(1)：197—224.

业化的研究。二战后社会背景和政治气候发生大转变，功能主义假设发展起来，出现了一系列依赖于功能主义假说的著作。这些著作把职业社团组织归结为作为专家的从业者所占据的位置，即专业技能的不对称要求委托人要信任专业人士，专业人士要尊重委托人和同事，而协会、许可证的办法及伦理规范等各种形式的制度是维持专业人士和委托人之间的关系的保障。

其次，对职业化的理论研究先后形成了五个学派，分别是功能学派、结构学派、垄断学派、文化学派和管辖权学派（见表 1-1）。本书会对五种学派的代表人物、核心观点进行简单的梳理和列举，重点对功能学派、垄断学派及管辖权学派进行阐述。

表 1-1　职业化理论研究的五大学派

学派	代表人物	对于职业化的观点	对于职业的理解
功能学派	桑德斯、威尔逊、马歇尔、帕森斯	职业化是"专业技能的不对称性"下委托人和被委托人相互尊重的关系得以实现的结构保障条件和演化过程	职业是控制委托人与被委托人关系的手段
结构学派	密勒森、韦伦斯基、卡普洛	职业化变成了解释职业为什么会呈现出多样性特征的原因，如协会、从业许可、伦理规范等 多样性是由于职业尚未完成职业化的过程所致，强调结构及其演变的做法，催生了有关结构驱动力的理论研究，由此发展出了职业化模型	职业的功能消失了，只保留了结构，职业仅是行业控制的一种形式，内容上与专家—委托人关系变得无关紧要
垄断学派	拉尔森、约翰逊、弗雷德逊	职业化是更大的外在社会过程，职业的结构（协会、学校）次序不如结构的功能次序（认同、排斥）重要	职业是"流动计划"，意在控制工作的团体式群体，将职业归结于对支配或权威的欲望
文化学派	布莱茨泰恩、哈斯克尔、帕森斯	职业化是职业文化的合法性过程	强调职业文化的权威性，以及职业是维护社会关系的专业技能
管辖权学派	安德鲁·阿伯特	职业化是职业间的管辖权如何联系和相互作用来决定个体职业的发展历史	职业是自身及其工作之间的联系，这种联系称之为管辖权

资料来源：贝壳研究院根据《职业系统——论专业技能的劳动分工》及公开资料整理而来。

关于功能学派的内容会在下文中详细阐述，本部分不做详细赘述。最先对功能论提出质疑的人是约翰逊,约翰逊认为这种职业化的阐述并没有满足职业独立的社会需求,而是将其自身界定的需求和服务强加给了消费者;弗莱德森对于功能论的反驳观点基于其对美国医疗史的研究,他认为真正的职业主义特征不是共同掌权和信任,而是支配和自主。约翰逊和弗莱德森是垄断学派的主要代表人物。

结构学派的代表人物有韦伦斯基、卡普洛和密勒森。韦伦斯基指出职业化的过程也有一定的确定性次序,如培训、职业团体、规章制度、道德准则等;卡普洛认为职业化具有清晰的次序,并且强调"排他性"贯彻于每一个次序之中;密勒森给出了决定职业化过程的因素,如确定的知识体系和实践能力、获得知识和实践的方式、从业者自我意识的觉醒和行业外部对从业者的认可等。结构学派认为职业化的实现次序是通过行业协会来推动,行业协会制定行业的行为规范、准则,并代表行业追求行业的社会地位等。笔者以图示的形式总结了结构学派对于职业化的观点(如图 1-1 所示),这种次序大致可以分为四个部分,依次是行业协会的成立、协会实行从业认可、协会制定行为规范和协会通过影响立法部门将行为规范上升至法律层面并以法律法规的形式确定。而每一个阶段的核心追求也不尽相同,除了"利他性"贯穿始终外,对管辖权①的维护贯穿在后三个序列中,对内容的控制则体现在协会对于行业一切行为规范的制定中,而将协会制定的行为规范上升至法律层面则是行业协会维护外部关系的重要手段。

结构学派的这种强调职业内部组织——行业协会力量的观点为垄断学派提供了重要的观点支撑。

---

① 管辖权是指一个职业要求社会承认其认知结构,赋予其排他性的权利,这种排他性的权利包括:对执业和公共支出的绝对垄断;自律和自主就业权;对职业培训、成员招募和从业许可证的控制等。所以,管辖权不仅仅是一种文化,更是一种社会结构。

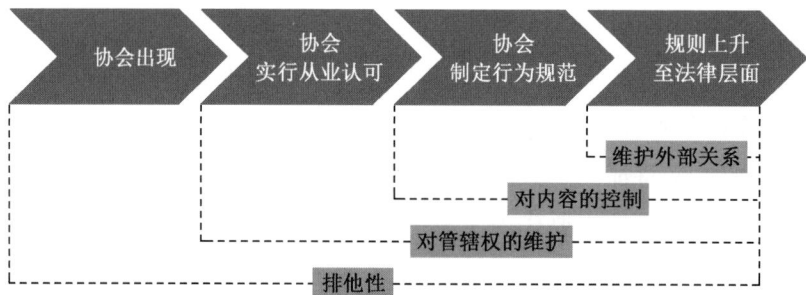

图 1-1　职业化理论之结构学派的理论模型

资料来源:贝壳研究院根据《职业系统——论专业技能的劳动分工》一书内容整理而来。

20 世纪 70 年代,以拉尔森、约翰逊和弗莱德森为代表的垄断学派登场。拉尔森于 1977 年出版了著作《职业主义的兴起》,他指出,职业是一种制度设计,这种制度设计服务于组织的产出和分配。而制度的设计通过两个过程实现:一是通过职业培训赋予学员的职业技能,这种职业技能是具有交换价值的商品,学员能够通过这种职业技能在未来的职业生涯中换取报酬等,而这种职业培训具有垄断性;二是学员接受职业培训获取职业技能后在社会中进行的社会服务过程,对于这一过程的控制是通过对收入机会和工作特权的控制及对职业意识形态的培育来实现的。[①] 总之,前一个过程是通过职业培训在学员身上创造价值,使得学员具备和掌握一定具有交换价值的商品——服务能力,后一种过程则是掌握了这种具有价值商品的学员通过服务于社会换取等价值的过程。正是通过这种制度设计,职业实现了对其市场的控制,也就是垄断权,从而提升和维护了其特权、声望。关于垄断学派的详细观点在下文中会有详细的阐述,此处不再赘述。

文化学派的代表人有布莱茨泰恩、哈斯克尔和帕森斯。文化学派对于职业化的观点意味着非理性社会中客户对于职业的从业者专业知识的信任、尊重和依赖。这种观点容易让公众和消费者产生对于职业的消极和顺从态度,因为信息的不对称,从业人员比消费者更具有专业知识,而消费者和公众对于提供专业服务的人员更多的是顺从和依赖。

1988 年,安德鲁·阿伯特的《职业系统——论专业技能的劳动分工》发

---

① 吴洪淇. 美国律师职业危机:制度变迁与理论解说[J]. 环球法律评论,2010(1):101-113.

表,它被一些学者称为"彻底埋葬了职业社会学"的著作。阿伯特提出了职业的管辖权及管辖权的冲突理论,这一理论也被称之为自 20 世纪 30 年代以来唯一在理论层面有突破的著作。在该本书出版至今近 30 年的时间里,对于职业的研究更多的是在这一理论基础上的职业结构性研究,即研究从业群体自身的特性及职业的自主性、权力和声望等。

安德鲁·阿伯特的管辖权理论和功能学派及垄断学派是本书中重点阐述的三个部分。

二、功能学派、垄断学派和管辖权控制理论

1.功能学派

功能学派认为,专业化的兴起是符合社会价值诉求与社会发展需要的;专业化与所谓的现代化息息相关;现代化的重要元素——科学、技术的精进、认知理性的增长,以及分工的日益细密,似乎都使得专业化成为现代化、工业化社会的必然趋势(例 Goode,1960;Larson,1977)。而某些职业之所以能够实现专业化,是一些特质的累积,包括专业人员在经过对抽象知识的长期训练,取得以专门技术解决问题的能力,并形成专业组织,订立专业规范(Millerson,1964),再加上该专业的利他、集体取向(Parsons,1951),使得专业人员获得高于其他职业的地位与声望。

基于功能学派的研究,医生、律师等职业之所以能成功实现专业化,根本原因在于他们能够成功地采取一系列的措施,构建了一系列的条件,包括:

(1)构建一套专业知识和能力体系,作为专业人员从业的依据。一般来说,这套专业知识和能力体系具有系统性、确定性、中立性、普遍性等特点,是经由高等院校或研究机构研究产生,并在高等学校中传授,具有一定的学术地位,对外行而言,具有一定的"排外行性"(也称"高深性");它能落实为专业技术,用于解决人类生活上的实际问题,并表现出较强的有效性。

(2)对从业人员实施长时间的、严格的专业训练。所谓长时间,即要求从业人员必须接受高校形式的职前教育和不间断的职后培训。所谓严格,

指的是从业人员在职前乃至职后都必须接受严谨的、系统的专业学院教育和严格的实践技能训练。

（3）对从业人员实行严格的资格认证制度。包括对从业人员所接受的专业课程的鉴定制度，从业人员的入职职业资格制度和从业人员业务晋升制度等方面。

（4）组建专业组织。专业组织是指一个职业内部形成的、争取职业发展利益、维护职业发展环境的组织或团体，专业组织的形态如行业团体、行业协会。

（5）制定专业伦理和规范。专业伦理是指该职业的从业人员自律层面的道德追求，是从业人员出于对职业的尊重从而心中对自我行为的规范和约束；规范是指从业人员必须遵守的强制性要求和标准，多由行业组织、公司制定，规范的最高标准是法律层面。

上述条件中，第一个条件"具备一套系统又确定（客观）的专业知识和技能体系"又被视为职业专业化的基石，是某一职业实现专业化的必备条件，在此基础上，不同职业、不同国家的路径略有不同。

韦伦斯基（1964）[1]对专业的实现路径做了进一步的解释，其通过梳理19个职业实现专业化的过程，总结出了专业化自然发展的路径，即专业化历程中一些标志性事件出现的时间顺序，并通过行业发展中出现的权力和地位斗争解释了专业化发展历程出现差异的原因（见图1-2）。

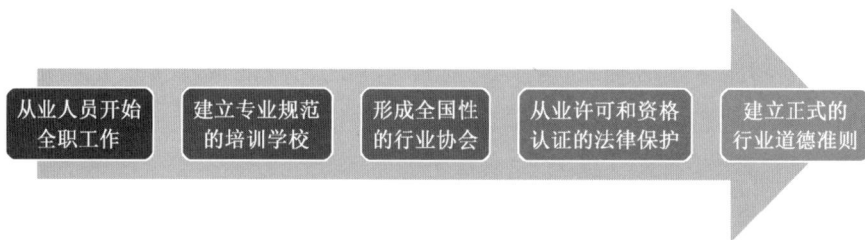

| 从业人员开始全职工作 | 建立专业规范的培训学校 | 形成全国性的行业协会 | 从业许可和资格认证的法律保护 | 建立正式的行业道德准则 |

图 1-2　职业化的实现路径

资料来源：Wilensky（1964）。

---

① Harold L. Wilensky. The Professionalization of Everyone? American Journal of Sociology, September 1964,70(2):137～158.

(1)全职从业者出现,标注管辖权。在职业实现专业化的初期不可避免有兼职从业者的存在,但随着行业的发展,兼职从业人员能够从该份职业中获取主要的生活来源,全职从业人员的规模便逐步增加。

(2)开始关注培训和职业水平,成立专业规范的培训学校。成立专门的培训学校的需求主要来自于初入行业的新人,少数情况下是由职业协会引导的。早期的培训教师一般是改革运动的领导者或者是新技术的提倡者,或者二者兼备。如果早期的培训学校不是从大学校园开始,最终也会积极地与大学进行合作联系,稳定发展通过标准化的教育、学位,以及研究项目不断扩展专业化的知识体系。高标准的培训大大增加了教育的时间和金钱成本,从而建立了行业新成员之间的认同感。在最完美的情况下,标准化的培训应该作为进入这个行业的必要条件之一。

从一些已实现专业化的职业来看,大学的培训教育比职业协会出现得更早。而反观一些专业化尚未完全成熟的行业,该顺序恰好相反。这说明了知识体系的形成、战略创新性的大学教育以及专业化的培训人员的重要作用。在专业化发展较成熟的行业中,通常并不是由协会建立了培训学校,而是学校促进了一个专业有效的行业组织的诞生。

(3)建立起一个行业组织。通常由那些推动了职前规定培训的人和最先完成了规定培训的人一起建立,行业组织里面的人一般会对一些问题进行深刻反省,例如这个职业是否可以成为一个专业化的职业,专业化职业的工作内容是什么等等。此时,他们可能会修改职业名称,标签的变化可以弱化人们此前对这个行业不专业化的印象。当然,有些行业改名之后实现的效果也不是很理想。

(4)为技能垄断寻求法律保护。持续的政治风潮对职业工作范围和职业道德规范进行保护。如果这个竞争领域不具有严格的排外性,那么目的仅仅是保护职业头衔。如果竞争领域的界定更严格,那么非业内人士执业将构成犯罪。

从业许可和资格认证作为争夺专业化权威的斗争武器,作用最微弱。总结各行业专业化发展的经验,可以总结出转向法律法规的两个原因:如果是内部讨论让从业者相信法律法规可以保护工作机会,提高社会地位,一般是专业化进程中的权宜之计;或者是由于出现了危机迫使行业接受法律法规的监管，一般是公众要求立法部门制定相关法律法规来保护消费者。

（5）最后建立和实施正式的行业道德准则，用来淘汰能力不足或不讲道德的从业人员，减少内部竞争，保护消费者，提倡服务理念。对于一些新行业或专业化可能性不确定的职业，在推动专业化发展的初期，就会推出行业道德规范。但是对于已成功实现专业化的职业，行业道德规范往往是最后建立的。

一些职业的专业化发展可能与上述顺序不同，行业的权力地位斗争可以解释行业专业化发展出现的差异。首先，新职业和边缘化的职业经常在建立成体系的专业化知识和技能之前就开始改名、宣布详细的道德准则、在纸上设立全国性的组织。对于正处在专业化进程中的职业，往往在建立大学规范化教育之前就成立了全国性质的行业组织，另外更新的职业也更早地开始与大学接触。最后，不论职业出现时间的早晚，可能出现在专业化技能知识、培训体系及行业协会等条件尚未成熟时，其所处的战略战术环境就要求建立从业许可和资格认证制度。

2.垄断学派

进入 20 世纪 70 年代，许多学者发现，结构功能主义学派发展的传统职业专业化模式并未使职业成功实现专业化，相反，还诱发一些职业放弃对自身行为的改进和对专业伦理精神的追求，而片面追求权力控制、待遇改善、社会地位提高。于是，关于传统职业实现专业化的模式引起了广泛的质疑和反思。

这种质疑衍生出了对专业化推动力研究的垄断学派[①]（也被译为"权力论派"），其强调专业化的兴起并非某些社会结构下必然的产物，而是某一职业为达到其优势地位，所展现的权力较量过程，因此，专业化，就是权力较量的过程。例如，约翰逊（1972）在其《职业与权力》（*Professions and Power*）一书中批判道："过去着眼于职业特质与功能的研究，过多地接受职

---

① 曾淑惠.评鉴专业化的概念与发展对教育评鉴专业化的启示[J].教育研究与发展期刊,2006,2
(3).

业者自己所提出的职业定义,如'利他'等元素,其可能只是一个取得职业特权合法性的策略性说法,而非职业者实际的特质。"弗莱德森(1970)进一步提出,所谓专业化的最主要特质,在于一个职业对于其训练过程、职业资格标准,以及工作的执行,得到全然的自主性(autonomy),而且这个得到全然自主性的过程,从根本上讲是一个政治与社会的过程。这些自 1970 年代起着重权力论的社会学家们纷纷提出,先不要问某些职业到底是不是专业化的,而要问某些职业为何能集体向上流动,达到专业的地位所依靠的又是什么样的权力资源。拉尔森(1977)提出专业化是一项组织性的计划工程,专业化就是将稀少的资源——特殊知识与技术——转换成社会与经济报酬的尝试。总之,这一派学者们认为在资本主义商品社会中,职业垄断和市场垄断是专业化的天性,这一垄断必然带来不公平竞争,而不公平竞争与职业团体所标榜的利他主义道德标准根本背道而驰。因此,"专业化"作为工业社会竞争机制的产物,只能导致排除异己、剥削同行和排挤非专业化业者的恶果,最终无助于经济发展的良性循环。

这种质疑和批评引起了对"功能学派"专业化模式的广泛反思,主要体现在:

(1)在知识的界定上,传统专业化模式把知识视为客观的、中立的、具有普遍意义的,而且由于知识是经研究中心或高等院校研究产生的,因而教授或专家一定比实际工作者更加权威和可信。实践被视为是这些客观化知识的合理运用,专业教育的目的就是让受训者熟练掌握专家生产出来的知识与技能体系(在大学中体现为一套课程及教材),以便将来运用于实践。

这种工具理性的专业化模式其直接后果是造就对权威盲从、缺乏主体意识、缺乏批判和反思精神的"匠",而并不能造就深思熟虑的专业工作者。

(2)在不同行业专业化模式的同质性上,传统专业化模式把专业视为一个同质的、普遍的现象。事实上,每个行业均具有本身工作上及组织上的独特性。同时,即使是同一行业,亦会因所处的社会经济制度、政治形态或历史发展阶段,而表现出不同的发展态势,因而,把不同社会中的不同行业放在同一框架下去分析,并用同一种模式去促进其实现,从根本上说,是犯了方法论上的错误。

因此，理解一个行业的专业化过程，必须从它所处的历史背景及政治经济制度出发，并充分考虑它的行业特殊性，而不能用一个模式去套用所有职业的专业化过程。不同时期、不同行业的职业专业化应有各自的模式。

基于以上两点，学者们指出：首先，知识并不是客观的、绝对的、中立的、具有普遍意义的，相反，知识是社会文化建构的结果，是价值有涉的，是具有境域性的。每个健全的个体都有生产、创造知识的权利与能力，无论是专家研究出来的知识，还是个体的实践性知识，对于实际问题的解决都具有不可或缺的意义。依存在特定情况的个人实践性知识，对于人的专业成长往往更具有价值，因此应当倡导实践者成为反思者、研究者，强调以"反思性实践"模式补充发展原来的"技能熟练"专业教育模式，重视对实践者主体性、主动性、创造性的发挥，重视实践者的个体知识在实践者的专业成长中的作用。其次，专业的教育模式应不再过于强调用固定的几项特征、标准来区别专业与非专业，或衡量某职业实现专业化的程度，不再过于追求用固定的模式来引导职业的专业化，而是以一种更为开放、更为灵活、更富有弹性的专业化方式去引导、促进职业的专业化进程。

综上，当面对不同行业职业的专业化问题时，我们应当意识到，不同行业、不同时代职业的专业化过程，本质上仍然是一种探索，尤其对于一些边缘行业来说更是如此。但无疑，正如霍伊尔（1974）的观点，一个职业的专业化应当包括两个方面的过程，即，作为改善地位的专业化与作为发展、扩大专业实践中专业知识和改善其专业技巧的专业化，也就是，专业化一方面以发展知识技能体系和道德规范来关注从业人员职业行为和服务质量的改进；另一方面关注整个职业获得社会地位提升的方式和过程。而且更多地应以发展、扩大专业实践中专业知识和改善专业技巧的专业化为基础，并在此基础之上去谋求整个职业地位的提升。

3.管辖权控制理论

安德鲁·阿伯特是美国社会学家和社会理论家，也是芝加哥大学社会学系古斯塔夫和斯威夫特杰出贡献教授，其1988年发表的《职业系统——论专业技能的劳动分工》一书被称为"彻底埋葬了职业社会学"的经典著作。这部著作奠定了安德鲁·阿伯特的学术地位。《职业系统——论专业技能的劳动分工》被誉为"西方职业社会学的巅峰之作",获得了1991年美国社会学协会的年度最佳著作奖。2016年9月14日,安德鲁·阿伯特在北京大学发表了题为"理论在通识教育和社会研究中的角色"的演讲,探讨理论与实践之间的关系。

在《职业系统——论专业技能的劳动分工》一书中,安德鲁·阿伯特将职业和其他工作之间的联系定义为"管辖权"。他认为,研究职业的发展是研究"管辖权"如何形成,如何被正式和非正式的社会结构所固着,以及职业间的诸多管辖权是如何相互作用并决定职业的自身发展历史。

关于管辖权的具体定义,我们也在这本著作中多次看到,虽然在前文中已提及,但鉴于该概念的重要性,不妨再次强化:管辖权是指一个职业要求社会承认其认知结构,赋予其排他性的权利,这种排他性的权利包括:对执业和公共支出的绝对垄断;自律和自主就业权;对职业培训、成员招募和从业许可证的控制等。

安德鲁·阿伯特称管辖权的维系取决于职业工作的文化机制,即诊断、治疗、推理的过程和学术性知识所构成的权力和声望。一个职业的管辖权大小或完整与否取决于职业自身的欲望,并非每一个职业都希望或者都能获得执业的绝对垄断,比如南丁格尔女士曾提议护理行业能同医疗行业一样,有独立和权威的培训系统,但是最终护理行业的管辖权隶属于医疗行业。

对管辖权的争夺通常表现在法律层面、舆论环节和工作场所这三个层面,所以每个职业都面临着如何协调其自身与公众场合(法律和舆论)和工作场所之间的关系。为了得到三个层面的认可,管辖权往往具有排他性,这种排他性是指一个职业控制了某项工作,其他职业就不能再合法地从事这项工作。在现实中,正是由于管辖权所具有的排他性,使得一个职业的管辖权变化必然与其他职业的管辖权变化发生关联,一个职业的管辖权扩张就意味着另一个职业的管辖权收缩,这便是著名管辖权冲突理论(jurisdictional conflict theory)。

完全的职业管辖权要求本职业的社会组织能够运用其抽象知识来界定和解决某类问题,而行业协会的出现使得完全的管辖权往往由行业协会提出，个人很难获得在三个层面的完全管辖权。在职业发展的历史进程中，完全管辖权最先在公共领域（政府机构的从业者）获得，其次是法律领域。获得管辖权的手段很多，但是取得法律层面认可是成功取得管辖权的标志。但是职业是一个系统，完全的管辖权数量十分有限，而解决管辖权冲突的方式之一是使某一个职业从事于另一个职业，比如英国的事务律师（solicitor）在20世纪后期向出庭律师（barrister）争取出庭权（right of audience）的行为就是一次明显的管辖权冲突（Abel，2003）[1]。

安德鲁·阿伯特的管辖权控制理论成为当今职业结构性研究的重要理论支撑。

三、职业和专业的定义

1.职业的定义

职业[2]是"随着社会分工出现，并随着社会分工的稳定发展而构成人们赖以生存的不同工作方式"，职业是"从业人员为获取主要生活来源所从事的社会工作类别"，职业一般可以简单理解为一种工作，成为职业需要具备如下特征：

（1）目的性：职业活动以获得现金或实物报酬为目的；

（2）社会性：职业是从业人员在特定社会生活环境中所从事的一种与其他社会成员相关联、相互服务的活动；

（3）稳定性：职业在一定的历史时期形成并具有较长的生命周期；

（4）规范性：职业活动必须符合国家法律和社会道德规范；

（5）群体性：职业必须具有一定的从业人数。

2.专业的定义

专业[3]，目前有两种意义上的理解，一种是教育学意义上，指学科分类

---

① 刘思达.法律职业研究的死与生[C]//社会理论（第4辑）.社会科学文献出版社，2007.
② 叶澜.教师角色与教师发展新探[M].教育科学出版社，2001.
③ 连连.关于西方教师专业化理论与实践的初步研究[D].福建师范大学硕士学位论文.2002.

(speciality)，如中文专业；另一种则是社会学意义上，指专门职业(profession)。本书中专业的含义是指后一种，即职业。

专业，即专门职业，是职业分化和发展的结果，专业性是衡量职业发展水平的重要标准，专业不是独立于职业之外的另一种名称，而是职业发展的高级阶段和成熟阶段。专业作为一种社会现象，最早出现于中世纪以后的欧洲，最早被认为是专业的职业是医生、律师和牧师，后来，又有一些职业如工程师、会计师、建筑师等被冠以专业的称号。1933年，社会学家卡尔·桑德斯和威尔逊在他们的经典研究成果《职业》一书中，首次为专业下了定义，他们认为所谓专业，是指一群人在从事一种需要专门技术的职业，是一种需要特殊智力来培养和完成的职业，其目的在于提供专门性的服务。

之后，许多社会学家都尝试着为专业下定义，然而，正如社会学者莫里斯·科根所说，有多少个研究专业这个课题的学者，便有多少个专业的定义。专业概念的界定已经是一个困扰专业社会学界半个世纪的理论问题(Freidson，1994：16)。布兰代斯(Brandeis)①曾经对专业概念做出过一个著名的描述，之后该描述被频繁地引用以至于成为这一领域里的一个经典(Marty，1988：75)。

布兰代斯(1933：2)对专业概念的描述如下："专业是一个正式的职业，为了从事这一职业，必要的上岗前的训练是以智能为特质，涉及知识和某些扩充的学问，它们不同于纯粹的技能；专业主要供人为他人服务而不是从业者单纯的谋生工具。因此，从业者获得经济回报不是衡量他(她)职业成功的主要标准。"

四、专业的属性及发展

1.专业的基本属性

从布兰代斯②对专业的经典定义中看出，其在界定什么是专业时强调

---

① 赵康.专业、专业属性及判断成熟专业的六条标准——一个社会学角度的分析[J].社会学研究，2000(5).

② 陈时伟.中央研究院与中国近代学术体制的职业化，1927—1937年[J].中国学术，2003(3).

了三个方面的特征：

(1)专业应该是正式的全日制(full-time)职业；

(2)专业应该拥有深奥的知识和技能，而这些知识和技能可以通过教育和训练获得；

(3)专业应该向它的客户和公众提供高质量的、无私的服务。

以上三点构成了"专业"最基本的属性，并获得了大多数社会学家的首肯，正如弗雷德逊(1994:13)所说："到目前为止，大多数社会学家已倾向于将专业看成服务于大众需要的荣誉公仆，设想它们与其他职业的主要区别在于特定的服务定位，即通过应用非同寻常的深奥知识和复杂技能服务于公众的需要。"弗雷德逊及大多数社会学家同样强调上述专业的三个基本属性。显然，职业之间之所以不同是因为它们所从事的活动不同，而专业区别于一般职业则在于它们非同寻常的深奥知识和复杂技能——每一个专业都有一个科学的知识体系(a scientific knowledge base)以及专业在面对社会公众时的利他主义色彩。

上述专业的基本属性涉及专业群体的形成、功能，甚至涉及其伦理道德，从医生、律师、牧师这三个最早被认定为专业的职业上可以明显看到这些特征，而这三个传统专业早在 17、18 世纪即前工业化时代就发展成熟，并享有国家的特许权支持。伴随着工业革命的发生和发展，资本主义工业化的职业结构在 19 世纪的英国和稍后的美国进一步发展时形成，重组或新形成的中产阶级职业进行了不懈的努力以取得专业称号。因为这一称号一方面和传统博学专业的绅士身份联系在一起；另一方面，其利他主义和知识化的内涵给予取得免除劳动市场竞争的保护(国家特许权)以合法性(Reader,1967；Larson,1977；Freidson,1994:18)。

这种一个职业试图获取专业称号、在经济活动中寻找保障和特权地位的现象获得了社会学家的关注，并衍生出专业社会学(the society of the professions)这一学科分支，研究专业这一群体的形成过程、在社会整体中的作用、与其他社会单位(客户、公众、大学和国家等)的内在联系，以及它们自己作为社会有机体运动、变化和发展的规律。

专业社会学对专业的属性的研究(20 世纪前半个世纪)，在早期形成了称之为"特征模式"(attribute model)的学派。这一学派以卡尔·桑德斯

1933年出版的《职业》一书为代表,卡尔·桑德斯将"专业"解释为一种固定的社会文化形态,强调专业本身的社会价值和内涵,并试图通过高等教育、专业考试、团体准则、利他主义道德观、社会经济地位,以及专业自治程度等一系列指针对"专业"的行为特征进行社会学意义上的描述和界定,而专业化则是由一群应用抽象知识到特定案例的专家来推动。卡尔·桑德斯的方法为专业化研究开辟了先河,继他之后,对这一研究做出贡献的还有杰克逊和密勒森。后人把这种以职业特征为标准的研究模式称之为"特征模式"。概言之,该模式强调专业工作者必须具备三个方面的要素:

(1)通过高等教育获得的理论素养和知识专长,二者缺一不可;

(2)公认的,以公众服务为目的,不计较金钱利益得失的职业道德标准;

(3)通过自我规范、自我控制和自我设定职业标准而最终达到的职业自主和职业垄断。

可以看出,除了前文提到专业的3个基本属性,"特征模式"学派认为专业的另外2个核心特征是"职业垄断"和"职业自主",这两个属性是一个职业高度专业的表现。

2.专业的延伸属性

(1)职业垄断

由于专业的科学知识体系包含了非同寻常的深奥知识和复杂技能,它们可以导致一个国家"鼓励/制裁"(sanction)的行为:即给合格的职业提供市场保护,称之为国家鼓励;禁止和惩处没有资格的人员从事需要经过国家特许的职业,称之为国家制裁,这就是专业的第四个主要属性:市场垄断。国家特许的市场垄断其合理性不是基于袒护专业的利益,而在于保护公众。因为外行既没有资格也没有能力履行复杂的专业服务,如果不加以限制,势必会给公众的利益造成极大的损害。然而,专业一旦获得市场特权,它们当然应为此承担相应责任而做出利他主义的无私奉献。

专业身份或无私形象的产生不是纯粹自发于专业本身,而是专业和国家"鼓励/制裁"政策间相互作用的结果。根据这一政策,为了获得和保持市场特权,专业必须付出代价:提供高质量、符合伦理的职业实践。而在国家一方,则非得在一个职业已经证明了它的深奥知识,尤其是它的无私奉献后,才给它提供市场保护。

给予合格职业市场保护逐渐成为一个国际通行的国家政策,以保护公众和促使专业、职业朝着提供较好的服务和保障公益的方向努力。"市场保护"(工具)因此成为一个积极的推动力,促使专业、职业建立它们自己的组织(学会、协会等),设立章程(rules)和行为守则(ethical codes),发展知识、技能和培训项目,演习自我控制并尽最大的努力为客户和公众的利益服务。与此同时,一个职业获得市场保护成为一个征兆,标志着一个专业化项目的最终完成和一个充分成熟专业的出现。"专业化"这一术语正是用来反映这样一个职业争取并最终获得履行一个特定工作排他性权利的过程。对此,弗雷德逊(1994:62)指出:"专业化可以被界定为一个过程,在这一过程中,一个组织起来的职业,通常(但不总是)由于从事这一职业需要专门、深奥的知识和才能以保证工作的质量和对社会的福利,获得履行它的特定工作的排他性权利,控制训练的标准和实施对其成员的培训,同时,有权评估和决定工作如何进行。"

(2)职业自主

从弗雷德逊的这段话还可以看到"自主性"——专业的第五个属性的影子,专业"获得履行它的特定工作的排他性权利,控制训练的标准和实施对其成员的培训,同时,有权评估和决定工作如何进行",这是专业自主性的特征。事实上,在弗雷德逊看来,"将专业与其他职业区分开来的唯一重要且共通的标准就是自主性的事实——一种对其工作的合法控制的状态"(Freidson,1970a:82)。弗莱德逊(Freidson,1970a)认为,由于对专业知识的掌控,医生职业能够"超然"于国家、市场和客户(即患者)之外,从而达到"自主性"的状态。无论外部力量如何影响甚至控制医生的工作条款,诸如工作的组织方式和服务支付方式等,这个职业始终保有对工作内容即应用专业知识解决患者的问题的控制(Freidson,1970a:339)。弗莱德逊将对工作条款与工作内容的控制分别称为经济政治上的自主性与技术或科学上的自主性,其中"技术自主性"(比如医生的自主性)处于核心地位。"只要一个职业在劳动分工中不被其他的行业来评判其表现,也不被其他的行业所控制(如医生保留了根据医学知识的标准进行诊断与处方,以及由其同事而非外行来评价的权利），那么无法控制工作的社会经济条件的状态并不会改变其作为一个专业的基本性质"（Freidson，1970a：25）。

综上，专业群体的共同属性体现在以下6个方面：

①专业是社会分工与职业发展到一定历史阶段，从众多职业中分化出来而形成的一种特殊职业类型。

②在职业功能上，专业具有重要的社会功能，承担着重要的社会责任。它与公众的利益密切相连，体现重要的社会价值。

③在职业内容上，专业应该拥有深奥的知识和技能，专业人员从事的是一个相当复杂、需要高度心智的创造性劳动。它要求专业人员在拥有扎实的专业知识基础上，充分展开智慧活动，对各种新问题新情况做出准确判断。因而，它与那些"重复某行业基本操作行为或只凭经验、模仿即可胜任的职业"有着截然的区别。它具备"不是谁都能做"的特征，从而具有很强的"不可替代性"。

④在职业道德上，表现为专业人员具有为自己所做的判断与行为负责的责任意识，具有以顾客为中心的服务意识，并不仅以获得经济报酬为目的。在专业共同体内部，专业人员对自己所从事的工作具有很强的专业认同感和归属感。

⑤在职业自主性上，专业拥有本行业的一系列自主权，如对从业标准、培训体系的控制以及与核心的专业技术自主权（如医生的处方权）等不受专业外因素的控制，从而在从业者身上能看到强烈的专业认同感。

⑥在职业许可上，专业往往通过国家特许来控制职业的进入（但国家倾向于对合格的职业提供这种市场保护）从而获得市场保护，以获取经济上的报酬、职业社会地位提升等，这一点往往也是一个职业高度专业化的关键属性。

从以上专业的属性讨论中可以看出，一个职业在具备了专业的最基本属性后，在争取成为专业的过程中，无一例外都离不开与其他社会角色，尤其是国家之间的互动。而对于不同经济政治体制的国家，这种互动的形式和结果存在很大的差异。

事实上，西方国家部分职业在经济活动中寻求专业称号获取保护的现象主要发生在奉行自由放任市场经济（盎格鲁—撒克逊模式）的国家时代，如英国和美国。在这些国家，政府奉行自由放任(laisser faire)的哲学，对经济干预较少，职业要获得社会的承认和国家的保护必须组织起来，培训自己的成员，以实际行动赢得信誉。专业的称号在这些国家意味着一个成功职业的身份，专业群体成了英、美官方职业分类目录中的一部分，并随着社会的发展缓慢地往这一群体中引入新的成员。(Freidson,1994:17—18;Reader,1967:146—166,207—211)。

而欧洲大陆的情况则不同，在训练和雇佣活动中，国家的干预比较积极。传统的专业在结构重组中保持了它们的职业优势，而新出现的中产阶级职业并没有要求将它们确认为专业以取得身份和获得市场保护——这样一个具有专门制度特征的保护伞称号对它们不起作用(Hughes,1971:387—388)。然而，这些职业的身份和社会保障的获得在于其成员的学位——取得国家控制的高等精英教育的学位，由此奠定学位持有者在有关职业(公务员和其他技术、管理职业)中的精英地位(Freidson,1994:18)。鉴于此，欧洲大陆专业的演化和专业化过程的开展就卷入了一个国家中心(state-centered)的模式(Rueschemeyer,1986)，而不似发生在盎格鲁-美利坚(Anglo-American)国家的那种专业中心(profession-centered)的模式。

无论哪种模式，进入20世纪以来，专业人员的数量和称为专业的职业都同步呈现增长的态势。沃特金斯等(Watkins et al,1992)对专业的不断扩充描述道："从历史发展的角度，我们看到了一个专业的序列：传统的专业由于不断分裂在数量上增长，同时，通过一个专门化过程或响应商业、社会价值和技术进步的变化，新的专业出现。"他和德鲁里(Drury)还根据专业诞生的先后，进一步对专业人员进行了划分(见表1-2)。

表1-2 不同社会状态下出现的专业人士

社会状态	出现的专业人士
前工业化社会	律师、牧师、医生
工业化社会	工程师、化学师、会计师
福利社会	教师、社会工作者
企业化社会	管理、商务专家
后工业化社会	知识工作者

资料来源：Watkins&Drury,1995:27。

　　根据沃特金斯和德鲁里的划分(1995:27—28),前工业化社会的专业是牧师、医生和律师职业,他们拥有处理人类早期社会三大压倒任务(灵魂、健康和正义)的知识。前工业化社会的专业大致在18世纪发展成熟,享有国家的特许权支持,这些专业代表了当代最有威望的人群。伴随着工业革命的发生和发展,工业化时代培育出一批拥有将农业经济转换成工业经济知识的专业:土木和机械工程师、工业化学师、会计师和金融师职业。20世纪中叶,伴随着"福利国家"的诞生和发展,出现了福利专业(教师和社会工作者职业);而在20世纪下半叶,随着重新强调市场经济的价值,又加快了管理和商务专业的发展。展望21世纪,人们较多地强调信息、沟通和媒体,为此,沃特金斯和德鲁里预测在广播、公共关系和信息技术领域会出现一批新的专业。他们还相信在信息技术领域就会出现一个专业序列:知识工程师、软件工程师、网络设计师和信息经纪人等职业。现实生活中专业发展和分类的实际情况比表1-2中的分类要复杂得多,但这些信息对于帮助我们从总体上把握专业概念无疑是有益的。

　　因此,专业是某一职业的发展状态,某一职业的专业化即这一职业逐渐达到专业标准,获得成熟专业地位,成为专门职业的发展过程(professionalization)。本书研究的职业化过程即职业实现专业化的过程,研究思路是以管辖权理论为基础,综合结构学派关于职业化实现次序的模型,按照这个模型对七个国家及地区房地产经纪人职业化进行了分析,并利用这个模型对中国内地(大陆)房地产经纪人职业化的现状进行分析,并对中国内地(大陆)房地产经纪人实现职业化提出了建议。

第二章

房地产经纪人职业化模型

一、西方教师实现专业化的案例

我们引用连莲对西方教师专业化的研究,以西方教师专业化的过程详细介绍一个职业专业化的过程。之所以以西方教师的专业化作为案例,是因为西方教师的专业化过程在 20 世纪 80 年代以前,遵循了功能学派发展的传统职业专业化模式,走的是一条以追求一套科学化、系统化的知识技能体系为基础,以实行长时间的、学院化的知识技能训练,实施以知识技能为考核标准的职业资格控制制度以及建立专业组织、制定行业规范等为手段,以谋求专业权威和社会地位的提高为目标的传统职业实现专业化模式。在这一模式中,尽管建立了教师资格证书制度,有了自己的专业组织和较为完备的行业伦理规范,但教师这一职业并未顺利实现高度的专业化,无论从职业的可替代性、职业自主权,还是从职业认同感和职业地位来讲,教师群体只被认为是一个"半专业"的群体。

西方按照传统职业实现专业化的模式推动教师这一职业实现专业化却未能达到效果。在这样的背景下,美国率先在西方世界中掀起一场声势浩大的教师专业化运动。这一运动的标志是:20 世纪 80 年代中期,美国卡耐基教育促进会的《国家为 21 世纪准备教师》和霍姆斯协会的《明天的教师》两个报告的先后发表。这场运动随即波及西方其他国家,成了影响西方乃至全世界教师职业发展的教师专业化浪潮,从此西方教师的专业化发展开始朝着更加灵活、开放、富有成效的方向努力,尽管有的努力被传统专业观视为是反专业化的行为,然后事实证明,它是一种适合教师职业的、更高层次上的专业化。

这一案例有助于我们脱离传统职业专业化的模式,更清晰地看到由于不同的行业、历史背景、国家制度带来的职业实现专业化的不同的模式及路径,为房地产经纪人实现专业化搭建合理的理论框架。

西方教师实现专业化的路径分为以下几个阶段。

1.20 世纪 80 年代以前

在 20 世纪 80 年代以前,西方教师经历了前专业化、潜专业化、显专业化三个阶段。

(1)前专业化阶段:古代社会

古代社会的教育主要有四个方面的特点:教学内容简单,仅以宗教和少量人文科学为主;教学形式单一,以个别教学为主;教学方法简陋,以口耳相传或朗读背诵为主;非教师专职,主要由官吏或神职人员兼任。这一阶段还谈不上专业化。

(2)潜专业化阶段:资本主义生产关系确立至 19 世纪末 20 世纪初

文艺复兴前后,生产力发展、教派斗争需要更多的掌握文化科学和管理知识的人才,欧洲各国的国民小学、初中、职业学校之类的群众性学校先后发展起来,专职的教师开始出现,同时师范学校应运而生。同时,教育理论也开始发展与传播,为教师专业化提供理论支持。但这一阶段的教师职业发展并没有明确的目标,属于在外界影响下而进行的被动的、潜在的、隐性的专业化过程。

(3)显专业化阶段:19 世纪末 20 世纪初至 20 世纪 80 年代

首先,教师职业的专业化目标得到明确。1948 年,美国全国教育协会[①](National Education Association of the United States,NEA)提出了一套包含要求不断在职进修、要求拥有一套特殊的知识技能体系等八个方面的专业指标体系,作为教师专业化的努力方向。1966 年,联合国教科文组织在巴黎召开了关于教师地位的政府间特别会议,首次经由国际教育学者和政府人士共同讨论,给予各国教师以专业的确认和鼓励。

其次,教师教育的专业化水平提升,主要体现在:

①教育层次不断提高。原来以培养小学教师为主的中等师范学校陆续升格为高等师范学院;师范学院并入师资雄厚的综合性大学;教育研究生院相继建立,培养高级专门人才。

---

① 　美国全国教育协会(NEA)创始于 1857 年,由公立学校教师、行政人员和大学教师组成。

②专业课程日趋系统化。各类师范学院开设的教育专业课程均十分体系化，如，美国在高等师范教育阶段，就已开出教育专业入门指导、心理学/测量学等教育专业基础知识、儿童智力/体力和社会特点的研究等专业课程。到了综合大学教育学院阶段，课程更丰富，同时还要求学生通过严格的教育实习。

③重视实践技能培养。培养师范生实际教学能力的热潮兴起，为了培养师范生的实际能力，要求师范生到中小学进行实践，从亲身的做法和尝试中去获得和掌握各种技能技巧。

④理论研究更加科学化。围绕教师职业所需要的知识和技能的理论研究更加科学，如利用视听手段教学，分析、构建、规范和评估教学质量。

⑤教师资格制度建立。1833年，法国《基佐法案》正式实施，废除宗教团体和教会推荐教师、颁发教师证书的权力，明确规定由国家在地方设立小学教育鉴定委员会，直接掌握教师资格标准，法国初等教育教师考核和证书制度建立；19世纪下半叶到20世纪上半叶美国各州也相继颁布义务教育法案，建立教师资格证书制度。对教师资格证的颁发标准由主观转向到了客观。

⑥教师专业组织建立。各类教师专业组织相继成立，试图强调教师职业群体的独立性，并宣称自己为教师组织代表。比如，1857年8月成立的美国全国教育协会（NEA）和1916年4月成立的美国教师联合会（the American Federation of Teachers，AFT）。

⑦教师行为规范订立。1963年，美国全国教育协会提出39条教师道德规范，其原则有四项：要奉献于学生、要奉献于社区、要奉献于专业、要奉献于工作任务。1975年，此规范修订为16条，并对原则做了修改，修改后的规范强调两项原则：要奉献于学生、要奉献于专业。

在本阶段中，教师专业化的发展更加显性化，但结果上看，教师职业并没有成为一个像医生、律师那样为社会所公认的专业。美国学者何桑说："依照目前的表现判断，教师只能算是半专业。尽管就其贡献及其社会功能而言，教学应该是一项专业。"教师的半专业性主要体现在：

其一，从教师的职业行为看，在西方许多人眼里，教师的职业行为更像是"技术操作员"，仅是简单的、听从上级交代与安排，而不像是一名深思熟虑的专业工作者,教师职业的不可替代性很弱。

其二,从教师的专业认同感看,许多教师对自己所从事的职业缺乏一种专业的认同感和归属感,表现为对所学的专业知识缺乏肯定的态度,对所从事的工作抱着将就或过渡心理,缺乏投入感与专业发展的方向感。据调查,美国有19%的教师在暑假从事其他临时性的工作,14%的教师在晚上或周末从事第二职业。

其三,从教师的职业自主权看,首先,教学专业人员在教师资格标准的确立上仅拥有一定的发言权或建议权,而决定权则掌握在非教学专业人士手中;其次,教师从课程计划的制定、教学内容的确定,到对班级事务的管理、具体教育教学方法的选择等方面都要接受来自所隶属行政机关的安排、检查与评估。甚至,教师的教学行为还经常要受到非专业同事或学生家长的批评与指责,在许多教育教学问题的解决上还要不时去听取外行人的意见与建议。

其四,从教师职业的社会地位上看。职业声望和经济待遇是衡量一个职业社会地位高低的两个最重要的指标。据美国社会学者贺吉1964年对美国90种职业社会声望的调查,中小学教师的社会地位居于前1/3的最底层;经济待遇上更是不容乐观,美国教师的工资一直呈现出工资水平低、增长幅度低、低于劳动应得、附加收入低的特征。

那么,到底是什么原因导致教师这一职业未能实现高度的专业化？这一问题在20世纪后半叶引起理论界的反思,反思的结果便是构成了20世纪80年代以后西方教师专业化发展的理论基础。

2.20 世纪 80 年代后

理论界的反思存在两个方面,一是针对教师知识体系和专业教育模式的反思;二是对照搬传统职业专业化模式方法论的反思。

(1)对教师知识体系及专业教育模式的反思

教师的知识体系科学化程度不够？知识传递的模式出了问题？知识的应用不够有效？这三方面是对知识体系及专业教育模式反思的体现,观点不一:

一方面,各方对教育知识体系的批评不断,认为目前的教育理论知识体系并不是科学化、系统化的。如 20 世纪 60 年代，英国学者赫斯特和泰勒尖锐指责教育理论是"大杂烩"，是肤浅的知识、导师的偏见和三流作品的混合物。对此，美国的科南特也持同样的观点。

另一方面，也有学者认为教育科学化的理论研究已经可以用在教学实践之上，理论研究和实践结合形成的知识给教师提供扎实的训练，而问题在于教育机构未能找到有效途径与机制将这些知识运用于专业教育，教育机构更多地倾向于模仿，而不是为专业知识的力量所推动。

还有一种观点则认为，知识是有境域性、价值有涉①的，把专业化的基础建立在一套系统、确定、高深的知识技能体系之上是错误的。与理论知识相比，实践性知识尤为重要，它们是一种个体性、功能灵活的知识，可以作为隐性知识发挥作用并可以作为案例知识而积累并加以传承。所以教育需要的是以实践性问题的解决为中心的综合多学科的知识，它对于具有很大不确定性、情境性的教师工作具有不可代替的作用。

最后，对于教师的教育模式也提出了质疑。将受训者假设为被动的、消极的接受者，旧有的"技能熟练"模式只能培养出被动、顺从的"教书匠"，应以"反思性实践"模式来超越"技能熟练"模式，在教育问题上，解决办法的产生更多的要依赖实际工作者自身的反思、研究，而不是专家提供现成答案。

可以看出这些观点基本都是从教师的教育有效性出发，从知识基础和专业教育模式角度阐述各不相同甚至相反的观点。这些观点有助于我们拓宽视野，为教师专业化带来新的启示。

（2）对照搬传统职业专业化模式方法论的反思

传统专业化模式认为只要成功构建一套系统或确定的知识体系，实施专业教育、职业资格控制制度，建立专业组织，制定专业伦理规范就能使一个职业实现专业化。但这种观点的根本错误在于，它忽略了每个职业的特征及其历史背景差异，把专业化视为一个同质、普遍的现象，并用同一模式促进其发展。教师这一职业的典型特征在于：

①教师职业难以像医生那样依靠自身力量维持严格的入职资格标准。

---

① 价值有涉是指带有个人主观判断和价值观，与价值无涉是两种对立的状态。

典型的例子是"入学高峰"到来时,降低资格要求而录用教师的现象。如美国的一些州曾颁发"临时资格证书"给那些没有或很少受到教育专业训练的人,主要原因在于教育是国家控制的公共事业,而强制性义务教育等手段必然带来大批量儿童纷涌入学,从而需要大量的教师。所以教师的专业化必然更加依赖于外部条件的改善与支持。

②教师的专业自主权难以达到像医生、律师那样高的程度。有学者指出,医生、律师专业地位的确立是发生在 17、18 世纪自由竞争的资本主义阶段,处于奉行自由放任政策的市场经济和较消极与分权的国家环境。而现代学校教育制度确立时的西方国家则倡导采取积极干预的姿态去协调社会上的各种冲突力量,这个时代的教师行业更多的是受雇于国家,必然面临各层级的干预与管理。

③教师的社会地位很难依靠自身力量获得根本改善。尽管教育科学的权威性当时并不如传统专业,无法赋予从业人员为公众提供富有成效服务的能力;但除此之外,许多学者认为很多客观存在的因素也极大地影响教师的地位,这包括,许多国家传统观念里认为教师是地位卑微的职业;另外,从事教师职业的人多为女性,且大多来自社会底层。可见,教师待遇和地位的改善涉及诸多因素,不像传统专业化模式认为的那样简单。

这些质疑与反思尽管关注点不同,观点可能也不一致,但都使我们得出一个结论:照搬其他职业专业化模式实现教师专业化是行不通的。与此同时,20 世纪 80 年代后期始,在开放动荡的社会环境下,许多国家的教育质量开始滑坡,对教师数量的需求甚至呈现下降趋势,质的需求开始大于量的需求,改革师范教育成为各国关注的焦点。也正是如此,西方教师专业化得到了国家和社会的普遍重视,开始朝着一个更加灵活、开放、有成效的方向努力,尽管有些地方被传统专业视为是反专业化的行为。

(3)探索建立教师实现专业化的新模式

基于上述的反思,西方教师专业化得到了国家和社会的普遍重视,开始朝着一个更加灵活、开放、有成效的方向努力。新的探索策略为:

①改革教师教育,提高教师培养专业性。设置高标准的教师教育课程,注重教师教育模式改革,开展案例教学、行动研究,让教师学会教学的教育培养方式,如同时开展微格教学,利用真实情境与模仿情境的交替,使

教师有机会反复实验和实践，并根据实际情况进行个别化训练，对教师的专业成长起到了重要作用。此外，重视教师职前、入职与在职教育的一体化。

②制定严格的教师资格标准，健全教师资格认证制度。健全教师学历制度，严把教师职前教育质量关①，健全教师资格证书颁发制度，提高初任教师的资格要求②，建立全国优秀教师资格认定制度，为优秀教师颁发资格证书③。创造有利于教师专业发展的教学环境和外部环境，给教师在学校教育行政和教学方面更多的发言权和自主权；改变以前自上而下的管理方式，实行自下而上的管理办法；学校与学区高层次行政人员分享决策权力，教员工会与行政负责人积极合作，平等互重，共同参与教学改革④。

3.西方教师专业化的启示

从上述的阐述可以看出，某一职业的独特性决定了其知识体系，这一知识体系的特征又决定了其教育模式，而职业产生的背景、从业人员背景及特征、当时所处的社会环境等因素都影响这一职业群体走向专业化的路径及其专业化的程度。20 世纪 80 年代之前，西方教师所走的是照搬传统专业化模式的道路，尽管建立了职业资格制度、职业组织等，仍未有效实现专业化，即整个职业群体的不可替代性、对职业本身的高度认同、职业群体的高度自治，从而最终体现在职业群体社会地位的提升。在经历了理论界和实践界的反思后，教师的专业化开始了一条更为开放、灵活、有创造性的道路，这一过程体现出如下 4 个特征：

一是对传统专业化模式的基石"一套客观、中立、普遍的知识体系"这

---

① 如美国教师教育鉴定委员会制定教师教育专业标准，对从事教师教育的机构、教师教育专业的合格毕业生以及合格教师的培养途径提出要求。为了保证落实，每一个州都设立教师职业准则委员会，坚持对所有承担教师培训计划的学校进行合格性鉴定，对于不合格的教师教育机构予以取缔。

② 如从学士学位、参加有关考试成绩合格、修完所规定的教育培养课程所有学分，到硕士学位、一年试用期后才可颁发资格证、严禁颁发应急的临时证书等，再到新教师资格标准的确定等。

③ 如美国全国专业教学标准委员会于 1987 年成立，邀请多方面专家花费 6 年时间，研制了优秀教师标准的五个核心命题。

④ 如美国最大的学区之一洛杉矶综合学区就建立了一种以学校为基址的管理模式——地方学校委员会，委员会的构成中教师占 50%，管理人员、学生家长和其他人员占 50%，显然，这样的机构对于教师专业自主权的行使是有利的；较大幅度地提高了教师的工资及福利待遇等。

一内涵的突破:不再盲目追求科学化、系统化、确定性的教育知识体系,重视教师个体性、实践性的知识体系特征;

二是对传统专业化模式的途径"以大学为基础的技能熟练专业教育模式"的颠覆:承认教师工作的情境化、不确定性、模糊性和个性,从大学学校培养模式转变为"反思性实践""案例教学""行动研究"等的丰富生动的教育模式;

三是对通过"职业资格控制、职业组织组建"实现教师专业群体的高度自主权和专业认同感这一形式化模式的打破,考虑当时"教师这一职业社会地位低"的社会背景,以及教师职业的公共事业特性,接受其不纯粹的自主权,通过各类手段为其创造条件,引导和促进教师专业化;

四是职业资格控制的实施更加灵活,并充分考虑教师职业特征,对职前教育、实习期控制等做出合理要求,结合时代特点持续优化调整。

西方教师这一职业专业化的曲折历程为我们今天研究房地产经纪人这一职业专业化提供了非常丰富的启发。应当清醒地认识到,无论从理论还是实践上讲,不同社会环境、不同职业的专业化模式、路径仍然是一个待研究、待探索的开放性领域。在房地产经纪人这一职业的专业化上,应当放弃对实现专业化一系列"形式"路径的盲目追求,从现状和问题出发,探究经纪人这一群体专业化的必要性、是否具备专业化的基础、实现专业化的基石和路径。

即便在当今互联网浪潮的影响下,经纪人这一职业仍然具备基于其所处的信息中介地位,以信息为基础从事需求匹配、谈判撮合、交易引导的"不可替代性";而其房地产行业属性又决定这一群体不可能高度自主,必定伴随着国家在资格、规则等方面的管控。也就是说,经纪人职业的专业化应当以"不可替代、技术自主、专业认同和归属、社会地位提升"为一系列目标,结合当前时代背景及行业集中凸显的各类问题,探索适当的专业化路径。西方教师的专业化为房地产经纪人专业化提供的启示包括路径和结果共6个方面。

(1)房地产经纪人实现专业化的路径

①房地产经纪人实现专业化所依赖的知识体系同样不应是一套客观、中立、普适性的知识体系。房地产经纪人工作的主要场景是"与人打交

道"，解决各类"人和人之间的问题"，这决定了房地产经纪人在职业工作中将面对高度差异化的需求，处理高度个性化的交易场景。此外，由于房地产具有高价值性、投资属性及与教育医疗等社会资源高关联的属性，通常要求经纪人了解房产的物理结构、社区功能、区域规划等全方位的知识，所以"专业"的经纪人所需要的知识体系包括两类：一类是基础的房地产及交易相关知识，包括房地产本身属性识别和价值判断方法，熟知交易流程、营销知识等。这类知识是经纪人的必备知识，其性质是客观、中立、普适，但随着相关政策的变更而不断变化。而第二类知识，也是更重要的一类，是经纪人个体基于每一所房屋或每一个客户的需求而进行的高度差异化"实践"的总结和反思性知识，包括获客方法、定价策略、沟通技巧等。其性质更多的是主观、有倾向性和个性化的，而正是这一类知识构建了一个经纪人的核心价值和核心竞争力，从而实现其"不可替代性"。

②房地产经纪人的知识体系特点决定了其教育模式也与传统专业千差万别。首先，与传统专业相比，房地产经纪人这一职业甚至还未完成其职业知识体系和内容的定义和建构。各国对于房地产经纪人虽然建立了教育培训体系，但基本上均作为从业资格证书的基础知识要求，对于经纪人作业所需的外延性知识即上述第二类知识较少做具体的定义和教育要求。其次，经纪人知识体系的构成决定了其教育模式不可能通过单一的学校教育、机构培训实现。更理想的方式是，第一类基础的房地产及交易知识可以通过学校教育或机构培训解决，而第二类知识，则需要通过反复的实践才有可能获得，由于房地产交易的低频属性，这一过程有可能长达若干年。所以基础知识体系通过"从业前的教育＋从业后继续教育"来解决，第二类知识则通过"从业后的实践式培训"解决，这有可能是房地产经纪人实现专业化最合理的教育模式。

③房地产经纪人的知识体系结构及其特点决定了以基础房地产及交易知识考核为目标的资格证只能实现最基本的人员素质筛选，而并不能为经纪人这一职业群体构筑"护城河"。也就是说，资格证制度针对的是"客观、中立、普适性"知识的考核，只能作为一种职业群体提升人员基础素质、控制从业人员数量的手段，而无法使经纪人"不可替代"，究其原因，是因为基础的房地产及交易知识只是必备知识，但并不能构成经纪人的核心竞

争力。

④房地产经纪人目前的从业人员现状决定了其不可能靠自己的力量维持严格的入职资格标准。随着中国房地产市场逐步进入存量房交易时代，让以"佣金"为收益模式的经纪人获利丰厚，这必然带来大量其他行业人员出于"逐利"动机涌入行业，从而造成人员规模过剩。在房地产市场价格稳定长效机制缺失、从业人员素质整体低的情况下，不可能依靠房地产经纪人或经纪机构在面临业务爆发时维持高门槛要求，而在政策调整业务萎缩时期，整个行业又因为产能过剩而难以留存专业度高的从业人员。如此，经纪人群体将陷入"人员紧缺—低门槛大量招聘—产能过剩流失"的恶性循环。

也就是说，由于房地产经纪人的知识体系及其特点与传统专业不同，导致房地产经纪人在专业化的路径上将与传统专业有着本质上的差异。

（2）房地产经纪人职业的专业化属性

除了房地产经纪人实现专业化的路径与传统职业不同之外，从实现专业化的结果上看，由于社会背景、行业特点的差异，房地产经纪人的专业化不可能达到像传统专业那样高度的自主性和社会地位。

①房地产经纪人从理论上讲不可能实现高度完全的群体自主，其自主权主要体现在作业上的自主权，而不可能掌握行业游戏规则的制定。房地产领域，尤其是住宅地产，由于其作为一个家庭基本的居住场所，是一个地方稳定发展的基础，无论是哪个地方，都有非常明显的政府政策的影子，比如美国《公平住房法案》和《社区再投资法》①，中国内地的保障性住房政策，或者新加坡接近80%的政府保障房、日本超过30%的租赁房屋、中国香港超过40%的政策性住房。经纪人参与房地产的交易过程，涉及动辄百万的高额资产，在从业门槛、从业行为、收入机制上必然伴随政府的调控。

②受历史遗留问题影响，房地产经纪人的社会地位不可能很快得到改善，但完善的法律基础、丰富的作业工具逐步得到提升。长期以来，我国大

---

①　1968年，美国制定了《公平住房法案》（Fair Housing Act），禁止金融机构根据种族、肤色、宗教、性别等因素对房屋租赁及买卖的消费者进行融资歧视。1977年，美国国会通过《社区再投资法》，规定受监管机构"有持续和责无旁贷的责任"满足整个社区的信贷需求，包括中低收入社区和借款人的信贷需求。

陆地区从事房地产经纪服务的人员大多是由于别无选择而入行，从业人员素质低、参差不齐，由此产生过多起骗钱跑路等恶性事件，经纪人的职业形象、社会地位长期处于社会底层。在经纪人这一群体内部，这一职业也被认为是跑腿的苦力活，缺乏社会尊重，职业认同感低。与此同时，经纪人在职业中还面临因非主观疏忽而造成罚款、诉讼等的各类风险，这些问题在目前的法制体系及行业生态下都不可能很快得到改善。政府立法、行业自律，是改善经纪人职业地位的基础，同时需要利用互联网、大数据提高作业效率，持续丰富经纪人的服务生态体系，为职业提供丰富的作业、风险管理工具等，降低职业风险，提高经纪人认同感和幸福感。

二、房地产经纪人的职业化模型

前面论述了职业和专业的定义、专业的属性及发展、专业化的定义及发展动力和路径，以及西方教师在实现专业化过程中的反思实践，房地产的特征及房地产经纪行业的基本属性，本章将依托上述的理论和分析，建立房地产经纪人职业化的理论模型。

1.房地产经纪人的定义

经纪人的概念来源于英美国家。美国在 1939 年首次出台的《职业类别词典》便将房地产经纪人收纳其中，其实这时距离美国经纪人这一角色演变为职业已经过去了至少 20 年（从 1919 年美国在全世界范围内首次提出设立房地产经纪人从业牌照算起）。按照美国最新版职业分类中对于房地产经纪人的定义——房地产经纪人是协助客户购买、出售、租赁不动产的人，其职责包括征求客户购买、出售及租赁不动产的意愿，向客户提供包括价格在内的市场信息、对物业自身的属性进行判断并结合市场信息给出销售策略并实行、带看及协助客户进行谈判、准备所需的一切文件和资料等。从美国劳动局对于房地产经纪人职责的规定中可以发现，美国房地产经纪人的角色是典型的代理角色，即经纪人代表着委托人的利益，一切业务活动的开展也是以委托人的利益为出发点。

中国《经济大辞典》对于经纪人的定义："经纪人，旧时称为捐客，是处于独立地位,作为媒介,以促成交易而赚取佣金为目的的中间商人。"中华人民共和国国家工商行政管理总局颁布的《经纪人管理办法》中指出:"本办法所称经纪人,是指依照本办法的规定,在经济活动中,以收取佣金为目的,为促成他们交易而从事居间、行纪或者代理等经纪业务的公民、法人或其他经济组织。"事实上,经纪人并不是一个新名词,我国早在两千多年前就已经出现了。

房地产经纪服务[①]是房地产中介行业中非常重要的一部分,是指以收取佣金为目的,为促成房地产交易而从事的居间、代理等活动的经营行为。房地产经纪人指在房地产交易中从事居间、代理等经纪活动的人员,也被称为"房屋中介"或"二手房中介"。在中国大陆对于经纪人的定义中,并没有强制定要求经纪人是代理角色还是居间角色,但是在市场的发展中,中国大陆房地产经纪人的角色以居间起步,在经过近20年的发展后依然更多的是居间角色。

1999年颁布的《中华人民共和国职业分类大典》便将房地产经纪人纳入其中,但当时的中国大陆的房地产市场还未实行商品化改革,房地产经纪行业的规模十分有限,但由于借鉴了西方国家的职业分类标准,所以中国大陆较早地将房地产经纪人纳入了国家职业类别中。

虽然代理角色和居间角色下经纪人的职责有所不同,但房地产经纪人的定义可以统一为:在房地产市场中专门提供房地产信息、技术和政策法规咨询服务,从事房地产策划、评估和代理业务,为房地产交易双方进行需求匹配、促成交易,并协助办理有关手续,从而收取佣金的自然人和法人。[②]

2.房地产经纪人的功能

从房地产经纪人的定义可以看出,经纪人的作用包括提供信息咨询、进行需求匹配、促成交易、后续服务等。过去近20年来,互联网的发展、大数据及VR等新技术的兴起,出现了新型的房地产交易平台,如开创地图

---

① 魏玉兰.房地产经纪人培训教程[M].北京:京华出版社,2008.
② 陈龙乾,黄贤金.房地产经营与管理——房地产企业的经济作为分析[M].徐州:中国矿业大学出版社,1996:333.

定位房源、客户自行通过网站完成交易的 Redfin，仅提供房屋信息展示的 Zillow 和 Trulia 等媒体平台，对经纪人在整个交易中的功能和角色都产生了影响。美国甚至在 21 世纪初兴起了一场"去中介化"的讨论，讨论的焦点聚焦在互联网背景下经纪人是否会被替代。在当时的背景下，相应地出现了新型服务模式的经纪人：一是全服务折扣经纪人：参与交易的全过程并提供服务，但收取一定折扣的佣金，这种情形只可能出现在允许折扣行为的州①；二是有限服务经纪人，经纪人根据客户的需求提供部分服务并收取与服务相对应的费用，比如代替业主在 MLS② 平台上发布房源，或者买卖双方通过房屋自售平台（FSBO）交易，而经纪人只在交易环节提供部分服务等。

回溯到第一节中对专业的定义的讨论，某一职业实现专业化的关键表现之一是实现"不可替代性"，因此"经纪人是否会被替代"这一问题对于我们研究经纪人的专业化尤为重要。经纪人究竟是否会被替代？被替代的功能有哪些？我们从房地产交易的过程开始分析。

根据房地产交易环节，可以将房地产交易过程分为 5 个典型的阶段，包括房源展示（listing）、搜寻匹配（searching）、评估阶段（evaluation）、撮合阶段（negotiation）、交割阶段（execution），尽管每一阶段涉及的细节不同，但这一阶段划分适用于多个国家。以下从这 5 个典型阶段阐述经纪人的功能，以及互联网对其带来的冲击或影响。

（1）Listing：房源展示

这一阶段卖家将其房源通过一系列的手段进行曝光，卖家需做出三个决策，一是如何描述房源、重点强调哪些特征，二是房源首次挂牌时如何定

---

① 关于佣金费用折扣的争论在 20 世纪 80 年代达到顶峰。当时有言论认为美国经纪行业效率低下的原因主要是由于实行固定佣金费率，所以建议采取折扣佣金促进竞争、提升效率。关于这一争论的结果并无定论。各州政府出台了本州的法律，有的州禁止佣金折扣行为，有的州则允许佣金折扣行为，也出现过一些州先禁止后废除的情形。（International Residential Real Estate Brokerage Fees and Implications for the US Brokerage Industry, 2002）

② MLS，全称 Multiple Listing Service，译为房源共享信息系统，是美国房地产经纪人协会构建的房源共享信息系统。最初该系统仅供协会会员使用。目前所有的经纪人都可以有偿使用。卖方经纪人在获取房源后 24 小时内上传至该系统，对该房源进行展示和曝光，买方经纪人通过该系统寻找买家，进行需求匹配。

价,三是通过哪些渠道进行营销。卖家可以选择自己进行房源营销,也可以选择与经纪人合作进行营销。经纪人的职责包括对房源及其环境进行实勘、为房源挂牌定价提供专业建议、为房源进行展示广告的投放,其核心功能为"信息媒介"、"决策支持"和"渠道投放"。

在传统营销时代,经纪人掌控着信息的内容和发布渠道,并汇集买方需求信息,成为信息中介。对于买方,经纪人垄断着房源信息,而对于卖方,经纪人则掌握着客源信息,买卖双方无论谁想要找到对方,都需要通过经纪人,否则需要承担自行营销的时间和财务成本,对房客信息资源的"垄断"使得经纪人成为买卖双方找到对方的"媒介"。与此同时,由于经纪人掌握着即时、全面的房地产市场政策和交易行情等信息,使经纪人基于这些信息为买卖双方提供"决策支持"功能成为可能,尤其是对于卖方来讲,从挂牌房源的内容制作,到挂牌价格的制定均依赖于经纪人所提供的信息作为决策支持。

在移动互联网时代,互联网技术的完善推动房地产行业逐渐形成一个电子商务市场,出现大量供卖方直接发布售房广告的平台,同时买方也能够直接通过互联网平台获取房源信息。在这种信息匹配方式下,卖方只需要支付广告费而无须向经纪人支付佣金,购房者也可以突破经纪人的信息垄断限制,自己获取房源信息。一方面降低了协调成本,另一方面也促使越来越多客户通过网络而非经纪人直接搜寻交易对手,打通买卖双方的直接交易渠道,弱化经纪人的信息媒介作用,并改变房地产经纪行业的价值链。

移动互联网对房地产经纪行业的改造不仅停留在信息媒介的改造,对房源估价、贷款定价等用户的痛点环节都有所切入,最典型的案例就是美国的 Zillow 和 Redfin。Zillow 以房屋估值痛点切入,自 2006 年第一款产品上线以来,一直开发以估值为中心的系列产品:Zestimate、Zillow Mortgage Marketplace、Zillow Rentals、Zillow Digs。这四款主打产品本质上都是估值,涉及房屋价格、租金价格、抵押贷款定价、家居装修成本,致力于在交易环节让消费者更加主动、获取的信息更加透明。房屋估值的意义不在于为买卖双方提供精确的房屋估价，而在于提供趋势研判、合理定价参考的"决策支持"功能，使消费者变得"更聪明"，信息"更透明"，获取"更便利"。这一点不仅对消费者有效，对于经纪人也同样适用。

（2）Searching：搜寻匹配

在这一阶段，潜在的客户通过搜寻广告获取房源信息，寻找符合需求的房屋。传统线下营销，经纪人是潜在买方最重要的信息获取渠道，买方通过经纪人获取有关房屋本身的物理特征、位置信息、社区邻里信息、教育医疗等资源信息。这一阶段，经纪人的职责包括，为卖方匹配买方、为买方提供房源信息咨询服务，其核心功能在于"持续的需求匹配"。

经纪人占有买卖双方的需求信息，在接收到潜在客户的需求表达后，为其分析需求，并进行房源的匹配。这一过程，要求经纪人通过了解潜在买方的职业、家庭、收入等情况来进行需求挖掘和分析，以给出合适的购房方案（可接受的价格和房源特征）。然而房屋交易中潜在客户的需求具有典型的不确定性，这也是房屋交易与其他商品交易的核心差异，在最终交易达成之前，潜在客户的需求随时可能会发生变化。如果从最优决策的视角来看，客户的购买决策是基于房源的物理特征、位置特征、社区特征等变量而做出最优决策，这实际上是一个"预算约束一定，可选房源集合可变，变量间存在某种可替代性"的最优决策问题。因此整个搜寻过程表现为"表达需求→搜寻→匹配→调整需求→搜寻→匹配→……"的循环，这意味着，搜寻过程可能长达数月，还可能伴随搜寻方向的调整。这就要求经纪人具备三个方面的能力，一是通过有效的手段挖掘和分析真实需求，二是持续保持对房源的跟踪和关注，三是构建强大的合作关系网络实现对目标房源的获取。

合作机制和互联网平台对经纪人作业模式的影响如下：

①互联网平台的引入从根本上改变了经纪人获取客源流量的方式

在缺少合作机制的情况下，由于每一个独立经纪人能够获取的房源和客源非常有限，此时经纪人"需求匹配"的效率相对较低。互联网平台的引入从根本上改变了经纪人获取客源流量的方式，然而其"需求匹配"的效率还受到房源数量的限制。当经纪人之间通过类似 MLS 平台、大公司组织及某种合作机制建立关联时，每个经纪人就都代表了一个庞大的社会合作网络，整个网络的信息资源都可以视为其拥有的资源，此时，经纪人的信息规模优势凸显，由此带来"需求匹配"效率的大幅提高。如图 2-1 所示：

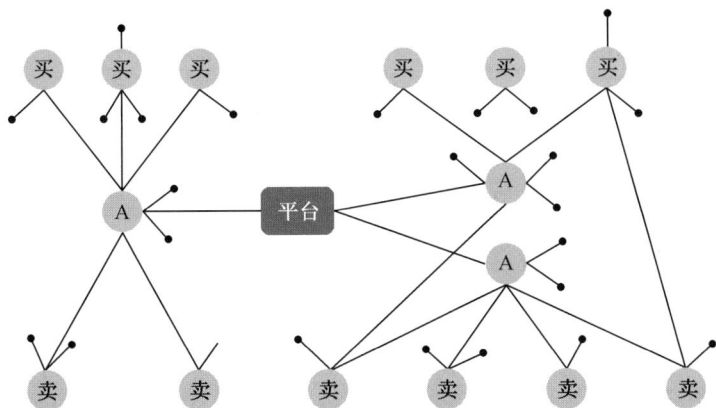

图 2-1 在网络中运行的房产交易过程（A 代表经纪人 agent）

资料来源：贝壳研究院。

②互联网的深入发展则从几个方面对经纪人的搜寻匹配产生影响

A.基于行为数据的用户画像。用户画像的本质是通过画像实现客户需求的精准分析。然而行为数据具有"不完备性"以及对潜客需求描述的"滞后性"，因此其作用主要体现在辅助经纪人实现更快速有效的客户需求分析，而不可能替代经纪人对信息的挖掘和加工过程。

B.基于用户画像的房源推荐技术。这一技术使潜在客户有可能绕过经纪人搜寻到合适房源；但基于上一点的阐述，由于画像本身的"不完备性"和"滞后性"，所以房源推荐技术也不可能替代经纪人帮助客户高效完成搜寻。

（3）Evaluation：评估阶段

搜寻结束，买方找到合适的房源，开始对卖方发出看房邀约，对房源进行实地评估。这一阶段是房产交易区别于其他电子商务市场商品交易的最核心阶段。房源的"高异质性"及"特征不易描述性"导致对"房源是否满足需求"的评估必须通过实地带看完成。

　　这一阶段，与经纪人合作的最主要优势在于，经纪人更容易发起带看。比如美国的房源通常有备用钥匙，由卖方经纪人存储在房屋附近的电子锁箱内，经纪人通常在接受卖方房源销售委托时争取获得钥匙，以方便客户的实地评估。实地评估是整个交易环节中最重的线下部分，也是目前互联网技术尚未有效提升效率的环节。实地评估具有通常受到买卖双方的时间、交通情况、天气情况以及房屋内居住现状等情况的制约，而难以实现线上服务"随时、随地"连接的特点。而互联网技术对这一线下流程的改造主要体现在对"随时随地看房"的实现上，虚拟漫步（virtual walk-through）、虚拟现实（VR）看房等功能正是如此。

　　虚拟漫步指为卖方提供模拟的房屋旅行，通常包含房屋的房间、邻里等全景照片，用户可以环视 360 度、前进或后退，以及放大等重要功能；文字、声音、背景音乐等也可以添加。如今，利用 VR 技术实现更真实的远程看房也即将成为可能。

　　然而实地看房评估通常是多发的，且是基于看房时间及房源所在的地理位置、交通、生活、社区等多方面情况的，因此虚拟看房技术不太可能取代现场看房，但可以帮助潜在买方和经纪人节省时间，搜寻过程因此而大大加快，效率得到提升。Glasgall（1998，p114）描述了一位买家利用互联网加速了搜索过程的典型案例：

　　莫里斯·贝拉斯克斯希望购买带围栏的后院，但并不想在看房的同时"在城里拖着小孩"，所以，贝拉斯克斯先生在互联网上进行搜索，在三个小时内，他和妻子已经确定了 150 个符合他们标准的房屋。这对夫妇把选择范围缩小到五个，带着孩子们去看房。"我们一看就爱上了其中的一个，并通过房地产经纪人在第二天取得了成功的报价。"贝拉斯克斯先生说。

　　如果虚拟看房技术能够替代现场看房，那么也会打破经纪人对 MLS 锁箱的垄断。但是，无论如何，这种垄断地位都可能会因为"服务的可分拆性"而受到侵蚀，买家可能只是购买这个特定的服务，而不需要经纪人的现场陪同。例如,纽约州锡拉丘兹地区的一名经纪人提供"将 MLS 锁箱放在房门上"的服务并收取一笔固定费用,约为 600～700 美元。

除了"预约带看",经纪人在估价阶段还发挥着一个重要的隐性作用,即对于买卖双方的"信息收口",通过经纪人来避免多线联系带来的高沟通成本和信息泄露等困扰。

(4)Negotiation,撮合阶段

选定理想房源后,买方将对房源进行出价,出价的决策通常取决于一系列因素,如贷款方式、房屋检查。经纪人在这一阶段为买方提供出价及谈判策略的建议,卖方会收到一定数量的出价或者向潜在买家做出还价(比如更高的价格);同样,经纪人也会在这一过程中为卖方提供建议。最终,买卖双方达成一致签订有约束力的合同。这时,其他交易服务的相关专业人员开始介入,以排除意外情况的发生,比如检查房子是否存在可能影响其价值的缺陷、评估房屋价值、安排贷款事项等。同样,产权检查、产权保险也将在这一阶段执行,以保证卖方产权的真实性。

在这一过程中,谈判撮合以及关联服务是关键,经纪人在这其中发挥的核心作用就是"交易流程引导""价格及其他条款谈判",以及"提供一站式配套服务"。

①交易引导:买卖房屋交易程序复杂,且属于低频交易,买卖双方均无法全面掌握所有交易节点的专业知识,这一特征无论是传统时代还是互联网时代都是客观存在的。此外,随着互联网在房产行业的快速普及和发展,新的法律政策和金融政策陆续实施,房产经纪人基于自身的专业优势和业务经验,可以快速消化这些政策变化并提出应对方案,但购房者和卖方往往无法在短期内或通过一两次交易把握政策动向、掌握交易流程。而且,由于房屋资产专用性强、信息不对称程度高、交易程序复杂耗时、交易不确定性强,也导致在交易过程中问题的不可预料性和突发性,这需要及时的专业建议来推动解决。因此,在互联网时代,经纪人在房产交易中更多地发挥交易的引导作用,尤其是面临突发变化时快速应变提供解决方案的作用。

②谈判撮合：美国 Redfin、Zillow、Trulia 和 Realtor.com 每月吸引了房地产网站 6700 万名访问者中的 6100 万名，美国全美经纪人协会（National Association of Realtors，NAR）统计 90％的购房者现在都是在网络上开始其整个购房流程，但房地产经纪人的命运却似乎没有受到影响，大多数的买家和卖家仍然通过传统的经纪人完成交易。经纪人作为谈判撮合的功能是互联网平台或技术无论如何无法替代的。见图 2-2。

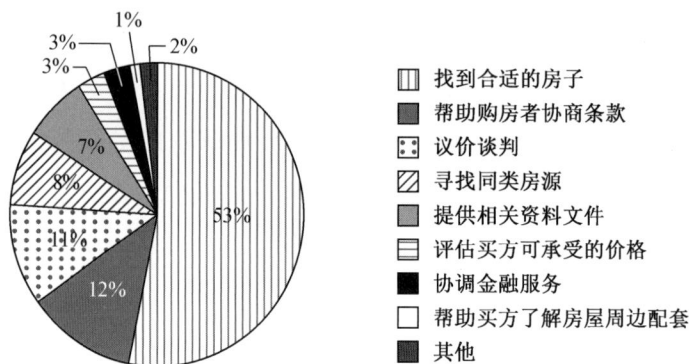

图 2-2　互联网技术发展下买家为何需要房地产经纪人参与完成交易

数据来源：NAR。

③关联服务：谈判结束双方达成一致后，交易环节专业服务人士开始参与交易过程，经纪人在这其中越来越多地通过协调其他有价值的服务提供商网络（包括房屋检查师、估价师、贷款专员、保险机构和律师等）来推进其客户的交易进程。也就是说，整个房产交易过程本质上是在一个社交网络中进行的，这个网络由经纪人与买卖双方的联系、经纪人和其他相关第三方的联系构成，其中经纪人是该网络的中心，并通过拓展社交网络、加强交易主体间的联系和提供专业建议为客户提供一站式的交易服务体验。互联网对这一环节的渗透主要体现在将上述众多服务的获取线上化，如提供在线的房屋估价服务、在线申请抵押贷款等。

（5）Execution，交割阶段

一旦合同问题得到解决，房源销售就结束了，意味着钱和房子易手。在法律上，房子的所有权转移通过给买方一个契约来实现，房源的关闭通常由双方信任的第三方（如律师或产权公司）来执行。该阶段房地产经纪人的职责和功能体现在跟进房屋交换的完成。

综上，经纪人的核心功能主要体现为 5 个阶段中的 8 大功能，互联网技术对经纪人来讲既是挑战，也是机遇（见图 2-3）。其面临的挑战主要体现在信息媒介上，互联网削弱了经纪人对信息的垄断地位；而机遇则体现在挂牌、搜寻和评估阶段：挂牌阶段互联网平台使经纪人获得更大的潜在客户基础成为可能，透明公开的市场信息使经纪人能够获得"前所未及、全面"的交易信息，估价等则为经纪人提供更科学的作业工具，从而推动经纪人为客户提供更"聪明的服务"；搜寻阶段，用户画像、推荐技术让经纪人更"智能地了解用户需求"，从而提高匹配效率；在评估阶段，新技术使"随时随地看房"在一定程度上成为可能，为经纪人和客户节省大量的无效实地带看时间。

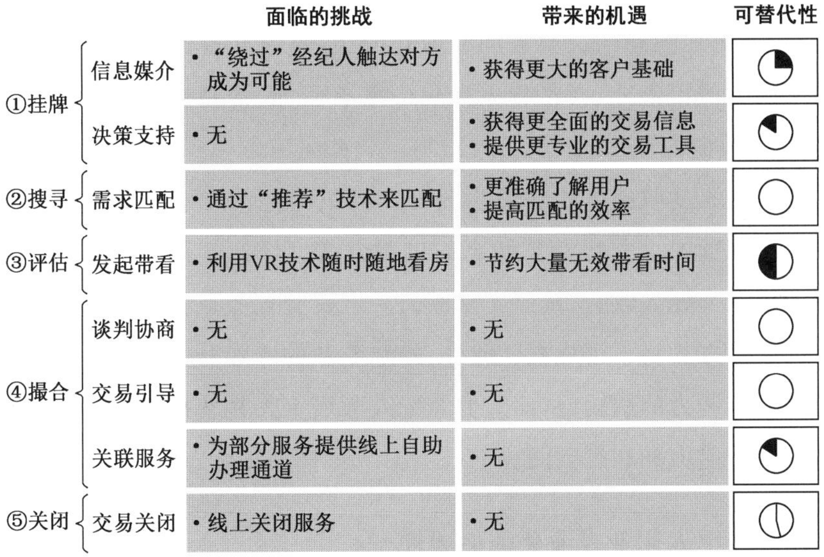

		面临的挑战	带来的机遇	可替代性
①挂牌	信息媒介	• "绕过"经纪人触达对方成为可能	• 获得更大的客户基础	
	决策支持	• 无	• 获得更全面的交易信息 • 提供更专业的交易工具	
②搜寻	需求匹配	• 通过"推荐"技术来匹配	• 更准确了解用户 • 提高匹配的效率	
③评估	发起带看	• 利用VR技术随时随地看房	• 节约大量无效带看时间	
④撮合	谈判协商	• 无	• 无	
	交易引导	• 无	• 无	
	关联服务	• 为部分服务提供线上自助办理通道	• 无	
⑤关闭	交易关闭	• 线上关闭服务	• 无	

图 2-3　互联网技术环境下经纪人面临的挑战和机遇

资料来源：贝壳研究院。

经纪人最"不可替代"的功能则体现在需求匹配、谈判协商和交易引导三个方面。无论时代如何变迁，这三个方面的功能将始终体现经纪人的核心价值。互联网带来的改变更多的是对经纪人作业流程的重塑，对经纪人在各个功能上价值分配的优化。

美国房地产经纪领域对互联网能否取代经纪人（包括完全或部分取代）也多有争论，但是市场的实际反应给出的答案是虽然互联网技术会变更房地产交易中某些环节的服务方式，但不能完全取代经纪人的作用。经纪人在房产交易中的渗透率反而在提升，而 FSBO(for sale by owner，业主自售)的占比在持续缩减，尤其在卖房交易中，2016 年 FSBO 占比为 8%，创 1981 年记录以来的最低水平(1987 年 FBSO 创历史最高，为 20%)。

因此，我们认为，未来房产行业不太可能发展成完全去中介化，但经纪人在行业中的角色定位势必发生改变，房地产交易应当是"再中介化"而非"去中介化"：

①经纪行业将更强调专业化分工。互联网技术改变的是客户获取信息及部分相关服务的方式，比如这些新玩家也会像经纪人一样以中间人的身份召集房产交易涉及的各方服务资源。这将会刺激经纪业务流程的细化拆分，并更加强调经纪服务的专业化分工，这意味着经纪人可能不再是全过程服务的提供方，而是将更聚焦于需求匹配、谈判协商和交易引导这三个核心服务环节上。

②经纪人的收益方式将发生改变。经纪行业的专业化分工将会颠覆目前以交易额的百分比计算佣金的付费方式。经纪人只能就其所提供的某块业务向委托人收费，按照交易额的一定百分比收取佣金作为全程经纪服务的收费方式将不再成立。此外，经纪业务的专业分工将导致经纪人对全盘交易控制力的削弱，从而降低经纪人开展交叉销售的机会进而限制经纪人的议价能力和利润空间。

3.房地产经纪人职业专业化的必要性

正如我们在前面提到的霍伊尔(1974)的观点，一个职业的专业化包括两个方面的过程，即作为改善地位的专业化与作为发展、扩大专业实践中专业知识和改善其专业技巧的专业化。也就是，专业化一方面以发展知识技能体系和道德规范来关注从业人员职业行为和服务质量的改进，另一方面关注整个职业获得社会地位提升的方式和过程。对于房地产经纪人这一职业群体，同样从这两个角度考虑专业化的必要性，客户体验将从外部对经纪人职业的专业化提出要求;经纪人目前功能和地位之间的矛盾从内部对其专业化提出要求。

(1)为客户提供安全交易和高质量服务的必然选择

对于房地产交易来讲,交易安全是最基本的保障,房屋交易资金额高、交易过程复杂、持续时间长、不确定性高,因此在交易过程的任何阶段中出现差错,都可能给买卖双方带来直接或间接的经济损失。这要求经纪人首先具备基本的职业道德,并将这份工作视为一个长期的职业,而不是短期的生计;其次要求经纪人必须熟知交易流程,并根据长期积累的经验预判风险,快速应对交易中出现的问题。这类实践经验显然是"外行"无法在短期内获得的,且能够保障客户安全交易体验的宝贵知识。

在交易安全的基础之上,则是客户对服务质量的要求。美国 NAR 对于经纪人服务质量的衡量标准如图 2-4 所示,无论对买家还是卖家,交易周期、交易价格都是影响服务质量满意度最直接、最关键的因素。

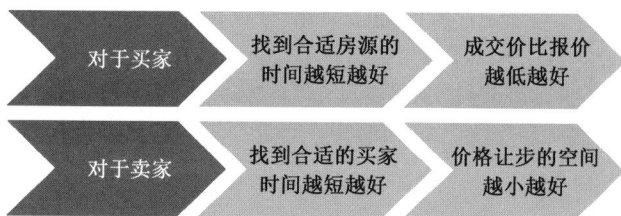

对于买家 → 找到合适房源的时间越短越好 → 成交价比报价越低越好

对于卖家 → 找到合适的买家时间越短越好 → 价格让步的空间越小越好

图 2-4　房地产经纪人对于买卖双方的作用

资料来源:NAR。

而这两个指标又与经纪人的挂牌定价策略、匹配搜寻策略、谈判协商能力等高度相关。美国、英国和中国市场的数据均表明,在一个房源的交易过程中,房源初次上市的挂牌定价偏离真实市场价值越大,房源在市场上停留的时间越长,成交可能性越小;而经纪人对客户需求挖掘越深入,越能够快速为客户匹配到合适的房源。在美国,经纪人为了获得房源委托,必须针对房源进行实地调查,做好定价的可比市场分析(CMA:comparable market analysis),并准备相应的挂牌资料包。这些准备工作正是为了为客户提供高度定制化的定价、营销策略,以实现卖方"找到合适的买家时间越短越好,价格让步的空间越小越好"的交易诉求。

因此，从交易安全和服务质量两个角度来讲，经纪人职业的专业化均是满足客户需求、提供高质量房产交易服务的必然选择。

（2）经纪人群体功能与职业声望的高度不匹配，是经纪人专业化的内部驱动力

从职业群体现状上讲，房屋交易虽然不涉及人的生命安全等问题，但关乎"住"的品质、生活质量，甚至资产增值。作为房产交易的"中间人"，经纪人肩负着促成高价值的产权和资金交换的关键角色，对双方作用重大，但却由于历史原因始终面临着巨大的社会误解、职业声望极低。经纪人应当发挥的角色功能与其目前的职业认同和职业地位是显著不匹配的，这种现状也一定程度上造成这一职业群体内部的低认同度和高流失率，从业过程中需要面对来自家庭、社会各方面的无形压力。一个"短职业生涯、高度不自主"的群体如何为客户带来安全、满意的交易体验？

即便如此，我们已经看到，有部分优秀的经纪人通过专业的知识和能力在交易中为自己赢得了客户的信任和尊重，并一点一滴改变着这个职业群体在公众中的印象和口碑。因此，从整个房地产经纪人群体的诉求来看，经纪人逐步走向专业化、获得与其功能匹配的社会评价是这一群体未来的必然发展趋势。

4.房地产经纪人职业的专业化模式

在讨论经纪人职业专业化模式之前，回顾本章中对专业的定义和专业化的路径的描述，如图 2-5 所示，即构建一套专业的知识体系、对从业人员实施长时间且严格的专业训练、实施严格的资格认证制度、组建专业组织和制定职业的伦理规范，而其中又以专业知识体系的构建尤为重要。这套模式使得传统职业获得了不可替代性、较高自主性、较高的自我认同和较高的社会地位，这套传统职业实现专业化的模式在 20 世纪 50 年代以前成了许多职业实现专业化的必经途径。

图 2-5　传统职业实现专业化的路径

资料来源：贝壳研究院整理。

通过西方教师专业化的案例可以看出，尽管最终要实现的目标相同，但传统的专业化模式并不能普适性地应用于所有职业，对于房地产经纪人尤其是这样。在传统专业化模式中，知识体系是基石，它奠定了一个职业的专业地位，是一个职业区别于其他职业的根本。因此，要研究经纪人专业化的模式，必须先对房地产经纪人的知识体系做剖析。

（1）房地产经纪人实现专业化的知识体系

赵康（2000）在分析专业的研究中提出了一个专业科学知识体系的描述性结构模型，如图 2-6 所示：

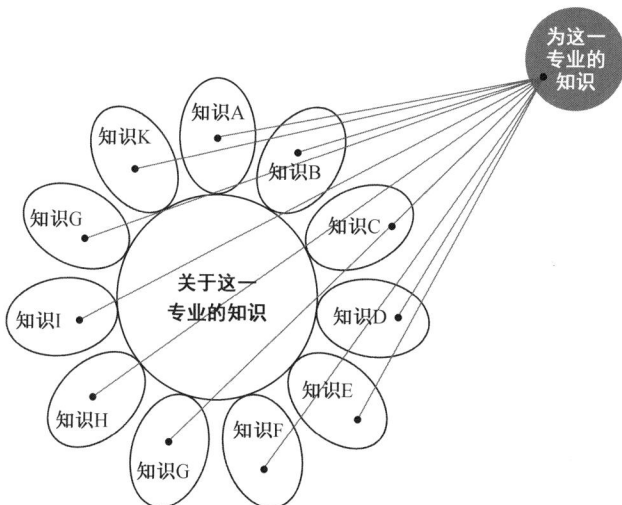

图 2-6　专业科学知识体系结构示意

资料来源：赵康.专业、专业属性及判断成熟专业的六条标准——一个社会学角度的分析[J].社会学研究,2000(5).

将一个专业的科学知识体系结构描述为一棵向日葵的脸盘。向日葵的中心部分代表了"关于这一专业的知识"，周围的叶片代表了"为这一专业的知识"。当然，叶片的数量随着专业不同会有增减。关于这一专业的知识落入一个科学（学科）领域，通常由这一科学领域内的总体知识加上几个分支学科的知识所构成。相对于教育（教师）、法律（律师）和管理（经理）专业，关于这一专业的知识分别是教育学及其分支学科、法律学及其分支学科，以及管理学及其分支学科。"关于这一专业的知识"是从事这一职业的人们进行实践的必备知识，舍此无法科学地工作，它的存在奠定了一个职业的专业地位，并以此与其他职业相区分。

然而，从事某一个专业性职业的人们光具有关于这一专业的知识仍然是不够的，职业实践处在一个开放的社会大系统中，必须具备这一系统内与这一职业相关联的各个方面的知识；职业实践深入某一个特定领域，例如管理实践深入会计领域，还必须具备这一特定领域（会计领域）的知识。"为这一专业的知识"由此成为一个专业科学知识体系的一部分。"为这一专业的知识"往往落入许多个科学（学科）领域，通常由这些科学领域内的总体知识和/或关联的分支学科知识所构成。相对于管理专业，为这一专业的知识可以是经济学、会计学、财政学、统计学、营销学、法学、政治学、教育学、社会学、计算机科学、工程学、咨询学、管理心理学和管理哲学等，具体结构如何则赖以各个分支管理专业的实践需要。

基于这个知识体系结构模型，我们可以把房地产经纪人的知识和技能分解如表 2-1：

表2-1　房地产经纪人的业务内容及对应的专业知识和职业技能

专业知识技能		房源、客源开发	交易撮合	估价、贷款	过户、缴税	物业交割
定义		通过渠道、借助工具获取房源资源和买卖方线索，渠道包括门店接待、社区开发、网络开发、客户转介等；工具则包括如估价、CRM工具等、数据库等	客户需求的分析；需求匹配；组织带看；协助客户谈判，促成交易	对接或安排估价和贷款机构，为客户推荐高性价比的服务、协助跟进，确保交易流程的高效推进	协助客户准备过户、缴税所需资料，全程陪同客户前往房管局、税务部门完成过户和缴税事务	协助进行物业交割，包括水电煤气、物业维修基金等费用的结算并见证买卖双方完成房屋交接
基础知识		房屋基础知识；房地产运行原理与机制（人口、经济、供需、金融）；城市、土地、区域规划；房产估价；房地产权属，交易、税务、贷款；	协议、合同；资金监管	估价基础知识；产权类型、估价基础知识：类型、概况、资源分布；贷款基础知识：最新政策、流程、类型、利息	过户基础知识：类型、所需资料、办理流程、机构；税收基础知识：缴纳政策、流程、机构	水电煤气、维修基金等的结算流程
扩展知识		营销学基础知识；客户关系管理基础知识；法学基础知识	心理学基础知识；谈判基础知识	金融学基础知识	—	—
技能		客户维护与开发；营销工具等技术的更新使用；市场分析方法的学习及应用；数据分析；挂牌与调价策略技巧；人际沟通	需求挖掘及分析；需求匹配；谈判协商；带看技巧	交易流程引导；复杂业务问题综合解决能力；资源协调能力		

资料来源：贝壳研究院。

其中，"关于这一专业的知识"是区分房地产经纪人与其他专业的核心，我们将房地产经纪人与传统专业如医生的这一知识特征做比较，见表2-2：

表 2-2　房地产经纪人和医生所需要的知识类型

知识类型	维度	房地产经纪人	医生等传统专业
"关于这一专业的知识"	系统化	尚未出现特定学科；极少数国家有高校课程体系和专业设置	出现特定的学科及分支学科；发展成为高校的课程体系；在很多高校有专业设置
	合法化	部分国家由行业组织认可的课程内容	课程大纲、教材体系和授课计划均受到权威或国家教育机构的确认或批准
	传承性	培训式/自学式教育为主，若干个小时的课时；行业组织认证的机构进行培训或行业知名人士经验分享	学院式教育，长达若干年的教育＋实践；由获得资格的专职教师在高等学校里传授
	权威性	知识壁垒低	理论性强，知识壁垒高，外行人难以评价

资料来源：贝壳研究院。

也就是说，与传统专业对比，房地产经纪人在"关于这一专业的知识"上表现出以下4个方面的特点：

①非系统化。事实上，房地产经纪人这一职业目前甚至尚未完成职业知识体系和内容标准的定义和构建，在世界范围内也未出现特定的专业学科，仅极少数国家如美国在高校里设置专门的房地产经纪人专业；而医生等传统专业在这一点上则表现出知识体系的高度系统化，特定学科及分支学科发展成熟，在高校早已成为专业设置。

②非合法化。房地产经纪人的知识教育目前在国际上通用的模式大多是由"政府监管部门或行业组织"对培训机构进行认证，对内容、课时做出要求，而医生等专业则在课程大纲、教材体系、授课计划等方面都必须受到"国家教育机构"的批准。

③传承性弱。对于房地产经纪人来讲，获取作业相关知识的主要途径是在培训机构通过若干个小时的培训或自学，甚至大部分的经纪人没有接

受过任何系统的培训和教育,而是将更多的心思花在技巧上;而对于传统专业,传承的载体是高等院校和专职教师,传承的内容包括知识和案例经验,传承的时间则长达若干年。

④权威性低。从国际上房地产经纪人知识培训的时长来看,通过若干个小时的培训即可以掌握房地产交易的基础知识,整套知识偏实践性,获取门槛低,相对于传统专业不具有很高的知识壁垒。

正是房地产经纪人职业在"关于这一专业的知识"上的非系统化、非合法化、传承性弱和权威性低的特点,决定了这一职业专业地位的"天花板",也就是说理论上房地产经纪人的专业化程度不可能很高,无法与传统专业相比。

然而,仅具备上述知识体系对房地产经纪人来讲,只能使其成为一名"能作业"的经纪人,而无法成为其核心竞争力并构筑这一职业群体的"不可替代性"。回到上文中对房地产经纪人的功能的讨论上,经纪人的功能构建于上述知识体系之上,但却高度依赖于经纪人对长期作业实践的反思、总结和积累,比如客户维护与开发、挂牌与调价策略、需求挖掘与分析等。因此,对于房地产经纪人来讲,更重要的是反思性的实践知识。这类知识与传统专业相比的特点如表2-3所示:

表 2-3　房地产经纪人和传统职业实现专业化的知识类型相比特点

知识类型	维度	房地产经纪人	医生等传统专业
反思性实践知识	个性化	普适性的知识必须与场景结合才能产生实践知识及价值;实践知识具有极高的个性化和场景化,同一方法可能无法应用于两个不同的客户,可复制性弱	诊断知识同质,可复制性强
	确定性	交易双方异质性高,决策主体多,主观因素影响大,导致交易过程中的不确定性非常大	不确定性低,且有丰富的案例库
	积累难度	超低频交易,仅靠自身积累难度大,但一旦形成,壁垒极高	积累难度相对低

资料来源:贝壳研究院。

因此,可以看出,房地产经纪人的反思性实践知识具有高度个性化、不确定性、积累难度高的特点。但正是这些特点决定了其获取难度,构成了房地产经纪人的不可替代性。

（2）房地产经纪人实现专业化的理论模式

基于上述对房地产经纪人职业属性和实现专业化所需知识体系的分析，房地产经纪人的专业化模式应表现为如下5个方面：

①根据房地产经纪人职业特点构建知识体系

基于上述对房地产经纪人所应具备的知识体系特点分析，经纪人走向专业化，首先必须构建一套科学的"关于这一专业的知识"和"为这一专业的知识"的知识体系；其次，也是更重要的，必须重视"反思性实践知识"的形成和积累。后者对于当前的行业来讲则是最大的挑战，如何正确识别"反思性实践知识"，如何实现"反思性实践知识"的积累和传承都是我们必须探索的问题。

②建立适应经纪人知识体系特征的教育模式

知识体系的完备性及其特征决定了其教育模式，针对房地产经纪人建立科学的教育模式，难点主要为以下两点：

第一，房地产经纪人这一职业目前甚至还未完成其职业知识体系与内容的标准化定义和建构，即"关于这一专业的知识"和"为这一专业的知识"的知识体系尚未成形，无内容何谈教育；

第二，对于"反思性实践知识"普遍缺乏积累和科学的教育模式。目前充斥在市面的培训课程不少，但大多为个人经验的浅层次、表象化总结，既不系统也不深刻，难以在整个行业层面推行并发挥作用。

因此，针对"关于这一专业的知识"和"为这一专业的知识"通过"从业前的教育＋从业后继续教育"来解决，而"反思性实践知识"则通过"从业后的实践培训"解决。在公司这种组织形态下，以打造反思总结能力为目的、实践经验总结及传承为核心的"门店实践教育体系"必不可少，通过从业后的培训让经纪人获得"反思总结"的能力，获得他人极具个性化的"反思性实践知识"，这有可能是房地产经纪人尽快实现专业化最合理的教育模式。

③通过职业资格控制基本素质，并向社会宣示

在传统专业领域，职业资格制度一方面是专业内部保持高服务水准的诉求，另一方面是职业群体获得地位提升的手段。传统专业证明了其深奥的知识体系，以及利他主义，国家才通过职业资格制度为专业提供市场保

护。对于房地产经纪人这一职业,由于前面所讨论的其知识体系的非系统化等特点,职业资格制度能起到的作用仅仅是控制行业准入的基本资质,向社会宣示其准入门槛,而不可能成为群体向上流动的手段。

④行业组织、政府机构、大公司,专业化的推动者

行业组织通常承担着行业教育、自律、监管等多方面的角色。理论研究表明,成立行业组织的初衷通常是实现专业自治,而从全球房地产经纪人行业看似乎只有美国实现了高度的职业自治,全美房地产经纪人协会(NAR)通过房源共享信息系统(MLS)而具备强大的影响力,从而能够强有力地推进行业的专业化进程,控制着行业的游戏规则,并站在行业利益的角度与政府保持对话,而在除美国之外的其他国家,协会通常只是辅助和执行角色。

然而,美国当时的经纪行业基础设施和行业集中度与中国市场完全不同,对于中国经纪行业,行业组织或政府机构谁更有能力成为专业化的推手,抑或行业组织、政府机构、大公司在推进行业专业化进程中各自发挥什么作用,必须根据目前行业基础设施情况、公司发展现状来给出解决方案。

但需要承认的是,在中国,房地产经纪人群体不可能实现像美国那样高度的职业自治,这与行业内的资源分布、社会体制等高度相关。

⑤构建行业行为规范,并建立监管闭环

行业规范分为道德层面和法律层面,道德层面的体现是行业的自律性,包括对客户、同行、社会的责任和义务,法律层面的体现是设定行业的准入规则及行为底线,对于违反底线者将处以处罚措施等。国家需赋予行业规范法律效力,并建立相应的监管组织、流程和机制,以实现监管闭环,否则将"有法不依"。

行业规范将在整个行业层面影响房地产经纪人的职业行为,宣示行业自律,宣示利他主义,并由此实现职业群体的外部社会认同,至此,房地产经纪人才能产生群体的内部职业认同。

以上 5 个要素中,构建适合房地产经纪人的知识体系和教育模式,塑造经纪人的不可替代性,是专业化的根本;职业资格制度和行业行为规范则侧重提升职业群体的社会认同,进而实现职业认同和归属感,是专业化的保障;行业组织则有可能成为整个职业专业化的推动者,掌握行业游戏

规则的制定权。

以上，我们厘清了房地产经纪人实现专业化应当构建什么样的知识体系和教育模式，明确了职业资格控制和行为规范在专业化过程中的功能。基于这些思考，我们可以描绘一条房地产经纪人实现专业化的理论路径，如图 2-7 所示：

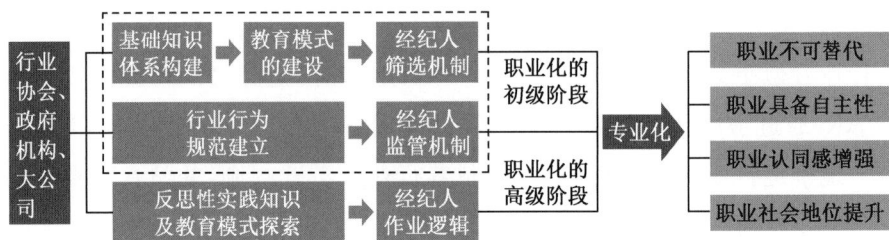

图 2-7 房地产经纪人职业实现专业化的路径示意图

资料来源：贝壳研究院。

需要有一个推动者，根据社会体制、行业及公司发展情况确定谁更有能力推动职业群体专业化；而推动专业化首先要做的就是构建知识体系，建立适当的教育模式，由于基础知识体系和反思性实践知识体系在构建难度上的不同，基础知识体系和教育模式建设可能先行，反思性实践知识及教育模式处于持续探索的进程；行业行为规范可能是同步形成的，在此之后，实施严格的职业资格控制制度。完成这些关键路径，经纪人职业才能实现高度不可替代、职业内部的认同和归属感、职业外部认同及社会地位提升，以及职业在专业上的自主性。

在中国，房地产经纪人实现专业化的道路注定漫长，具体的路径如何，需要结合理论和行业的实践现状，并借鉴国外房地产经纪人专业化路径而设计。从第三章起，我们开始讲述不同国家或地区的房地产经纪人实现专业化的背景、路径及取得的效果。

（3）房地产经纪人实现专业化的评价体系

一个职业实现专业化的过程称之为职业化，而职业化的终极目标体现在职业的不可替代性、职业认同感、职业自主性和职业的社会地位四个层面。见图 2-8。

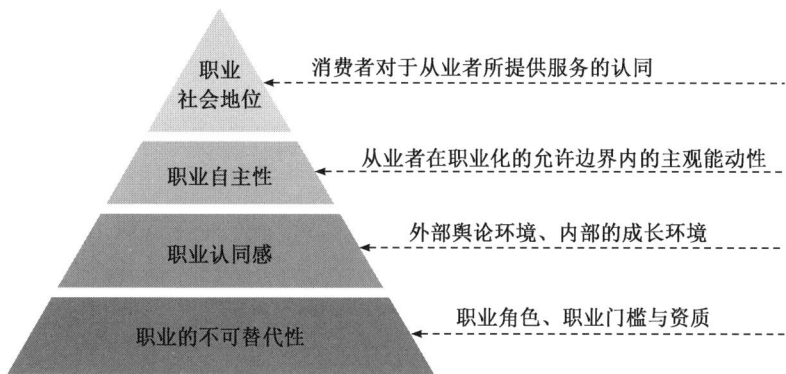

图 2-8　一个职业实现专业化的终极目标模型

资料来源：贝壳研究院。

①职业的不可替代性

房地产经纪人的不可替代性是由这一职业角色、职业门槛和资质所决定。其中职业角色（professional role），是指社会和职业规范对从事相应职业活动的人所形成的一种期望行为模式。随着社会深入转型和劳动分工细化，社会角色任务日见其差异性。社会角色任务的差异性主要体现在两个方面[①]：一是技术劳动分工，将具体的任务在职业角色上进行配置，称之为专业分工；二是社会劳动分工，即各种社会角色在社会成员上的配置，称之为职业分工。社会分工促进了职业划分，也促进了职业道德的形成和职业进行专业化探索和实践。

从事房地产经纪业务的职业角色在发展和变迁中的第一次分工是专业分工，按照房地产交易环节的分工形成了各环节的职业角色，房地产经纪人的核心职责是信息匹配和撮合谈判；第二次分工是职业分工，房地产经纪人按照在业务中的权责边界不同分为销售员和经纪人，不同的国家有不同的划分。其中科学设置、合理分工的专业分工有助于促进职业实现纵向探索，建立更好的职业壁垒，从而实现专业化，提升职业效率。见图 2-9。

① 周延东，郭星华. 职业角色与专业分角色：矫正角色失调的一种新视角——以警察角色的变迁为例[J]. 探索，2015(2)：114－118.

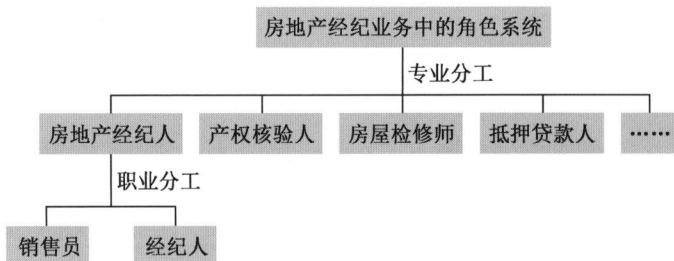

图 2-9　房地产经纪业务中的职业角色

资料来源：贝壳研究院整理。

从社会分工的角度，一个国家或地区房地产经纪行业的专业分工越科学、越合理，越有助于推动各专业分工上的从业者实现专业化，包括房地产经纪人。

除了社会分工层面的职业角色外，房地产经纪人作为买卖双方交易的"中间人"，有法律意义上的职业角色区别。在法律层面分为代理角色和居间角色：A.代理，根据《经济法》①一书代理制度章节的内容，代理是指代理人在代理权限内，以被代理人的名义与第三人实施法律行为，由此产生的法律后果直接由被代理人承担的一种法律制度。B.居间，根据《中华人民共和国合同法》第 424 条的规定，居间是居间人向委托人报告订立合同的机会或者提供订立合同的媒介服务，委托人支付报酬的一种制度。居间人是为委托人与第三人进行民事法律行为报告信息机会或提供媒介联系的中间人，即居间角色的经纪人作为中立的第三方，目的是撮合交易的完成。在法律层面上，代理的角色不可替代性高于居间。

而决定一个国家房地产经纪人是代理还是居间角色的根本是房地产经纪业务的基础资源分配形式，即房源的组织形式。如美国，因为房源共享信息系统（MLS）作为独立的资源组织形式，保障了每一个经纪人都可以在可接受的条件下使用，为了规范经纪人的使用行为，制定了"单边代理、合作成交"的规则，从而了决定了经纪人代理而非居间的职业角色。对于未建立类似于美国 MLS 这种外部性、"公共性"的房源组织形式的国家，则很难建立起代理的经纪人职业角色。

① 郭守杰.2010 年注册会计师考试重点分析——《经济法》[J].中国税务，2010(9)：30-34.

在前文中提出经纪人职业所需要具备的职业知识及这种知识与传统职业相比的独特性,经纪人需要具备什么样的知识是由其业务需求所决定的。而职业角色会影响所需知识的广度和深度,代理角色对经纪人的业务知识要求在广度和深度上均高于居间角色的要求。而经纪人业务知识和技能具备与否便构成了经纪人的从业门槛和资质,是对经纪人的筛选工具。但是在实际中,发现很多国家对经纪人的筛选工具中纳入了很多"人为"的要素,比如居间角色的经纪人依然设有较高的门槛和资质要求,这背后往往有更为负责的社会、政府因素。较高的门槛和执业资质构筑了较高的职业门槛,经纪人的被替代性便降低。见图 2-10。

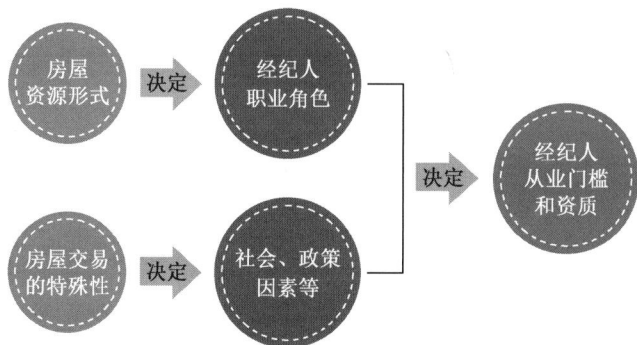

图 2-10 房地产经纪人职业角色、职业门槛和资质之间的关系机制

资料来源:贝壳研究院。

②职业认同感

职业认同感的建立需要外部的社会环境和内在的经纪人成长环境。

外部的社会环境是指社会公众对于房地产经纪行业、对于房地产经纪人的职业功能有正确的认知,明确房地产经纪行业在社会运转中的作用,明确经纪人在房屋交易中的作用。唯有建立对行业、对从业者职责的正确认知,才能形成房地产经纪人建立职业认同感的正向社会环境。而让公众建立对行业的正确认知,需要政府、行业协会、行业标杆企业、全行业对行业的价值进行宣传,让行业走进公众。

内在的经纪人成长环境则主要指经纪公司给予经纪人的成长环境,从经纪人的招聘、考核、激励等多方面,赋能经纪人,增强、提升经纪人的业务能力,为经纪人提供高效的作业工具,让经纪人在职业通道中持续成长,从而形成对职业的认同。

③职业自主性

职业自主性是在职业行为的允许边界内充分发挥从业者的自主性、创新业务模式、探索新的业务技能，从而提升业务效率、推动业务创新。房地产经纪人的职业自主性是指经纪人在被允许的职业边界内发挥主观能动性，以创新的手段、工具、模式提升房屋成交效率、推动房地产经纪行业向上发展。所以，房地产经纪人职业的自主性建立需要两个基础条件：一是被允许的职业行为边界，定义经纪人行为对与错，是对经纪公司和经纪人的业务行为进行规范的法律、规章制度等。建立起正确、严格的行业行为边界，限定经纪公司和经纪人不可逾越的红线，建立起行为边界，并且该边界在外延上足够大，但在颗粒度上需要涵盖房地产经纪业务的每一个环节（如房源获取阶段、委托阶段、挂牌阶段、营销阶段、匹配阶段、签订意向合同阶段、房屋估价等、签约阶段、过户阶段等），既给了经纪人发挥主观能动性的空间，也给了经纪人发挥主观能动性的方向。二是经纪人发挥主观能动性的环境，需要社会层面上对创新的包容环境、需要经纪公司给予支持经纪人创新的氛围，包容、鼓励经纪人在被允许的职业边界内创新。

④职业社会地位

职业的社会地位一方面是职业化实现程度的体现，另一方面也是职业化的终极目标。而经纪人社会地位提升源自于公众、消费者对经纪行业、对经纪人价值的正确认可，而这一认可的支撑则是经纪行业、经纪人所提供的服务足够专业。归根到底，职业化实现程度的四个维度从实现路径上来说，是依次达成的路径，先构筑起经纪人职业的壁垒、降低经纪人被替代的可能性，才能在此基础上构筑经纪人的职业认同感。唯有经纪人的职业认同感增强，经纪人才能在被允许的职业行为边界内发挥主观能动性、提升专业性，从而提升经纪人的社会地位（见图2-11）。

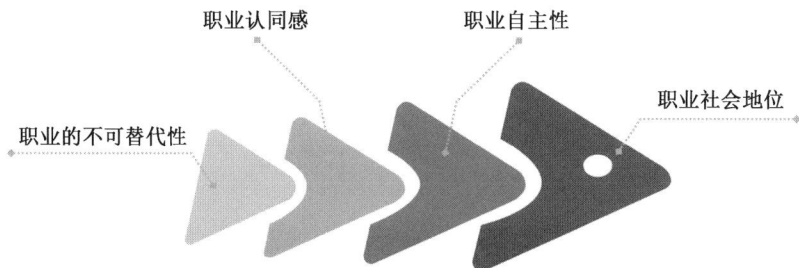

图 2-11 职业化终极目标达成的路径

资料来源:贝壳研究院。

以上是衡量房地产经纪人职业在实现专业化过程中达到的程度,也是职业化的目标层级。对于如何衡量上述指标,根据房地产经纪人职业的属性,构建了包括中间指标和终极指标的评价体系(见表 2-4)。鉴于各个国家的情况不同,所能够获取的信息和数据维度不同,在本书中将根据实际情况选用中间指标和终极指标对各个国家或地区经纪人职业化的实现程度进行衡量。

表 2-4 职业化目标的可衡量维度或指标

职业化的目标	可衡量或反映职业化目标达成的维度	
	过程指标	结果指标
职业的不可替代性	职业角色、职业门槛、从业资质	经纪行业的渗透率
职业认同感	公众对于经纪行业的正确认知 经纪公司对经纪人的招聘、考核、激励	经纪人的教育背景、从业动机、投入度、流失率
职业自主性	行业监管法律、行业自律规范	
职业社会地位	经纪人的收入	客户满意度

资料来源:贝壳研究院整理。

第三章

美国房地产经纪人的职业化实践

美国国土面积937万平方千米，是由50个州、华盛顿哥伦比亚特区、五个自治领土及外岛共同组成的联邦共和国，截至2018年3月，总人口约3.27亿人。美国法律体系继承英国的判例法传统，美国法院承袭"遵循先例"的原则，属于英美法系的重要组成部分。

美国房地产经纪人职业化的典型特征是行业协会作为职业化的组织和推动机构持续发挥作用，并影响政府决策。为什么在美国行业协会有如此大的话语权？协会如何发挥其功能？借助了什么样的工具？协会主导下的美国房地产经纪人职业化取得了什么样的效果？

一、房地产经纪行业概况

1.行业规模与效率

（1）房地产经纪行业规模

美国不动产大规模交易起源于19世纪中后期的第二次工业革命之际。第二次工业革命从生产关系、经济结构及思想观念上影响了美国社会的进程，钢铁产业的发展推动了铁路的修建，为生产要素的自由流动提供了工具，从而改变了美国的产业布局和人口分布，加速了城市化的进程。1870—1940年之间，美国的城市数量由663个增加到了3464个，城市人口由990万人增长到了7400万人，城市人口比重由25.7%上升到了56.6%，城市人口规模超过农村人口。城市化的快速推进加大了房地产的交易，也推动了房地产经纪行业的快速发展。

美国较早地进入到了存量房时代，二手房的流通成为房屋交易的主力。整体走势上，美国房地产市场交易规模与经济发展走势高度一致：1980年代早期的世界经济危机、1980年代末期的中东石油危机、2008年的次贷危机，房地产成交量均出现了不同程度的回落；价格方面，呈现持续上升的趋势,在 2008 年次贷危机前出现了回落,2009 年起逐渐回升。

2016 年,美国存量住宅交易量 545 万套,套均价格 27.6 万美元,一手住宅交易量为 56 万套,套均价格约为 37.2 万美元,以此计算,2016 年,美国住宅市场的交易额约为 1.7 万亿美元。(见图 3-1)

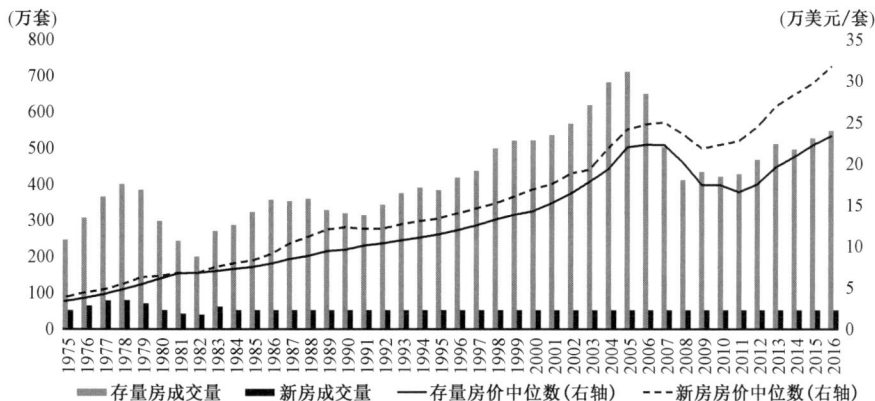

图 3-1　美国存量住宅和一手住宅的销售及价格

数据来源:美国统计局。

(2)经纪公司和经纪人规模

①经纪公司

美国房地产经纪行业的作业是典型的独立经纪人模式。由于房源共享信息系统(MLS)平台上房源齐全,经纪人只要加入行业协会便可使用该系统,所以,美国房地产经纪行业是小型独立公司主导。根据美国统计局 2012 年数据,全美共有房地产经纪公司 8.6 万家,其中以小型独立公司(人员规模在 10 人及以下的公司)为主,涵盖了 59% 的经纪人,大型直营公司较少(独立非加盟品牌公司仅 4%),加盟比例 37%,由于独立作业的条件存在(MLS),存在部分经纪人只需要向公司缴纳一定的办公费用而不需要跟公司分佣的情形。

根据纽约机构数据可以看出,小于 10 人的经纪机构数量占比达到了 94.75%,而 50 人以上的机构数量占比累计不足 1%。(见表 3-1)

表 3-1　纽约市房地产经纪公司人员规模及占比

人数区间	经纪机构数量（个）	经纪机构数量占比（%）
[0,10)	31859	94.75
[10,50)	1503	4.47
[50,100)	132	0.39
[100,500)	106	0.32
[500,1000)	18	0.05
[1000,3000)	4	0.01
3000 以上	1	0.00
总计	33623	100.00

数据来源：纽约统计局 2017 年 9 月活跃经纪人情况调查、贝壳研究院整理。

②经纪人

据《经纪人国度》[①]一书数据，1910 年美国从事房地产经纪业务的人员已经达到 10.25 万人。经过 100 多年的发展，截至 2016 年年底，全美拥有房地产经纪人牌照者达到 200 万人，其中活跃的经纪人约为 123 万人[活跃经纪人数量与全美房地产经纪人协会（NAR）会员基本持平]，2016 年全美 3.23 亿人口中，按此计算，每千人中经纪人数量为 6.19 人，每千人中的活跃经纪人数量为 3.7 人，见图 3-2。

在地理空间分布上，2016 年，NAR 会员总量前五的五个州分别是加利福尼亚州（17.06 万人）、佛罗里达州（15.16 万人）、得克萨斯州（9.76 万人）、纽约州（5.16 万人）和伊利诺伊州（4.24 万），这五个州的经纪人数量占全美的 44.55%；而经纪人规模最小的五个州分别是怀俄明州（0.20 万人）、南达科他州（0.17 万人）、阿拉斯加州（0.17 万人）、北达科他州（0.17 万人）和佛蒙特州（0.15 万人），合计占全美的 0.75%；千人拥有经纪人中，排名前五的州分别是佛罗里达州（7.35 人）、夏威夷州（6.18 人）、亚利桑那州（6.11 人）、内华达州（5.12 人）和新泽西州（4.87 人）。见图 3-3。

---

① Jeffrey M. Hornstein. A Nation of Realtors：A Cultural History of the Twentieth-Century American Middle Class[M].Durham：Duke University Press,2005.

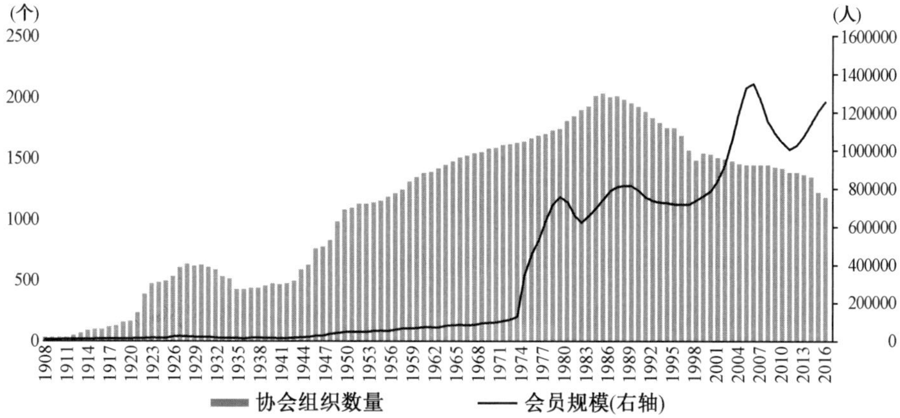

图 3-2　NAR 机构数量及会员规模

数据来源：NAR。

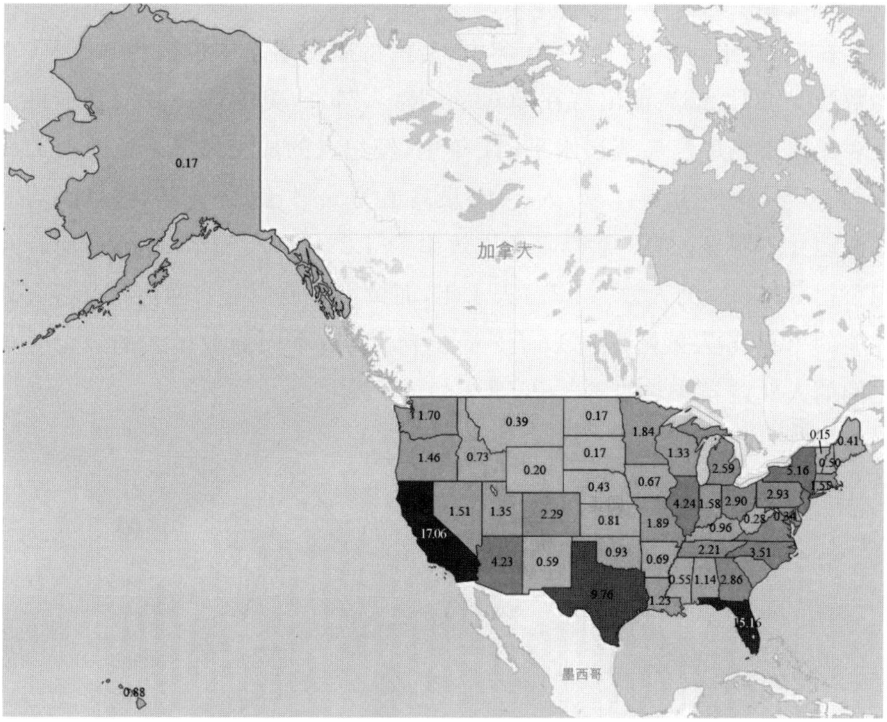

图 3-3　2016 年美国 50 个州和 1 个特区 NAR 会员分布（单位：万人）

数据来源：NAR。

注：颜色由浅至深表示会员规模由少至多。

③经纪行业规模

经纪人对于交易的渗透方面，自 2008 年以来，渗透率突破长期以来

80％的边界线，并逐年提高，至 2016 年，美国房地产经纪行业的渗透率达到 88％。按照 2016 年实际佣金 5.2％计算，2016 年美国房地产经纪行业规模约为 778 亿美元。

（3）房地产经纪行业效率

①市场决定行业整体效率

以全美房地产经纪人协会会员数作为全美活跃经纪人数量的估值，以每年通过经纪人成交的房屋作为基数进行经纪人成交效率的测算，同时以每年存量房中交易规模除以总的存量房作为存量房流通率，可发现房屋流通率与宏观市场的表现一致，在 1980 年代和 2008 年的两次经济危机中，房屋流通量减少、流通率触底，对应的是经纪人的成交效率降低。

②行业平均效率

在 1975 年到 2016 年的 41 年中，美国房屋流通率中位数为 3.59％，平均数为 3.78％，最高值出现在 2003 年，为 5.71％，美国这一数据基本可以代表成熟市场中房屋流通水平；41 年中，经纪人的成交效率中位数为 4.29 套/人·年，均值为 4.47 套/人·年，最高值为 6.11 套/人·年，整体平均效率波动并不明显，2016 年行业平均效率为 4.29 套/人·年，传统房地产经纪公司 Realogy 的人效为 7 套/人·年，而致力于使用互联网技术改善交易体验的 Redfin 人效则达到 17 套/人·年，可见，不同商业模式的经纪公司之间的人效差异非常明显。（见图 3-4）

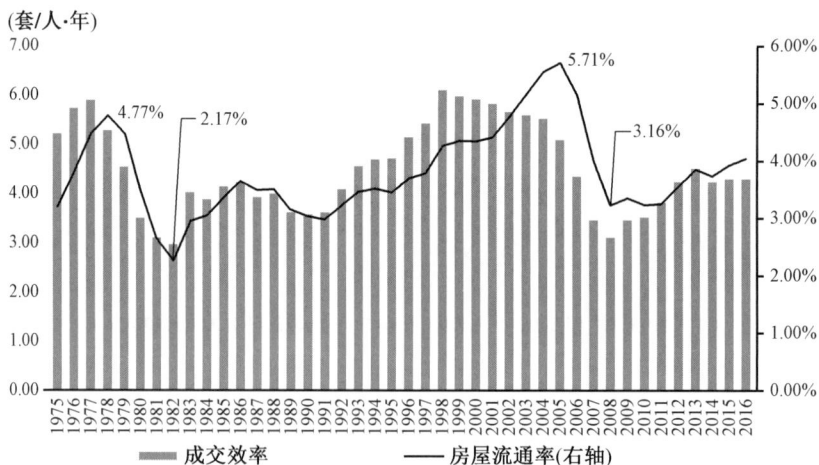

图 3-4　美国房屋流通率与经纪人的成交效率

数据来源：美国统计局、NAR、贝壳研究院测算。

2.行业运行规则

（1）代理和委托模式

美国房地产经纪行业的规则为独家委托、单边代理（exclusive right to sell/buy）模式，这一规则的实行是基于协会对于 MLS（房源共享信息系统）的垄断。MLS 作为房源集中展示平台，最初仅供协会会员付费使用，后在美国反垄断组织调查处理后向非会员经纪人开放了权益，但会员和非会员的权益并不完全对等。

协会制定了经纪人必须遵守的规则，即经纪人只能在 MLS 上上传卖方独家委托的房源。此外，协会规定经纪人只能作为单边代理人，即经纪人在一次交易中，只能代表卖方，或者只能代表买方，不能同时代表买卖双方。买卖双方经纪人通过 MLS 进行房源与客源的信息匹配，双方合作促成一笔交易，卖方支付佣金，买卖双方经纪人按照事前约定进行分成，分成比例一般为 5∶5。

因此，美国房地产经纪行业的规则是，客户的需求独家委托给经纪人，经纪人对客户的需求是单边代理。

但是随着互联网技术在房地产经纪领域的使用，新型的模式正在改变传统的规则，比如美国房地产门户网站 MOVE、Zillow 等，再比如提供线上与线下一体化服务的 Redfin，互联网平台使得买卖双方的信息不再完全由 MLS 所阻隔，但是就目前而言，MLS 上的房源信息依然是全美最全面的，其他网络平台的房源很大部分源自于 MLS 的分发。可见，MLS 作为信息垄断的本质没有被互联网的快速发展完全颠覆，可能的原因在于几个方面：

①MLS 对于房源真实性的把控。MLS 实行"谁上传、谁负责"的制度确保房源的真实性，如果上传的房源为假房源，经纪人和经纪公司会受到协会做出的如罚款、退会甚至吊销牌照的处罚措施，而互联网门户网站，广告作为主要的收入来源，很难做到对房源真假进行把控，而美国对于假房源有严格的法律规范，这也是美国互联网门户网站上绝大部分房源是从 MLS 进行再次分发的原因。

②MLS 由协会创建并控制。早在 1907 年，美国就出现了地区级的

MLS，作为一定地理空间内部共享房源的渠道，MLS的组建支撑了美国房地产经纪人协会持续存在并且发展壮大。1975年MLS实现了计算机化，对经纪人的黏性更强，虽然其对消费者和非会员实行信息阻断，但由于协会在政府决策方面有足够的影响力，外加其房源的真实性，支撑了MLS的存在与发展。

③从业主体的作业方式。MLS为独立经纪人的职业成长和作业提供了基础，据NAR（全美经纪人协会）2015年的数据，美国55岁以上的经纪人占比为57%，45~54岁的经纪人占比32%，即45岁以下的经纪人占比仅11%，而从业年限14年及以上者占比接近41%。在经纪人的业务中，13%来自重复交易，18%来自客户推介交易，独立作业中积累的资源越多，为经纪人带来的业务更多，由此形成了以中老年从业群体为主的特征，该部分群体的作业方式比较传统，对新型技术的依赖度较低。

（2）佣金收取模式

美国独家委托、单边代理的模式决定了经纪人之间的佣金分成模式，通常情况下买卖双方进行五五分成。对于佣金费率的规定，1950年之前，佣金收入比例是由全美房地产经纪人协会规定的，为6%，会员必须遵守协会的规定，禁止经纪人采取低佣金获取客户。在1950年代初美国司法局对协会制定佣金费率一事进行了反垄断调查，判决协会行为构成了垄断，随后协会废除了固定佣金方案，改为推荐制。但由于长期实行固定的佣金费用，推荐制度并未发挥实质的作用，1971年，协会出台政策，禁止使用推荐佣金法案。但是由于美国是典型的独立经纪人制度，经纪人之间有强劲的合作网络，经纪人在经纪公司中有较强的佣金分成话语权，经纪人和经纪公司没有任何降低佣金的意愿，所以直到1991年，美国依然维持6%的佣金水平。但随互联网技术在房地产经纪行业的使用、行业竞争的加剧，传统企业6%的佣金被迫出现松动，截至2016年，降至5.12%。此外，互联网平台的出现，大幅降低了房屋的营销费用，所以，互联网的房地产经纪公司佣金费率远低于传统经纪公司。如Redfin，作为卖方经纪人时，佣金费率为1%~1.5%，作为买方经纪人时，佣金费率为2.5%~3%，平均每单返还买方3500美元，综合计算，Redfin经纪人的佣金费率为2%，低于传统的单边3%的佣金费率。（见图3-5）

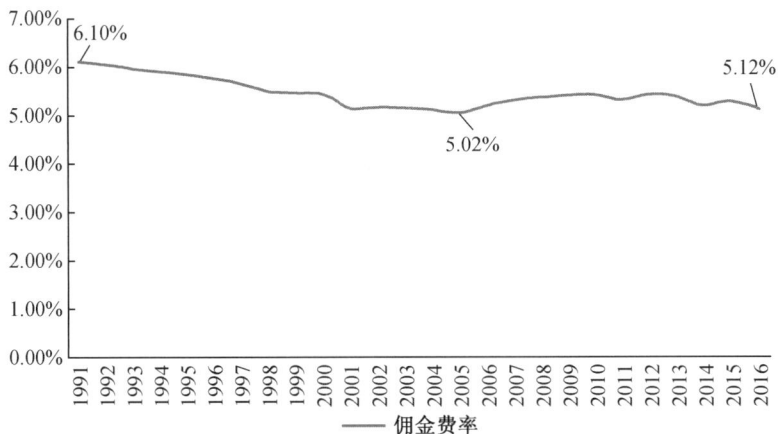

图 3-5 美国存量房交易中实际的佣金费率变化情况

资料来源：NAR。

（3）房地产经纪的业务流程

美国房地产经纪行业的典型特征是独立经纪人占据行业主力和核心，这是由美国房地产经纪行业的资源属性所决定的，房源共享信息系统（MLS）为独立经纪人的存在提供了基础保障，而该平台的权属属于协会。

美国房地产经纪行业起源于 18 世纪，19 世纪末期开始快速发展，形成了覆盖全美、人员规模大、影响力强的三级协会体系，并率先在全世界范围内建立了首个房源共享信息系统 MLS。凭借该系统，协会形成了对经纪人的强大吸引力，尤其在 1975 年 MLS 首次显示计算化后，MLS 的网络效应迅速扩展，吸引了大量的经纪人加入。据 1979 年美国联邦贸易委员会（Federal Trade Commission，FTC）调查显示，协会经纪人占比 80%。百年发展变迁中，协会发展了一套协会会员经纪人的业务流程和职责。

站在经纪人的角度分解美国房地产交易流程，可分为获取资源（房源或客源）、代理权确定、挂牌、需求匹配、磋商谈判、交易过程跟进（贷款跟进、房屋检查、房屋估价）、交易结束及后续服务等过程，经纪人在整个交易过程中共承担 183 项职责。具体详见图 3-6。

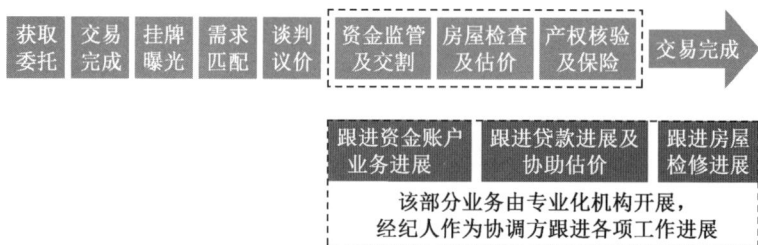

图 3-6　美国房屋交易主要环节

资料来源：NAR、贝壳研究院整理。

①获取委托：该阶段分为房源、客源的拓展，经纪人初次接到委托意愿后对市场、行业、物业信息的了解掌握及约见客户后争取代理权等环节。

A.房源、客源的拓展：获取房源和客源是房地产经纪人非常重要的能力，深耕社区是美国经纪人非常重要的获取资源的渠道。为此，地区级经纪人协会组织多类型深入社区的活动，为经纪人提供深耕社区的入口和平台。此外，协会经纪人尽可能多地打入各种类型的圈层，拓展人脉，同时充分利用社交网络也是非常重要的获取房源、客源的渠道。

B.市场行情和物业属性的了解和掌握：经纪人在接到客户的委托咨询及意愿后，对客户的真实需求进行核实和分解，通过政府公开信息、其他公开渠道（多为政府网站）了解物业本身（如土地期限、产权类型、位置、面积、房屋类型、房龄、交易记录等）属性并结合近期（18 个月）的市场行情、同区域可比物业的近期挂牌和成交情况判断物业的估价，形成包含物业自身信息、挂牌建议、营销策略及对 MLS、本公司、本人优势说明等在内的面访客户信息包。

C.约见客户并争取拿下代理权：经纪人约见客户后首先聆听客户的需求和期许，核实之前准备的信息包中待核实的物业自身信息，评估前期判断和实际之间的差距，通过向客户传递真实的市场行情让客户期望回归到更合理的水平，获取客户的初步信任后向客户展开物业挂牌、营销的策略，一级 MLS、公司及个人的优势的说明，并向客户说明经纪人的职责及对客户利益的坚决维护（如不泄露客户信息，不给客户打骚扰电话），获取客户的认可后展示代理协议并解释其中的内容（包括个人信息的披露），签订代理协议后获取物业带看权并配置电子锁。

②挂牌曝光：该阶段最终的工作是加大房屋曝光量，进行需求匹配。

只要是加入了协会的经纪人都必须使用房源共享信息系统（MLS），协会要求其会员经纪人在获得房源后必须在 24 小时内将房源上传至 MLS 系统，上传后经纪人会将该信息转载到个人所在的公司网页、Zillow 等专业广告平台、个人社交媒体（如 Facebook）等平台加大其曝光度，同时进行线下营销推广，如经纪人之间的口碑传播、纸媒张贴、物业院前摆放出售海报等。在房屋处于待售期，经纪人需要时刻关注市场行情并告知业主，如果业主有挂牌信息更改需求，经纪人需提供专业意见并做出相应更改。

③谈判议价：每一次需求的匹配都伴随着买卖双方权益的让步与争取，经纪人作为买卖双方的代理人，有义务协助或代表（经委托人授权）其委托人进行磋商谈判，并最终达成成交意愿。

美国的主流代理方式为单边代理，即卖方经纪人通过多种途径加大对房屋的曝光，买方经纪人通过多种途径进行客户需求匹配，对于潜在买家，卖方经纪人配合买方经纪人（双方经纪人之间会就佣金分成等签订合约）完成客户购买资格确认并向客户提供客观的市场信息以供客户做出判断；对意向客户，卖方经纪人要与买方经纪人一道安排带看、准备相应的表格，及时向卖方转述买方的需求并在卖方授权的基础上代替卖方与买方经纪人及客户谈判和议价，撮合交易的达成。

④协助跟进：在购买意向达成后，卖方经纪人需要协调跟进包括买方经纪人、卖方和第三方在内的多方业务进展。

首先，双方经纪人协助客户开设第三方资金监管（ESCROW①）账号，并跟进定金和首付款的存入。其次，双方经纪人协助客户寻找房屋检查公司完成房屋的检查，包括白蚁、污水等多项检验报告等，形成房屋检查报告。贷款公司一般会有自己的房屋估价师进行房屋估价作为提供贷款的依据，当然买卖双方可以委托第三方评估公司进行估价并提供给银行作为贷款参考。最后，产权保险公司根据公司积累的房屋产权信息和公开数据

---

①　ESCROW 是指为达成一项特定的条款或项目，一方将交给另一方的押金、产权或其他资料进行托管。它是一个维护交易各方利益的独立性中立账户，美国房屋交易中心是独立的第三方资金监管公司，经纪人会协助买卖双方开设 ESCROW 账户，用于存放买方支付的定金及首付款，在产权登记完成且买方收到产权保险单后，买方同意 ESCROW 公司将钱转给卖方，待贷款等办理完成、产权交割完毕后，ESCROW 账户关闭。

核验房屋的产权(产权转移记录、抵押贷款记录、法院判决、离婚判令等)。产权核验通常和资金监管同时进行。如果产权核验没有问题,买方存入定金及首付款,银行放款后,款项经资金监管公司的账户向卖方交割,资金交割完成后经纪人协助客户到政府部门完成产权过户。

如果上述环节中任何一个环节出现问题并导致交易终止,则进入新一轮的曝光和匹配阶段。

⑤交易完成:成交协议达成后,进行资金交割、物业交割。

卖方经纪人在 MLS 上更改物业待售状态(sale pending)为售出(sold),并在其他媒体平台下架房屋出售信息,并移交物业,关闭资金监管账户。

交易完成后,卖方向卖方经纪人支付佣金费用(在签订协议时有约定支付方式等)后,双方经纪人按照合约进行分佣,交易过程完结,卖方经纪人在 MLS 上完善成交信息,如售价、成交日期、成交经纪人信息等。后续,如果买卖双方有相关问题,可联系各自经纪人进行售后服务。

随着互联网技术在房地产经纪领域的应用,通过技术手段变革了经纪人的某些业务方式,比如经纪人在面见客户前通过个人对市场的判断给出的物业估价在互联网技术下出现了新的方式,如 Redfin 公司推出的多维度的大数据算法系统。2017 年,Redfin 通过其算法系统估价的房屋中有64%的房屋和实际成交价误差在3%以内。虽然互联网为经纪行业的技术层面注入了高效、快捷、精准的技术手段,但不影响房地产经纪人的核心职能——获取资源、需求匹配、促成交易,而这正是经纪人业务的核心和灵魂。

3.小结

美国房地产市场是一个市场化程度相对较高的市场,政策性住房比例占比不到10%,房地产市场较早进入到存量时代,二手房交易数量为新房的 10 倍。根据 NAR 的统计,美国家庭平均每 9 年换一次房,二手房的流通率约为 4%,2016 年二手房交易所产生的经纪业务规模约为 84 亿美元。

独立、共享的房源信息系统(MLS)为经纪人的独立作业提供了基础,也决定了美国房地产市场的运作逻辑——独家委托、单边代理,经纪人之间平分佣金。此外,经纪公司对于经纪人来说在房源信息上的价值大幅降低,形成了美国经纪行业分散的市场格局。美国 37% 的经纪公司为品牌加盟公司,59% 的经纪公司为独立小规模公司,品牌商为加盟公司提供的支持也主要集中在对经纪人的培训教育上。此外,围绕为经纪人提供的一系列支持和服务,如教育培训、作业工具、福利保险等通过高度市场化予以解决,该部分将在本章中的第四部分做详细介绍。

二、房地产经纪人职业化的起源与变迁

1.经纪人职业化的起源

美国经纪人职业化起源于 19 世纪中后期,其表现为小范围内的地区组织成立,进行房客源信息共享和制定本组织内部成员遵守的行为规范,而推动房地产经纪人职业迈开专业化步伐的根本原因是:①房地产经纪行业面临被取代的危机;②进行信息共享,提高行业效率,增强经纪人的竞争力。

早期从事房地产经纪业务的除了专职的经纪人之外(早期以房地产经纪业务作为唯一或主要职业的经纪人主要源自于工业革命解放和淘汰的专业技术水平低下、难以找到其他工作的人员),律师和商人也作为兼职人员参与其中。但在行业发展早期,行业内部缺乏统一的行业自律机制,外部缺乏对行业运营的规范和监管。在这样的背景下,出现了多起经纪人投机、欺骗消费者的行为,其实这其中也有一部分"事故"并非经纪人的不道德行为所致,而是由于经纪人不具备必要的职业知识所致。如房屋产权保险职业的诞生源于一场这样的事故:经纪人 Muirhead 不具备产权保险的专业知识造成客户 Watson 在购买不动产后因为土地产权抵押未解除而遭受损失。房地产交易中的部分环节对于专业知识有比较高的要求,但事故中当时房地产交易流程的专业化分工程度非常低,经纪人往往参与整个流程,包括接受委托、信息匹配、带看磋商、议价谈判、抵押贷款及资金统筹、房屋检修及估价建议、产权保险及物业交割等全过程,但是经纪人并不具备承担此业务的能力。此外,一些负面消息被竞争对手——律师等进一步放大和传播，使得这些原本地位较低、因工业革命淘汰而来的经纪人在公众心中的形象和声誉直线下降。

在此情形下，小范围的地区经纪人组织成立，其职能一方面是进行房源信息的交流以提升成交率，另一方面是制定组织内成员必须遵守的行业行为准则，这一行动开启了美国经纪人职业化的历程。

2.经纪人职业化的演变

从1847年第一个地区性经纪人组织成立至今，美国房地产经纪人职业的专业化走过了170年的历史。在这170年中，美国房地产经纪人职业的专业化之路由成立地区级职业团体、建立地区级职业行为规范这一动作开启，由地区级职业团体走向州级、国家级行业协会。行业协会通过搭建房源共享信息系统（MLS）形成了对经纪人的强大吸引力，并通过制定全行业层面的道德行为准则、经纪人的职业资质要求、探索经纪人应该具备的知识结构和传播方式，推动美国房地产经纪人实现专业化。

美国房地产经纪人实现专业化的历程分为以下四个阶段：

（1）第一阶段：职业团体相继成立，实施行业行为规范

①从地区级职业组织到全国性行业协会

1847年，纽约房地产经纪人组织成立，其职能包括制定内部成员遵守的行业行为规范和进行房客源信息共享，这一组织形式是行业协会的前身。随着更大地理范围内交易需求的增加，地区级经纪人组织演变成了地理范围上更大地区级经纪人协会，其核心职能依然是规范经纪人的行为和房客源的信息共享。随着人员的跨地区流动、城市化的进程加快，推动了州级经纪人组织的成立。1908年，作为当时全美最大的经纪人协会——芝加哥经纪人协会成立，该协会作为美国房地产经纪人职业实现专业化的最大推手，在1972年正式更名为全美房地产经纪人协会（NAR），其自成立之初便发挥着最权威的职业团体的作用。（详见图3-7）

第一个地区级经纪人协会成立于圣地亚哥 1887年	全美最大的地区级经纪人协会成立于芝加哥 1908年	协会推动下，协会经纪人专有名词——Realtor出现 1916年	1913年制定的行业行为规范获得了法律通过 1924年
1847年 第一个正式的经纪组织成立于纽约，制定经纪人行为准则	1905年 第一个州级经纪人协会成立于加州	1913年 NAR制定了第一份行业诚信准则，准则的核心强调合作	1921年 加州经纪人协会最先成立了标准化表格委员会和佣金委员会	1972年 芝加哥经纪人协会正式更名为全美经纪人协会，简称NAR

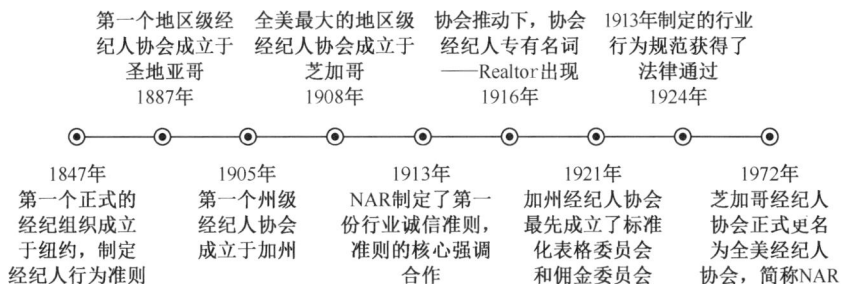

图 3-7　美国经纪行业协会及行业行为规范发展的重要节点

资料来源：贝壳研究院整理。

②从称呼到道德，试图以多个标签界定职业经纪人

1910 年，全美经纪人大会在芝加哥召开，第一次提出了房地产经纪人职业化的概念。1911 年的大会上组建了纪律委员会，负责制定协会成员在工作中应该遵守的基本准则。大会上，来自费城的协会主席 Frank S. Craven 讲到了"Ethics are as old as the world"，并提到了房地产经纪人应具备的基本品德，如"Golden Rule（金科玉律）"、"Do unto others as you would be done（己所不欲勿施于人）"等经典名句，突出职业道德的重要性。这一年，以 Realtor 作为协会会员经纪人的专属名词出现，力图证明协会中的经纪人是不会损害消费者利益的经纪人。1913 年，全美经纪人大会批准通过了《道德规范》提纲，全文于 1915 年正式出版，得到了行业内部成员的一致认可。但这本规范中对于道德的解读更多的是类似于宗教中的教义或者情怀，倡导经纪人要按照"绅士"的行为要求自己，即强调经纪人的自律性（在该规范中，第一次确定了美国房地产经纪行业中独家委托、单边代理的规则）。但是，仍有两个问题没有答案：一是如何确保道德规范被严格而有力度地执行，如果精心设置的道德标准没有被很好地执行，将会让公众更加嘲笑经纪行业，更谈不上对于经纪人的尊重；二是如何确保全美房地产经纪人协会之外的经纪人遵守道德标准，公众并不会区分行业协会内外的人，如果行业外的经纪人不遵守道德标准，行业协会内的人也会受到公众的指责和不信任。

《道德规范》致力于改变经纪人在社会公众心中形象的目的在行业内部达成了统一，但其更强调经纪人的自律性。为了让公众直观感受到行业的规范，协会在借鉴其他行业经验后，提出了从业许可作为第一道门槛，由此美国的房地产经纪人职业的专业化进入到了第二个阶段。

（2）第二阶段：建立从业许可制度，推动职业的"合法化社会排他"

①提出从业许可引发激烈争论，焦点在于从业许可权利的掌控权和内容上。

但是当从业许可制度，即房地产经纪人是否应该持牌（license）事宜被提出后，随即从业在行业内引起了轩然大波，由此形成了两个派别：反对派和赞成派。赞成派认为要达到公众对于房地产经纪人转变态度和看法的目的，对内要强调经纪人对职业道德的自律性，对外必须借鉴其他行业，设定从业门槛，实行从业许可，让公众能够直观感受到对经纪人的筛选。但是对反对派来说，从业许可远没有这么简单。

反对派认为从业许可是由政府机构评判的，评判内容不能反映一个优秀经纪人的全部能力。反对派的观点是：一个人之所以能成功，除了诚信，还有个人能力，而这些东西根本不应该交给政府去评判。他们甚至认为全美房地产经纪人协会通过政府监管的职业许可是基于对整个经纪行业从业者的不信任，从而选择强制性的手段去约束经纪人。很多的经纪人甚至认为这是对自己的一种侮辱，他们认为只有那些缺乏诚信和自制力的人才需要被许可、被约束。除了这一层面的考虑之外，反对者还认为强制推行职业许可不仅会让政府这样一个外行成为房地产经纪人的把关者，还有可能强迫经纪人支付职业许可的申请费，进而进一步加剧经纪人的支出。

反对派的观点聚焦在：从业许可的评定权掌握在谁手里，掌握评定权的机构是否真的了解房地产经纪行业，从业许可是否真的能够全面反映从业者的个人能力和职业道德，总结起来便是职业的自主权，这几个维度也是衡量一个职业实现专业化程度的重要维度。

②协会掌控自主权，折中考虑，强调品行，经纪人的从业许可从点到面全部推开。

尽管面临巨大的阻力，但1917年，加利福尼亚州政府在加利福尼亚州房地产经纪人协会的大力公关下通过了第一个州级的经纪人执照法，在1918年召开的全美房地产经纪年度会议上，最终批准通过了《经纪人职业许可法》（第一版）。所以，在房地产经纪人从业许可的认定上，协会一开始便掌握了全部的权力，而且这种权力下放至州级协会，即便是后来政府机构成立了房地产管理委员会,但委员会成员也是以经纪人为主,部分州的委员会隶属于司法机构中,作为第三方的监管机构发挥对经纪人的监督职责。

该法案是由全美房地产经纪人协会顾问、著名律师 Nathan William MacChesney 起草。该法案是考虑了反对派观点的折中法案,这一点体现在职业许可申请费用方面,虽然许可法要求按照州收取许可费,但收取数目上仅作为象征性收取。

法案的典型特征体现在从业许可的内容上:强调职业的道德声誉而非职业技能,即只有品行经过核准才能获取职业许可。在这样的法规下,很多州对许可证申请者的评定方法是申请者提供所在地声誉良好的两个经纪人作为推荐和担保人便可获取从业许可,通过率非常高,如威斯康星州在 1919 年首次实行经纪人从业许可后便收到了 4456 份申请,其中仅 12 人由于存在欺诈行为而被拒;在对从业者监管方面,州级政府有权撤销从业者的执照,但是早期撤销的原因也主要集中在从业人员的道德品行方面。

虽然全美房地产经纪人协会将经纪人从业许可的权力下放到了州级经纪人协会,但是 20 世纪 20 年代,很多州几乎全文不动地引用了加州的条例。1922 年,美国联邦最高法院通过了该法案,《经纪人职业许可法》正式成为美国联邦法律的一部分;到 1923 年,全美共计 13 个州推行了经纪人职业许可法;到 1949 年,美国 36 个州,加拿大 2 个省,都通过了经纪人执照法。如今,获取从业资格证是美国房地产经纪人从业的第一道门槛。100 年的从业资质历史,从主观评判到客观考核,从最初的品行、推荐到当前的符合标准、参加考试,不变的是经纪人从业许可的权力始终掌握在协会手里。(详见图 3-8)

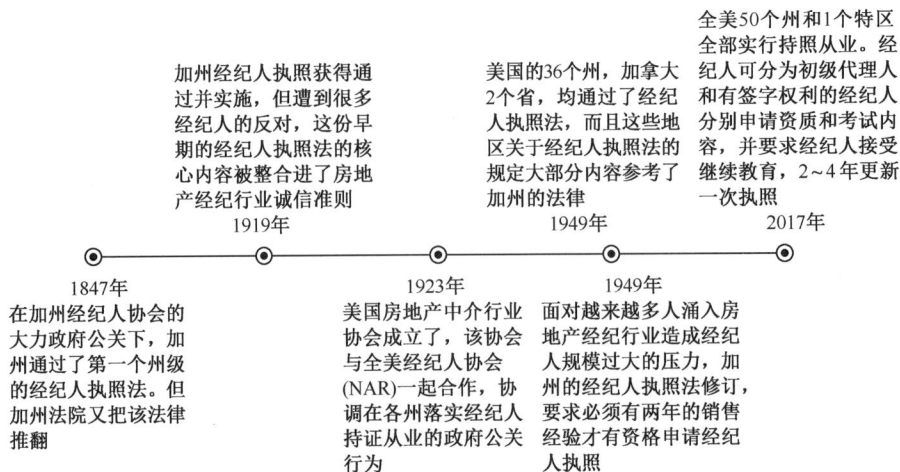

图 3-8　美国经纪人从业许可制度的发展历程

资料来源：贝壳研究院整理。

（3）第三阶段：探索经纪人的专业知识和教育方式，试图构建行业壁垒

①1916—1918 年，房地产经纪人的知识和教育议题提出。

在房地产经纪人职业化的探索中，道德品行作为首个核心要素最早被提及和实践，但是关于房地产经纪行业的专业知识和技能教育在早期是缺失的。

在 1916 年召开的全美经纪会议上，Harry T.Clough 提出了房地产交易领域基础知识和教育缺失的议题，他指出因为专业知识的缺乏使得房地产经纪人的地位受到了威胁。因为房地产经纪人专业知识的缺乏，在房地产交易环节中几乎全程需要法律顾问的协助，这使得房地产经纪人不具有排他性和竞争性，很容易被律师等职业所取代。其实，这个时候很多人也已经意识到基础知识和教育的确直接影响到了行业安身立命的基础，但是当时的行业教育现状却是一小部分地区会邀请成功的经纪人以开展讲座的方式进行经验分享，没有建立系统的经纪人从业知识体系和广泛的传播渠道。

经纪人专业性知识和教育的紧迫性推动在 1916 年召开的房地产经纪人大会上成立了房地产课程体系研发委员会和教材编写委员会（两个委员会隶属协会）。1917 年年会上，房地产课程体系研发委员会主席 B.L. Lambuth 提出全美房地产经纪人协会不仅要支持教科书的编写，还需要制定全国性的课程体系,这一提议引起了争论,焦点在于:是否在全国范围内使用统一的课程,并且每一个地方都要遵照课程大纲安排教学。反对派认为房地产知识的教育应该像社会学、经济学那样,由导师自由选择所教授的内容,但是当时的房地产知识教程非常稀缺,根本做不到自由选择。最终的结果是大会没有直接采用委员会的建议,而是将提案交给新成立的委员会做进一步的审核。虽然课程体系研发委员会没有取得非常明确的胜利,但是我们也看到了该委员会试图在房地产教育领域中引入现代教育理论、将房地产教育体系系统化的理念。

②1918—1921 年,经纪人的专业知识和教育有了生根发芽的土壤,但谁来主导成为争议焦点。

在美国房地产知识和教育探索中,全美房地产经纪人协会和美国威斯康星州的著名经济学家 Richard T. Ely 展开了争夺这一领域控制权的较量。

Richard T. Ely 在 1918 年将他对房地产行业的职业化改革思路推到公众面前。此前由于受到 1894 年异端学术思想审判事件的影响①,他一直拒绝公开讲述自己关于房地产职业化的改革思路,但在 1918 年全美房地产经纪人协会(NAR)通过了《经纪人职业许可法》,Richard T. Ely 看到了其所倡导的理念有了落地开花的土壤。

说到这里,不得不提"第二十二条军规"怪圈②:要想说服别人提供资助,必须有能够吸引别人的成果,但是没有足够的资金支持是出不来好的成果的,这是几乎所有第三方研究机构都会遇到的难题,这也是制约着几乎所有行业前进的重大阻力。放眼当前,各行各业的杰出企业无一例外的都有自己的研究机构,Google、百度和华为等,在研发领域投入的资金逐年增加。一个行业的发展离不开研发的支撑,而研发离不开资金的支撑,除了与行业或者公司决策层的意识有关之外,资金实力也是不可忽略的重大因素,我们也可以把这看作是行业发展中的"马太效应"。Richard T. Ely

---

① 异端审判是指统治者对持不同教义观点的派别及个人采取的一种严厉审判制度。

② 《第二十二条军规》是美国作家约瑟夫·海勒创作的长篇小说,"第二十二条军规"理论:只有疯子才能获准免于飞行,但必须由本人提出申请。但你一旦提出申请,恰好证明你是一个正常人,还是在劫难逃。

在推进他的研究发展中,遇到了同样的问题,这也是 Richard T. Ely 极力争取全美房地产经纪人协会支持的原因。其实 Richard T. Ely 本人的研究领域是土地经济学,和房地产经纪人的直接关联度并不是很高,但是土地经济学在当时属于全新的知识领域,除了得到了农场抵押贷款银行协会的支持外很难获得其他资助,但全美房地产经纪人协会在当时拥有 7000 名会员,其财务能力和影响力都是支持 Richard T. Ely 研究的最佳选择。

针对 Richard T. Ely 的想法,全美房地产经纪人协会中出现了两个代表不同观点的派别:一派是以 NAR 主席 Irving B.Hiett 为代表的支持以第三方独立机构开展研究的支持派;另一派是以经纪人 Iring Macomber 为代表的反对第三方研究机构介入的反对派,反对者认为协会应该设立自己的研究机构。最终协会做出综合了两派观点的裁定:一方面支持 Richard T. Ely 开展独立研究,另一方面,NAR 组建自己的研究机构,1921 年,NAR 内部研究机构成立。

③1921 年后,经纪人专业知识和教育的探索和实践在艰难中逐渐落地,但效果并不明显。

A.研究经费遭遇困难

Richard T. Ely 研究所的首要问题是研究经费,虽然 NAR 承诺支付研究经费,但是面对 1922 年 Richard T. Ely 提出的 12500 美元及 1923 年增加至 25000 美元的费用申请时,全美房地产经纪人协会主席 Irving B.Hiett 犯难了,因为 25000 美元占到了当年协会总收入的 1/4。最终,Irving B. Hiett 决定每年向 Richard T. Ely 研究所支付 5000 美元,并且强调了研究所必须尽快做出成效。

为了扩大经费来源,Richard T. Ely 决定将其研究成果的意义扩大,不仅仅局限于服务房地产经纪人、不动产抵押贷款银行人员以及不动产业务相关的公共事业者。Richard T. Ely 强调他所从事的土地经济学研究是为了改善土地与人类的关系,而这一关系全人类发展的新领域必须由独立的第三方研究机构进行,而他本人作为资深的研究者最合适不过了。此外,Richard T. Ely 还承诺给通过培训和考核的经纪人颁发类似于英国皇家特许测量师执业资格证书这样非常具有身份认同感的证书。同时 Richard T. Ely 还新增了咨询业务,向提供经费的机构或者个人提供包括房地产市场趋势判断、土地价值分析在内的收费服务，在增加收入渠道之际，研究所获得了卡内基公司[①]提供的 62500 美元经费支持。

B.知识的内容上

1922 年，出版委员会于芝加哥成立了房地产经纪领域中的第一个图书馆，并且就房地产教育行业的课程体系组织了讨论，Richard T. Ely 着手编写第一本教材——《土地经济学概论》，但是初稿得到的反馈却和他预想中的完全不一致，不管是经纪人还是协会的领导，都觉得他的教材言语太过于晦涩，难以理解，内容上则更多强调了土地的规划和价值，反而偏离了与经纪人业务技能最重要的实践性内容。总之，教材初稿的反馈核心是内容过于理论而不具有实际的指导价值。面对这样的反馈，Richard T. Ely 陷入了思考，尤其是研究所当时针对纽约土地价值的一份调查更是让经纪人对 Richard T. Ely 的研究目的产生了强烈的质疑，该调查结果显示纽约的土地价值经过长时间的发展已经进入了平稳期，虽然 Richard T. Ely 本人认为调查结果只能说明纽约的房地产市场进入了稳健期，但是经纪人们认为这样的言论会导致资金不再流向房地产而是寻求更高利润的行业，这对于经纪人的业务无疑是摧毁性的打击。于是，Richard T. Ely 决定改变研究思路，开发更加贴近经纪人业务的课程，弱化单纯的土地价值研究，将土地章节简化融入整个教育知识体系中。

在 1923 年召开的一年一度协会大会通过了 Richard T. Ely 关于课程开发和教育体系划分的提议，包括 12 本教材和教育形式，Richard T. Ely 成了 12 本教材编写的负责人。半年后，Richard T. Ely 团队编写的《房地产实务原则》、《土地经济学概要》和《房地产评估》三本教材问世（1925—1930 年，12 本中的其他 9 本相继出版问世）。如《房地产实务原则》内容包括办公组织、租用与出租、保险、销售、宣传、评估、物业经营、金融、法律、细分与城市规划、税务、政府作用、职业关系，以及"成功的必要条件"等多项内容，目标人群涵盖还未从业的经纪人和已经从业的经纪人，作为房地产经纪人的入门课本。

---

① 美国卡内基公司于 1912 年 10 月 22 日成立于纽约，是目前全球唯一一家拥有超过 100 年经验的培训机构，业务涵盖领导魅力、管理艺术、公众演讲、高效沟通、团队协作、自信勇气、人际关系、态度管理、情绪管理、压力管理等培训和咨询，而这些技能或者素质恰好是房地产经纪人所要具备的。

C.知识的传播上

Richard T. Ely 最开始的设想是四年制学院式教育模式，但考虑到当时经纪人文化程度整体比较低，而且已经从业的经纪人难以接受四年制的学院式教育模式，不得不改为两种模式：一是针对已经从事房地产经纪业务的人员进行的实务培训，另一个是打造学院式的针对未入行的新人进行的全方位教育，但是截至 1924 年，仅威斯康星大学、西北大学和密歇根大学设立了房地产经纪人专业。针对在职的经纪人，由 Richard T. Ely 所在的研究所、协会、基督教青年会联合学校和美国商学院协会组成了联合委员会，开办培训机构。

虽然对经纪人的培训在不断尝试，但房地产经纪人的专业知识在经纪人中的接受和传播并不顺利。其原因在于房地产经纪是应用性的业务，且房屋本身的异质性太强，而教材中的知识很难直接作用于经纪人业务中的核心职能——信息匹配和交易撮合，所以，早期的这套知识和教育方式没能延续下去。

发展至今，美国在经纪人的专业知识和教育方式上，采取了与获取职业资质及职业的继续教育结合的方式，即经纪人满足一些基本的条件、通过一定时间的课程学习、通过相应的考试获取从业资格证，在职业中完成相应的学习内容，进行资格证的更新。

（4）第四阶段：规范经纪人行为，加强对经纪人的监管

在经纪人的行为规范和监管方面，1913 年，全美房地产经纪人协会制定了美国房地产经纪行业第一部自律规范——《道德规范》[1]，内容涉及经纪人对于社会、消费者和同业的职责，该部规范最终上升至法律层面成为强制性的房地产经纪人行为监管规范。从出台至今，该规范经历了 46 次的修改，但核心原则没有大的改变，该部规范也作为美国房地产经纪行业的核心法规持续发挥作用。随后协会出台《MLS 章程》，从业务操作层面规范经纪人的行为。1971 年，协会再次出台《MLS 运行章程"十四条"原

---

[1] 《道德规范》自 1913 年起，前后大致共经历了 46 次修改：1914，1915，1924，1928，1950，1952，1955，1956，1961，1962，1974，1975，1976，1977，1980，1982，1984，1985，1986，1987，1989，1990，1991，1992，1993，1994，1995，1996，1997，1998，1999，2000，2001，2002，2003，2004，2005，2006，2007，2008，2009，2010，2011，2012，2013，2015。

则》,取消之前的"推荐"佣金法案。

作为英美法系①的典型国家,美国在经纪行业的行为规范并无太多成文的法律法规,协会早期出台的《道德规范》和《MLS 章程》确定了大的原则,各州协会在大的原则下制定适合本州的具体执行层面的规则,州级和地区级经纪人遵循州级相应的规则。此外,各州对于经纪人的处罚并无明确的成文法规,而是典型的判例法,即根据以往案例的积累形成后续同类事件发生后的处理借鉴依据。

3.小结

通过对美国房地产经纪人职业化的百年演变,可以发现美国的房地产经纪人在实现职业化上是典型的传统职业实现专业化的路径,即组建职业团体、设立职业资质、探索职业知识和传播形式、建立行业规范和监管,满足了传统职业实现专业化路径的全部要素。在职业知识和传播形式的探索上,就经纪人这一实践性极强的职业到底需要什么样的知识内容、何种传播形式更符合其需求,早期所尝试的理论知识为主、学院式教育传播的行为以失败告终。

三、房地产经纪人职业化的表现

1.职业化的组织、推动机构

(1)经纪人协会

经纪人协会是美国经纪行业重要的组织形式,协会通过游说政府、影响立法等争取行业利益。行业协会由上至下分为国家级、州级和地方级三个等级,三级协会之间是贯通上下的网络性关系,不是领导和被领导的关系,三级协会之间因各自发挥的作用不同而相互关联、相互依存。

---

① 英美法系(Common Law),又称普通法系、海洋法系,起源于中世纪的英格兰,典型特征是很多问题并无成文法可供凭借,判案全靠依据当时风俗习惯,基督教道德也对审判结果有很大影响,所以又称之为"不成文法系",同大陆法系偏重于法典相比,英美法系在司法审判原则上更"遵循先例",即作为判例的先例对其后的案件具有法律约束力,成为日后法官审判的基本原则。

①全美房地产经纪人协会(NAR)的组织形式及职责

全美房地产经纪人协会,1908 年成立于美国芝加哥,最初是一个地方级行业组织,但是由于其规模庞大,影响力大,成立之初便承担了经纪人协会的核心职能。1972 年,为强调经纪人的重要性,正式更名为全美房地产经纪人协会。

全美房地产经纪人协会实行董事制,会员董事是主要成员,会员董事的数量由州级协会根据地方级协会会员的数量占比来确定,协会的日常事务由总裁主持,总裁是轮流制,任期一般为 1～2 年。全美房地产经纪人协会会员包含了 50 个州、1 个特区和 3 个地区经纪人协会(关岛、美属维尔京群岛和美属萨摩亚)的共计 1200 多个地方协会的 123 万名经纪人,是美国会员规模最大的行业协会。

全美房地产经纪人协会的使命是做房地产经纪行业的代言人,帮助会员争取更多权益,主要的方式包括:游说政府、影响政府决策,为经纪人的房地产市场研究提供服务,出版有影响力的行业著作,进行房地产经纪行业的宣传推广,对经纪人提供如法律等服务。全美房地产经纪人协会的运营支持全部来自会员会费。2016 年,全美平均的会员会费为 120 美元/人,另外收取 35 美元的政府公关费,估算 2016 年 NAR 的会员收费约为1.9亿美元。在协会 2016 年的费用支出中,40％用于游说政府,30％用于进行行业务宣传,其余为协会其他活动和日常支出。

②州级经纪人协会的组织形式及职责

州级经纪人协会成立时间集中于 20 世纪初期,成立最初的目的是通过加入协会与投机取巧者进行区别,从而维护经纪人声誉,拯救行业声誉。

目前,美国 50 个州和 1 个特区均设有经纪人协会,此外还包含关岛、美属维尔京群岛和美属萨摩亚三个地区经纪人协会。州级经纪人协会通常和全美房地产经纪人协会(NAR)有着相对应的组织架构。州级经纪人协会的收入主要来自会费,各州的会费标准由州级协会自己设定,如 2016 年伊利诺伊州的会费为 245 美元/人,亚拉巴马州为 100 美元/人,会员会费一般与该州的房地产市场规模呈正相关。

州级经纪人协会的主要作用:参与政府事务、组织资金募集、共同影响议会立法,大型的州级经纪人协会也会进行公关工作,积极参与会员的培训与教育、制定经纪人用的各种标准化表格（如房源表格），为经纪人提供如纠纷仲裁等服务。

③地区级经纪人协会的组织形式及职责

地区级经纪人协会对经纪人的业务开展来说是最重要的，同时也是行业协会最早期的组织形态。地区级经纪人协会成立的初衷是进行房源与客源的信息交换，所以，地区级经纪人协会是 MLS 系统的主要搭建者，MLS 也是以地区级经纪人协会为单位存在和运行的。地区级经纪人协会的收入包含会费和 MLS 使用费。地区级经纪人协会最核心的职能是维护 MLS 的运行（这也是房地产经纪行业中协会能够存在的核心命脉），同时还包含监督会员的执业行为并进行仲裁、经纪人教育、行业宣传等，大型的地区级经纪人协会也会进行政府游说等。

所以，美国的房地产经纪人协会的主要职责包括：管理房源共享信息系统（MLS）、制定执业规范、规范执业行为、提供专业培训、处理行业投诉等。

表 3-2　2016 年芝加哥的经纪人要加入协会所需要缴纳的费用情况[①]

费用细分	费用（美元/年·人）
Local Dues（CAR.）（芝加哥协会会费）	263.00
State Dues（Illinois Realtors）（伊利诺伊州级协会会费）	245.00
National Dues（NAR.）（全美房地产经纪人协会会费）	155.00
MLS Fees（MLS 服务费）	308.00
RPAC Investment*（自愿缴纳，用于游说政府，不可抵个税）	20.00
Foundation Investment*（基金投资，可抵扣个税）	20.00
REEF Investment*（房地产教育基金，可抵扣个税）	5.00
Total Dues，Fees & Contributions（合计）	1016.00

资料来源：Chicago Association of Realtors。

所以，美国房地产经纪人协会由下至上形成了地区级、州级和国家级三级形式，在协会的加入方式上，只要经纪人加入行业协会，则必须加入到

---

① 缴费模式分为一次付清和分期付清两种形式，此外，在所缴纳的费用中，用于游说政府的部分不计税。

地方级、州级和国家级三个系统中(见图3-9)。同时,加入协会的经纪人必须选择加入MLS;此外,关于非协会会员能否使用MLS这一争论从1966年一直持续到1994年,争论的焦点集中在MLS如果限制非会员使用是否违反了反垄断法,这一争论直到2006年在加利福尼亚州还在继续。目前大部分地区采取的措施是1994年达成的协议,由地区自主决定是否允许非协会会员使用MLS,即便如此,会员经纪人和非会员经纪人在使用MLS上的权利存在不对称情形。

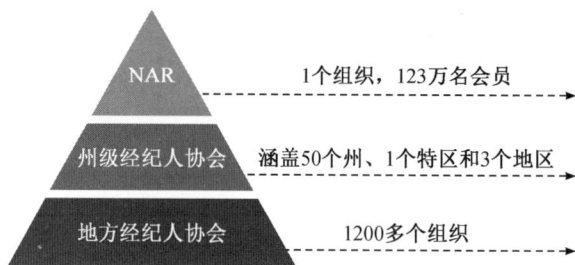

图3-9 美国房地产经纪行业的三级协会体系

资料来源:NAR、贝壳研究院整理。

美国经纪人的职业团体有悠久的历史、健全的组织体系、庞大的会员规模及非常强的行业影响力,协会有能力影响政府的决策,在争取行业利益上有非常强的话语权,体现了职业的高自主性。

(2)房地产委员会

以州为级别设立的房地产委员会作为房地产经纪业行业的政府管理机构,负责房地产经纪人的考试管理和对经纪人的日常业务行为管理。但是由于房地产委员会的成员中包含较多房地产经纪人协会会员,所以房地产委员会的很多行为受到行业协会的影响。

在房地产经纪人的考试管理中,房地产委员会以订立合同方式委托给专业公司或学校对经纪人进行培训,方式可以是直接委托给考试公司和向州政府申请委托学校来培训房地产经纪人,后者需要对学校的资质进行审查,在审查其具备培训资格后房地产委员会会批准其招生培训资格,并订立合同。房地产委员会最终决定经纪人培训教材和考试试题。对经纪人的日常业务管理主要包括对经纪人诚信行为的调查,包括执业前的品行审查和执业过程中的不诚信行为,各州的房地产委员会一般设有一个调查机构,对经纪人的业务行为进行调查,如发现问题则直接向房地产委员会报告,委员会会进行调查并做出处罚,如吊销牌照,但如果事件的严重程度超出了委员会的权责范围,则由该委员会讨论决定是否向法院控告。

2.职业资格制度

(1)执业资质要求

自1917年加利福尼亚州经纪人协会通过了全美第一部经纪人执照法发展至今,全美经纪人必须持照从业,美国经纪人的牌照系统和美国的行政区系统一致,以州为单位,各州政府出台本州经纪人的执业考试要求——《房地产牌照法》(Real Estate License Law),协会在其中的作用非常突出,包括经纪人的考试要求方面的规定。

①执业资质范围界定

在美国,经纪人执照获取是以州为单位,执业范围也是以州为单位,如果一个州的经纪人想要在另一个州执业,必须获取该州的职业资格证书。由于各州对于非本州常住经纪人获取执照的规定各不相同,大概分为以下几类:

A.执行互惠协议:一般相邻的州执行互惠协议,也有地理上不相邻但执行互惠协议的州,比如纽约州与阿肯色州和科罗拉多州均建立了互惠协议,但纽约州与这两个州地理上并不相连。互惠协议要求非本州经纪人遵守本州法律,可简化获取本州执照流程,在比如马里兰州和宾夕法尼亚州之间的互惠协议是申请者只需参加必考课程(即可以不参加选修课考试)就可获取执照。执行互惠协议的州一般要求此类经纪人在本地经纪人的监管下工作。

B.不执行互惠协议:比如科罗拉多州就不执行任何互惠协议,只要是非科罗拉多州居民想要获取科罗拉多州的执照就必须按照本州法律规定执行。

对于申请多个州执业证书的经纪人,在申请之前必须提供个人已经获取了各州的执照记录证明,如果执照和身份信息对不上,申请者还需要提供能够证明自己身份的材料,比如社会保险或者结婚证等。

②执业资格认定流程

美国经纪人的执业资质获取在操作层面上主要由州级房地产管理委员会负责，具体流程如图 3-10 所示。有的州的房地产管理委员会是独立存在的，但有的州的房地产管理委员会直接归属司法部门下，为其分支，其成员一般由政府部门人员和协会成员构成，职能是通过执照、法规、教育和执法来维护和促进房地产业健康发展，但由于美国经纪人协会的作用非常强大，所以在很多内容的制定上，经纪人协会，尤其是州级经纪人协会有非常强的话语权，影响甚至决定着具体的内容。

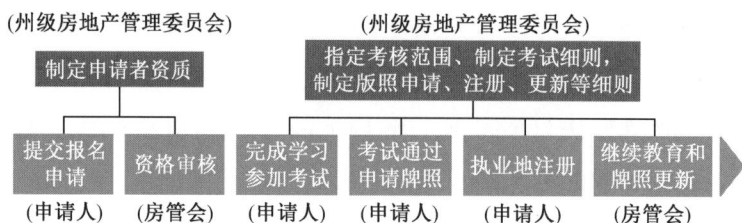

（州级房地产管理委员会）　　　　（州级房地产管理委员会）

制定申请者资质　　　　指定考核范围、制定考试细则，制定版照申请、注册、更新等细则

提交报名申请	资格审核	完成学习参加考试	考试通过申请牌照	执业地注册	继续教育和牌照更新
（申请人）	（房管会）	（申请人）	（申请人）	（申请人）	（房管会）

图 3-10　美国经纪人职业资格认证流程

资料来源：贝壳研究院整理。

（2）执业资质获取

①经纪人类型

美国要求从事房地产经纪业务者必须获取从业牌照，美国经纪人的类型按照权利边界分为销售员和经纪人两类，即 salesperson 和 broker。两类经纪人的执业资质要求也不尽相同，salesperson 为初级经纪人，不具备在成交合同上签字的权利，即不能对交易负完全责任，broker 是具有开设经纪公司资格和在交易协议上签字的经纪人。broker 的申请门槛和考核内容都比 salesperson 严格。在权利边界上，broker 对整个交易环节负责并确权，同时 broker 也是开设一家经纪公司的必要条件，比如对于加盟店的要求，一个店中至少有一个 broker 牌照。

需要注意的是，在英语系国家中，仅美国的经纪人为专有名词——broker，其他国家的经纪人一词均为 agent，其实美国经纪人的称呼也反映着行业职业化的变迁。1911 年，诞生了美国房地产经纪人的首个专有名词——realtor，这一专有名词的创始人是明尼阿波利斯市一位名叫 Charles N.Chadbourn 的经纪人，因为当时还未实行经纪人执业资质考核和认证，他的初衷是通过这样一个专有名词能够使得公众将真正从事房地产交易的人与借房地产经纪之名的投机欺诈者予以区分。1916年,在新奥尔良举行的全美房地产经纪人年会上"realtor"获得批准。1917年,"realtor"第一次出现在《韦氏国际词典中》,按照该词典的解释,"realtor"(房地产经纪人)专指"属于全美房地产经济人协会(NAR)且在从事房地产交易过程中不损害公众利益的销售员或经纪人"。到1922年,45个州的经纪人协会名称中引用了"realtor",后来,为了区分协会会员与非协会会员,经纪人称呼改称为broker,而realtor演变为REALTOR®,专指经纪人中的协会会员。

②牌照获取途径

美国房地产经纪人牌照事务是以州为单位,州级协会和州级房地产管理委员共同制定相应的规则。获取牌照的一般路径为:申请获取牌照考试资质,完成各州要求的课程学习并参加牌照获取考试,考试通过后向州级房地产管理委员会递交成绩和申请,由房地产管理委员会核准后发放房地产经纪人从业资格证。具体获取途径如下:

A.第一步:申请并参加课程学习和考试。

在申请房地产经纪人从业资格证前申请者需要符合房地产管理委员会设定的基本标准,如年龄、学历、品行等,年龄上,18岁作为经纪人从业的最低要求;学历上,高中为经纪人从业的最低要求;品行上,诚信、无违法犯罪行为,在这个方面的要求上各州的具体要求略有差异。

虽然各州对于经纪人获取牌照所需学习的课程要求不同,但除非申请人已经获取了州级律师资格考试,否则均需要完成相应的课程学习,各州所要求的课程内容均不完全相同,但对于课程内容的学习基本上要求是60~90小时的college level education(大学水平的教育,相当于大学)学习,内容涵盖公平住房法案、财产所有权类型、代理责任、协议、合同等,对于联邦、州在房地产行业方面的法律、法规均包含在所有的课程内容中。

以经纪人规模最大的加利福尼亚州为例,见表3-3:

表3-3　美国加利福尼亚州经纪人的从业资格申请系列规定

内容	销售员（salesperson）	经纪人（broker）
年龄	18周岁及以上	
学历	高中及以上	
身份	2014年9月，加利福尼亚州州长签署法案，修改了原先申请经纪人必须具有美国公民身份或者在美居住权的要求，改为申请者只需提供个人社保号码或个人纳税证明记录即可。如非加利福尼亚州本地居民申请，则需要填写申请表，与指纹一并提交至加利福尼亚州房地产管理委员会进行审核，申请表内容主要为个人基本信息的核实	
品行	申请者必须诚实守信，真实详实地填写个人经历，如被查出存在政策明显禁止的罪行（如贿赂公职人员，盗窃等）则取消申请资质或吊销执业资质	
经验	无要求	过去5年内至少有两年销售员的全职工作经验，或者同等水平的工作经验
课程要求（初次参加）	必须完成3门课程学习，除"房地产学原理"和"房地产实务"2门必修课外，必须在"商业法""公共利益发展学""第三方支付学""通用会计学""抵押贷学""房地产评估学""房地产经济学""房地产法""房地产金融学""房地产管理""房地产行政管理"共计12门课程中选修1门	必须修完8门课程，其中5门必修课，分别为"房地产法""房地产实务""房地产估价""房地产金融学""房地产经纪"，其他3门在"房地产开发学""房地产估价""公共利益发""高级房产学""商业法""抵押贷款学""资产管理""第三方付计算应用""房地产行政管理"等共计11门课程中选择
学习方式	可自主学习，但必须在54天内完成135个小时的课程学习	参加房地产管理委员会指定培训机构的培训，54天内完成135个小时的学习
考试场次和题型	1场，50道多选题	2场，各100道多选题
考试频率和时长	每月举行10~15场	每月举行2~3场
通过的衡量标准	正确率70%及以上	正确率75%及以上
考试费用（美元）	考试费60，指纹费49	考试费95，指纹费49
牌照费（美元）	初次申领245，有效期内更新245，超过有效期更新367	初次申领300，有效期内更新300，超过有效期更新450

资料来源：加利福尼亚州房屋管理局，贝壳研究院整理。

通过对比销售员和经纪人的课程内容,可以发现经纪人的课程内更为广泛和高深。以在美国 50 个州和一个特区都有培训点且获得政府和协会认可的一家房地产经纪人牌照课程培训机构——Real Estate Express 的培训为例,该机构对经纪人的 135 小时课程学习按照内容分为了三部分,如下:

a.第一部分:45 小时的房地产原理性课程。课程的重点是加利福尼亚州法律、房地产代理和土地使用法规。

课程内容包括:对加利福尼亚州房地产基本原理的介绍、对加利福尼亚州房地产管理委员会的介绍、经纪人牌照法、职业操守与道德、不动产属性及产权、产权的转让及原则、资金监管(即 ESCROW 账户、租赁、代理法、刑法及其他关联法律、房地产金融、贷款、融资、信托、评估、税务、房屋附属物及公共属性、规划、交易合同中的信息披露、物业管理、商业机会、法律更新等。在课程结束后会有两次关于课程内容的实践,最后会有一次考试。

b.第二部分:45 小时的房地产实践课程。课程的重点是如何将房地产经纪打造成为成功的职业。

课程内容包括:房地产基础知识的介绍、道德、公平住房法案及资金监管账户的介绍、经纪公司及经纪人的强制性信息披露、房屋实勘、挂牌呈现、挂牌协议、挂牌服务、营销广告、与经纪人的合作、约见客户、贷款、资金监管及产权保险、税收、房地产投资、商业物业的销售及租赁、交易关闭。在课程结束后会进行一场考试。

c.第三部分:45 小时的房地产金融课程。课程的重点是房地产相关的金融、对消费者的保护、行业法律法规等。

课程内容包括:财务概述、融资工具、合法贷款、贷款及还款要求、二级抵押市场、抵押担保与赎回、土地开发与项目融资、房地产收入、房地产投资信托、投资风险管理等。课程结束后会进行一场考试。

B.第二步:牌照申请与执业地注册。

通过执业资格考试后,可在 2 年内向当地房管局提交执照申请书和指纹证明资料,并支付申请费用,经房管局审核通过后向申请者颁发经纪人执照或销售员执照。在获取执照后,要按照各地的要求进行执照更新,一般 2~4 年要求更新一次。执照更新所需要的材料包括:更新执照申请书、继续教育证明、考试成绩证明、所服务的经纪机构信息,并支付相应的申请费用。对于无法通过考试或者没有按期注册者,政府将取消执业资格。并不是通过考试获取执照就可以开展业务,而是必须先与一家经纪公司签约,并参加一段时间的实习,后经发照部门申请通过后注册,注册后方可执业。

可见,美国经纪人所需要掌握的知识内容相对丰富,从房地产的基础知识、基本原理到业务中的实际操作、贷款、产权保险、资金监管、法律规范,从经纪人的职业道德和行为规范到房地产业务在整个社会中的作用,基本涵盖了房地产及其交易的全部内容。

以上是房地产经纪人获取从业牌照的流程,除对经纪人的牌照要求之外,在美国设立房地产经纪公司,至少需要提供一个房地产经纪人牌照,才可向政府企业登记部门提出申请,登记部门确认其牌照的真实性后,便可获准登记。

③考试通过率

2016年经纪人牌照考试的整体通过率方面,加州为54%,佛罗里达州为44%,得克萨斯州为61%、宾夕法尼亚州为72%。其中,销售员的通过率显著高于经纪人。2015年全美房地产经纪人考试通过率为20%,销售员的考试通过率可以达到60%左右。

2017年10月份,得克萨斯州房地产管理委员会对指定的34家培训机构中经纪人首次参加考试通过率进行了公布。在2015年11月1日至2017年10月31日期间,32512名考试参加者,考试通过者18948人,整体通过率为58.3%,其中31186名销售员参加考试,17662人通过,通过率为56.6%,1326名经纪人参加考试,747人通过,通过率为56.3%。参加销售员考试的人数为参加经纪人考试的23.5倍,该时间段,经纪人和销售员的考试通过率基本持平。

此外,房地产管理委员会每年会根据各培训机构的考试通过率情况对培训机构进行排名,对于整体通过率不超过50%的机构暂时保留其资格,对于通过率不超过10%的机构撤销其资格,34家培训机构的通过率情况详见附录1。

④继续教育与更新

加利福尼亚州对销售员和经纪人的要求是在初次申请牌照后每 4 年进行一次牌照更新,在申请更新牌照前经纪人要完成相应的课程内容学习。对于销售员的具体要求为:完成 45 个小时的继续教育课程,其中道德、代理法、信托基金、公平住房法案和风险管理内容分别为 3 小时,消费者利益维护课程至少 18 小时,其余时间的课程也主要围绕客户服务和客户利益保护开设。对于经纪人的要求为:在销售员的要求基础上多加一门 3 小时的管理与监督课程。

3.职业行为监管

(1)行业监管的框架及典型特征

在美国房地产经纪行业的百年发展历程中,全美房地产经纪人协会(NAR)负责制定行业中的一切规范要求并监督落实,且通过游说政府将部分规范上升到法律层面,通过立法的形式颁布,使其成为全行业的权威性法规。这就是美国的房地产经纪行业的规范和监管最大的特点——外部监管源自内部规范,即政府层面的法律法规源自协会的行业自律规范。

美国房地产经纪行业的监管体现在行业进入、行业运行和行业退出三个阶段,每个阶段有对应的监管规范或法律。美国房地产经纪行业的《道德规范和行为准则》(Code of Ethics and Standards of Practice①)自 1915 年首次颁布以来,经过 40 多次的修改,目前的内容涵盖了对房地产经纪业务各个环节的监管。(见图 3-11)

①　在 1975 年,行为准则(Standards of Practice)被首次采用,补充了此前仅有的道德规范条款。在被采纳之初,行为准则是独立的,列在道德规范之后。从 1985 年开始,行为准则和道德条款的结构被重新调整,改成如今这样的结构,即每一个道德规范条款和与其相应的行为准则被放在了一起。

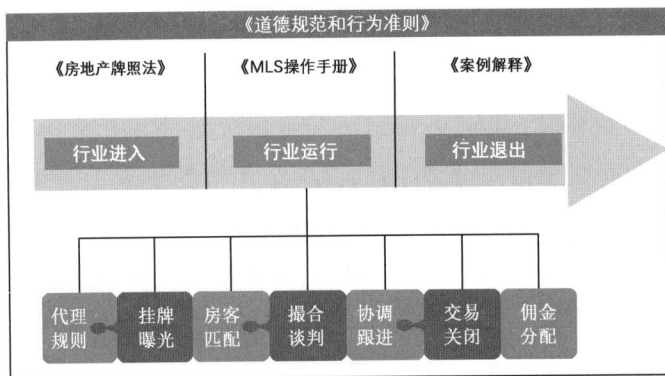

图 3-11 美国房地产经纪业务中各环节的监管

资料来源:NAR、贝壳研究院整理。

(2)贯穿行业全流程的监管——《道德规范和行为准则》

1915 年,全美第一部行业自律规范——《道德规范》公布,第一版所有的内容都聚焦在经纪人的自律性层面。1924 年,《道德规范》通过会议审核,并通过司法部颁布,成为美国房地产经纪行业的第一部外部监管法规,从此,这部内部的自律性规范成了外部监管法规。1975 年,协会会员的行为准则(Standards of Practice)被纳入《道德规范》成为《道德规范和行为准则》,进一步补充和完善了对经纪人的监管。该法规目前的版本共有 17 个条款,分为 3 部分,分别定义了经纪人对客户和消费者的责任、对社会的责任以及对同行的责任。这些责任贯穿在整个业务中,如对客户责任中必须提供真实的房屋信息、必须签署委托协议、经纪人之间开展合作、进行经纪人个人信息披露等(详见图 3-12)。但对于通过什么手段来达到这样的目的,该法规并没有给出具体的措施,这是英美法系的典型特征,核心法律仅制定原则层面的内容,对于具体的执行层面通过其他法律和补充性条例完成,如《MLS 操作手册》《案例解释》等,均是执行层面的规范。协会要求经纪人每两年参加一次协会举办的关于该部法规的培训和考试。

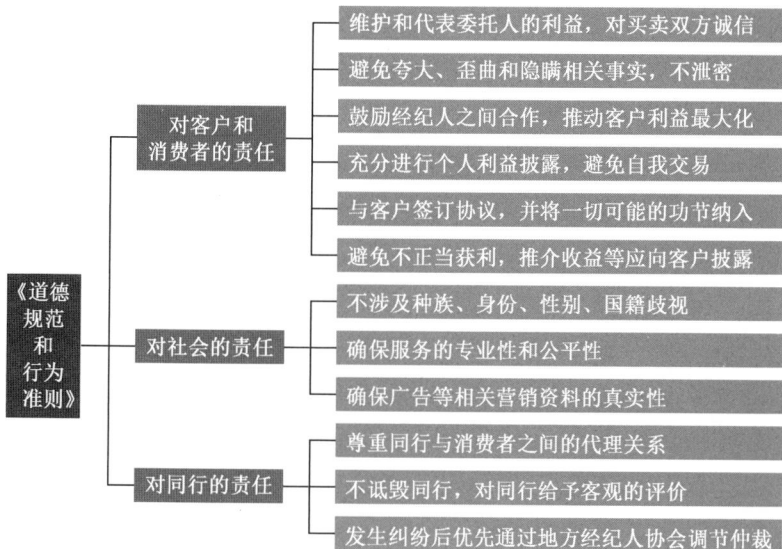

图 3-12　美国房地产经纪行业《道德规范和行为准则》的核心内容体系

资料来源：*Code of Ethics and Arbitration Manual*

（3）对行业进入的监管——《房地产牌照法》

1917 年，加利福尼亚州经纪人协会制定了全美第一部《房地产牌照法》（Real Estate License Law），有了房地产经纪人从业的第一部进入规范要求，此后各州经纪人协会在经纪人的进入规范上基本上都引用了加利福尼亚州的内容。1930 年代，为了缓解过多经纪人涌入市场的压力，协会修改了该规范，首次将经纪人分为销售员和经纪人，并对经纪人的工作年限做了一定的设定。目前，各州的经纪人牌照要求在内容上基本上涵盖成为经纪人的年龄限制、经验、道德品行、犯罪记录、学习教育、牌照考试及牌照更新和违反相关规定对牌照的影响等内容。

（4）对行业运行的监管——《MLS 操作手册》（Handbook on Multiple Listing Policy）

①《MLS 操作手册》的演变

在经纪人作业层面的规范和监管，依然是协会制定相应的规则并监督经纪人的落实情况，《MLS 操作手册》仅适用于使用 MLS 的经纪人。1921 年，全美只有 10 个地区级 MLS，到 1923 年已经发展到 120 个，但由于各个地区级 MLS 之间信息不联通，早期并没有全美层面的 MLS 规则。加利福尼亚州经纪人协会制定了一些经纪人作业层面的规范，如协会会员必须遵守单边代理、收取 6%的佣金、与合作经纪人五五分成，各州也基本上采用了加利福尼亚州的内容。

在 1950 年代美国政府对于协会关于佣金费率的垄断调查压力及 1970 年代计算机在 MLS 的使用使得 MLS 的规则需求更加紧迫。1971 年，NAR 通过了 MLS 章程（又称"14 条章程"），从经纪人持证从业、独家代理、推荐佣金等方面做出了规范。随后随着计算机技术发展，使用 MLS 的经纪人规模迅速增加，各州经纪人协会制定了本州的《MLS 操作手册》，并不定期进行更新。

②当前《MLS 操作手册》的内容

虽然各州的手册在具体内容上有所不同，但内容基本上分为三个部分，分别是关于协会和 MLS 的介绍、MLS 的使用操作和在使用 MLS 中有关的范本。其中第二部分是最核心的内容，涵盖了获取房源、签署代理协议、信息匹配、撮合交易、交易关闭和佣金分成的全部业务环节，对于违反规定的行为将处以如停业考核、吊销牌照、罚款甚至移交司法机关的处罚。

A.获取房源：约见客户必须准备的资料（如挂牌建议资料包），获取房源后上传至 MLS 的形式和时间等；

B.签署代理协议：签署书面代理协议、遵守单边代理原则、充分披露个人信息、经纪人之间的合作协议等；

C.信息匹配：通过 MLS 寻求经纪人合作、房源营销广告的使用规范、房屋钥匙的正确使用等；

D.撮合交易：严禁自行交易、业务调价必须按流程下架再上传展示、代表委托人的利益与对方进行谈判等；

E.交易关闭：房源成交后的下架时间、经纪人对于房源成交信息的填写等；

F.佣金分成：根据协议内容收取卖方佣金、买卖经纪人之间佣金五五分成等。

以上是《MLS 操作手册》中对经纪人各业务环节的监管，对于违反以上规定的行为，该部手册给出了实施处罚的要点，如书面警告、参加改进培训、处以罚款、暂停使用 MLS 的权利等，但对于违反具体某一项的规定会做出什么样的处罚并没有做规定,这也是英美法系的典型特征,通过对类似或同质案件审判结果的积累形成后续处罚的参考标准。

(5)对行业退出的监管——《案例解释》(Case Interpretations)及《仲裁规范》(Code of Ethics and Arbitration Manual)

这里所指的对行业退出的监管并不单指经纪人由于违反规定而受到离开行业的处罚措施,而是指对经纪人从进入到整个作业过程后违反行业监管所受到的处罚。对于经纪人违反进入和运行规定的处置,协会制定了《案例解释》和《仲裁规范》,两部规范的内容侧重各不相同。

①《案例解释》

《案例解释》是对《道德规范和行为准则》中原则性内容的进一步解释,目的是帮助消费者及监管机构了解正确的投诉形式、处理投诉的程序以及常见的处理结果。如对于经纪人不道德行为的监管,首先是委员会对经纪人行为的认定,其方式可以是消费者投诉、同行监督,也可以是协会的调查;其次是根据具体的情节做出处置决定。但是该解释并不是对以往案件处理结果的集合,虽然它给出了常见的处罚结果,但并没给出违反什么样的规定对应的处置方式,因为任何处罚都需要根据具体个案所涉及的情况而进行针对性的裁定。常见的处罚结果如下:

A.警告并计入个人档案;

B.参加协会举办的道德和行为准则培训;

C.处以不超过15000美元的罚款;

D.暂停个人会员身份和MLS使用权限等。

②仲裁手册

仲裁手册是协会对于道德规范、牌照资质中提及的处罚措施在具体案件中使用情况的案件处理集合,全文接近400页,内容涵盖监管机构设置、机构人员组织、机构的运行及对过往中发生的真实案件的处置结果,并提供了多种样本表格,以下是对该手册内容的提炼:

A.发现经纪人违规行为的途径:有自下而上和自上而下两种途径,自下而上包括消费者监督、同行监督,自上而下包括协会调查、政府房地产管理委员会等机构的调查(如消费者联盟、美国联邦贸易委员会)。

B.经纪人违规行为的处理流程(见图3-13)。

　　有权对经纪人违规行为进行处理的机构包括经纪公司(仅限于本公司经纪人违反了公司的规定)、协会、政府房地产管理委员会,但在美国,由于房地产经纪人协会的强大影响力,所以无论是消费者还是同行一般会直接选择向协会投诉。

　　协会在得到信息后首先会根据经纪人所违反的行为内容进行分类,主要有行为类纠纷和商业类纠纷。行为类纠纷是指由于经纪人的个人行为,如欺诈、隐瞒等造成的纠纷,行为类纠纷采用投诉机制,即核准行为做出裁定;而商业类纠纷主要是指佣金费率、其他费用上的纠纷,采用仲裁机制。

　　判定案件的类别后,协会会根据案件属性组成相应的处理委员会,对于做出什么样的处置结果则需要查阅同类案件之前都是怎么处理的,这就是典型的英美法系特征。如果当事人认同协会的处理结果,则流程结束;如果当事人不认同协会的处理结果,则上诉至上一级经纪人协会(上限为州级经纪人协会)。州级经纪人协会跟处理委员会进行商讨并给出结果,如果当事人不认同,则案件将移交给州级司法机构,当然,如果案件开始的定性即为刑事案件,则直接由州级司法机构接手处置。

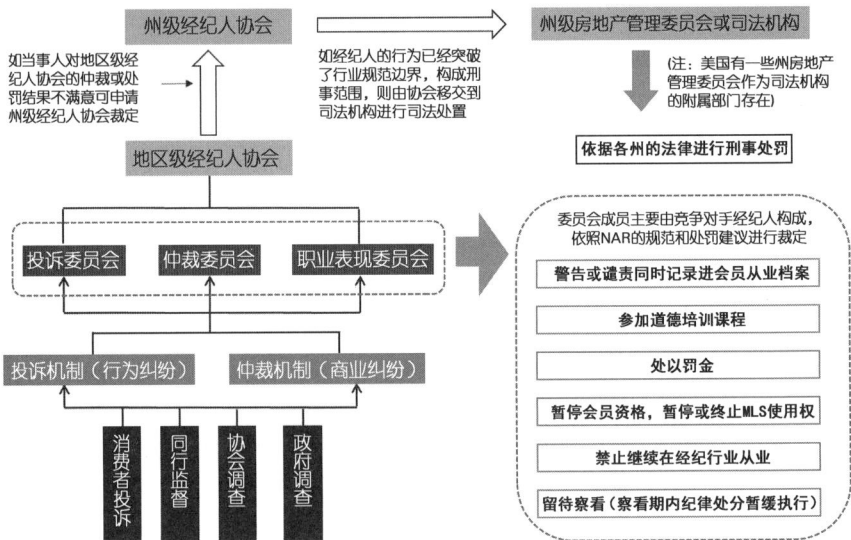

图 3-13　美国经纪人违规处理流程

资料来源:NAR、贝壳研究院整理。

C.案件处置的考虑因素、结果及案例。

一个案件发生后,委员会在做出最终的处置决定前,需要考虑的因素通常包含以下方面(不限于以下):

a.违规的性质;

b.违规造成的危害:违规对客户、公众或同行造成的损失程度,具体是什么方面的损失;

c.违规行为是有意的还是无意的;

d.违规者有多少房地产经验,是否为"明知故犯";

e.违规者以前是否有违规记录,目前的违规行为是否与之前的违规行为有关;

f.违规者是否承认违规行为,违规者是否表示忏悔;

g.是否还有其他因素需要考虑;

h.违规者有哪些行为值得再考虑减轻处罚。

根据上述考虑,委员会做出最终的处罚决定。通过一个案例来感受美国对房地产经纪人的监管。

案例:刚获得房地产经纪人从业资格证的经纪人 B(B 为协会会员)由于未向卖方说明买方为自己的妻子而被调查,其行为违反了在获取房源时必须进行个人信息披露的规定。委员会调查认为经纪人 B 作为新人,其业务经验有限,而这是他第一次被发现违反规定,但其未披露的信息并非无意而是故意隐瞒关键事实,这样做可能会影响房屋最终的成交价格。基于违规行为的严重性以及经纪人 B 意识到无视披露义务的情况,委员会最终做出了处以该经纪人 5000 美元的罚款,并要求其重新自费学习协会开设的道德规范课程(该案例在 2013 年 11 月修订)。

4.小结

由于对房源的绝对控制,房地产经纪人协会成为美国房地产经纪人实现专业化的核心组织和推动力量,制定了经纪人进入、作业到退出的全流程监管规范,并通过影响政府上升至法律层面。NAR 实行经纪人执业资质考试,要求经纪人接受指定知识的培训教育和考核;制定从道德、作业到违反规定后的处罚机制;围绕经纪人职业成长形成了丰富的市场服务组织。

四、房地产经纪人的生态系统

由于美国房地产经纪人的职业化历程比较长、职业化要素齐全，同时，由于房源共享信息系统(MLS)和协会的强大影响力，美国房地产经纪机构呈现出来典型的"小而散"的特征。而原本由大公司提供的职业培训教育、营销资源、管理系统、风险管控等资源或工具，基本上均通过市场化的方式得到解决，所以在美国围绕经纪人形成了相对丰富的生态系统。

1.职业化的生态全貌

由于经纪人对公司的依赖度远低于对整个行业生态系统的依赖度，整个经纪行业的运行实质上已经成为一个生态系统的运行(如图 3-14)，这个生态的"中心"是经纪人及经纪机构。生态系统的"核心功能"包括：

(1)风险管理：为经纪人提供职业风险管理、健康及家庭安全保障，主要通过保险的方式来规避职业风险。

(2)知识培训：各类教育及认证服务、教练服务，包括围绕牌照获取、交易技能的培训体系及教练服务体系，主要培养作业习惯及技巧。

(3)营销资源：通过各类平台及软件为经纪人及经纪机构提供营销、获客及客源管理等的工具，包括 MLS 的 B2B 平台(房源展示、营销、需求匹配)、B2C/C2C 平台(房源展示、客源获取)、CRM(客源管理，部分 CRM 整合了自动营销功能)、SEO(数字营销)、SEM(搜索引擎营销)服务、营销代理服务等，为经纪公司提供数字化广告营销、自动化营销及 CRM 解决方案。

(4)管理工具：主要为经纪机构或者经纪人提供管理工具，交易管理、后台系统工具，提升整体的交易效率及内部管理和沟通效率。

(5)数据信息：市场、房屋、客户、行为数据分析，提升整个行业洞察和认知水平。这类供应商的服务对象很广泛，包括经纪人、经纪机构、物业管理机构、物业运营机构、开发商、建筑商、研究机构等。

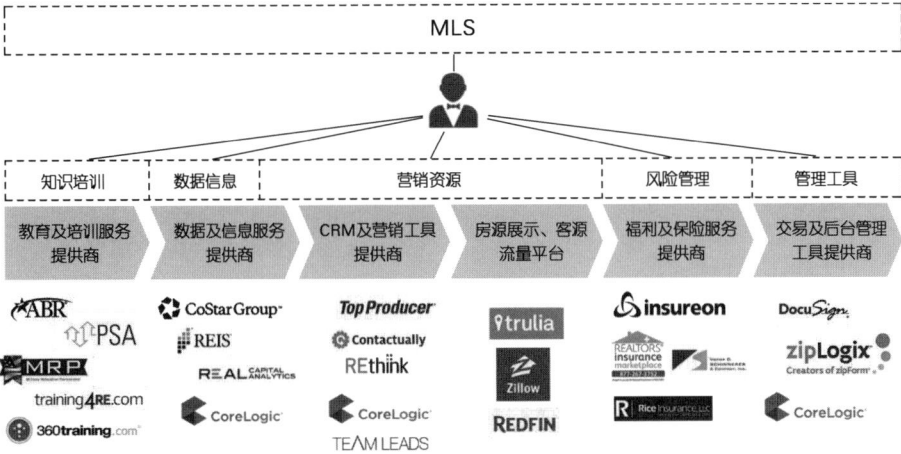

图 3-14　美国房地产经纪行业生态图谱

资料来源:贝壳研究院整理。

房地产经纪行业生态系统发展至今日,NAR 也早已不再仅仅扮演行业监管的角色,而是围绕经纪人持续拓展服务边界和范围,NAR 逐渐在向行业服务运营商的角色转变。最典型的就是 NAR 围绕会员建立了一整套的服务体系,涵盖电子与移动技术、个人保险、金融服务、办公用品及服务、风险管理、礼品及营销资源、交易管理软件、技术服务、教育工具等 9 个领域的服务,如图 3-15 所示:

图 3-15　美国房地产经纪人协会(NAR)在行业中的服务角色表现

资料来源:NAR、贝壳研究院整理。

可以看出,正因为整个经纪行业生态体系的完整性,保障了美国经纪人作为一个职业所需资源的完善性以及这一职业的专业性,并获得相应的权益。

2.职业化的生态参与者

(1)风险管理

美国经纪人的职业风险主要指经纪人在执业过程中由于非主观的过失、疏忽、遗漏而面临的诉讼及索赔风险。根据 NAR 2015 年对经纪机构的调查,独立经纪人、付薪经纪人、行政人员、高级管理层等由于身份不同,从公司获得的福利种类呈现出 3 个特征:

一是错误及遗漏保险/责任险(E&O)相对普遍,不管是经纪人还是行政人员或者管理层,均有较高比例购买此项保险;

二是经纪人身份越独立,其错误及遗漏保险覆盖率越高,且自己支付购买的比例越高;

三是经纪人普遍没有带薪假期及病假,仅行政管理人员及高级管理层享受薪假期及病假。

每类经纪人的具体情况如下(参见表3-4):

①独立经纪人:指独立合同者、牌照持有者、代理人,该部分经纪人不与经纪公司分佣,仅向经纪公司缴纳固定办公费用,相对于其他福利普及率,错误和遗漏保险/责任险在该部分经纪人中的覆盖率为 81%(即 81% 的独立经纪人购买了该份保险),其中 26% 为自购、37% 为公司购买、18% 为员工及公司共同购买;其余福利如健康保险、牙科护理、人寿保险、养老金/退休福利等,80%~90% 的经纪人均无这些福利,有福利也大部分为自行购买。

②付薪经纪人:指公司提供部分固定薪酬的牌照持有者、代理人,普及率最高的福利仍为错误和遗漏保险/责任险,43% 的经纪人享有该项福利,其中,10% 为自行购买、26% 为公司提供、7% 为双方承担;其余福利覆盖率非常低。

③行政管理人员:这部分员工中,同样普及率高的为错误和遗漏保险/责任险,43% 的员工享有此项福利,其中,36% 为公司购买,自购及双方承

担的约为7％;这部分员工与经纪人不同的是,40％的人有带薪假期及病假险,35％为公司购买提供,剩余5％为自购及双方承担。

④高级管理层:58％的人享有错误和遗漏保险/责任险,公司支付的比例增大,为45％,剩余13％为个人或双方共同支付;健康险的覆盖率为31％,其中15％为公司支付,16％为个人或双方承担;有带薪假期及病假的比例为27％,其中22％为公司支付,5％为个人或双方共同承担;其他类型的保险覆盖面基本在15％左右。

表3-4　美国经纪人保险福利信息

经纪人类型	支付方	E&O	健康保险	牙齿护理	视力保健	残疾保险	人寿保险	长期护理保险	带薪假期/病假	养老金/退休福利
独立经纪人	员工	26％	17％	10％	10％	9％	9％	9％	9％	8％
	公司	37％	2％	*	*	2％	*	*	2％	*
	双方	18％	1％	1％	*	*	1％	*	*	1％
	不购买	19％	80％	89％	90％	89％	91％	91％	89％	91％
付薪经纪人	员工	10％	7％	6％	6％	6％	5％	6％	4％	4％
	公司	26％	4％	2％	1％	3％	2％	1％	12％	1％
	双方	7％	4％	2％	2％	1％	1％	1％	1％	4％
	不购买	57％	85％	90％	91％	90％	92％	92％	83％	91％
行政管理人员	员工	4％	7％	7％	6％	6％	5％	6％	3％	4％
	公司	36％	11％	5％	3％	7％	4％	3％	35％	4％
	双方	3％	10％	5％	5％	3％	2％	3％	2％	7％
	不购买	57％	72％	83％	86％	84％	89％	88％	60％	85％
高级管理层	员工	8％	8％	8％	7％	6％	7％	7％	4％	4％
	公司	45％	15％	6％	5％	7％	8％	4％	22％	5％
	双方	5％	8％	5％	4％	3％	2％	2％	1％	7％
	不购买	42％	69％	81％	84％	84％	83％	87％	73％	82％

＊代表＜1％。

数据来源:NAR－2016 Profile of Real Estate Firms、贝壳研究院整理。

上述福利中,覆盖率最高的是错误和遗漏保险(E&O保险),这一险种旨在保护可能面临诉讼风险的经纪人，避免其财物损失。

典型的 E&O 覆盖以下情况：

①支付因与房地产经纪人职责相关的错误、遗漏或疏忽而导致的索赔；

②支付在保单期内提出的索赔。

常见的 E&O 覆盖排除以下情况：

①由于经纪人不诚实或犯罪行为造成的索赔；

②由财产自身未披露造成的索赔；

③对他人造成人身伤害或死亡而面临的索赔；

④对他人财产造成损害的索赔。

美国爱达荷州、怀俄明州、北达科他州、南达科他州、内布拉斯加州、爱荷华州、科罗拉多州、新墨西哥州、肯塔基州、田纳西州、密西西比州和罗得岛州等共计 12 个州将购买 E&O 保险视为经纪人颁发从业资格证的前提条件，在这些州，经纪人或者通过其所在的经纪公司购买，或者从独立的保险机构处如 Insureon 购买。

另外，由于 E&O 保险能够为经纪人提供有效的保护，除了在部分州要求必须购买 E&O 才能获取从业资格证外，一些业务合作伙伴及经纪机构也要求经纪人必须购买，独立经纪人的挂靠公司出于相同的理由也会要求经纪人购买保险。

购买 E&O 保险需要支付两部分费用：

①年费：经纪人按年向保险机构支付保费；

②免赔额：经纪人在保险生效前需支付的金额，大多数房地产经纪人的免赔额在 1000 美元到 2500 美元之间。付款后，保险可以涵盖剩余的法律费用，直到达到条款限制，通常为 100 万美元。

从美国经纪人可能涉及的诉讼费用可以看出 E&O 对经纪人提供的保护作用。经纪人通常面临的诉讼包括以下几种类型（依据数量从多到少排序）：

①物业条件披露（可能为违约责任、违约、疏忽或虚假陈述诉讼）；

②代理人（诉讼指称代理人除了买方或卖方以外向第三方提供不正当义务）；

③违反房地产结算程序法（Real Estate Settlement Procedures Act，RESPA）；

④欺骗性交易行为/欺诈行为；

⑤第三方责任（包括一般责任保险事项）；

⑥技术问题；

⑦资金监管争议；

⑧反垄断；

⑨道德伦理。

根据 Insureon 的估计，有关经纪人的琐碎诉讼的费用每件大概在 2000～5000 美元之间，而典型的 E&O 诉讼，每件费用大概在 44000 美元，若考虑对经纪人声誉的影响，费用会更高。

（2）教育培训

美国在经纪人的培训教育上形成了以协会和市场机构供给的两种形式。

①NAR 及附属机构教育体系

NAR 作为全美最大的经纪人协会，其下属的 Realtor 发展中心致力于经纪人职业化、专业性的提升。Realtor 发展中心联合 NAR 的附属机构如房地产买家代理理事会（Real Estate Buyer's Agent Council，REBAC）、REALTORS Land Institute（RLI）等提供非常完备的教育培训体系及认证体系：常规的培训课程包括继续教育培训、道德规范培训；除此之外，NAR 还提供各类专业认证，同时提供与这些认证相关的上百种培训课程。除了这两类培训，NAR 还定期组织年会/研讨会课程，并建立了 Realtor 大学研究生院及面向会员的图书馆（创办于 1920 年）。

A.执业牌照类培训

NAR 要求所有会员进行继续教育，为保有经纪人牌照，销售员及经纪人每年必须参加定量的继续教育。协会通常给出各州的继续教育要求，各州不动产委员会指定相应的获得批准的继续教育机构，如亚拉巴马州不动产委员会批准的培训机构多达几十家，委员会公布各家机构的各类考试通过率，经纪人可自行选择培训机构。

此外，协会设置了系列专业领域荣誉的认证，经纪人如要获取相应的荣誉认证,则需要参加由提供认证服务的 NAR 附属机构如房产买方代理人委员会 REBAC、住宅专家委员会 CRS 等提供的相关的课程培训,如以下 8 类,见表 3-5。

表 3-5 NAR 定义的 8 类经纪人荣誉认证

名称	定　义
ABR®	经过认可的买方代表,代表卓越的买方代理,这一称号由房地产买家代理理事会(REBAC)授予那些符合具体教育要求和实践经验标准的房地产从业者
CIPS	认证国际物业专家(Certified International Property Specialist),这个称号由美国 REALTORS® 协会授予 50 多个国家符合具体的教育要求和实践经验的房地产从业者
e-PRO®	NAR 的 e-PRO® 认证计划教你如何使用最先进的技术和数字计划与当今精明的房地产消费者联系起来
军人服务专家(MRP)	NAR 的军人换房专家认证重点是教育房地产专业人士与现任和前任军事人员合作,找到最适合他们需要的住房解决方案,充分利用军事福利和支持
定价策略顾问(PSA)	确定物业价值比以往任何时候都更多地依赖于专业知识和能力,充分地利用技术,并从不同角度完成定价。提高经纪人的物业定价技能,与评估师合作,帮助客户避免误判房屋价值
房地产谈判专家(RENE)	RENE 认证是为了提高房地产专业人士的谈判技巧
度假村及二手物业专家(RSPS)	RSPS 认证帮助 REALTORS® 为其社区中不断增长的度假村和二手房交易提供服务,该认证由 NAR 度假专业部门颁发给符合规定教育标准的美国和外国房地产从业人员
卖方代表专家(SRS)	是卖方代表的主要证书,旨在提升专业水平,提升个人业绩,由房地产经纪人委员会(CRB)授予那些获得具体的教育和实践经验的经纪人

资料来源:NAR。

如房地产买家代理理事会(REBAC)提供的有关"定价策略"的培训:定价策略是指精通 CMA[①],该课程是定价策略顾问(PSA)认证要求的课程之一;住宅专家委员会(CRS)提供的"有效的买方销售策略"培训,帮助经纪

[①] CMA:比较营销分析(comparative marketing analyses),主要学习如何选择合适的房地产比较个案,并做出准确的调整,通过比较营销分析的细节以及基本的定价原则来引导买家和卖家,与评估师进行有效的沟通。

人快速高效赢得买家;"双赢谈判技巧",提升经纪人的谈判能力。REBAC目前在全球有超过 4.2 万名活跃会员,CRS 有超过 3.4 万名的活跃会员。

B.道德操守类培训

协会会员每 2 年完成一次不少于 2 小时 30 分的道德操守培训,由NAR 提供培训。

②独立的培训服务提供商

除了 NAR,围绕经纪人培训服务而发展的市场也非常成熟,相关服务主要有两类:一类是培训服务,另一类为"私人教练"服务。一个典型的教练服务通常为一年期合同,每月 400 至 1000 美元之间的费用,每周或每两周一次的电话会议,外加研讨会、大型研讨会等形式;教练还提供帮助经纪人招聘员工,并进行网络和社交媒体营销。目前市场上领先的提供培训和教练服务的公司有 Buffini、Tom Ferry、Mike Ferry、KW maps 等。

在美国,房地产经纪人培训教练的从业没有强制性的从业资格证要求。为提升自己的知名度,部分教练会自愿性地选择加入一些组织,比如国际教练联盟。各公司对于教练的聘用策略不同,如 Tom Ferry,聘用知名房地产经纪公司的经纪人作兼职教练,而如 Buffini,则使用受过公司系统培训的全职教练。本书将对 Buffini 公司进行重点介绍。

Buffini 公司的创始人 Brain Buffini 于 1986 年开始从事房地产经纪行业,在 1989—1995 年发展了一套客户推荐转介系统,自己凭借该系统也多次成为百万经纪人。1996 年,他创立了 Buffini 公司,将自己这套成功的系统推介给更多的人。该公司目前已成为北美地区房地产经纪领域内培训和教育的第一大公司,提供"培训"和"私人商业教练"两大类的服务,同时,Buffini 还组织大型的研讨活动供学员选择。另外,Buffini 自主开发 CRM工具及性格和能力评估工具,持续地将核心的转介方法产品化、自主研发创新工具,正因为此,Buffini 在 2017 年成为 Housing Wire Tech 100 Award 的获得者,跻身顶尖科技公司。Buffini 公司的培训服务根据培训对象的不同而设置,可分为四类:对销售员的培训、对经纪人/企业主/管理层的培训、私人教练培训和组织分享类培训(详见表 3-6)。除培训外,该公司会向参加私人商业教练培训者提供作业工具,如性格和能力评估工具及CRM 工具。

表 3-6　Buffini 公司的培训内容

课程	代理人和贷款人	经纪人、企业主、管理层	私人商业教练服务	组织活动 & 年度盛会
课程内容	系列 1：peak producer，顶级经纪人项目，是 Buffini 最经典的主打的培训课程，宗旨是帮助经纪人克服收入的峰值和低谷，保持一贯的优秀业绩 系列 2：Blitz，全年闪电项目，是 Buffini 2017 年全新发布的培训项目，宗旨是帮助经纪人获得大量潜在客户	系列 1：成为认证导师，旨在提高管理者的生产力 系列 2：终极招聘解决方案，涵盖招聘、管理、企业文化等多个方面	系列 1：一对一，进行个性化行动计划、动机、责任感的训练，针对经纪人的个人能力制定目标和行动计划 系列 2：一对多，一般为 10~20 人，包括作业能力、常用工具、优秀案例学习、同行经验分享等	组织各类活动及盛会，向会员及非会员开放，包括 Buffini 成功之旅、游戏改变者、卓越经纪人峰会、精英商业会议
课程价格	系列 1：395 美元 系列 2：会员免费，非会员 199 美元	系列 1：495 美元 系列 2：695 美元	系列 1：499 美元/月 系列 2：239 美元/月	—
课程效果	系列 1：每个受训经纪人在 3 个月内平均成交 12 笔交易，获得 98243 美元佣金收入（官方自称） 系列 2：项目过程中累计产生了 555977 个转介客源	—	系列 1：接受过一对一教练服务的会员，其收入为 NAR 会员平均收入的 8 倍 系列 2：—	—

资料来源：Buffini 公司，贝壳研究院整理。

（3）营销平台及工具

美国经纪人常用的营销平台或工具按照功能可以分为 C2C 平台和 CRM 工具两大类。

①C2C 平台：为经纪人提供获客营销渠道

2005 年前后，美国房地产在线垂直领域出现了两股不同的变革浪潮，均致力于改变传统的经纪行业模式，这两股不同的力量可以分为以 Zillow 和 Trulia 为代表的在线平台模式和以 Redfin 为代表的 E2E 模式（end to end）。

以 Zillow 和 Trulia 为代表的在线平台模式，本质是互联网媒体，目标在于为消费者提供极佳的信息平台和搜索体验。这类公司通常把自己视为媒体公司，而不是经纪公司。Zillow 通过将零散的买方信息和卖方信息集中到互联网平台上，供买卖双方进行浏览、获悉房源信息，通过加大信息曝光，将客户导向给传统的经纪人，以提高交易效率（见图 3-16）。使 Zillow 区别于其他互联网媒体的最大特征是以房屋估值为核心的有生命力的数据库。自 2006 年 Zillow 第一款产品上线以来，一直极为专注地围绕用户交易环节的痛点开发以估值为中心的系列产品，如 Zestimate、Zillow Mortgage Marketplace、Zillow Rentals、Zillow Digs。这四款主打产品本质上都是估值，涉及房屋价格、租金价格、抵押贷款定价、家居装修成本，致力于让消费者在交易环节更加主动、信息更加透明。庞大的用户规模构成 Zillow 商业化的基础，免费用户＋付费经纪人成为其典型的商业模式。从目前的收入结构看，2016 年 Zillow 83％的收入来自于经纪人的订阅付费，8％的收入来自于开发商、家居装修企业等产业链相关公司的展示广告收入。

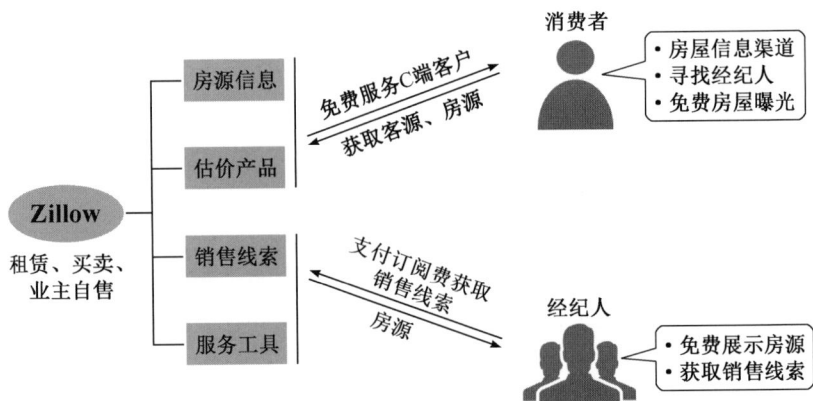

图 3-16　Zillow 的业务模式

资料来源：Zillow、贝壳研究院。

以 Redfin 为代表的 E2E 模型，旨在为消费者打通线上与线下的所有环节，不仅利用在线平台为消费者提供丰富的信息，也雇佣或挑选经纪人提供线下配套服务（见图 3-17）。Redfin 的志向在于重新定义经纪行业，打造闭环，掌控所有交易环节，有自己的在线平台，但是并不以流量导引和广告变现为主，而是组建自己的经纪人团队，真正地切入交易环节，在房屋成交后收取佣金作为主营收入，为消费者提供佣金折扣，以客户体验为核心提供一站式房屋交易服务；在经纪人这一端，Redfin 的经纪人有底薪等福利保障，而且能够从佣金收入中分得奖金，奖金比例完全与客户对其的服务评价等级相关，这一机制保证了客户对于该品牌服务体验。2016 年，Redfin 人均成交 17 单，高于行业协会公布的人均 7 单。2017 年一季度 Redfin 的月活数达到 2000 万人，在美国经纪公司网站中排名第一。这一年，Redfin 实现上市。

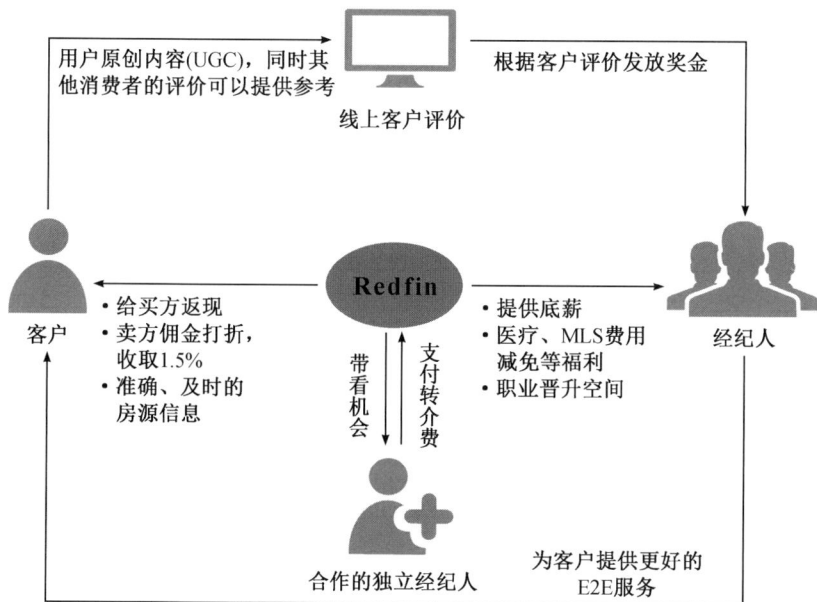

图 3-17　Redfin 的业务模式

资料来源：Redfin、贝壳研究院。

②CRM 工具：为经纪人提供客源管理及自动营销工具

在美国，专门针对房地产行业的 CRM 软件提供商非常普遍，CRM 及营销软件最核心的功能是潜在客源开发、营销自动化及营销活动的全过程管理。软件的收费多以月费为主，且接入经纪人的数量不同，价格可能也不一样。各类 CRM 的差异主要体现在潜在客源的来源、对客源质量的评估分类与 MLS 上信息的集成上，适用于不同类型的经纪人及机构。

以 contactually 为例，经纪人可以利用软件便利地组织潜在客户，如为来自 Zillow 的潜在客户创建一个文件夹，为当前客户创建一个文件夹，并为成交过且有可能产生推荐的老客户创建一个文件夹。在这些文件夹的基础上，经纪人可以自定义跟进每个文件夹客户的频率和方式，比如可以每周致电一次客户或只在假期与客户联系。当经纪人每天登陆 contactually 时，会收到提醒，应该在什么时间联系哪些客户以及出于什么原因。在 contactually 上，经纪人还可以执行自动化的操作，经纪人可以设定程序来自动发送邮件、提醒和任务，甚至在社交媒体上关注某个人。Contactually 唯一的缺点在于其不支持 MLS 集成，这让经纪人很难跟踪潜在客户感兴趣的房源以及这些房源状态的变化。

而另外一家 CRM 提供商 Top Producer,其 CRM 的主要特点是从 100 多家线上渠道归集线索及其财务和物业信息;集成 MLS,自动传输 MLS 的可比数据及图片,能够让经纪人直接创建买卖双方的交互、在与客户沟通过程中随时发送物业信息等。该公司提供的增值功能 MarketSnapShot,通过为用户提供准确、超本地化、实时的 MLS 数据,供用户做出购买或销售决策,从而让经纪人能够展示其价值并建立信任;支持经纪人自动生成带有个人品牌特征的报告,利用有竞争力的内容来帮助经纪人培养客户。

关于 CRM 软件在经纪人中的使用,*Inman Select*(一家专注于房地产领域新闻和趋势的刊物)在 2015 年开展了一项调查[①],呈现如下特征:

A.71.48% 的经纪人使用 CRM 软件。

B.经纪人在选择 CRM 软件时最看重的特征是:组织联系人(contact organization)、活动管理(call log、tasks、events)、易用性。

C.经纪人使用最多的 CRM 软件为 TOP Producer、Market Leader、eEdge、Contractually、Realty Juggler。

D.84.16% 的经纪人使用房地产行业专业的 CRM,而非通用的 CRM。

E.经纪人使用 CRM 的付费方式中,近 70% 为经纪人自付月费,broker 或特许经营机构付费的占比不到 20%。

F.经纪人在 CRM 的费用投入上,最低的为免费,最高则高达 2.64 万美元/年,中位数是 600 美元/年,即每月 50 美元;78.18% 的经纪人认为购买 CRM 的花费是一种投资。

G.近七成经纪人自主选择 CRM 软件,84% 的经纪人自己管理 CRM,56% 的经纪人所使用的 CRM 未集成 MLS。

可见,CRM 的购买和使用在美国经纪人中非常普遍,且大部分经纪人均为自行购买、选择 CRM 软件,将 CRM 作为一项生产工具使用,由经纪机构提供的比例并不高,这一点从 NAR 的调查报告中也可以看出。NAR 每年均会启动针对经纪公司特征的调查,2016 年的调查发现,住宅市场经纪公司提供或鼓励经纪人使用的专业软件中,MLS 占比最大为 88%,其次是有关可比市场分析(CMA)、电子合同或表格、电子签名、文件准备及管理、沟通管理工具,占比在 50% 以上;交易管理、市场统计、社交媒体管理、CRM、房屋可视化类工具占比在 30%~50% 之间,而营销自动化工具的比

---

① 源自 2015 年 An Inman 公司的 *Which CRM is the best*:*An Inman Select Special Report*。

例非常低,仅 19％。从公司规模来看,大公司对专业化软件工具的应用程度明显更高。

(4)数据及信息服务

数据及信息服务提供商主要围绕房地产市场、消费者为经纪机构、物业管理机构、研究机构提供数据库服务、分析报告及工具。典型公司如 Corelogic、Costar Group、Realcapital Analytics、Reis。

Corelogic 最初于 1894 年在美国加利福尼亚州注册成立,并于 2010 年 6 月 1 日在美国特拉华州重新注册。目前为美国、澳大利亚、新西兰超过 10 个行业提供物业数据、分析、咨询服务、工作流技术软件,其服务的行业包括汽车、资本市场、消费金融、政府、保险、法律、抵押贷款、石油 & 燃气、物业出租、房地产、通信、公共设施。2016 年,Corelogic 实现 195 亿美元的营收,内部设有两大事业部:PI(property intelligence,物业智能)及 RMW(risk management and work flow,风险管理及工作流)。其中,经纪人激励(agent achieve)和经纪人工具(real estate broker toolset)是专门针对经纪人及经纪机构的经纪业务的解决方案:

①经纪人激励是提供一体化的房地产经纪机构管理及经纪人作业软件系统。内容包括集成的网站、线索管理、CRM 及 e-marketing 及其他客户和经纪人连接工具。如集成网站,经纪人可以很便捷地使用这一工具进行网站创建、个人主页定制及内容发布、客户沟通等。

②房地产经纪人工具包,包含 5 大类工具:

A.营销(marketing):包括定制化网站(websites)、市场培育(real estate farming,提供生成各类不动产报告)、基于地图的评估工具(mapping real estate)、信息跟踪(property monitoring)、房产及社区信息深度即时分析工具(real estate markets/trends)、房地产市场营销计划工具(real estate marketing plans)。

B.客源管理(lead management):如在线线索生成阶段,聚焦于转化机会(评估哪些线索是值得跟踪的),在销售阶段,系统会追踪潜在客户进度并提醒经纪人需要关注。一旦客户转化,该系统自动进行定期的评估及沟通。

C. CRM:客户关系管理工具,帮助经纪人自动组织和同步其营销和关系管理工作。通过识别和定位潜在客户、跟踪和衡量营销效果、监控潜在客户的获取和转化,管理和培育客户。

D.交易管理（transaction management）：数字化办公，提供交易、文档、传真管理工具，提升协作效率以及客户服务。

E.客户数据（customer data）：接入最广泛的不动产市场信息数据库，包括动态房产、交易、抵押贷款、金融、信用、地理信息等。

3.小结

通过美国房地产经纪行业的格局、美国房地产经纪人的生态系统，可以发现，房地产经纪行业的基础资源组织形式决定了行业的格局和经纪人的作业方式，当房源资源能够对每个经纪人开放，经纪人便具备了独立作业的基础，就会围绕经纪人形成全方位、丰富的生态系统，通过市场化的资源和服务配置助力经纪人职业的发展，为经纪人职业化提供工具和支撑。

但是美国这种独立作业的模式，对经纪人个人品牌的依赖性非常强。新进入行业的经纪人，虽然有房源资源，但客源的获取非常困难。因为入行越久、经验积累越丰富的"老"经纪人在长期个人品牌的积累下为自己的业务积累了大量的客源，而且在房屋交易的高额、低频属性下，"熟人"推荐是很普遍的方式，在经纪公司缺乏对新人从招聘、培训、激励、考核及提供合作开展业务的环境下，新进入的经纪人个人职业道路是非常艰难的。这也就是美国50岁以上的经纪人占比超过70%，年轻经纪人占比低、流动性高的原因，在房地产经纪人中，仅5%完全无任何工作经验。

五、房地产经纪人职业化的程度

本节内容将按照第一章中建立的房地产经纪人实现专业化程度的评价体系，从职业的不可替代性、职业认同感、职业自主性和职业的社会地位四个方面对美国房地产经纪人实现专业化的程度进行衡量。

1.职业的不可替代性

（1）从业门槛

在美国要成为经纪人必须先获取从业资格证，获取从业资格证则必须学习并掌握房地产经纪相关知识，这部分知识构成了房地产经纪人作业的基础支撑。经纪人在从业中也必须完成基本业务知识和行业对消费者和社会的职责的学习。基础知识和持续性的职业教育是美国经纪人目前所必须接受的知识体系。（见图 3-18）

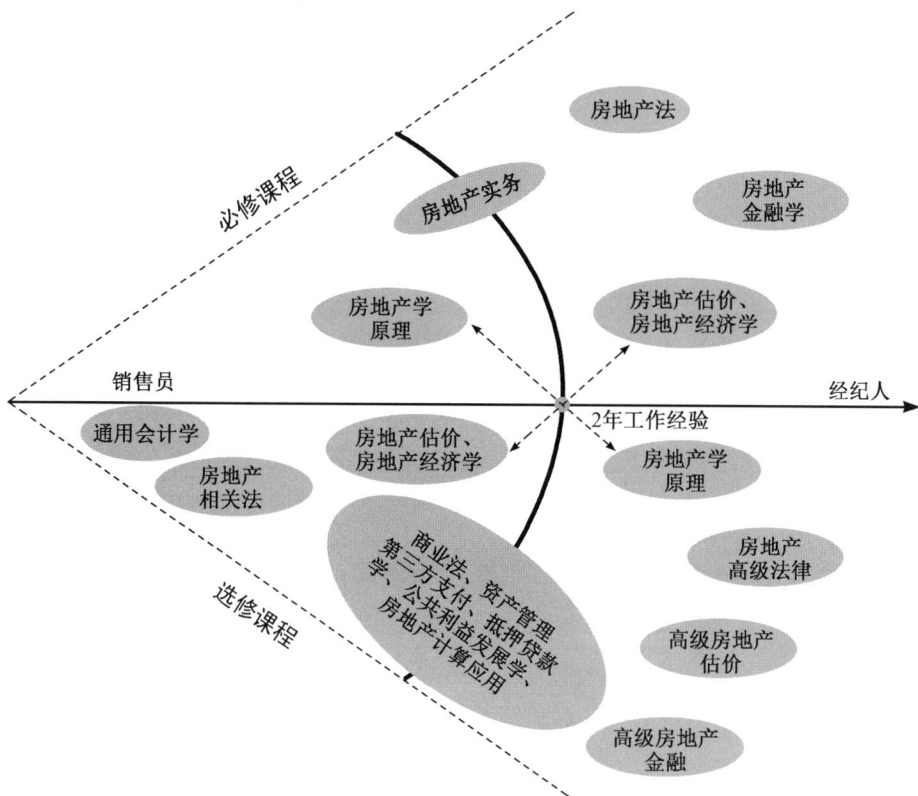

图 3-18　美国房地产经纪人入门所学习的知识系统

资料来源：贝壳研究院整理。

以加利福尼亚州为例，经纪人的必修课程并不多，且所需课时也仅是在 54 天内完成 135 个小时的学习。知识体系多为房地产本身的知识及与房地产相关的会计、法律、经济、金融等通用知识，门槛不高；而继续教育方面的课程也大多为消费者利益相关的课程（见图 3-19）。经纪人被要求在指定机构参加课程内容学习，并且对最少学习时长有要求。

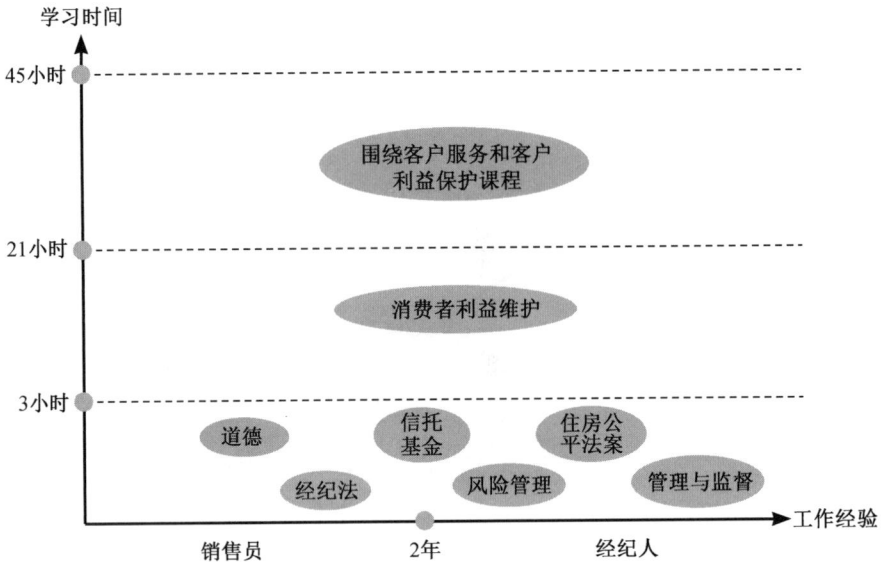

图 3-19　美国房地产经纪人职业继续教育课程

资料来源：贝壳研究院整理。

可见，美国房地产经纪人的审核门槛较低，经纪人从业资格证的获取也相对容易，成为经纪人相对容易，但是由于美国经纪人是独立作业的模式，获取客源的能力要求非常高，所以，就经纪人的不可替代性上，美国年轻经纪人的替代性非常高，而从业年限越长、经验越丰富的经纪人被替代性越低。

（2）职业角色

前文中论述了美国房地产经纪行业的运作规则和专业化分工，可以发现美国房地产经纪行业实现了非常明确的专业分工和角色分工。专业化分工方面，房地产经纪人、资金监管人、房屋检修师、抵押贷款人及产权交割人各司其职，共同参与并协作完成房屋交易；角色分工方面，销售员和经纪人权责边界不同、从业门槛设置不同，在具体业务中工作重心不同，虽然美国房地产经纪人具备了独立作业的基础，但是角色分工下销售员必须借助经纪人的身份完成交易，从而形成了内部分工。从该层面上，美国房地产经纪人具备了较高的不可替代性。

从职业角色的法律层面上，"独家委托、单边代理"的机制下，美国房地产经纪人的角色是典型的代理角色，经纪人承担相应的法律责任。美国经纪人代理角色尤其体现在业务环节中经纪人在合同、协议等具有法律效力文件的风险判断和把控上。美国房地产经纪业务中,经纪人在房源获取阶段必须对房屋的合法性进行判断、在房屋营销中必须保证房屋广告没有夸大和虚构的成分、在信息匹配和撮合交易中必须进行个人信息披露以避免自我利益牵扯其中、在产权核验和资金监管中必须保证推荐给客户的经办机构合法并没有个人利益牵扯其中、在房屋交易结束后必须保证双方权益交割清晰。因为这种代理模式,所以美国房地产交易中无须专门的律师进行合同和协议的审核,这也是与英国房地产交易中必须有公证员、新西兰和中国香港地区必须有律师的参与最直接区别。因此,作为代理人角色的美国房地产经纪人,其职业不可替代性相对于居间角色的经纪人更强。

（3）行业渗透

职业的不可替代性还体现在互联网技术在房地产经纪行业的应用下经纪人参与交易的占比方面,即经纪人的渗透率。

从 1975 年美国的 MLS 实现计算机化、2000 年以来互联网技术"铺天盖地"地渗透到房地产各个领域,美国房地产经纪行业在经历了 1970 年代信息化的洗礼后在 2000 年开启了快速的互联网化,仅 2004 年,就有 Zillow、Turlia 和 Redfin 三大平台上线。2017 年 Redfin 上市,40 年的信息化、近 20 年的互联网化,经纪人的渗透率在卖房服务中由 2003 年的 83% 上升到了 89%,相反卖方自行交易的比例在 2016 年达到 8%,创下自 1981 年记录以来的最低水平(1987 年 FBSO 创历史最高,为 20%);购房中经纪人的渗透率由 2003 年的 75% 上升到了 2016 年的 90%(见图 3-20)。可见信息技术和互联网的应用并没有取代经纪人,相反,经纪人的渗透率在提高,但是这并不代表信息和互联网技术对房地产经纪行业没有发挥作用。

Redfin 是运用信息和互联网技术重新定义房源信息到交易过程全流程的房地产经纪公司。围绕房源查找、看房、估价、交易办理环节 Redfin 研发出了一系列在线工具和服务,在降低交易成本的同时提高了经纪人的成交效率。相比整体佣金 6%、买卖双方各自的分佣模式,Redfin 的佣金率为 4%;在效率方面,Redfin 经纪人的效率为行业的 3 倍,收入为传统经纪人的 2 倍。

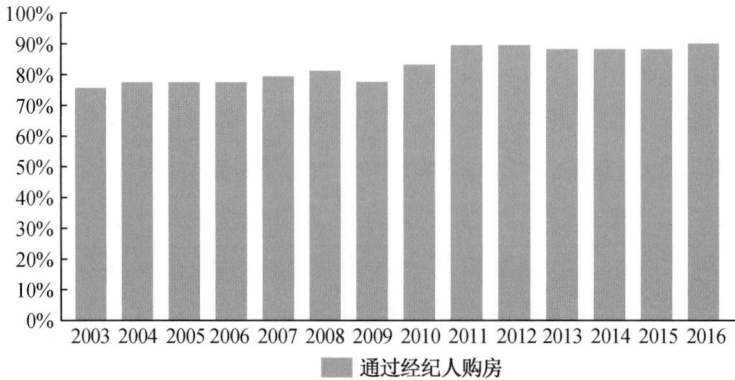

图 3-20 2003—2016 年通过经纪人购房的比例

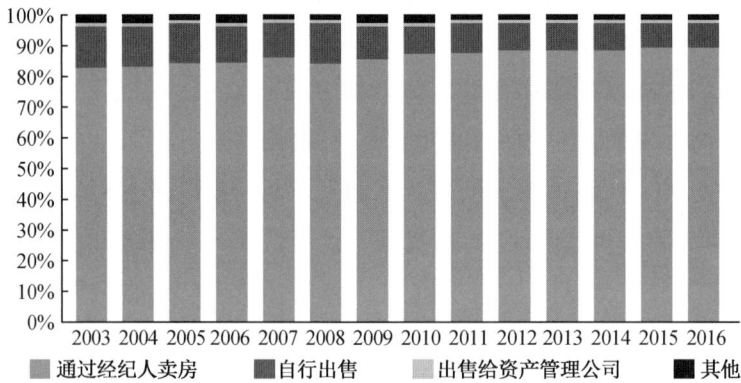

图 3-21 2003—2016 年美国卖房交易方式构成

资料来源：NAR 贝壳研究院。

表 3-7 2016 年美国房屋销售方式及占比

房屋销售方式	占比
通过经纪人销售：	89％
仅经纪人参与	88％
业主先自行销售，后委托经纪人	1％
业主自己销售：	8％
完全自己销售	7％
最初委托了经纪人，后自己销售	1％
销售给了购房公司	1％
其他	2％

资料来源：NAR。

表 3-8 2016 年美国购房方式及占比

房屋购买方式	占比
通过经纪人购买房屋	88％
通过开发商购买	7％
直接向业主购买：	5％
与业主认识	2％
与业主不认识	3％

资料来源：NAR。

在对客户选择经纪人的目的调查中,帮客户找到合适的房子是选择经纪人最重要的目的,其次是帮助购房者协商条款、议价谈判和寻找同类房源(见图 3-22)。可见经纪人对于消费者而言,最大的功能依然是进行房源匹配和谈判议价,而美国经纪人作为典型的代理角色,协助客户商定条款也是其非常重要的功能,但是在经纪人作为居间角色的国家,这一服务一般由律师完成。

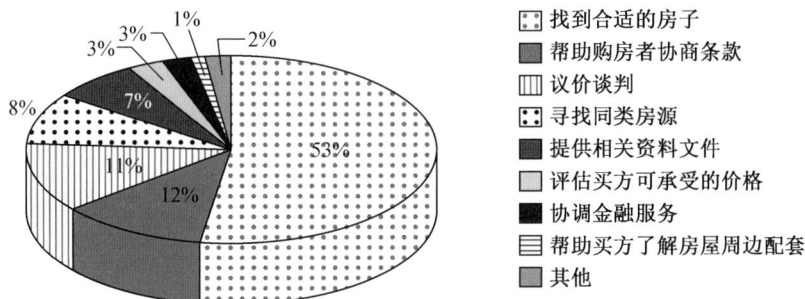

图 3-22　2016 年美国消费者选择经纪人目的调查

数据来源:NAR。

2.职业认同感

房地产经纪人的职业认同感主要从从业人员素质水平、从业动机、职业投入度和从业者的行业留存 4 个方面评价。

(1)人员素质

①教育水平

美国房地产经纪人的教育水平以在读大专(31%)和学士学位(30%)为主,其次是研究生及以上学历(20%),副学士学位占比 11%,虽然高中毕业是经纪人的入门门槛,但这一水平仅占 8%。

房地产经纪人的教育水平显著高于全美从业者,全美从业者以高中毕业生和高中及以下毕业者为主,占比高达 72%,房地产职业人群较高的在读大专比例上反映出该类从业人群中对提升学历有比较高的需求。(见图3-23)

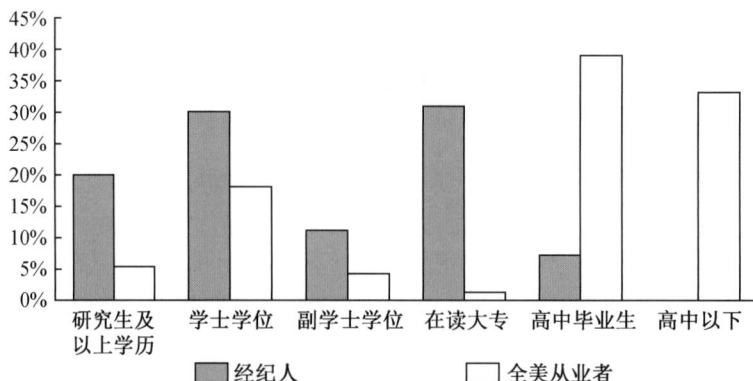

图 3-23　美国经纪人与全美从业者学历分布对比

数据来源：NAR、美国统计局。

②从业背景

美国房地产经纪人中无工作经验的人员占比非常低，仅为5％，且这一比例在2012年和2015年没有发生变化，美国95％的经纪人都有从业经验。可见这一实践性极强的职业在美国是以有从业经验者占据主导，其中又以有金融、管理、商业和销售从业经验者为主，而且有此类经验的从业者转向经纪人的比例在增加（见图3-24）。此外，有医疗保健和计算机从业经验者的占比也在增加，一方面反映了行业的激烈竞争，综合能力越强的人越能胜任该份职业，另一方面也说明计算机技术在房地产经纪行业的应用正在对传统的作业模式产生影响。

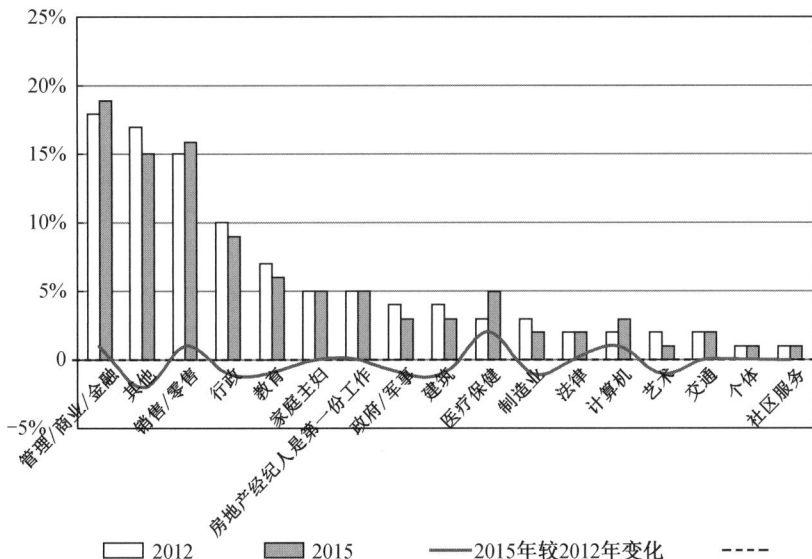

图 3-24 2012 年、2015 年美国经纪人上一份全职工作及变化

数据来源：NAR。

（2）从业动机

职业进入动机即为什么会选择从事房地产经纪工作、成为经纪人，在对美国俄亥俄州 1500 名房地产经纪人的调研[①]结果显示，灵活的工作时间和获取额外收入是占比最高的因素（见图 3-25）。尤其关于收入，房地产经纪行业确实存在着部分经纪人收入较高的情况，而与高收入可对标的其他职业，如律师、投资银行家相比，房地产经纪人的进入门槛相对很低，又存在高收入的可能性，成为吸引从业者的进入最大动力。

---

① Webb J R，Seiler M J. Why People Enter the Real Estate Sales Business[J]. Real Estate Issues，2001，26(3)：76－84.

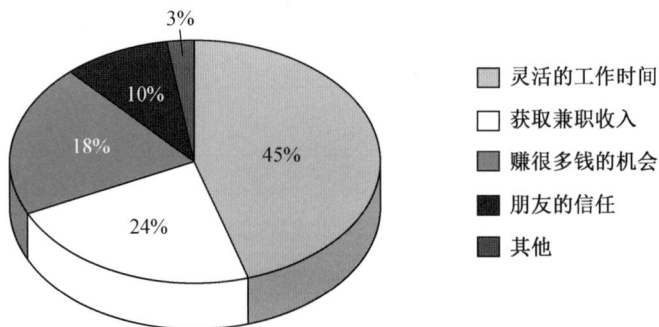

图 3-25　为什么会选择从事房地产经纪人的职业

料来源:NAR。

　　但事实上,这两种进入动机是对房地产经纪行业的"误解"。首先是对工作时间灵活性的误解。大部分经纪人似乎并没有意识到经纪人要在周末和晚上工作(因为实勘和带看很多时候需要避开常规的工作时间),而这正好与配偶或孩子的时间安排冲突,这也是许多经纪人最终离开行业的重要原因。其次是对于收入的误解。在当时的调查中,尽管大多数房地产经纪人都曾有过销售经验,但仍然有超过一半(55.5%)的经纪人在第一年赚不到 1 万美元,而 81.5% 的收入低于 2 万美元,92.0% 的收入低于 3 万美元;而在经纪人的预期中,81.5% 的经纪人预期年收入超过 3 万美元,其中23% 的人预期年收入超过 10 万美元。现实和预期形成了巨大的落差,为经纪人的快速流失埋下了伏笔(见图 3-26)。

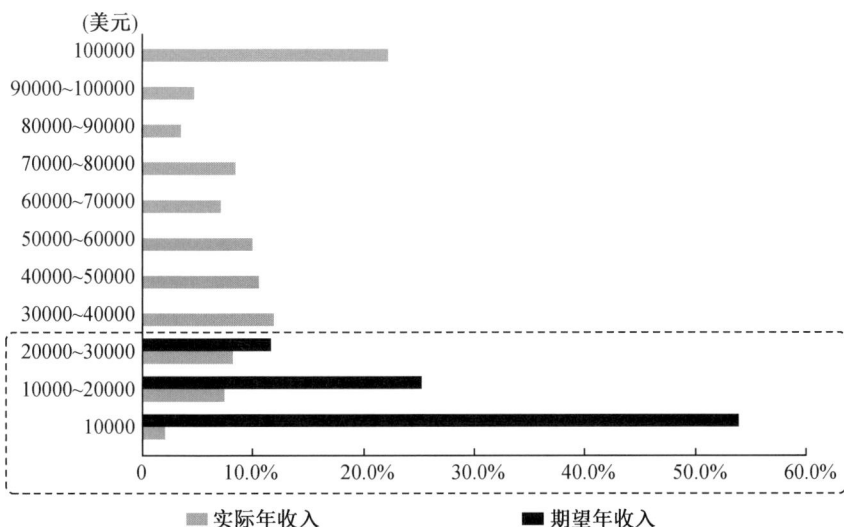

图 3-26　经纪人期望最高年收入者分布

数据来源：NAR。

可见，灵活的工作时间和高收入预期是对该行业的误解，是片面的、甚至是错误的从业动机。受这两个因素误导而进入行业后，从业的投入度情况如何呢？

（3）职业投入

①活跃经纪人占比

美国 200 万名经纪人中，123 万名为协会会员。通过对美国资深经纪人的访谈，美国活跃经纪人的数量约等于全美房地产经纪人协会会员数，即 40％的经纪人为非活跃者。该部分从业者虽然拥有从业资格证，但由于没有在房地产经纪行业收入的连续的纳税证明被定义为非活跃者，也可以认为该部分群体是兼职人员，房地产经纪行业并非其收入的主要来源。

②经纪人兼职占比

如果一个职业中的从业者中有很多人是兼职身份，表示该部分人并不完全认同该职业，而仅是将其作为"一份能够带来收入的工作"。2015 年全美房地产经纪人协会调查显示，77％的从业者表示房地产经纪为其唯一职业，即 23％的经纪人有其他的工作。

经纪人的工作时长分配上，全美房地产经纪人协会数据显示（见图 3-27），2014 和 2015 年美国经纪人的每周工作时长中位数为 40 小时，但 2015

年 41％的经纪人每周工作时长低于 40 小时,即低于行业中一半人的工作
时长,可见,该部分群体在房地产经纪业务上投入的时间达不到常规工作
的最低时长标准,可以推测房地产经纪业务并非这部分群体的唯一工作,
而仅作为兼职。

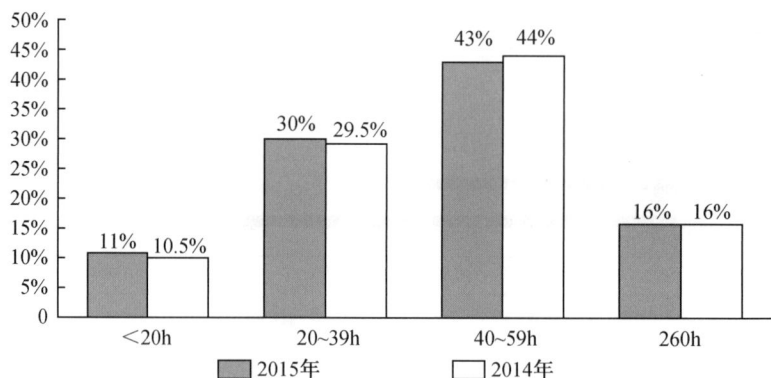

图 3-27　美国经纪人每周工作时长占比分布

数据来源:NAR。

③把经纪人当作唯一职业的经纪人占比

经纪人是否把房地产经纪当作唯一职业,对于这一问题的答案代表了
该行业从业人员的稳定性与经纪人对自身的认知。所有经纪人中,从业 6
～15 年的经纪人中将经纪人视为唯一职业的比例为 77％,从房地产经验
多少来考虑,经验丰富的经纪人更愿意把该行业当作自己唯一的职业(见
图 3-28)。

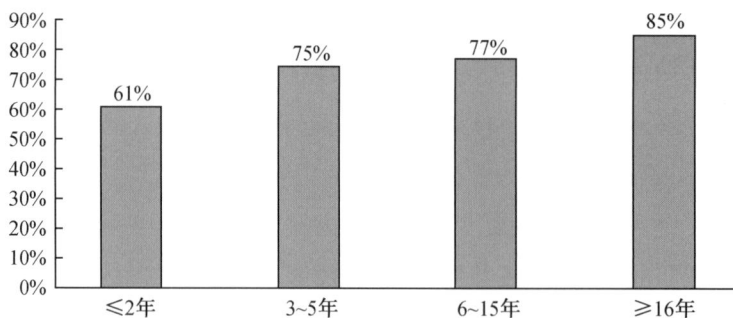

图 3-28　把经纪人当作唯一职业的占比

数据来源:NAR。

从个人收入占比的角度,43%的经纪人收入全部来自于房地产经纪领域,这部分经纪人是全职经纪人;收入占比在75%以下的经纪人占比达到25%。

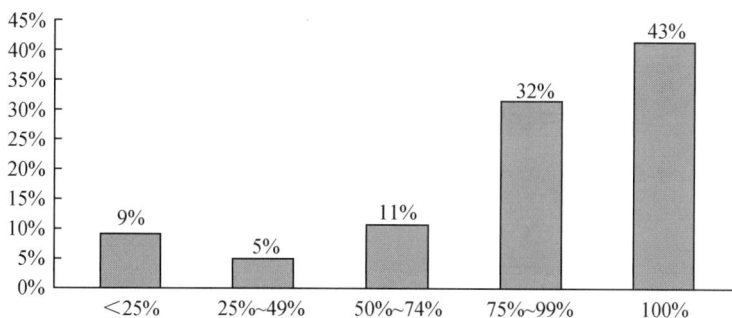

图3-29　经纪人来自房地产业务领域的收入占比

数据来源:NAR。

(4)行业留存

行业留存率直接体现经纪人对这一行业的认可和黏性,行业留存与从业年限(职业生命期)高度相关,行业留存率高,则职业生命期越长,反之则相反。

2014年NAR的报告显示,87%的经纪人会在进入行业后5年内因失败而离开行业。尽管我们无法得知美国经纪人真实的年流失率,但从职业生命期上也可以有所了解,2015年NAR报告中有关美国经纪人在房地产领域的工作年限表明,工作年限中位数为12年,与2014年持平。大多数(约75%)经纪人具有6年以上的工作经验,6年以下工作经验的经纪人大约只占经纪人总数的四分之一。也就是说,一旦在该行业工作6年以上,经纪人的转行率是相对较低的,这与流失数据相互印证。(见图3-30)

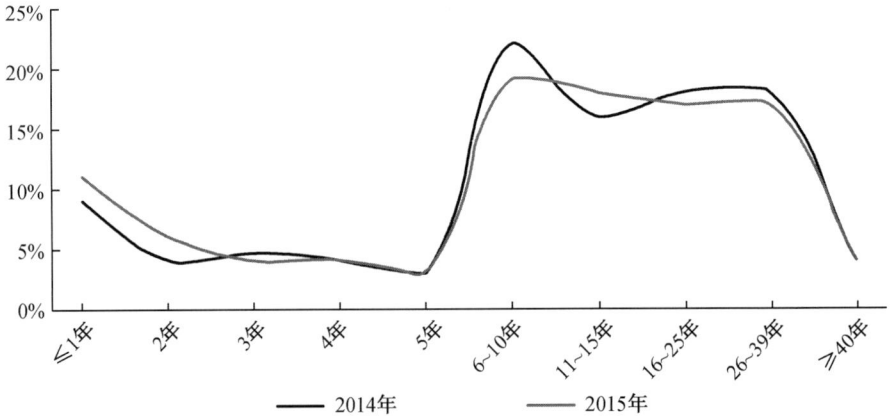

图 3-30　经纪人的房地产领域经验状况

数据来源：NAR。

这反映出"资源和经验积累"对美国房地产经纪人的重要性，一组数字也可以帮助论证：2015 年美国经纪人的业务贡献中，来自重复交易和老客户推介交易的比例中位数均为 20%，而这两部分资源显然更多是属于从业经验长的"老"经纪人，通过自己专业的服务获得了客户认可。从图 3-31 可以看出，从业年限越长，收入越高，重复及推介业务的占比也迅速提高。

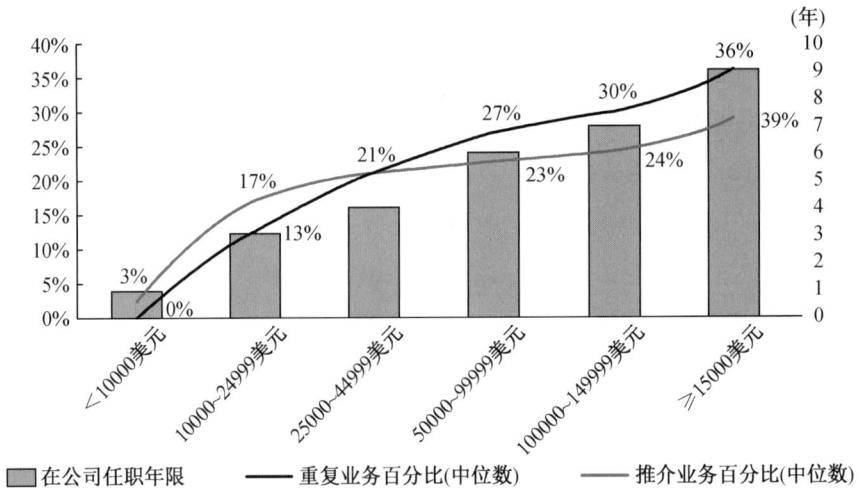

图 3-31　2015 年经纪人重复及推介业务百分比

数据来源：NAR。

房地产经纪人"积累越多越愿意留存"的特征，反映在美国经纪人群体的年龄上，就表现出"高龄"从业者为主、年龄越高占比越高的显著特征。

据全美房地产经纪人协会的调查,美国经纪人群体年龄中位数从 1999 年 52 岁上升到了 2015 年的 57 岁;2015 年,55 岁及以上的经纪人占比为 57％ (见图 3-32)。

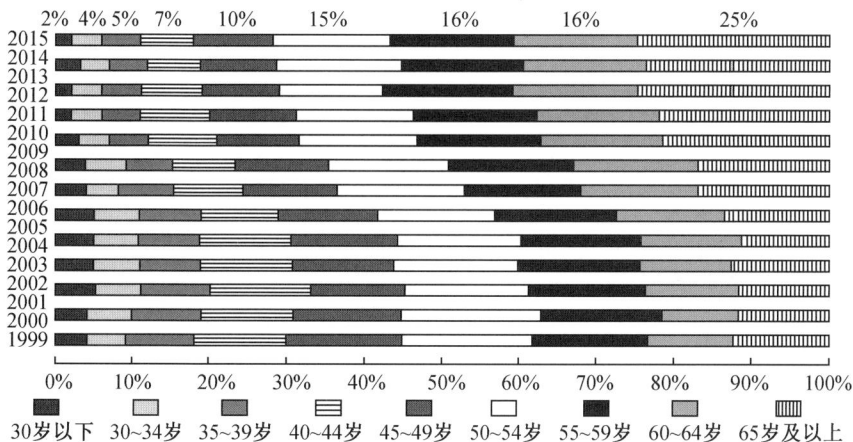

图 3-32　2015 年美国经纪人群体的年龄分布变化

数据来源:NAR、贝壳研究院整理。

收入的变化情况方面,随着工作年限的增长,经纪人的税后净收入迅速上升,从业年限不足 2 年的经纪人,年税后净收入仅 7800 美元,当从业年限增长到 3～5 年后,税后净收入提升为 23300 美元,从业 16 年以上的经纪人则能够获得 42000 美元的税后净收入;从结构上看,在从业 16 年以上的经纪人中,税后净收入达到 10 万美元以上的经纪人占比达到 18％(见图 3-33 和图 3-34)。

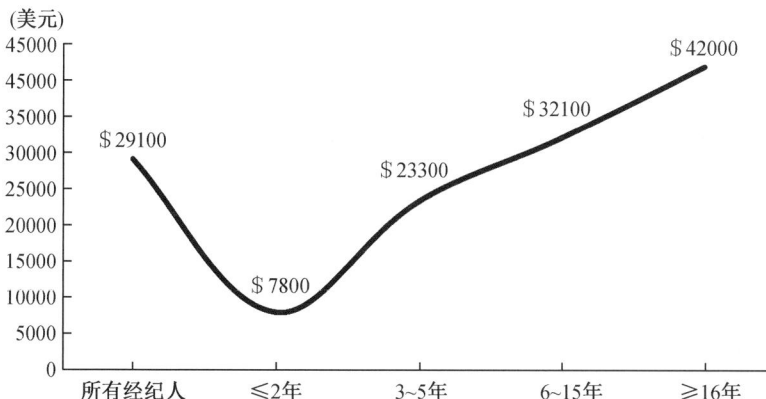

图 3-33　2014 年不同从业年限经纪人的年税后净收入中位数

数据来源:NAR。

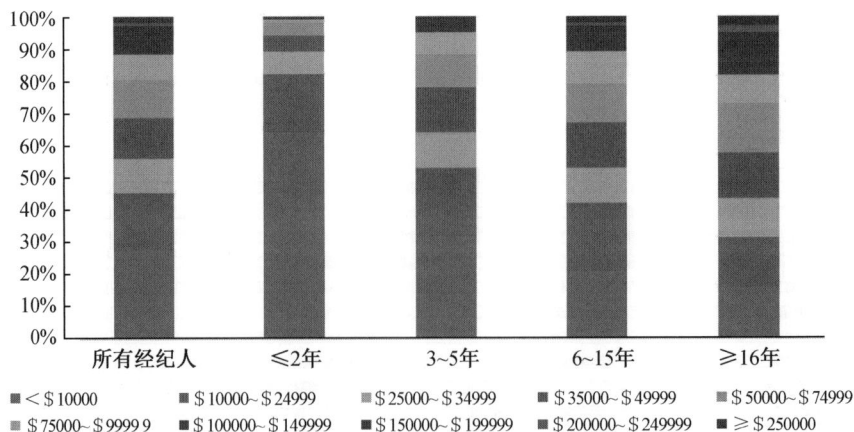

图例：
- ■ < $ 10000
- ■ $ 10000~$ 24999
- ■ $ 25000~$ 34999
- ■ $ 35000~$ 49999
- ■ $ 50000~$ 74999
- ■ $ 75000~$ 9999 9
- ■ $ 100000~$ 149999
- ■ $ 150000~$ 199999
- ■ $ 200000~$ 249999
- ■ ≥ $ 250000

图 3-34 　2014 年不同从业年限经纪人的收入分布

数据来源：NAR。

行业流失的根本原因是收入达不到预期，一方面与经纪人错误的从业动机有关，另一方面也说明新进入的经纪人很难获取应有的报酬而只能选择离开。

"为高收入而来，因不达预期而去"，大部分刚入行的美国房地产经纪人对于经纪人这一职业的认知似乎仍停留在"这是一份能够带来高收入且时间灵活的职业"，而不是一份能够实现人生价值，带来归属感、荣誉感的长期事业；唯有那些通过长期的努力和积累获得高比例的客户认可，从而认可行业、认同自己的"老人"才有高度的职业认同度。

3.职业自主性

专业人员组织起来的最终成果是自治和伴随而生的威信，专业成员不受外行的评判和控制，按照本行业属性制定行业规范、争取行业利益，决定进入该职业所需的教育和培训标准，并在帮助国家制定职业规范和法律上发挥巨大的影响力。

房地产经纪人职业的自主权体现在两个方面，一是有无职业团体，职业团体是否决定经纪人所需知识和教育标准；二是职业团体在职业准入规则、行为规范制定上发挥影响和作用。

（1）协会掌握知识体系和教育模式的自主权

美国三级房地产经纪人协会是行业的职业团体，其制定行业基本的标准和规则,在经纪人所需知识和教育标准方面,全美房地产经纪人协会制定经纪人牌照和经纪人职业继续教育标准,州级经纪人协会在全美房地产经纪人协会标准的基础上自行制定本州成为经纪人所必须学习的专业知识和教育方式,以及经纪人在执业中所要接受的持续职业培训课程内容及方式。从这方面讲,房地产经纪人职业群体在知识体系、教育模式的制定上具有高度的自主性,即房地产经纪人依据什么知识而工作,应当接受什么样的知识教育,完全由职业团体(协会)自主确定。

(2)制定经纪人行为规范的法律法规,建立职业化的红线边界

全美房地产经纪人协会制定的《道德规范和行为准则》通过司法机构的认可成为全行业规范,美国加利福尼亚州经纪人协会制定的《房地产牌照法》成了各州经纪人的牌照法规,各州协会的《MLS 操作手册》成为规范经纪人作业的标准,全美房地产经纪人协会的《案例解释》及《仲裁规范》成为监管全行业的依据。

因此,美国房地产经纪行业在对行业的规范和监管上不是影响政府的决策,而是制定决策并通过影响政府决策上升至法律层面,成为全行业的强制性行为规范。但是这并不能说美国房地产经纪人是一个完全自主的职业,因为房地产关系一个国家的发展,关乎民生,所以政府也一定会发挥其调控作用,如政府对于佣金的调查,协会根据政府的要求做出更改佣金的措施。

从上述两个方面讲,美国房地产经纪人这一职业群体有着比较好的职业自主权,掌控着行业进入、行业规范、职业教育相关政策的制定和决策权。

4.职业社会地位

职业的社会地位主要体现在公众和消费者对于从业者的评价即社会声誉和从业者所获取的经济报酬在社会各行业中的水平两个方面。

(1)社会声誉

2006 年《福布斯》杂志在对职业的声誉度排名中,房地产经纪人排名23,位列在演员和股票经纪人之后。在搜索美国经纪人的声誉(reputation)相关资料中,Google 搜索引擎中排在前列的是"Why Do Real Estate Agents Have A Bad Reputation?",而"房地产经纪人的坏名声也几乎是众所周知的'秘密'"是该篇文章的开头,文中提到经纪人可能会串通

向买方报高价而获取更高的佣金收入，或者向卖方传递虚假信息，或隐瞒重要信息使卖方降价而实现自行交易等。

事实上，房地产经纪人的社会形象一直较差，在 2015 年 corelogic 各职业"专业形象"的调查中，只有 9% 的受访者将房地产经纪人评为"非常高"或"高"的道德和诚实水平。比房地产经纪人形象更差的只有广告人员和汽车销售。由此，我们可以对美国房地产经纪人的社会声誉窥见一斑。

（2）经济报酬

根据美国劳动局 2016 年的数据，2016 年，全美社会年平均薪资 4.96 万美元，房地产经纪人年均收入 6.36 万美元，比社会平均工资高 28% 左右；在 32 个销售类细分职业中排名 11 位，在 1370 个职业中排名 422 位，处于中等靠前位置，经纪人平均工资 7.93 万美元，销售员的平均工资 5.94 万美元。

然而在衡量经济报酬的高低时，必须与所付出的劳动量同时分析，因此相比年收入，时薪是更加科学的方式。根据美国劳动局的数据，2016 年全美 1066 个职业的平均时薪为 23.86 美元，房地产经纪人和销售人员的平均时薪分别为 30.57 美元和 28.54 美元，比全社会平均值高出 6.71 和 4.68 美元，位列第 270 和 341 名，处于全行业前 25% 和 32% 的靠前水平。

对比经纪人上一份全职工作所属行业的时薪，占比最高的管理类、金融类以及快速上升的计算机类，无论是行业平均时薪还是行业内职业的时薪均高于房地产经纪人，管理类平均时薪 56.74 美元，比经纪人高出 26.17 美元，即 46%；与行政办公类的行政支持人员相比，销售员时薪仅高出 0.71 美元。可见房地产经纪人职业单位时间收入较低，进一步说明了房地产经纪人是一个实践性非常强的职业，需要付出大量的时间和精力才能获得高收入，所以房地产经纪人并不是一个高薪的职业，尤其对于经验越少的经纪人，尤为明显。

与传统医药类职业相比（见图 3-35），房地产经纪人的时薪均低于医药类行业平均时薪 7.49～9.52 美元，与全美时薪排名前三的麻醉医生、外科医生、产科医生相比，房地产经纪人的时薪为上述职业的 22%～25%。所以房地产经纪人的职业属性决定了其与必须接受长时间、持续性专业教育、专业化程度已经非常高的职业相比，其收入处于非常低的水平。结合房地产经纪人所需要的基本专业知识和职责，低收入也反映了美国经纪人职业的专业化程度并不高。

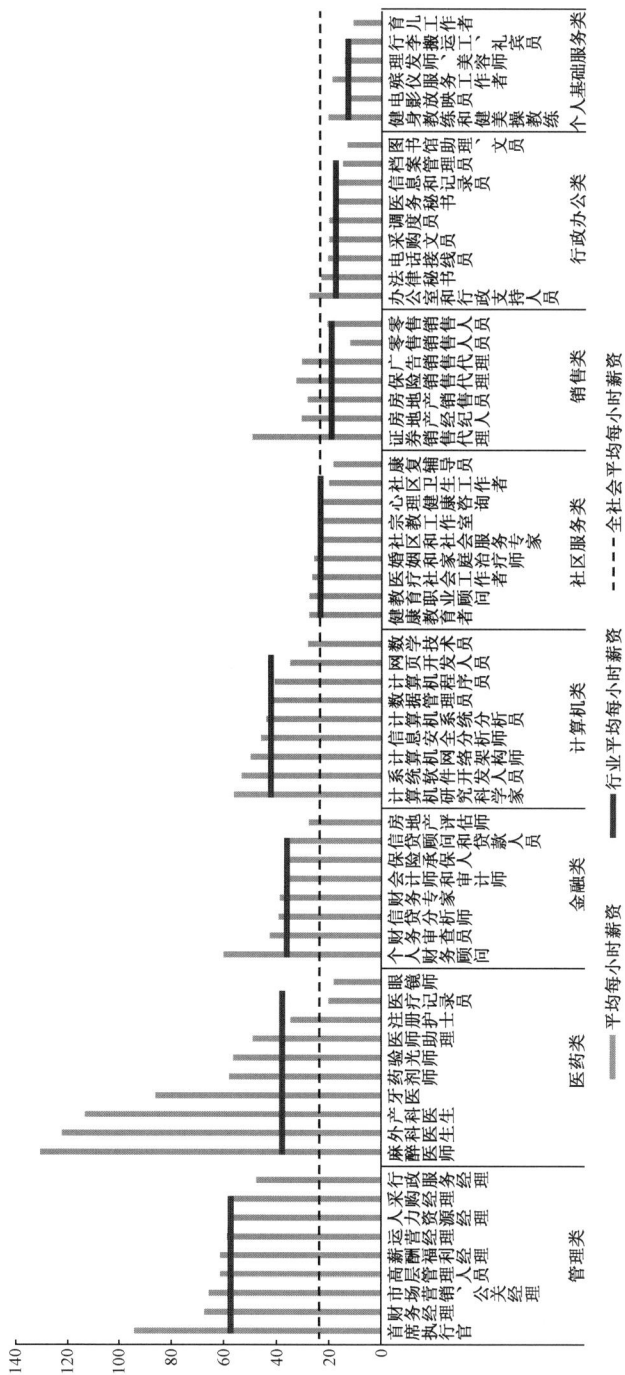

图 3-35　2017 年美国部分职业时薪（单位：美元/小时）

资料来源：美国劳动局。

5.小结

前文中从房地产经纪行业格局、行业作业逻辑、经纪人的作业方式等现状的描述,以及用数据和逻辑分析了美国经纪人在职业的不可替代性、职业认同感、职业自主性和职业社会地位,可以得出对美国房地产经纪人专业性的判断,而这些判断也让我们对美国经纪人这一群体本身的差异有了更清晰的认识:

(1)职业的不可替代性:房地产经纪行业实现了比较科学合理的专业分工和角色分工,各专业分工下房地产经纪人开启了较早的专业化探索;承担法律责任、为客户利益代言的代理人角色,使这一职业具备了第一道门槛;经纪人职业资格条件的设置,构筑了美国房地产经纪人的第二道门槛。

(2)职业认同感:经纪人在职业选择动机上更倾向于高收入和灵活工作时间,这是对行业的误解,职业认同感不高还体现在专兼职的职业投入度和年轻经纪人的流失上。

(3)职业自主性:美国经纪人有规模庞大、地理覆盖齐全、影响力大的行业协会,协会制定了行业运行全方位标准和规则,界定了经纪人执业行为的"对错"边界,围绕房地产经纪人的职业成长和业务形成了丰富的市场组织,培养房地产经纪人在"对错"边界内的自主性。

(4)职业的社会地位:经纪人在消费者心中的形象依然很差,经纪人单位时间内的收入也并不优越,虽然在行业中停留的时间越久获得的收入越高,但新进入者很难获取长时间停留在行业的支撑,从而被迫离开。

六、美国房地产经纪人职业化实践小结

美国房地产经纪人在实现专业化的道路上走过了百年的历程,具备了职业化的基本要素:组织和推动机构、与职业资质联系在一起的知识培训和考核、全方位的行为规范和监管、较丰富的经纪人职业成长生态系统及生态中存在的反思性实践教育。

从职业化取得的效果来看,经纪人内部分化明显,年轻的经纪人被替代性高、职业认同感低、职业自主性较差、职业社会地位低;从业时间越长

的经纪人被替代性降低、职业认同感增强、职业自主性更强、职业社会地位更高。造成此种情形的原因是多方面的,缺乏系统性的行业基础知识及有效的传播模式,实行局限性较强且传承性较弱的反思性实践教育,在独立经纪人的业务模式和实践性强的职业属性下,年轻的经纪人的职业成长困难重重。

第四章

新西兰房地产经纪人的职业化实践

新西兰的地理空间尺度和人口规模相对较小,国土面积约 27 万平方千米(中国广西壮族自治区的面积约为 23.7 万平方公里),截至 2018 年 3 月,人口总量约为 480 万人。新西兰曾作为英国的殖民地,在法律体系上沿袭了英美法系,英美法系的特点就是判例法,即反复参考判决先例,最终产生类似道德观念一般的普遍的、约定俗成的法律(customary rules)。

新西兰政府作为房地产经纪人职业化起源的组织和推动机构,但直到 2008 年设置了专职的政府监管机构,为什么会在该时间点设置政府专职机构? 为什么房地产经纪人的从业门槛中学历要求为指定大学指定专业的毕业生?

一、房地产经纪行业概况

1.行业规模与效率

(1)房地产经纪行业规模

①存量房屋规模

截至 2017 年 6 月,新西兰私人住宅规模 184.3 万套(包括独立平房、公寓、别墅等)。按照使用情况,分为业主自住、出租及无偿提供(包括业主自己提供,也包括政府对于空置的私人房屋的收储后提供),其中业主自住的房屋规模近 20 年来基本维持稳定水平,与此相反的是租赁住房规模持续上升,占比由 1991 年的 23.2% 上升至 33.8%。这与近年来新西兰,尤其是奥克兰这样的大城市(奥克兰人口 138 万人,占新西兰总人口近 30%,房屋规模占新西兰全国近 38%)房价的快速上涨导致越来越多的人买不起房有很大的关系,快速上涨的房价致使越来越多的人选择了租房(见图 4-1)。

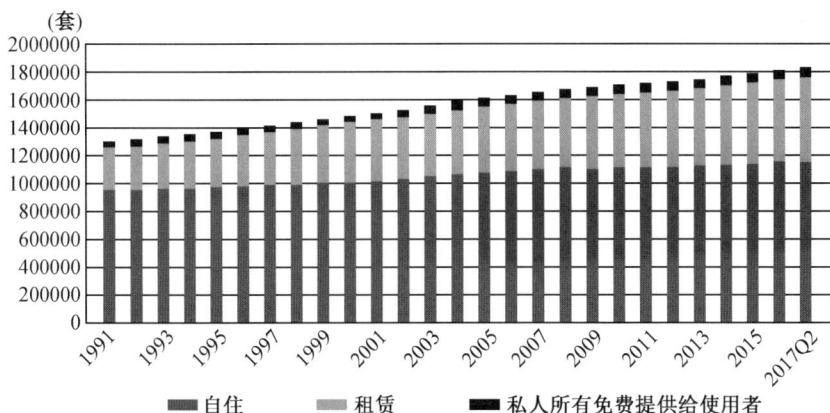

图 4-1　新西兰三种居住状态的房屋规模变化

数据来源：新西兰统计局。

②房屋交易情况

新西兰的房屋交易规模除在 2003 年达到高位，其他时间整体保持平稳，年度成交量为 8 万～10 万套，房屋套价中位数在 2002—2007 年出现快速增长，2008 年后增速趋于平缓，2016 年成交价格中位数为 49.5 万新西兰元/套，套均价格 51.5 万新西兰元（见图 4-2）。奥克兰 2016 年全年房屋交易规模约 3 万套，占新西兰 33％的市场份额，成交均价为 88.95 万新西兰元/套，均价比新西兰全国高出 72.3％。

1992 年至今，新西兰房屋流通率除 2002—2007 年处于较高水平外，其余时间基本平稳，平均流通率为 7.79％，这一数字在国际中处于较高水平（见图 4-3）。

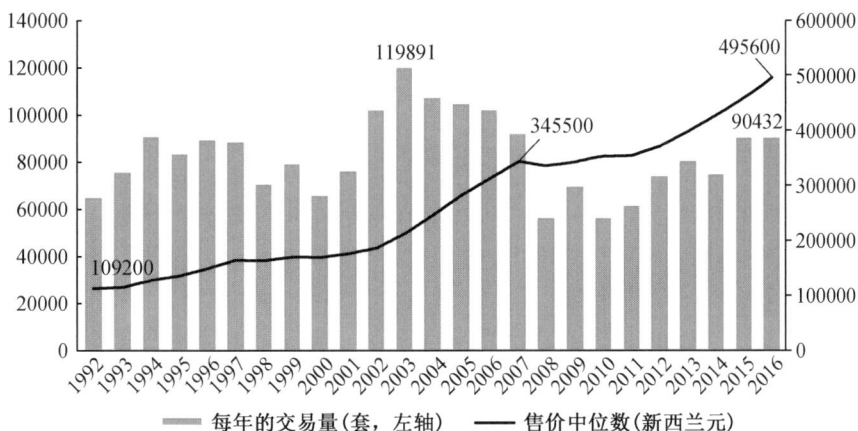

图 4-2　新西兰年度房屋交易规模及价格变化

注：新西兰元：美元＝1.419：1（2017 年 11 月 27 日汇率）

数据来源：新西兰统计局。

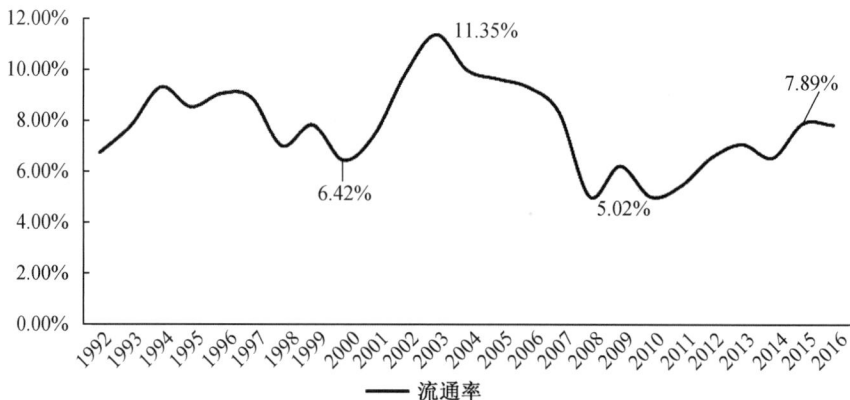

图 4-3　新西兰房屋流通情况

注：流通率＝年度存量房屋交易规模/存量房屋规模

数据来源：新西兰统计局。

③房地产经纪行业的分布

新西兰房地产交易高峰出现在 2003 年，经纪人总体规模高峰出现在 2006 年，也是新西兰历史上房地产经纪人规模首次突破 20000 人，随后随着房地产交易规模的下降，经纪人数量出现了快速的减少，2006 年到 2014 年 8 年间减少近 1 万名，2014 年以来有所回升（见图 4-4）。

截至 2017 年 7 月 31 日，新西兰共有 895 家活跃的经纪公司（新西兰内无上市的房地产经纪公司），14653 名活跃经纪人；地理空间的分布上，奥克兰市的经纪公司和经纪人规模均位居新西兰之首，活跃的经纪公司 357 家，占新西兰总规模近 40%；活跃经纪人 6686 人，占新西兰总规模的 45.63%（见表 4-1）。

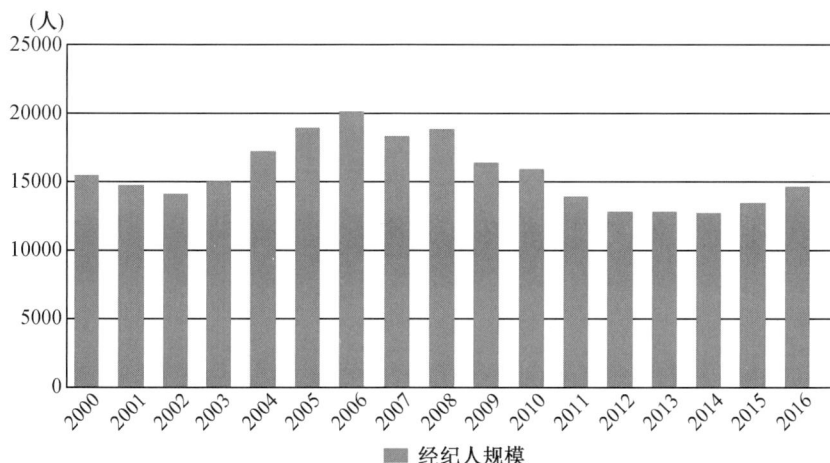

图 4-4　新西兰房地产经纪人规模变化情况

数据来源：新西兰房地产代理监管局（REAA）。

表 4-1　新西兰经纪公司和经纪人的地理空间分布

地区	经纪公司		经纪人				
	规模（家）	占比（%）	经纪人（人）	店长（人）	销售员（人）	合计（人）	销售员占比（%）
奥克兰	357	39.89	702	150	5834	6686	87.26
坎特伯雷/西海岸	107	11.96	256	43	1380	1679	82.19
怀卡托	82	9.16	173	36	1004	1213	82.77
惠灵顿/怀拉拉帕	79	8.83	144	43	1019	1206	84.49
奥塔哥/南部	67	7.49	138	34	671	843	79.60
普伦蒂湾大区	64	7.15	145	25	802	972	82.51
塔拉纳基/旺加努伊/马纳瓦图	46	5.14	101	17	544	662	82.18
北部	40	4.47	69	16	419	504	83.13
纳尔逊/马尔堡	29	3.24	48	13	332	393	84.48
吉斯伯恩/霍克斯湾	24	2.68	64	8	383	455	84.18
未确定			28		12	40	
合计	895	100	1868	385	12400	14653	

数据来源：新西兰房地产代理监管局（REAA）。

（2）房地产经纪行业效率

市场走势决定行业整体效率，与美国房地产经纪行业效率的表现一致，市场上行早期，成交规模增加但经纪人数量相对有限，人均效率增加，如 2001—2003 年；但随着经纪人大规模涌入，从业人员规模快速增加，人均效率快速降低，如 2004—2008 年；随着市场再次进入下行期，竞争加剧，部分经纪人从行业退出，人均效率出现回升，如 2010—2013 年，随着新一轮市场上行周期的到来，进入新一轮的循环。

2000 年以来，新西兰房地产经纪人人均成交为 4.89 套，在 2003 年达到历史最高，人均成交达到 7.17 套，2016 年人均成交 5.55 套，略高于美国的 4.29 套（见图 4-5）。

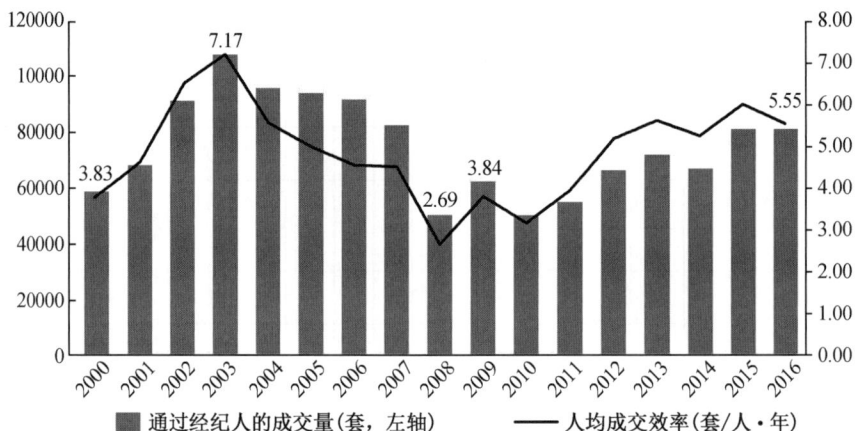

图 4-5　新西兰房地产经纪人的总体成交量和成交效率

数据来源：新西兰统计局、房地产经纪行业协会（REINZ）、贝壳研究院。

2.行业的运行规则

（1）委托和代理模式

①委托模式

新西兰没有类似于美国 MLS 这样全国性的、独立的房源信息平台，在 2009 年新西兰房地产代理监管局出台的《职业行为准则（2009 年）》中明确了独家代理和多家代理两种模式的合理性。

独家代理（sole agency agreement），即由该代理机构全权负责代理客户的需求（如果签订了独家代理协议却自行交易，仍需缴纳代理费用）；如果业主在签订独家代理协议后改变主意,可以在接到副本协议后次日下午5点前取消协议,取消代理协议必须向经纪人和经纪公司出具书面通知(传真或电话);如果签订了有效期为90天以上的独家代理协议,但90天内未能成交,90天后协议双方可无责终止该协议。

多家代理(general agency agreement),即同时与多家代理机构签订协议,只向最终完成代理任务的机构支付佣金费率。

新西兰的房地产交易一般分为四种途径——市场价成交、招标、拍卖和截止期交易,一般通过招标或者拍卖的形式出售的房屋选择独家代理。

②代理模式

由于没有全国性的、独立的房源共享信息系统,因而在新西兰房地产经纪行业,没有单边代理的土壤,所以关于代理模式没有政府方面的统一规定,在实际的市场中,也几乎不存在单边代理的情形。

(2)佣金收取模式

新西兰房地产代理监管局(REAA)制定了《佣金信息表》(Commission Information Sheet),对房地产经纪服务中的佣金费率做了相应的说明,新西兰房地产经纪服务的费用包含佣金费、管理费用、商品和服务税及广告费,广告费有可能直接在佣金费率中计算,如果有,经纪人需要向客户说明。

①佣金费率

没有任何法律条文对佣金费率做强制性规定,客户可与经纪公司进行协商,佣金费率一般是在2%～3.95%之间,经纪人和经纪公司的佣金分成一般为五五分成,公司分得的名义:商业管理费、代理培训、监督和合规、政策、税收、赔款保险、资产、公司营销和广告。

②管理费用

500新西兰元,约348美元。

③商品和服务税(GST)

一般为房屋成交额的0.46%。

④如有协定广告费,则需支付

一般情况下,经纪人用来曝光房屋的广告费附加在了佣金费中,但是如果采用拍卖的这种方式,则需要另外支付广告费用,广告费用根据对房屋的营销情况进行确定。

（3）房地产经纪业务流程

新西兰房地产经纪业务的典型特征是消费者在委托经纪人之前必须寻找一名律师,律师的职责是负责起草或审核房屋交易过程中的一切协议、合同,对协议和合同内容进行风险把控,所以,新西兰经纪人是典型的居间角色,其核心职责是信息匹配和撮合谈判。

新西兰房地产经纪业务中,经纪人的职责包括:

①向客户进行个人利益披露[①];

②向客户提供市场资讯;

③进行房屋初步估价;

④协助客户决定房屋销售方式(市场价成交、招标、拍卖和截止期交易);

⑤向客户提供佣金费率的说明;

⑥向客户提供房地产代理监管局出具的委托协议模板及说明,并告知客户签署独家委托协议和多家委托协议的利弊;

⑦进行房源客源的信息匹配,带看、谈判并撮合交易;

⑧交易完成后协助双方完成物业交割。

在房地产经纪业务的专业化分工方面,买方必须寻找房屋检查员、估价师和贷款人员进行房屋质量的检查、真实的价格估计及贷款办理,虽然经纪人会向消费者推荐这类资源,但是在房地产代理监管局给消费者的指南中建议消费者寻找独立的检查员、估价师等,以避免经纪人以自身利益为出发点而对消费者造成损失(见图4-6)。

---

①　房地产代理监管局要求经纪人在与客户签署代理协议前必须进行个人利益披露,如果交易的一方为经纪人的利益相关人(如家人、亲戚、朋友、熟人等),则必须经过委托人的同意后签署同意书,如果该份同意书在估价师对房屋做出客观估价前签署,则经纪人必须对房屋做出一个临时估价,然后在同意书签署14天内寻找独立估价师进行估价,如果独立估价高于经纪人给的临时估价,则委托人有权取消委托并不需要支付任何委托费用。

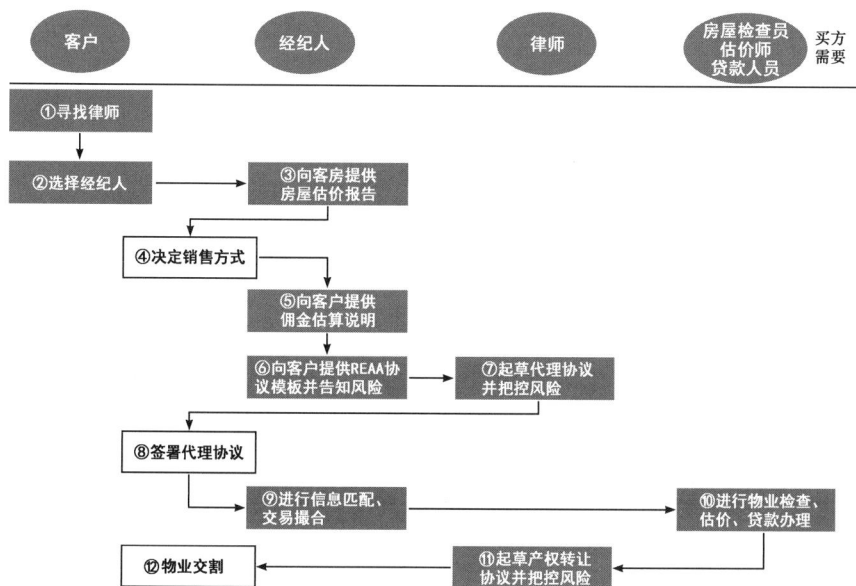

图 4-6　新西兰房地产交易中各参与角色及流程

资料来源：贝壳研究院整理。

新西兰的产权报告：产权转让、LIM 报告（这份报告是由市议会提供的，包括该房子是否在洪水区，土质结构、污染情况如何，房子是否有非法改建，或者房子构建是否符合市议会要求等信息）。

房屋检查：这个检查是对房子的构造问题的检查，需要聘请专业的建筑师/水工/电工等，并出具房屋检查报告（builder report），这个费用大概需要 300～500 新西兰元之间。

资金监管和物业交割由律师做：房子交割的所有金钱款项都必须通过律师行来操作。买家把他所需要交的现金，以及贷款的款项都转到律师行的信托账户里，然后再从这个律师行转到卖家的律师信托账户里，再由双方律师通过网络在新西兰土地局网站上面，进行产权转换，转款事项通过网上银行操作，产权转换也是通过新西兰土地局的网站上进行操作。新的买家拿到以自己名字注册登记的产权，整个房子交割就算完成。

3.小结

新西兰政策性房屋占比不足 10%，房地产市场化程度较高，但总体房地产交易规模有限，年度交易量约为 10 万套，其中二手房交易占比 90%左右；城市分化格局显著，奥克兰房屋成交规模占新西兰的 33% 左右。新西兰没有外部的、独立的房源共享信息系统，所以在委托和代理方式上，独家和多家委托并行，不具备单边代理的基础，1.46 万名活跃经纪人，人均成交效率略高于美国，并具备非常明显的优势。

二、房地产经纪人职业化的起源与变迁

1.经纪人职业化的起源

新西兰房地产经纪业务起源于 19 世纪 40 年代，当时英国在全世界范围内寻找自己的殖民地，在占领新西兰后开始了土地征收工作，为此成立了专门的土地征收公司负责土地征收工作，由此开启了早期的新西兰房地产经纪业务。到 1912 年，随着英国撤离、新西兰独立，新成立的新西兰政府颁发了《土地代理法案(1912)》(*Land Agents Act* 1912)，该部法案是新西兰房地产经纪行业的第一部法律。该部法律出台的背景是刚独立的新西兰政府急需对全国的土地进行整理和规划，为避免该项工作在开展中由于经纪人的个人原因引起人民的不满从而对新政府的政权造成威胁，同时也为了维护新政府在民众心中的形象，政府出台了对从事土地代理工作者的职责以及行为在法律层面的规范，开启了新西兰房地产经纪人职业的专业化历程。

2.经纪人职业化的变迁

新西兰房地产经纪人职业化起源于行业法律法规的制定和实施。自 1912 年以来，新西兰房地产经纪人职业化的历程可以分为探索、完善和升级三个阶段，每一个阶段中按照职业化的核心体现——行业监管和从业者知识及教育两个维度进行论述(见图 4-7)。在行业监管层面，所有的规范、实施机构均围绕着行业内上位法——《房地产经纪人代理法案》的演变而变化。

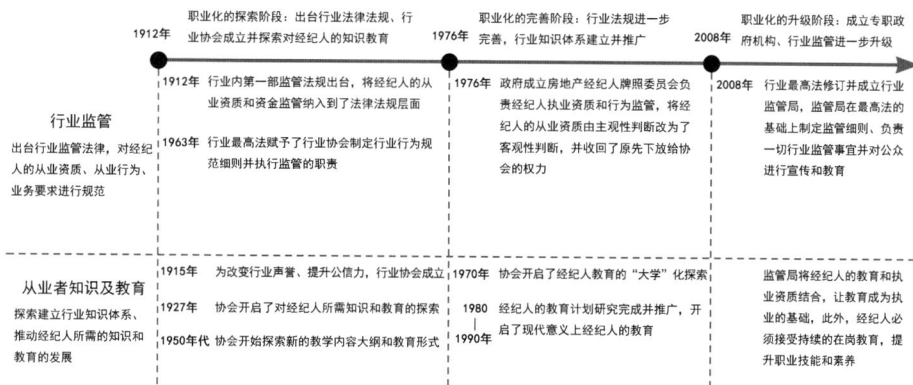

图4-7　新西兰房地产经纪人职业实现专业化的阶段及重要的里程碑节点

资料来源：贝壳研究院整理。

（1）第一阶段：职业化的探索阶段

①行业监管方面：出台行业上位法，以行业法规开启经纪人职业的专业化道路

1912年，新成立的新西兰政府为推动全国土地征收工作的顺利开展、维护新政府在民众心中的形象，出台了《土地代理法案（1912）》（*Land Agents Act* 1912）。该部法律是房地产经纪行业内的第一部法律，构成了新西兰房地产经纪行业上位法的基础，此后该部法律几经修改。截至当前，新西兰房地产经纪行业的最高法依然是以该版本为蓝本修订。首部法律全文仅4页，分为17个小段落，内容可以总结为以下两个方面：

A.职业资格要求：首次提出了经纪人牌照，但并非强制性要求。经纪公司至少一个持牌经纪人，而经纪人获取牌照的方式则是名人推荐＋保证金。名人推荐是指有不少于5名知名人士的推荐信，保证金是指经纪人通过向政府认可的保险机构购买一份保险额度为500英镑的保单。牌照的审核与发放由地区法院进行。

B.资金监管：在银行开设资金监管账户。明确经纪人所能收取的费用为撮合交易成功后的佣金费用，对于交易过程中的资金实行监管，即经纪公司在银行开设资金监管账户，经纪人无权直接接触房屋交易资金，对于直接接触资金并将资金挪为他用者，将吊销其从业资格证并处以不超过200英镑的罚款或5年及以下的监禁。

可见，第一部行业法规中对经纪人从业资质的要求和美国早期的规定一致，更强调经纪人的自主性，考核标准具有明显的主观性；明确了经纪人能够获取的费用是佣金，资金监管强有力地保护了消费者的核心利益，切断了经纪人投机诈骗的重要渠道。

在 1912—1963 年期间，虽然《土地代理法案》几经修改①，但并无重大变化，直到 1963 年，新西兰修改通过了《房地产经纪人代理法案（1963）》（Real Estate Agents Act 1963）。该法案首次赋予了房地产经纪人协会（REINZ）制定行业行为规范并监督实施的权力，并要求经纪人必须持证从业。在 1963 年新修改的法案中，对经纪人牌照的细节要求除年龄必须满 21 周岁、无负债或破产情况外，担保金由购买保险保单变成了直接向政府缴纳，此外，申请者必须加入行业协会，当年，共有 295 名经纪人加入了 REINZ。

②从业者的知识及教育方面：成立行业协会，开启经纪人知识教育的探索之路

最早的职业团体是于 1915 年在新西兰首都惠灵顿成立的地产代理和土地拍卖协会，成立的背景是当时很多经纪人认为 1912 年出台的法案没有涉及对不持证从业的经纪人的处罚措施，很多经纪人没有从业资格证但其行为损害了行业的声誉。为了提高经纪行业的声誉和公信力，行业协会应运而生，这与美国经纪人协会成立的背景有异曲同工之处。1923 年，该协会更名为房地产经纪人协会（Real Estate Institute of New Zealand，REINZ）。

新西兰房地产经纪人协会最大的贡献在于对经纪人所需知识和教育的探索实践上，就当前国际范围内对经纪人的学历要求方面，新西兰可以说是要求最高而且最详细的（指定大学的指定专业），这是协会在该方面取得重大成果的体现。1927 年，协会第一次举行了经纪人考试，当时参加考试的人数为 111 人，通过人数为 74 人，这是协会初次探索对协会内部经纪人的知识教育和考核，首次考试的高通过率吸引了越来越多的经纪人加

---

① 1922 年的 *Land Agents Act* 1922 没有太多改动；1938 年首次提出要进行根本性的改动，但是由于二战的爆发被搁置；到 1949 年左右，随着房地产经纪行业新问题不断出现，当时主要是房地产研究所（下文有详细介绍）和畜牧业等不动产协会所做的规则不一致，为此房地产研究所修改了规则的建议；1953 年，新版本的法令出台，Real Estate Agent 代替了原来的 Land Agent，由治安法庭负责牌照的发放和纪律处罚。

入。二战后,协会开始探索新的教学内容大纲,1950年代新的大纲形成,改变了传统的讲授模式,通过创新组建学习辅导小组,并聘请律师进行课程内容的讲授。

但这一时期,由于协会的影响力有限、房地产经纪人从业资格证制度尚未上升至全行业、强制性要求层面且考核方式的主观性强、政府未将经纪人的执业资质与应有的知识技能联合等多种因素,协会对于经纪人知识和教育的探索仅局限在协会会员中。

(2)第二阶段:职业化的完善阶段

①行业监管方面:从业者持证从业全国化、强制化和客观化

1976年,《房地产经纪人代理法案(1976)》再次修订,要求所有从事房地产经纪业务者必须持牌(如不持牌照从业处以2000英镑的罚款,并没收其所得收入)。在牌照的考核上,结束了长达63年的经纪人执业资格的主观性审核,改为申请者参加笔试考核这种更具客观性的考核方式,并成立了房地产经纪人牌照委员会(Real Estate Agents Licensing Board),由该委员会负责经纪人牌照事宜,而对于经纪人的行为监管依然由协会执行,此外,解除了经纪人必须加入行业协会的要求。

②从业者的知识及教育方面:探索经纪人的大学教育并实行

到1970年代,协会提出了在大学设立房地产经纪人专业的想法,计划通过10~15年建立一套经纪人教育计划。该计划分为四步走,第一步:考取高校市场营销专业并学习营销课程;第二步:是从营销类专业中挑选合适的学生进入协会接受协会的教育;第三步:对协会中合格的学员颁发经纪人从业资格证;第四步:对经纪人的研究生教育及进修计划。该项计划提出后,梅西学院(即今天的梅西大学)表示要在该校设置房地产管理专业的学士学位,并提供资金支持,随后,协会通过建立房地产估价与物业管理基金会与奥克兰大学、林肯大学等多家高校的房地产专业合作培训专业的房地产经纪人。1980年代,协会发布了新的教育大纲和课程计划,即按照上述四步走的方案对经纪人进行教育和培养。

在新西兰房地产经纪协会进行经纪人教育和培训探索的早期遭受到了来自议员的极力批评。而新西兰议员罗恩·休伊特(Ron Hewitt)为新西兰的房地产教育注入了强心剂,他说道:"房地产经纪行业比以往任何时

候都更需要教育和公众监督。"

近百年的探索和实践，当前新西兰房地产经纪人的入门教育和高等教育标准已经上升到非常高的专业水平，实现了开创者们致力于推动房地产教育标准达到大学水平的梦想。

（3）第三阶段：职业化的升级阶段

①行业监管方面：监管全面升级，成立专职政府机构，进一步细化监管要求

2008年，新西兰政府出台《房地产代理法案2008》（Real Estate Agents Act 2008），要求成立房地产代理监管局——The Real Estate Agents Authority（REAA），负责房地产经纪行业监管的一切职责，并在该部法案范围内细化各监管内容。

对于这一动作，政府给出的解释：新西兰房地产协会的会员主要是经纪公司的负责人，而从事一线经纪业务的房地产经纪人在协会中占比非常少，这就导致协会对于一线的经纪人难以有效监管，而对严重违法的经纪人则由房地产经纪牌照委员会（Real Estate Agents Licensing Board，1976年成立，负责牌照的管理和行业监管）处置，而该委员会所做出的决定也只是针对经纪人本人的，不会涉及经纪公司，因此即便是雇员受到了处分但并不会对雇主造成任何影响，为此设立了专门的房地产代理监管局。

REAA在《房地产代理法案2008》原则下出台了包括《房地产经纪人职业资格制度2009》《经纪人道德行为准则2012》《专业规范和客户服务准则》《新西兰房屋代理协议规范》等大量规范经纪人行为的法律条例，此外，REAA还担任行业价值宣传和公众房地产知识教育的职责。

②从业者的知识及教育方面：将经纪人知识教育与职业资质结合，以教育作为执业基础

房地产代理监管局成立后，将经纪人的知识教育和职业资质考核进行了统筹，要求申请经纪人执业牌照者必须是获得指定大学指定专业毕业证书者，此外，对经纪人在岗的持续教育和牌照更新结合，要求经纪人不断提升专业技能和素养。

以上是新西兰房地产经纪人职业化的变迁史，在整个历史进程中，《房地产代理法案2008》是新西兰房地产经纪人职业化的核心，每一次职业化

的推动也均离不开该部法规的演变。图 4-8 所示为《房地产代理法案 2008》在演变过程中的里程碑节点及时间。

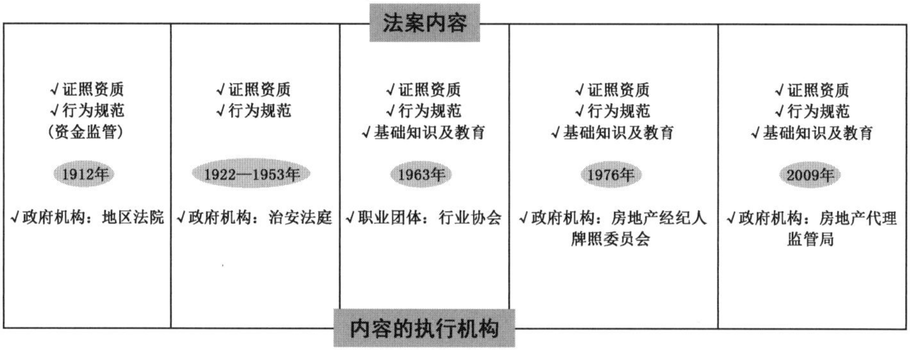

图 4-8　新西兰房地产经纪行业的核心法律《房地产代理法案 2008》的重要演变

资料来源：REAA、贝壳研究院整理。

3.小结

新西兰房地产经纪人职业化起源于对经纪人从业门槛的设置和行为的监管，政府作为房地产经纪人实现专业化的核心组织和推动力量，制定行业上位法、推动经纪人从业资质实施、落实对经纪人行为的监管。新西兰房地产经纪行业协会对经纪人实现专业化最大的贡献是探索推动并建立了经纪人知识教育体系，并将这种知识和教育上升至高校教育层面。

三、房地产经纪人职业化的表现

1.职业化的组织、推动结构

（1）行业协会——房地产经纪人协会（REINZ）

新西兰的职业团体是房地产经纪人协会（REINZ），协会在推动经纪人教育上发挥了非常重大的作用，建立了经纪人的知识体系，并在高校中进行推广传播。随着经纪人教育体系的成熟及 2008 年房地产次贷危机蔓延到新西兰后，政府加大了对房地产经纪行业的监管，协会的职能逐渐弱化。该协会目前仅作为经纪人的志愿组织存在，不再有实质性的影响力，既不能影响政府在行业规范监管上的决策，也不能自主制定行业的规范。

（2）政府机构——房地产代理监管局（REAA）

目前，一些关于行业发展规则的制定权均隶属于政府机构——房地产代理监管局，该机构的职责包括在上位法赋予的权责范围内制定经纪人行为规范并监督经纪人的落实情况、进行行业价值宣传和面向公众的房屋交易知识传播与教育。

2.职业资格制度

目前实行的职业资格制度遵守的是房地产代理监管局在 2009 年制定的《房地产经纪人职业资格制度 2009》。新西兰的地理空间尺度较小，房地产经纪人的牌照制度在全国范围内通用。

在新西兰获取经纪人资格证的流程为：考取 REAA 认定的大学相应的专业并获取相应的学位→根据个人情况参加 REAA 指定培训机构的培训并通过相应等级的考试→向 REAA 提交考试通过证明后获取 REAA 颁发的从业资格证。

（1）经纪人牌照类型

新西兰房地产代理监管局对于房地产代理这一职业的定义为：销售员（salesperson）和店长（branch manager）在经纪人（agent）的指导下，在房屋交易中代表客户为达到交易目的而开展的工作或服务。

新西兰房地产经纪人从业资格证分为销售员（salesperson）、店长（branch manager）和经纪人（agent）三种类型。三种资格证的权利边界及获取标准不尽相同：

①销售员：不限工作经验，通过新西兰全国房地产资格四级考试可申请，无成交合同签字权。

②店长：3 年工作经验，通过新西兰全国房地产资格五级考试可申请，有成交合同签字权。

③经纪人：3 年工作经验，通过新西兰全国房地产资格六级考试便可申请，有成交合同签字权和开设经纪公司权。

三类经纪人的主要区别在于业务处理权限的边界上，权利边界由小到大依次为销售员、店长和经纪人，只有经纪人有开设经纪公司的权利。根据各类经纪人的职责，需要说明的是在申请过程中，并非是按照先销售员、再店长、最后经纪人的次序申请，而是只要符合各自的申请条件便可向监管局申请。

（2）申请从业资格证的条件

在新西兰,成为房地产经纪人的流程为:资格审查→参加职业培训并通过考核→向房地产代理监管局提出申请→受雇于经纪公司或自主开设经纪公司→在监管局备案从业信息。新西兰和美国、新加坡在经纪人获取职业资质上最大的区别是经纪人的考试规定上,美国是经纪人自主完成课程学习后按规定参加加利福尼亚州级房地产管理委员会组织的考试,新加坡是经纪人必须在房地产代理监管局指定的培训机构完成培训后参加房地产代理监管局组织的职业考试,而新西兰的培训和考试是由培训机构完成。当然,对于培训机构,政府做出了相应的规定,申请房地产经纪行业从业资格证的要求如下:

①年龄:18 周岁及以上;

②从业经验及资格,见表4-2;

表 4-2　新西兰房地产经纪人职业资质要求

经纪人类型	资　　格
销售员 （无工作经验要求）	持有以下学历证明并由技能评定机构（Skills Organization）完成技能评级者并参加全国房地产资格（四级）考试并通过者 学历证明: ※林肯大学:商学（估价和财产管理）学士学位 ※奥克兰大学:房地产学士学位 ※梅西大学:商学（评估和物业管理）学士学位 有商业地产、住宅地产或物业估价及相关实践经验的英国皇家特许测量师协会会员
店长／经纪人 （过去 10 年有 3 年的房地产经纪工作经验）	持有同销售员要求一致的学历证书者并通过了全国房地产资格（店长是五级,经纪人是六级）考试［如果申请者为梅西大学商业研究（房地产）研究生则不需要再参加等级考试便可直接申请］

注:按照《房地产经纪人职业资格制度 2009》的规定,如果是持有认可的学位证书,在初次申请从业牌照前必须在行业培训机构（Industry Training Organizations,ITOs）完成技能评定,技能评定机构是为申请者提供岗位专业知识和技能培训及考试认证的机构。

资料来源:REAA。

③品德:新西兰对于房地产经纪人的资质审核是比较严格的,尤其强调申请者的诚信。申请者有以下行为禁止申请成为经纪人或已经从业者

不能再继续从业：

A.过去十年内，在新西兰或非新西兰有不诚信或其他罪行记录者；

B.作为公司法人但因为公司内管理人员违法被吊销法人牌照者（连带责任）；

C.过去五年内，因违反《1986年公平交易法令》第14条、第17至22条或第24条所定的被处罚者；

D.在过去五年内被吊销从业资格证者；

E.根据《房地产代理法案2008》暂停执业者；

F.根据1993年《公司法》、1988年《证券市场法》或1993年《收购法》被禁止担任公司董事级职位者；

G.受《律师与产权转让法案（2006）》（Lawyers and Conveyances Act 2006）认定因酗酒被禁止的人员。

在新西兰房地产经纪行业，按照《房地产代理法案2008》的规定，允许免除牌照和临时牌照两种情形：

A.免除牌照：一是律师从事房产经纪业务可免经纪人牌照，二是不动产拍卖者（该职业为持照从业）从事房地产经纪业务可免经纪人牌照。

B.临时牌照：对于经纪人处理自己的财产、经纪人在代理客户业务期间破产等情形下，可指定或委托别人代为处理，但这种权限仅限于指定业务期间。

此外，由于新西兰和澳大利亚在经纪人从业资质上有互认政策，新西兰持照经纪人可以在澳大利亚从业，澳大利亚的持照经纪人亦可在新西兰从业。

（3）培训及考试要求

新西兰房地产代理监管局对于经纪人申请牌照必须达到的考试级别有要求（见表4-3），但是对于考试本身并不参与，新西兰全国房地产资格考试由新西兰教育部负责，该机构负责新西兰职业教育事宜，房地产经纪人资格考试是其职责的一部分。

表 4-3　新西兰房地产经纪人申请执业牌照所对应的三种考试等级及内容要求

	销售员	店长	经纪人
政府认证的机构	Bay of Plenty Polytechnic Unitec Institute of Technology The Open Polytechnic TAFE College or the Skills Organisation	The Open Polytechnic	无机构 考试通过后由政府直接颁发证书
必须掌握的知识	※不动产所有权及转让知识 ※合同法和代理法 ※房屋销售基础知识 ※房屋营销知识 ※房屋销售计划 ※行业行为规范及监管	※销售员必须掌握的知识 ※管理员工,管理信托账户,实施内部控制,内部检查和审计 ※管理房地产合同准备,向客户和财务 ※潜在客户了解租赁,法律和财务事项 ※为客户和潜在客户提供有关资源管理问题的建议 ※团队管理和团队建设方法 ※财务交易和财务报表 ※土地所有权	※销售员必须掌握的知识 ※店长必须掌握的知识 ※该资格的强制性部分包括房地产管理和房地产实践和法律领域的标准,涵盖了房地产经纪人经营必不可少的技能和知识 ※该资格的选修部分包括商业,住宅和农村资产评估中的技能和知识

资料来源:REAA,贝壳研究院。

（4）牌照更新

新西兰房地产代理监管局规定每 12 个月进行一次从业资格证更新，与申请方式一致，在资格证到期前通过 Licensee Portal 网站申请更新并缴费，在申请更新前必须完成规定的继续教育，包括 10 个小时 REAA 指定机构提供的课程和 10 小时非 REAA 指定机构提供但必须能够提供学习证明的课程。

①10 小时指定机构课程：学员可以采取面授或线上的学习方式，并支付相应费用，课程主题每年由 REAA 指定，如 2017 年主题是 Knowing and communicating what you are selling（了解并传达你销售的产品信息），2018 年主题是 Supervision standards（监管标准）。课程结束后由课程提供机构直接向监管局提供学员学习情况。2017 年 REAA 给出的指定机构名单详见附录 2。

②10 小时自由学习课程：课程目的是帮助经纪人提升专业技能，课程内容如下：

A.参加行业发展会议；

B.由经纪公司提供的内部培训（除了内部系统培训之外）；

C.信息技术（IT）课程；

D.外部培训师关于销售、市场营销等培训；

E.商业和住宅物业管理的培训课程；

F.完成相关行业，如建筑、电气、工程、管道或测量等的继续教育；

G.关于监管会的研讨会；

H.学习房地产领域其他职业资质相关课程（如果获取了其中任何一项从业资格证书，便可申请免除两年的继续教育课程学习，包括认证和自由课程两项）。

对于店长和经纪人，其自由课程还包括财务培训、商业管理、交际能力培训、审计或管理账户。但非相关的社区培训、颁奖晚宴、阅读期刊文章、观看影片等不能算作自由课程教育。

（5）牌照费用

新西兰房地产经纪人在牌照上的费用构成可分为三大类，分别是申请及附加费、更新及附加费和监管及附加费用，其中申请和更新是牌照费用的主要构成(见表4-4)。

表 4-4　监管局制定的申请、更新和监管经纪人牌照的费用

类别	项目	费用(新西兰元)
申请	申请费	187.00
	运营费	597.00
	纪律费	33.00
	商品和服务税	122.55
	合计	939.55
更新	运营费	597.00
	纪律费	33.00
	商品和服务税	94.50
	合计	724.50
监管	监管费	148.00
	商品和服务税	22.20
	合计	170.20
合计		1834.25

资料来源:REAA。

3.职业行为监管

(1)行为规范

作为英美法系的典型代表,新西兰房地产经纪行业监管的体系是由一部核心法律和不断更新和出台的系列补充性条例构成,见图4-9。

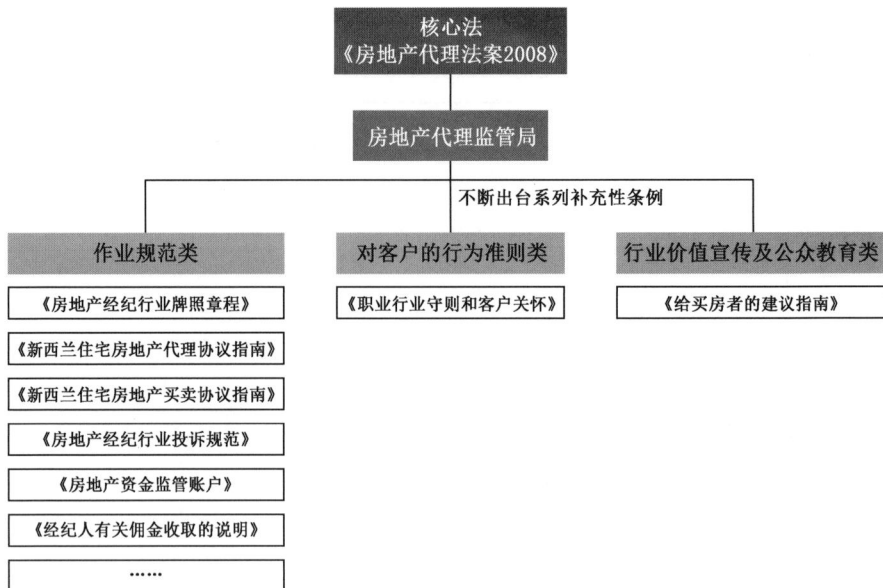

图 4-9　新西兰房地产经纪行业监管体系及组织机构

资料来源：REAA、贝壳研究院整理。

①核心法律——《房地产代理法案 2008》

作为新西兰房地产经纪行业的上位法，内容涵盖了：

A.新西兰房地产代理监管局(REAA)的职责、组织架构、运行费用、权力边界等；

B.持牌从业、牌照获取、更新、监管、暂停及吊销等；

C.投诉与处罚，如可受理的投诉类型、投诉的流程、投诉评估委员会的职责、地产代理纪律审裁处的职责及上诉流程等；

D.房地产经纪相关规定，如款项账户、代理协议、经纪人利益冲突及信息纰漏等；

E.其他规定，如处罚与罪行等细节。

新西兰的《房地产代理法案 2008》在内容上涵盖了房地产经纪行业几乎所有的内容，但是整体上以条例为主，所以监管局在该部法律的基础上连续出台了多部补充性条例，以便将《房地产代理法案 2008》的各项规定落地。监管局出台的规范按照其作用可以分为作业规范类、对客户的行为准则类及监管局对行业价值宣传和公众教育类。

②补充性条例——作业规范类

A.《房地产经纪行业牌照章程》

该项章程是监管局对《房地产代理法案 2008》中牌照章节的细化,内容涵盖房地产经纪行业的牌照分类,不同类型的牌照获取方式、更新方式、临时牌照的申请等,具体内容在前文经纪人职业资质部分已经阐述过,此处不再赘述。

B.《新西兰住宅房地产代理协议指南》

主要内容包括:代理协议具有法律效力、消费者在代理协议中的主动性、经纪公司及经纪人在代理协议中必须明示的内容、独家代理和一般代理的区别以及发生争议后寻求法律咨询等。

如,监管局规定经纪人和经纪公司在获取卖方房源委托并签署代理协议前,需向经纪客户提供以下信息:

a.书面市场估价报告,经纪公司基于市场比较法对房屋做出的估价报告;

b.书面房屋营销策划,经纪公司关于该房产的营销计划、方式等做出的方案;

c.中介费用的支付,新西兰佣金费用一般为销售价格的 2％～3.95％外加服务税,客户可以就佣金比例、付款方式等与经纪公司协商,经纪公司也必须向客户说明费用的计算标准,如佣金费用是否包含营销所需的广告费。

经纪公司向客户提供《新西兰住宅房地产代理协议指南》:在签署代理协议前,经纪公司需要向客户提供《新西兰住宅房地产代理协议指南》,并得到客户收到该指南的书面确认信。

再如,对于代理协议的内容,监管局给出代理协议所应该包含的基本内容,经纪公司给出的代理协议可在基础内容之上延伸其他内容,代理协议基础内容包括:

a.出售房产的基本信息:地址、附带物(家电、窗帘、电线等)、功能分区及面积等,如果由于卖方个人信息有误造成双方的损失,卖方要承担法律责任;

b.协议签署双方的信息:卖方的姓名、联系方式,卖方代理律师的信息、经纪人信息及所在经纪公司的信息(注:如果卖方不是房产唯一产权人,则必须确保代理协议由全部产权人签署或全部产权人授权其签署);

c.指定代理人及授权代理人的具体事宜:比如按照客户授权的价格、方式做广告,安排带看、代表客户收取定金等。

再如,对于代理协议的类型,前文中提到新西兰房地产经纪行业的代理有独家代理和多家代理两种,消费者可自行选择代理协议的类型。不同方式的协议有相应的规定,如消费者签订独家代理协议后想改变主意,则需要在接到协议副本后次日下午5时前通过书面通知的方式取消协议;如果消费者签署了90天以上的独家代理协议,双方可在90天后通过书面形式终止该协议;消费者选择独家代理,则不可再签署多家代理协议,如果消费者同时签署了多家代理协议,则无论哪家经纪公司代理成功,消费者都需要支付佣金。

再如,如果在与经纪公司的业务中发生了争议,可通过房地产代理管理局、律师、社区法律中心、公民咨询局、消费者事务部、新西兰法律协会房地产部途径寻求协助或咨询。

C.《新西兰住宅房地产买卖协议指南》

该指南主要是站在客户的立场对房屋买卖协议本身的细节性的解读,如经纪人是为卖方工作但必须公平对待买方,协议分为有条件协议和无条件协议、客户在签署协议前请律师对协议内容进行风险把控等。

该协议表格的制作,经纪公司可以使用奥克兰地区法律协会和新西兰房地产研究所的表格,也可自行制定,但在协议达成前,双方一般会就以下信息进行明确:

a.地契核对:通常由买方律师进行调查,主要是核准谁是该房地产的合法拥有者,房屋是否有产权纠纷;

b.财务:是关于买方付款(一般指贷款)的日期安排;

c.价值评估报告:是贷款方根据房屋价值审核和发放贷款的依据,由估价公司出具;

d.土地资料报告:由地方政府提供,该报告提供诸如地方税、建筑许可证、规划方面的资料。

e.建筑检查报告:确定房屋建筑是否良好及是否需要修缮。

f.工程师报告：与上述报告类似，但侧重房地产的地段和结构。

g.现有房出售：买方可能需要出售现有房屋后才能购买房屋。

③补充性条例——对客户的行为准则类

该准则是对《房地产代理法案 2008》中第 14 条 Professional Conduct and Client Care Rules（职业操守与客户关怀规则）的细化，该准则规定了三类经纪人在房地产代理服务中所必须遵守的行为准则和对待客户的方式，强调房地产经纪人的职业道德，如经纪人对房地产代理监管局出台的相关政策、标准、法案的掌握，必须公平诚实地对待各方，避免客户利益受损等。

④补充性条例——对公众的宣传教育类

除制定房地产经纪行业的相关规范外，监管局也制作并向公众发布房产交易的系列宣传材料，其目的是提高公众对房地产交易的认知，了解房地产交易事项，避免和尽量避免由于对规则的不了解而受到损失，以及消费者受到不公平对待后应该采取的措施等。

（2）监管及处罚

新西兰房地产代理监管局制定了针对持牌经纪人的投诉处理规则，监管局有包括房地产经纪公司和经纪人的动态数据库①，该数据库包括经纪公司和经纪人所有信息，所以公众、消费者在发起对经纪公司或者经纪人的投诉前可通过该数据库查询其是否有被投诉的记录。

①新西兰对经纪人的投诉流程

监管局对于持牌经纪人或经纪公司进行行为规范和监督，当经纪人或者经纪公司违反行业规范后，无论是当事人还是同行抑或监管局及其他任何利益受到损害的机构均可向监管局提出投诉。监管局在接到投诉后会对案件进行初步判断，该过程一般或持续 30 天。如果事件不在监管局处理范围内，如非持照从业则建议投诉人直接起诉至司法机构；如果案件属于监管局的处理范围，监管局作为中间人进行调解；如果案件需要进行专业取证则移交投诉评估委员会（CAC）（见图 4-10）。可见，房地产代理监管局对于违反规定没有实质的处置权。

---

① 新西兰房地产代理监管局：https://portal.reaa.govt.nz/public/register－search/.

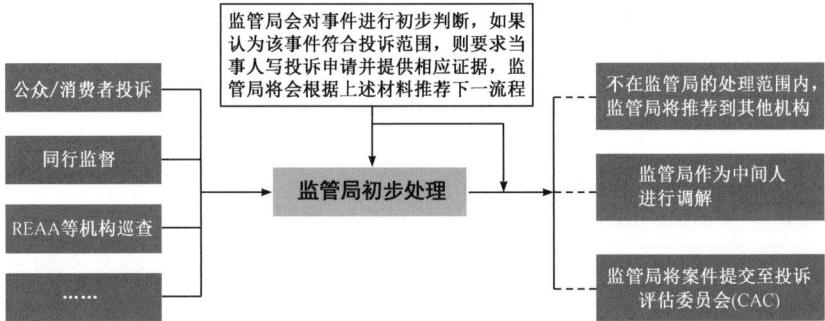

图 4-10　监管局对经纪公司或者经纪人被投诉后的处理流程规定

资料来源：REAA、贝壳研究院整理。

②投诉评估委员会

投诉评估委员会(Complaints Assessment Committee,CAC)是独立于监管局的司法机构,对提交至此的房地产经纪业务案件做出司法审判,其做出审判的核心依据为《房地产代理法案 2008》;投诉评估委员会构成成员包括一名律师、一名房地产代理监管局成员和一位消费者代表,其工作流程是在接到投诉后启动调查评估,整个过程会持续 6 个月甚至更久,根据调查结果做出判决,如果投诉评估委员会认为投诉案件中的事件在未来还会发生,则会将案件提交于房地产代理纪律审裁处(Real Estate Agents Disciplinary Tribunal),由房地产代理纪律审裁处进行处理。（见图 4-11）

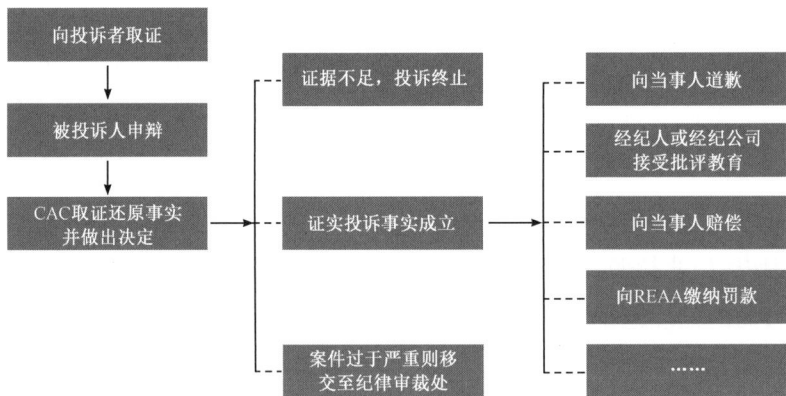

图 4-11　新西兰投诉评估委员会的调查流程

资料来源：REAA、贝壳研究院整理。

③房地产代理纪律审裁处

房地产代理纪律审裁处是独立于 REAA 的司法机构,其工作职责包括对评估委员会处理结果的审核和对超出评估委员会权责范围内的案件进行处理,所以房地产代理纪律审裁处可以做出与投诉评估委员会相同的命令,也可做出更重的裁决;该机构成员构成至少 5 人,主席必须是具备至少 7 年工作经验的律师,其他 4 名成员中至少一位是持牌经纪人。

纪律审裁处从接到案件到最终做出处理一般需要 12 个月,其做出的处理结果一般包含如下:

A.暂停或取消经纪人的牌照;

B.终生禁业;

C.个人处以上限 1.5 万新西兰元、公司处以 3 万新西兰元的罚款;

D.责令向投诉人支付最高 10 万新西兰元的损失费。

除了制定经纪人的从业规范和标准外,根据《房地产代理法案 2008》的要求,监管局也细化了保护经纪人的规定和措施。无论是独家代理还是多家代理,如果业主委托了经纪人后私下绕过了卖方经纪人并达成交易(即跳单),只要满足以下情形,经纪人要求卖方支付佣金:

A.该种情况发生在城市住宅委托协议签订期的 6 个月内;

B.该种情况发生在乡村物业委托协议签订期的 12 个月内。

4.小结

新西兰房地产经纪人在实现专业化方面,具备了理论上职业实现专业化的全部要素,房地产代理监管局作为职业化的核心组织和推动机构,在行业上位法赋予的权责范围内制定行业规范并进行监管,形成了经纪人从进入、作业到退出的全流程、全方位监管;此外,新西兰房地产经纪行业协会在经过几十年的探索后,建立了房地产经纪人从业的知识体系并建立了高校教育的传播模式,奠定了新西兰房地产经纪人的高学历基础。

四、房地产经纪人的生态体系

新西兰房屋年交易量为 8 万～10 万套,有 1.46 万名活跃经纪人,房地产市场较小，经纪行业规模有限，没有本国房地产经纪行业的上市公司。Bayleys 在 1973 年成立于奥克兰地区，目前有 1400 名经纪人，约占新西兰房地产经纪人总数的 10%，是新西兰经纪人员规模最大的公司，其业务范围涵盖住宅、商业、写字楼及乡村不动产的交易与租赁，在新西兰和新西兰附近岛屿国家开设门店，截至 2017 年，在新西兰和斐济共有 77 家门店。

在新西兰，围绕经纪人职业群体的生态系统和美国相比，服务或产品类别较少，供应渠道较窄。可以归类为职业资质认证培训、经纪人作业工具服务、经纪人职业咨询服务等（见图 4-12）。

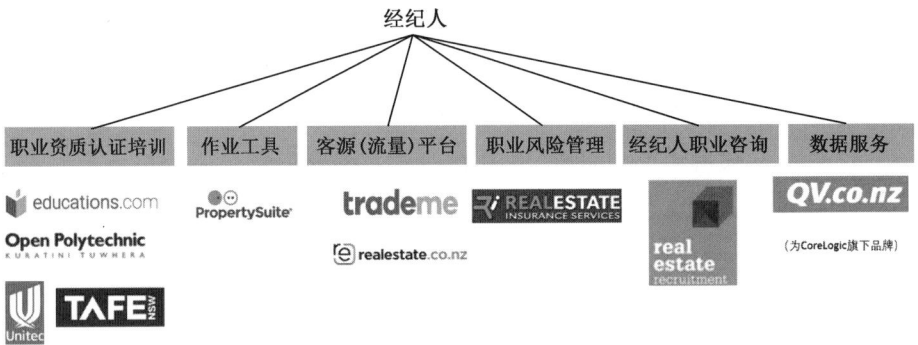

图 4-12　新西兰围绕房地产经纪人职业的生态系统

资料来源：贝壳研究院。

1.职业资质认证培训

在新西兰经纪人职业资格认证章节中提到新西兰获取职业资格证书的必要条件之一是获取不同等级的房地产资格证书——National Certificate in Real Estate，而这些证书的获取要么是持有特定高校特定专业学位证书，要么必须是监管指定的培训机构和公司提供。目前新西兰仅 4 家机构（Bay of Plenty Polytechnic、Unitec Institute of Technology、The Open Polytechnic 和 TAFE College or the Skills Organisation）是监管局认可的机构，而这 4 家机构全部是职业认证培训机构，房地产经纪人职业认证培训仅是其业务之一。新西兰全国目前有 1.46 万名经纪人，平均每年新增经纪人牌照约 1000 份左右，培训费用由新西兰职业委员会（New Zealand Qualifications Authority）规定，2017 年每个人培训费用 955 新西兰元。可以简单测算,新西兰房地产经纪人职业资格认证培训市场规模约为 100 万新西兰元,折合美元约为 70 万。

除上述政府指定的培训机构之外,规模较大的经纪公司也会为经纪人提供类似服务,以 Bayleys 公司为例,设立 Property College(房地产学院)专门为经纪人提供培训服务,有点类似于国内大型经纪公司设立的培训学院,培训内容包括成功销售经验研讨、获取职业资格所需知识培训、牌照更新所需培训以及采用重要纪念日活动对经纪人的激励等,从形式上,公司内部的培训有反思性实践教育的影子,但局限性很强。

2.作业工具

PropertySuite 是成立于新西兰、为新西兰和澳大利亚经纪人和经纪公司提供信息化作业工具的互联网公司,提供涵盖房地产经纪业务环节的几乎所有工具。

(1)CRM(客户关系管理):移动端或电脑端的实时数据访问、客户需求匹配、客户跟踪等;

(2)Listing Management(挂牌管理):是对挂牌房源等信息的系统整合,并对信息变动进行跟踪和提醒;

(3)Finance(财务解决方案):是对房地产交易环节中经纪人和经纪公司在整个业务流程中涉及到的资金收支进行管理,如佣金的收取、营销中广告费用等支出,相当于一个账本;

(4)Web(网站建设):提供网站建设服务,如经纪公司的 OA 系统等;

(5)Email Marketing(邮件营销):定期向客户发送房屋销售邮件推送;

(6)Marketing(营销):主要是对经纪人或经纪公司的品牌进行的强化营销,方式包括纸媒投放、智能推荐、各大媒体广告平台投放广告等。

虽然 PropertySuite 的业务分支比较多,但是从各业务内容上,可以发现并没有特别先进的技术,很多的产品或服务都是比较传统的,这与新西兰整体互联网技术的发展水平相关,但是可以发现互联网技术在房地产经纪行业的应用,也标志着新西兰房地产经纪行业在互联网冲击下正经历改变,相信未来会有更多的技术应用在房地产经纪行业。

3.客源平台

新西兰没有独立于经纪公司的第三方房源信息平台,房源属于各个经纪公司的信息资产,但是在客源端,Trade Me、Realestate. co. nz 和 Open2view.co.nz 三大平台是新西兰房屋信息的最大客源流量平台,作为经纪公司、经纪人的客源端口,除了经纪公司会将房源上传加大曝光外,业主也可自行上传。

Trade Me 是新西兰最大的电商平台,占据了新西兰线上交易额50%的市场份额,Trade Me 网站每日访问量70万次,每隔2.5秒就会产生一单交易,网页曝光量达7000万次,占据了新西兰国内网站总流量的70%。其在线汽车销售、房地产分类信息、在线酒店预订方面的业务位居新西兰第一,该网站的房屋信息是新西兰最齐全的。

4.职业风险管理

新西兰对房地产经纪人的职责有明确的法律要求,与严格、规范的法律要求对应的是市场上房地产经纪人职业保险的发展。其实,新西兰职业保险市场比较成熟,保险公司针对多种职业有不同的险种,对于房地产经纪人,有职业赔偿险、公共责任保险、商业保险、网络数据安全保险等。如职业赔偿险是指由于经纪人个人的原因造成的客户索赔,如个人失实陈述、疏忽、违反法律法规;网络数据安全保险是指对经纪人或经纪公司中业务数据安全的保障。

5.经纪人职业咨询

Real Estate Recruitment 是为经纪人提供定制化职业咨询的机构,其业务内容包括以下四个方面:

(1)提供房地产经纪人招聘解决方案:通过对客户需求和经纪人所提供的服务两个端口的对接,形成基于客户需求的经纪人服务提供方案,根据该方案为房地产经纪公司提供更合适的经纪人招聘方案;

(2)房地产经纪人的业务提升计划:为经纪人提供包括但不限于营销计划、网站开发、广告服务、佣金方案等房地产经纪业务流程中的培训;

（3）房地产业务和品牌收购方案：为客户提供房地产领域的并购等咨询服务；

（4）服务承诺：该项服务主要是针对第一项服务，该公司提出对房地产经纪公司的招聘方案期限为 12 周，以便防止由于经纪人的快速流失给客户方造成损失。

通过该公司的业务，可以看出其主要是基于在房地产领域的丰富经验，为经纪公司、经纪人提供包括业务发展、经纪人招聘、经纪人个性化定制培训的咨询公司。

6.数据服务

新西兰房屋交易数据公布方面，Barfoot & Thompsong 公司作为奥克兰地区市场规模最大的经纪公司，会通过网站展示成交量价等数据；Realestate.co.nz 作为新西兰房地产领域第二大流量平台，其价格数据代表的是卖方的预期价格；CoreLogic 旗下的 Quotable Value（QV）发布的是平均房屋价值作为政府计税和银行评估贷款的重要依据。

7.小结

新西兰房地产市场和经纪行业规模较小，虽然围绕房地产经纪人职业群体的服务体系不如美国丰富，但是在 100 年的发展中，在经纪人从业、作业等主要领域都形成了一定的服务供应。总体上，新西兰经纪人职业群体的生态体系满足了经纪人的常规服务需求。

五、房地产经纪人职业化的程度

1.职业的不可替代性

（1）从业门槛

在新西兰成为经纪人的第一步是考取指定大学中指定的专业并获取学位证书，指定的专业均是与房地产高度相关的专业，如房地产专业、房地产管理专业、房地产估价专业等，长达四年制的大学教育中，经纪人学习了房地产领域的专业知识，为成为经纪人打下了非常坚实的专业基础，但即便是这样，要获取从业牌照首先必须学习房地产经纪的业务知识，包括代理协议和合同、房屋产权及销售、行业规范及资金监管、行业规范及监管、相关法律、房屋检修等实勘要点、信息技术等；其次管理人员还要学习团队管理、财务信息等更加专业的知识（见图 4-13）。

四年的高校系统教育和经纪行业知识的掌握与持续性学习构成了新西兰房地产经纪人的知识体系，虽然并非这些专业的每一个毕业生都选择成为房地产经纪人，但如此高标准的门槛设定构成了新西兰经纪人较强的不可替代性。

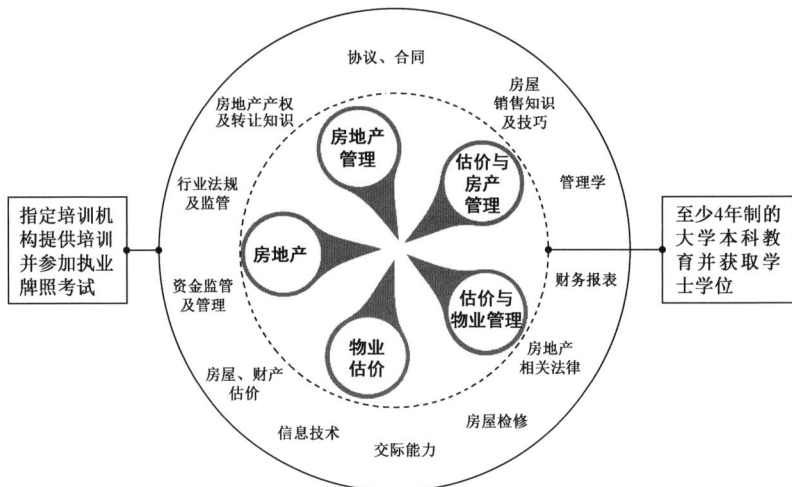

图 4-13　新西兰房地产经纪人的知识体系

资料来源：贝壳研究院整理。

（2）职业角色

新西兰房地产交易环节实现了比较明确的专业分工，如律师、房地产经纪人、估价师、资金监管者、房屋检修师、抵押贷款人、产权过户人等；在房地产经纪人的职业角色分工上，有销售员、店长和经纪人的分类。业务权责不同，专业和角色的分工有助于降低职业被非职业角色（律师、房屋检修师等）代替的可能性。

在职业角色法律层面上，新西兰房地产经纪人是典型的居间角色，其核心功能是信息匹配和撮合谈判，理论上居间角色和代理角色相比被替代的可能性高,体现在独家代理和多家代理并行上。多家代理造成的其实是经纪人之间相互"取代"的情形,虽然独家代理和多家代理并行,但新西兰对于委托代理制度的规定非常明确,在一定程度上维护了经纪人的合理权益,降低了经纪人之间被"取代"的情形。

(3)行业渗透

新西兰房地产经纪人在房屋交易中的渗透率约为90%,与美国88%的水平基本持平,在客户选择经纪人的因素中,进行信息匹配始终是最核心的因素。2015年,新西兰消费者通过经纪人完成房源和客源信息匹配的占比为63%,与美国的62%基本一致。行业渗透率除了与房地产市场化程度相关外,或许还与公众对于行业价值的认知有关。监管局的职责之一是向公众进行房地产交易等知识的宣传和教育,2015年监管局年报显示81%的消费者对于房地产交易过程了解和知情,而这81%的人中97%是对经纪人信任的人、90%的人是认为经纪人能够在交易过程中降低风险的人。可见,消费者对房地产交易越了解,就会越明白经纪人的职责,越信任经纪人,从而越倾向于在房屋交易中选择经纪人。

2.职业认同感

(1)学历水平

职业认同感是指从业者对于所从事的职业认同度,通常情况下以从业群体自身的素质衡量一个职业的认同度,如从业者的学历水平、工作投入度、从业动机等。

在新西兰经纪人的学历背景中,前文中提到的:指定大学、指定专业,所以大学本科是房地产经纪人的基础门槛。对比新西兰整体的学历水平,本科及以上者占比近年来逐步升高,2016年,本科及以上占比为24%(见图4-14)。可见,新西兰房地产从业者的学历水平处于比较高的水平,但是正如一直强调的,这一门槛是经纪人职业化教育多年探索并通过政府上升至强制性层面的要求的结果。

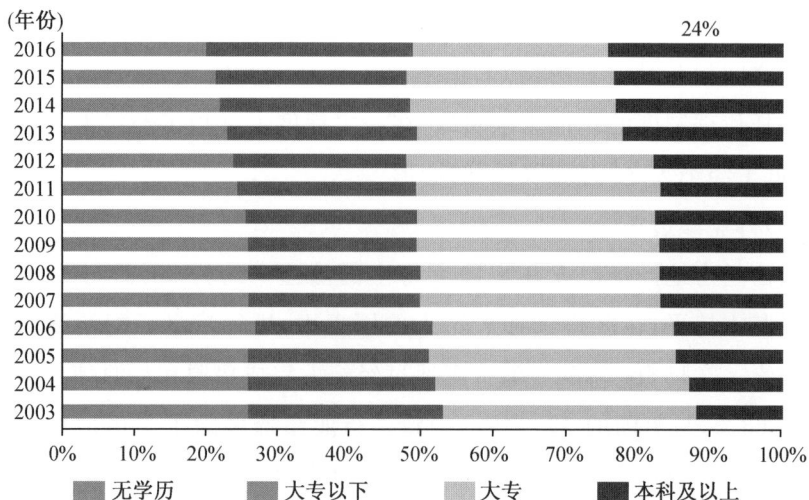

图 4-14　新西兰民众的教育水平分布

数据来源:新西兰统计局 家庭劳动力调查。

(2)活跃情况

经纪人的活跃情况间接反映了经纪人的职业投入情况,在经纪人的活跃度上,新西兰高于美国(61%左右),即获取从业资格证中80%及以上的经纪人处于从业状态(见表 4-5)。

表 4-5　截至 2017 年年中新西兰经纪人和经纪公司的活跃情况

类型	活跃	不活跃	活跃占比(%)
经纪人	14955	3124	83
普通经纪人	1888	269	88
店长	386	68	85
销售员	12681	2787	82
经纪公司	914	86	91
合计	15869	3210	83

资料来源:REAA。

(3)行业留存

以牌照数量作为计算基础,2014 年至 2016 年,新西兰房地产经纪人的年流失率分别为 15.37%、10.17% 和 7.25%,就流失率本身而言处于低位;就其年度变化而言,2014 年至 2016 年新西兰房地产市场处于上行期,交易规模分别为 74537 套、90449 套和 90432 套,成交规模加大,经纪人流失率降低,经纪人的流失与市场高度相关。

表 4-6 2014—2016 年新西兰经纪人的年度流失情况

年份	经纪人规模（人）	通过牌照申请规模（人）	流失人数（人）	流失率（%）
2014	12761	1911	1962	15.37
2015	13500	2112	1373	10.17
2016	14653	2216	1063	7.25

资料来源:REAA。

新西兰房地产经纪人的门槛非常高,体现在政府对于经纪人的教育资质要求非常高。高标准的教育基础要求和较低的流失率下,新西兰房地产经纪人在各年龄段的分布呈现出现了非常标准的三角形(见图 4-15),与美国"老年型"和中国的"年轻型"相比出现了根本性的差异。房地产经纪人是实践性非常强的职业,建立良好的信誉和建立起来的职业网络对经纪人的业务至关重要,需要经纪人付出时间和辛劳。从理论上,健康的经纪人群体年龄应该符合正态分布,年轻经纪人由于经验和资源相对缺乏,有一个合理的"淘汰率",随着从业年限的增加、经验和资源的积累,淘汰率逐渐降低,人员得以积累,随着年龄的增长,逐步退出行业。新西兰房地产经纪人从年龄结构上满足正态分布,反映出房地产经纪人职业的相对健康性。

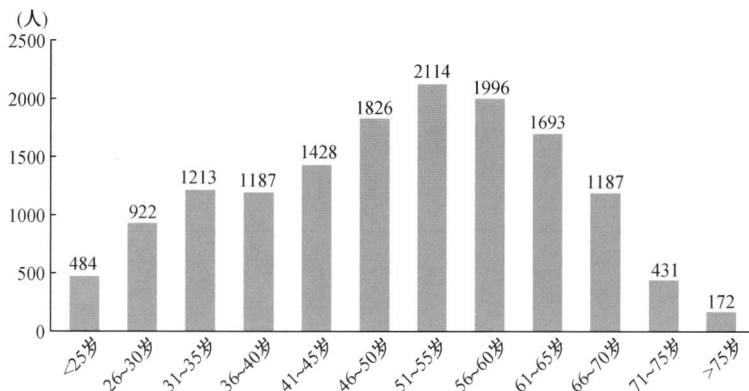

图 4-15 2017 年新西兰经纪人的年龄分布

资料来源:REAA。

3.职业自主性

新西兰房地产经纪行业中有行业协会,并且行业协会在历史中曾经发挥过制定行业规则、探索和建立行业知识和教育体系的功能。但是与美国经纪人协会强大的话语权不同,新西兰房地产经纪行业协会从建立到发挥核心作用及最后的"被取代"始终都是司法的决定。但这并不代表新西兰房地产经纪人这一职业失去了自主性,因为协会曾经探索和建立的经纪人教育体系沿用至今,而且政府在制定行业规则、监督经纪人行为及公众教育上的探索也非常成功。

此外,新西兰在房地产经纪人的监管上是涵盖了从进入、作业到退出的全方位监管,明确界定了经纪人行为的"对错"边界,并且界定了经纪人和客户之间的关系,有助于经纪人在法律边界范围内发挥职业自主性。

4.职业社会地位

房地产经纪人的收入一方面依赖于房地产市场环境,另一方面依赖于经纪人群体的专业化程度。根据新西兰商业、创新和就业部调查显示,2016 年新西兰房地产经纪人的平均收入约为 7.9 万新西兰元,而 2016 年新西兰社会平均收入为 6 万新西兰元,折合为美元分别是 5.6 万美元和 4.3 万美元,经纪人的年均工资比社会平均工资高出 30％左右(见图 4-16)

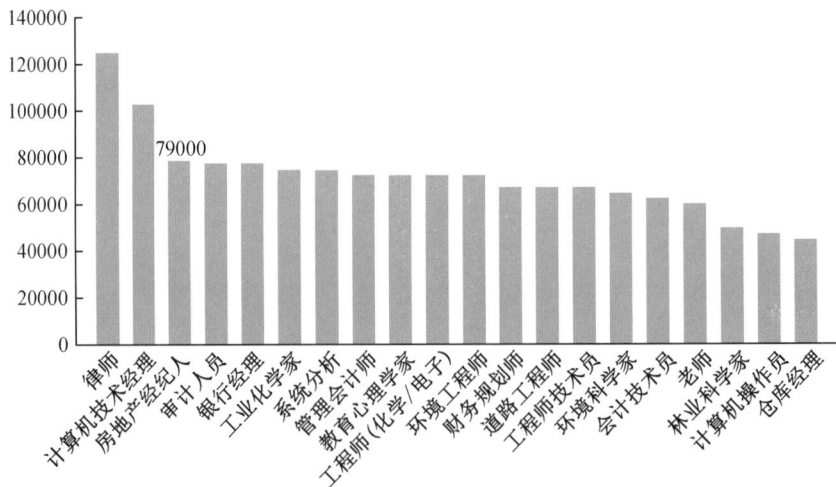

图 4-16　2016 年新西兰部分职业年平均收入(单位:新西兰元)

资料来源:新西兰政府官网。

5.小结

以上,从中间指标和终极指标对新西兰房地产经纪人的职业化进行衡量:

(1)职业的不可替代性:新西兰房地产经纪人从业门槛的学历要求较高,构筑了较高的职业门槛,专业化分工明确,虽然多家代理和独家代理并行,但建立了明确的经纪人正当利益保护机制,这些措施降低了经纪人的被替代性。

(2)职业认同感:新西兰房地产代理监管局对行业的价值进行着正确的宣传,构建了经纪人职业认同的民众环境,从经纪人群体所表现出的低流失率、合理的年龄分布来看,经纪人具有一定的职业认同感。

(3)职业自主性上:新西兰出台了经纪行业的最高法律,设置了专职的政府机构负责细化法律并制定行业法规,行业法规兼具了外延上的广泛与颗粒度上的细致,为经纪人发挥职业自主性规划了方向且留足了空间。

(4)职业的社会地位上:收入上,经纪人的收入略高于社会平均收入,经纪人获得了财务上较高的社会地位。但在获取客户的认可方面,依然需要高质量的服务,新西兰房地产经纪人在服务上依然需要大的创新,而这一创新也需要先进的技术进行支撑。

六、新西兰房地产经纪人职业化实践小结

新西兰房地产经纪人在实现专业化的道路上也走过了百年的历程,具备了职业化的基本要素:组织和推动机构、高级别的经纪人知识教育、职业资质考核、全方位的行为规范和监管,但在有限的房地产交易规模和缺乏独立的房源共享信息机制下,围绕房地产经纪人的生态系统相对薄弱,经纪人的职业成长主要依赖于公司内部的资源和平台。

从职业化的效果来看,职业的被替代性低、具有一定的职业认同感、具备职业自主性发挥的基础和一定的社会地位,但新西兰房地产经纪人的效率优势并不显著,可能与新西兰有限的房地产经纪行业规模有关,也可能与行业的创新不足有关。

第五章

新加坡房地产经纪人的职业化实践

新加坡是东南亚中南半岛南端的一个城邦岛国,总面积719.9平方千米,总人口561万人(2017年6月),人口密度位居世界第二,仅次于摩纳哥。新加坡法律属于英美法系,法律裁决大部分是以判决先例为依据,再以法典为修正补充。

新加坡政府性住房比例高达80%左右,房地产市场化程度较低,房屋流通率较低,2008年之前,新加坡房地产经纪人无强制性的从业门槛和资质要求,2008年,行业上位法出台,并成立专职的政府机构,对房地产经纪行业进行监管。

一、房地产经纪行业概况

1.行业规模与效率

(1)房地产经纪行业规模

①房地产市场的典型特征

在住房方面,接近80%的新加坡人口居住在由政府(建屋发展局:HDB)建造的组屋中(公共住宅),组屋价格相对便宜,可以高价再转售给无权购买新组屋的新加坡永久居民或选择不婚单身独居的新加坡公民;其次是私人性质的住宅(高层公寓),占比约15%,价格一般是政府组屋的4倍或5倍,此外还有少部分的排屋(即连体别墅)或独栋别墅,占比约6%。

截至2015年年底,新加坡共计拥有居住类物业123.25万套(2016年新增13.78万套),其中政策性HDB占比79.6%,私人高层公寓占比14.44%,独栋类占比5.61%。私人房产的地契主要又分为99年、999年和永久地契。(见表5-1)

表 5-1 2015 年新加坡居住物业的规模及类型

类型	规模(套)	占比(%)
政府租屋	981100	79.60
私人住宅	178000	14.44
地皮	69200	5.61
其他	4200	0.34

资料来源:HDB。

由于政府对于新加坡居民住宅的支撑体系,新加坡的住房自有率较高,2014 年,住宅自给率达 87.2%,目前超过 90%。

私人房产的买卖限制上,独栋类产品外国人不能购买,永久居民购买则需要申请。政策性住房的条件非常严格,涉及身份、年龄、收入和婚姻状况等,公共住房一般仅限于新加坡本地已婚的家庭申请,所以公共住房的需求和供给一般也是参照每年新增结婚登记人数参考估算,公共住房可以专售非新加坡居民或者新加坡非婚居民,购买者要满足相应的条件。

②公共住房房屋流通情况

新加坡房地产市场最大的特征就是政府发挥非常重要的作用,因为公共住房的限制性条件,公共住房的流通率处于比较低的水平(见图 5-1)。私人住房受政策影响非常明显,2007 年新加坡私人住宅成交量创下历史高值——40654 套,2016 年为 16378 套。

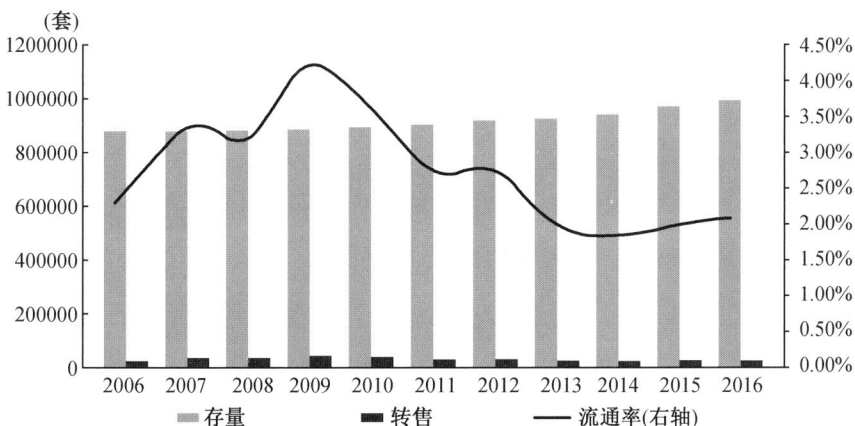

图 5-1 2006—2016 年新加坡公共住房的流通情况

资料来源:HDB、贝壳研究院。

新加坡房地产可自行交易。代理行业的渗透率方面，据新加坡房地产代理理事会（Council for Estate Agencies，CEA）曾经在 2012 年、2015 年分别进行的两次意愿调查，会选择通过经纪人交易的调查者占比分别为 66％和 60％，和美国接近 90％的渗透率相比处于比较低的水平。

③房屋交易规模

新加坡房屋交易规模在 2012 年出现较大规模下降，重要原因是私人住宅交易量的变化所致。税收是新加坡政府对私人住宅的重要调控手段，2008 年的全球金融危机使新加坡私人住宅交易规模大幅下降（见图 5-2），为此政府采取降税方式刺激市场，所以 2009 年私人住宅价格和销售量大幅回升，为抑制快速上涨的房屋，2013 年政府再次提高税收抑制过热的房地产市场。

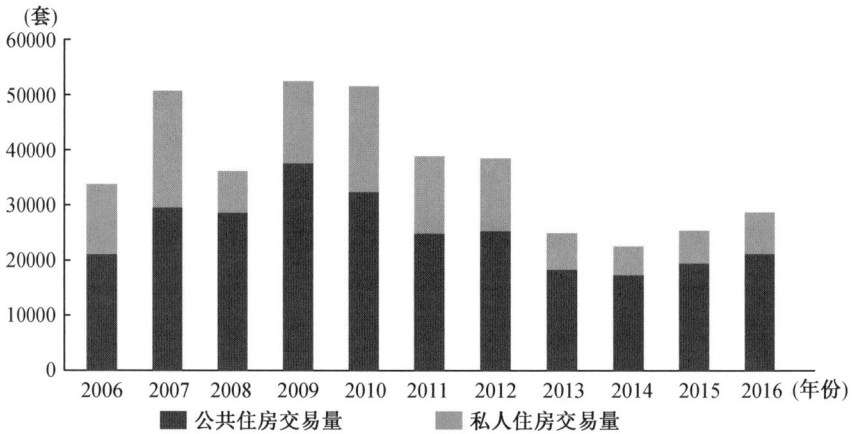

图 5-2　2006—2016 年新加坡公共住宅和私人住宅的交易规模

资料来源：HDB、贝壳研究院。

（2）经纪人和经纪公司情况

截至 2017 年年初，新加坡共有房地产经纪公司 1372 家，经纪人 2.8 万人（见图 5-3）。经纪人规模与房地产市场周期相比有接近两年的"错位期"，市场上行期吸引大量的经纪人参与，但经纪人必须通过考试获取牌照，这一门槛设置造成房地产市场处于顶峰时期和经纪人规模处于顶峰时期往往有一定的时间错位。

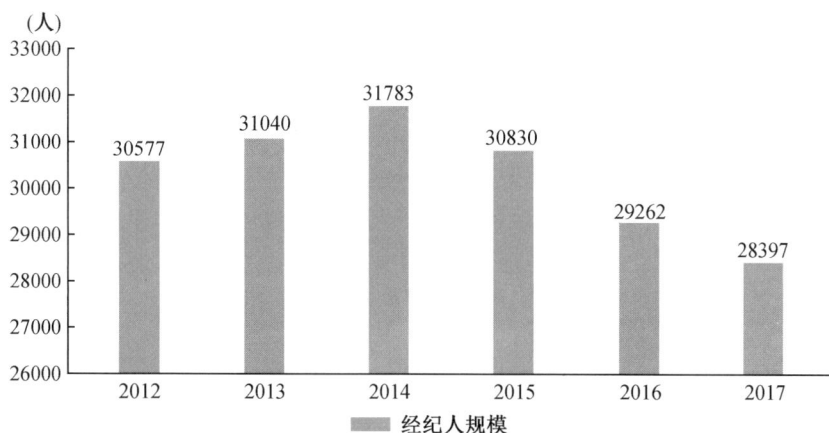

图 5-3 2012—2017 年新加坡房地产经纪人规模

数据来源：ERA 招股说明书(2017.3)。

新加坡房地产经纪人规模前十的公司经纪人合计占经纪人总规模的 76%(见图 5-4)，而经纪人规模超过 500 人的公司占比不足 1%，1～10 人规模的房地产经纪公司占比接近 92%(见表 5-2)。

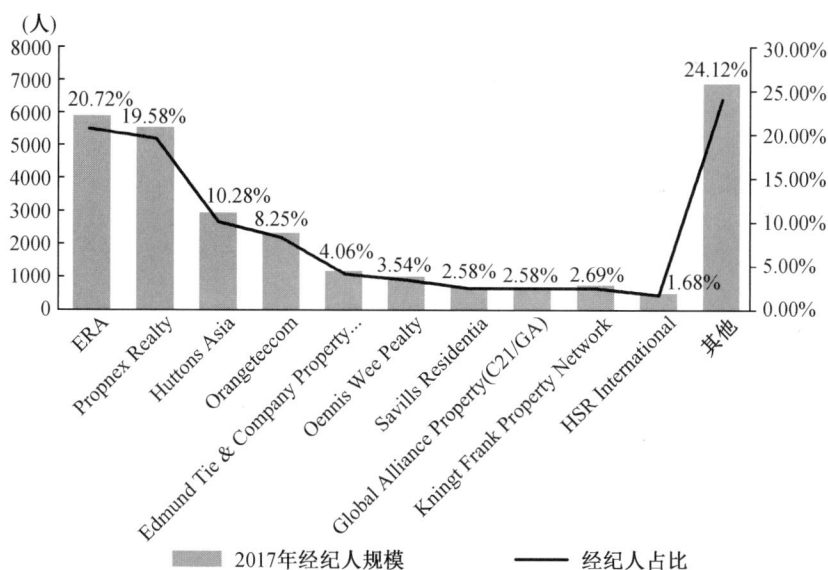

图 5-4 2017 年新加坡经纪人员规模排名前十大公司及其人员占比

资料来源：ERA 招股说明书(2017.3)。

表 5-2 新加坡房地产经纪公司人员规模分布

经纪人规模	2015 年		2016 年	
	规模(个)	占比(%)	规模(个)	占比(%)
>500 人	10	0.70	11	0.80
51~500 人	23	1.62	23	1.68
31~50 人	25	1.76	16	1.17
11~30 人	73	5.13	66	4.80
1~10 人	1291	90.79	1256	91.55
合计	1422	100	1372	100

资料来源:CEA、贝壳研究院。

房地产经纪行业规模方面,2013 年起,在政府增加税收的调控下,新加坡房屋交易规模出现明显下滑,2016 年新加坡住宅销售额总额为 458 亿新加坡元,折合美元约为 341 亿美元。ERA 公司为人员规模最多、市场份额最高的公司,2016 年住宅地产销售额为 172 亿新加坡元,占新加坡住宅交易规模的 38%(见图 5-5)。

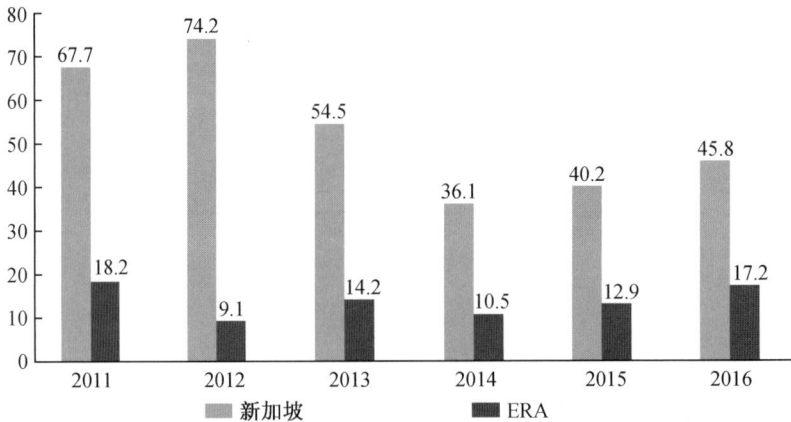

图 5-5 新加坡住宅地产销售额(单位:十亿新加坡元)

资料来源:ERA 招股说明书(2017.3)。

市场规模中,住宅租赁占比约为 16%,销售占比约为 84%;交易额中,以私人二手住宅的销售额占比最高,约为 45%,其次是私人一手住宅的销售,占比约为 33%,政府兴建的组屋销售额占比约为 22%(见表 5-3)。

表 5-3　2016 年新加坡房地产交易额分类及占比

金额单位:十亿新加坡元

类别	市场规模	占比(%)	ERA 的市场规模	占比(%)
租赁(私人租赁)	7.35	16.04	1.32	18
销售	38.46	83.96	15.77	41
HDB 转售	8.51	22.13	4.43	52
私人一手	12.46	32.87	4.73	38
私人二手	17.3	44.98	7.44	43
合计	45.81		17.41	38

资料来源:ERA 招股说明书(2017.3)。

新加坡房地产经纪行业的规模,以 2016 年市场基数进行计算,384.6 亿新加坡元的销售额,60%的行业渗透率,平均 2%的佣金费率,可以粗略估算 2016 年新加坡房地产经纪行业的规模约为 4.6 亿新加坡元,折合美元约为3.4亿。

(3)房地产经纪行业效率

①经纪行业渗透率

新加坡房地产经纪行业参与房屋交易的比例较低,约为 60%～70%,这与新加坡房屋属性相关,组屋的交易政策性非常强、流程相对规范、过程相对标准,对经纪人的依赖性相对较低。

②经纪行业效率

新加坡房地产经纪行业是典型的大公司制,截至 2016 年 5 月 31 日,新加坡所有注册在业(即活跃,在公司从业者)的经纪人为 29262 人,按照 2016 年房屋成交规模和经纪人的渗透率计算,2016 年新加坡经纪人人均成交为 0.6 套,不足 1 套。

2.经纪行业运行规则

(1)代理模式

①代理模式

新加坡房地产代理理事会(CEA)明确规定房地产经纪业务中遵守单边代理,严禁双边代理,并禁止房地产代理公司和经纪人在某些交易中处理现金或将客户转介给任何放债人。从 2011 年 1 月 1 日起，房地产经纪业务中必须使用理事会制定的标注代理协议。

②委托模式

在客户委托模式中，可以独家委托，也可多家委托，但客户对于自己的委托模式必须向代理公司披露，一般向第一家经纪公司委托 14 天后可以无责任转向其他经纪公司。

（2）佣金收取模式

佣金费率收取及分成没有成文的规定，租赁业务中根据租金和租赁年限不同设置不同的收取标准及分成标准，买卖业务中根据房屋属性不同形成了不同的佣金收取和分配规则。具体见表 5-4。

表 5-4　新加坡房地产经纪业务佣金收取情况

	佣金收入标准
租赁	①年租金超过 3500 美元，租期为 2 年，如仅有业主经纪人，业主向其经纪人支付经纪人 1 个月租金，如有双方经纪人，则经纪人平分业主支付的 1 个月租金； ②年租金超过 3500 美元，租期为 1 年，如仅有业主经纪人，业主向其经纪人支付经纪人半个月租金，如有双方经纪人，则经纪人平分业主支付的 1 个月租金； ③年租金 1000～3500 美元，租期为 2 年，如仅有业主经纪人，业主向其经纪人支付经纪人 1 个月租金，如有双方经纪人，双方经纪人各自从委托人处获取 1 个月租金； ④年租金 1000～3500 美元，租期为 1 年，如仅有业主经纪人，业主向其经纪人支付经纪人半个月租金，如有双方经纪人，双方经纪人各自从委托人处获取半个月租金； ⑤年租金低于 1000 美元，由于租户承担佣金费用，一般为 1 个月租金
交易	①私人财产（公寓等） 由卖家支付，通常为 2%（有时可能高达 5%），买方经纪人从卖方经纪人处分得佣金，一般五五分成，但是存在卖方经纪人向买方经纪人隐瞒实际佣金的情况，比如声称自己获取的总佣金为 1%，而实际收取佣金高于 1%。 ②HDB 政府组屋 卖方向卖方经纪人支付 2%，买方向买方经纪人支付 1%，双方经纪人之间不存在分佣。 ③独栋类 卖家通常支付 2%，买方经纪人从卖方经纪人分去 50%

资料来源：HDB、贝壳研究院。

（3）房地产经纪业务流程

①经纪人的职责

新加坡房地产代理理事会(CEA)对经纪人的职责进行了明确的界定，经纪人的职责包括：为客户提供专业建议，但不得做出无法兑现的承诺和没有事实根据的言论；代表客户与潜在交易方进行谈判；及时向客户转达潜在交易方的交易动态；按照客户的指示协助客户签订协议，并在合理范围内向客户解释协议内容，如果客户存在疑问，应该告知客户向专业人士/政府机构征求意见；遵循客户的合理要求和指示。

②房屋交易流程

不同的房屋属性交易政策和流程不同。

A.政策性住房的转售

组屋类似于国内的保障房，其交易中，买卖双方首先需要前往房地产代理理事会进行资格核验，至银行进行贷款评估（如需要）和进行房屋价格评估，如需要经纪人参与其中，则由经纪人协助进行需求匹配并协助完成如贷款、物业交割等流程。政策性一手住房因为是直接向政府申请，所以基本不需要经纪人的参与，在政策性住房转售时经纪人的参与度会大幅提高。

B.私人住宅的交易流程

私人住宅的交易流程同新西兰类似，经纪人作为居间角色，其核心职责是信息匹配和撮合谈判，新加坡房屋交易中律师作为非常重要的参与角色，除了负责对房屋交易过程中的合同进行风险把控外，律师还在房屋的产权核验、资金监管和银行贷款环节扮演重要参与角色。

3.小结

新加坡80%规模的组屋的流通交易额占行业总交易额的22%，房地产市场化的程度比较低，政策性房屋流通性受到了很强的政策限制，这部分房屋的流通具有一定的标准化属性，政府有房屋的基础数据，所以经纪人在政策性房屋交易中的渗透率比较低。

政策性房屋与私人房屋年度交易规模仅3万套，二手房经纪行业规模为3.5万亿美元。严格来说，新加坡80%的政策性房屋有政府建立起的房源共享信息平台，该平台与美国MLS最大的区别在于对消费者的开放性。

但是该部分房屋的非市场化流通又弱化了经纪人进行房源客源的信息匹配、撮合交易的功能，所以房地产市场化程度是经纪行业发展的重要基础。

二、房地产经纪人职业化的起源与演变

1.房地产经纪人职业化的起源

新加坡房地产代理行业的快速发展起源于 20 世纪 80 年代。当时新加坡经济快速发展，吸引了全球的投资者，ERA 正是这一时段由在新交所上市的合兴集团于 1982 年从美国引入新加坡的，并快速成为新加坡最大的房地产代理机构，曾一度垄断了新加坡 70% 的房地产代理市场，连续 15 年位列新加坡房地产代理行业首位。

新加坡组屋占比高，房地产流通率长期处于较低位(2006—2016 年，流通率维持在 1.9%～4%)，低流通率外加 ERA 绝对垄断地位的大公司主导市场的格局，在 1998 年亚洲金融危机前，新加坡房地产经纪行业的职业化仅限于 ERA 公司内部制定公司经纪人的行为规范、业务操守等。但随着 1998 年亚洲金融危机的爆发，房地产市场遭受重大冲击，为应对严峻的市场形势，新加坡经纪人协会(the Association of Singapore Realtors，ASR)、新加坡房地产经纪人协会(the Association of Singapore Real Estate Agents，ASREA)和新加坡测量师协会和估价师协会(the Society of Singapore Institute of Surveyors and Valuers Accredited Estate Agents，SOCREA)于 1998 年 2 月合并组成一个单一的机构——新加坡房地产经纪协会(the Institute of Estate Agents，IEA)。通过这种行业协会层面的"重组"来统一游戏规则应对严峻的市场形势，IEA 的使命之一就是推动经纪人职业化，通过考试对经纪人的资质进行认证、出台一系列章程规范经纪人的行为，拉开了经纪人职业化由大公司到全行业的帷幕。

2.房地产经纪人职业化的变迁

(1)第一阶段：1998—2010 年，组建职业团体，制定行业规范、实施从业牌照

1998 年，三个分支机构合并为新加坡房地产经纪协会(IEA)，其目的

包括：

①团结合作，提高执法效率和效益；

②制定标准的行为准则和道德准则以及一套标准的自律和自卫措施；

③培养和建立经纪人快速解决行业问题的能力以应对当前和未来的严峻市场形势。

所以自成立以来，IEA 为其成员举办了房地产认证计划，例如认证房地产代理（CEA）课程、国家技能认证系统（NSRS）培训与评估、房屋代理考试（CEHA）和职业继续教育培训（CPD）课程。这些培训课程使其成员能够了解房地产代理规则、行为守则和道德规范以及现行财产规定、法规和政府政策。

2002 年，建屋发展局（HDB）推出售屋经纪名册（Listed Housing Agents Scheme），被列入建屋发展局的"售屋经纪名册"中的经纪公司的所有经纪人都必须通过考试。新加坡经纪统试局也在 2005 年颁布了房地产经纪统一鉴定考试：Common Examination for House Agents（CEHA），规定只有通过考试者才能从事房地产经纪行业，但直到 2010 年房地产代理理事会（CEA）成立后，新加坡全国范围内房地产代理行业才有了统一的全行业从业标准和行业规范。

（2）第二阶段：2010 年以来，政府成立专职部门，接替协会职责，开启全行业层面的职业化

2010 年 10 月 22 日，CEA 作为新加坡国家发展部法定理事会成员之一成立，该机构的成立是根据《房地产代理法》的需要而设立（这一点和中国香港地区的监管局非常类似，因为法律需要设立）。CEA 被赋予管理房地产代理行业的权力，包括负责房地产经纪人的职业化的职责。CEA 正式规范了全国范围内经纪人的从业考试、行业行为规范及相应的监管措施和要求（见图 5-6）。

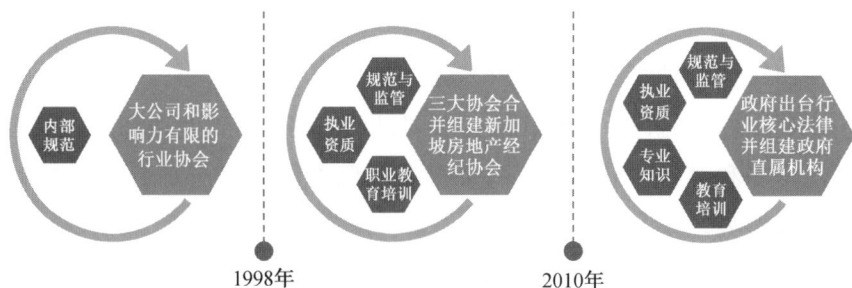

图 5-6　新加坡房地产经纪人职业化初级阶段的要素

资料来源：贝壳研究院整理。

3.小结

和美国长达 170 多年、新西兰长达 100 年的专业化之路相比，新加坡房地产经纪人职业实现专业化的历程比较短。但可以发现在推动房地产经纪人实现专业化的道路上，从公司到协会再到成立专职的政府机构，从无门槛到从业资质设定，从局部的行业自律到全行业层面的法律法规，推动房地产经纪人实现专业化的核心动力源自于外部环境的压力和经纪人群体自发的求进动力。

三、房地产经纪人职业化的表现

1.职业化的组织、推动机构

（1）行业协会——新加坡房地产经纪协会（IEA）

2010 年之前，协会主要负责制定会员行为和道德准则，规范会员行为，培养和建立经纪人解决业务问题及应对严峻市场形势的能力。目前该机构的主要职责是组织会员活动、举办行业讲座、代表行业向政府争取行业权利、进行房地产交易知识的公众宣传等。

（2）政府机构——房地产代理理事会（CEA）

房地产代理理事会是根据《房地产代理法》成立的专职政府机构，其职责包括：负责经纪人职业资格审核、注册和牌照的颁发；在《房地产代理法》的基础上制定经纪人从进入到作业再到退出的规范和监管；制定经纪人的业务守则、道德守则以及维护经纪人和客户的关系；制定代理行业的系列规范表格；进行行业价值宣传和消费者房屋交易教育等。

CEA 由理事会管理，理事会成员由来自房地产代理行业相关人士组成，如私人公司（如亚洲领袖学院私人有限公司）、政府机构（如土地销售及行政管理小组市区重建局、房屋及发展局）、第三方机构（如新加坡消费者协会、律师事务所）等。

2.职业资格制度

新加坡经纪人可以分为销售员（salesperson）和执行员（KEO）两类，其中执行员是开设经纪公司的必要条件之一，每一个经纪公司至少有一名执行员。新加坡经纪人的职业资格证获取路径依次为：基础条件符合→参加课程学习→参加考试并通过→以公司的名义进行执业注册→执业并参加职业继续教育。

（1）基础条件

表 5-5　新加坡经纪人获取职业资质的基础条件

要求	销售员	执行员
年龄	不小于 21 岁	
最低学历	必须具有至少 4 个 GCE"O"①级别通过（相当于高中）	
申请人债务	不得与债务人有债务关联	
不拖欠公积金	不得拖欠中央公积金（CPF）款项	
CEA 的其他要求	被定罪涉及不诚实或欺诈的罪行或《房地产经纪人法》的任何罪行，民事诉讼中被认定存在欺诈或其他不诚实行为，破产情况未解除，或与其债权人债务未结清在考虑任何其他相关事实或事项后，CEA 认为不合适	

---

① 新加坡—剑桥普通教育证书（普通）会考［Singapore-Cambridge General Certificate of Education（Ordinary Level）Examination，简称 GCE"O" Level］为新加坡教育部和英国剑桥大学地方考试委员会共同主办的考试。新加坡的中学生在完成 4 年（特别或快捷课程）或 5 年（普通学术课程）中学教育后参加这项考试，考试成绩为初级学院、高级中学、理工学院和工艺教育学院入学的重要标准。如果申请者为非新加坡的国外学历，则由房地产代理理事会（CEA）判断是否达标。

续表

要求	销售员	执行员
KEO 其他条件	无	为房地产代理的董事或合伙人（法律上） 外国申请者必须有至少 3 年工作经验，而且，在过去 3 年内，持牌房地产经纪人或代表持牌房地产经纪人签订了至少 30 笔交易合同

资料来源：CEA、贝壳研究院整理。

（2）需要的课程学习

报名条件符合标准后，申请者必须参加 CEA 认可的机构提供的课程培训，可参加经纪人职业资格考试，申请者可在参加完课程学习后两年内参加考试。

目前，CEA 认可的课程提供机构有行业协会、职业培训公司等，如 Benchmark Realpro Pte Ltd、Hastor Property Services Pte Ltd、Institute of Estate Agents、Life Mastery Academy Pte Ltd 、Pioneer Training & Consultancy Pte Ltd、Real Centre Network Pte Ltd、Real Estate School、Realty International Associates Pte Ltd 和 Singapore Estate Agents Association。

具体的授课形式及周期由各机构自行设定，授课内容以房地产经纪人职业道德、房地产代理法规条例、房地产代理相关政策等核心课程，以及提高专业技能和服务水平的非核心课程两部分构成。学习完全部课程的 75% 后机构会向学员发放课程学习通过证书，学员凭借证书便可报考参加考试。该证书的有效期为 2 年，如果过了有效期，需要重新学习。

（3）资格认证考试

在完成课程学习后，申请者可向 CEA 申请参加考试，该项考试被分为 RES（Real Estate Salesperson examination，销售员考试）和 REA（Real Estate Agency examination，执行员考试），考试由 CEA 指定的考试管理机构 NTUC Learning Hub Pte Ltd 全权负责。

考试频率为每年三次。以 2017 年为例，2 月、6 月和 10 月的某一周的周末两天，每科 2.5 小时；单次两科报名和考试费用为 246 新加坡元（约为

186 美元），补考单科费用为 149 新加坡元。

①考试内容

新加坡房地产销售员和执行员的考试内容相同，按照考试科目，科目一的内容为房地产代理行业概述和土地基本法，科目二的主要内容为房地产代理行业规章和房地产市场。

A.科目一：房地产代理行业概述和土地基本法

房地产市场和次级市场、房地产市场的参与者和政府的角色；土地法概述、权利、获取等，代理法规、业主和租户法、抵押、权利边界等。

B.科目二：房地产代理行业规章和房地产市场

房地产代理行业规章制度、房地产市场的基本规律、代理的类型、销售方式、广告规定、住宅地产、商业地产、工业地产、特殊物业形态等的市场、消费者保护法令；完全私人物业交易、不完全私人物业交易、私人物业集中交易、政府组屋的交易、私人物业的租赁、政府组屋的转租、非新加坡户籍的物业、房产税、财务问题等。

②题型和通过标准

考题分为单选题、多选题和填空题；分数设置上，单科 100 分，满 60 分为合格；两科全部合格算通过，通过一科成绩保留 2 年，2 年内通过另一科则算全部通过，2 年内未通过另一科成绩作废。考试结果一般于考试结束4～6 周后由 CEA 通过电邮的方式通知考生。

在新加坡，房地产代理理事会明确了需要参加培训并获取从业资格证便可以从业的情形，取得以下高校指定专业毕业证书者也可从业（见表 5-6）。

表 5-6　新加坡房地产经纪人获取职业牌照免考条件

资格名称	发证单位
理学学士（房地产）	新加坡国立大学
理学学士（物业管理）	
房地产（物业管理）学士学位	
房地产学士学位（估值）	

续表

资格名称	发证单位
大厦管理文凭	恩平理工学院
建筑与房地产管理文凭	
房地产业文凭	
物业发展及设施管理文凭	新加坡理工学院
建筑及物业管理文凭	
通过其3次考试(测量师考试)	英国皇家特许测量师协会(RICS)

资料来源:CEA、贝壳研究院整理。

(4)职业地注册

新加坡经纪人实行执业地注册制度,经纪人获取职业资格证书选择从业单位或开设经纪公司后,由从业单位向 CEA 提交执业地注册申请,这一点类似于国内的券商从业规定。如果经纪人更换工作单位,则必须向 CEA 说明更新。

(5)在岗的继续职业教育

2010 年,CEA 出台了《地产代理条例》,要求执行员和销售员每年进行至少 6 个学时的职业继续教育培训（Continuing Professional Development,CPD）,包括至少 3 个学时的核心科目。核心科目是指道德规范、政策法律、代理规范等内容,非核心课程主要是专业技能等个性化课程。

继续教育的课程由 CEA 认可的机构提供,包括房地产经纪公司、房地产经纪人职业资格考试培训机构、行业协会等。2016 年课程提供机构类型如表5-7所示:

表 5-7　2016 年新加坡 CEA 认证的提供继续教育机构

课程提供机构	机构数量（家）
房地产经纪公司	87
经纪人职业资格考试培训机构	32
行业相关协会	26
第三方机构	3

续表

课程提供机构	机构数量（家）
其他（如律师事务所）	2
政府	1
合计	151

资料来源：CEA、贝壳研究院整理。

可以发现，各经纪公司可以向CEA提出申请成为课程提供方，而且很显然经纪公司已经成为CPD提供的主力机构。

3.职业行为监管

CEA负责实施新加坡房地产代理行业的行为监管，对违反法律规定的经纪人进行相应的处罚，处罚的措施包括警告、罚款、暂停从业和撤销从业资格证等，同时CEA还指定专门机构对房地产经纪业务纠纷进行调解和仲裁。新加坡作为典型的英美法系国家，在房地产经纪行业，也是以核心法规外加多部补充性条例构成了对经纪人行为规范的约定和监管体系。

（1）行为规范

CEA在核心法律《房地产代理法》的原则下通过出台多项涵盖行业运行中涉及的规章制度、操作手册及配合房地产市场健康有序发展的政策引导行业健康发展，同时对违反规定的行为明确了惩处机制（见图5-7）。

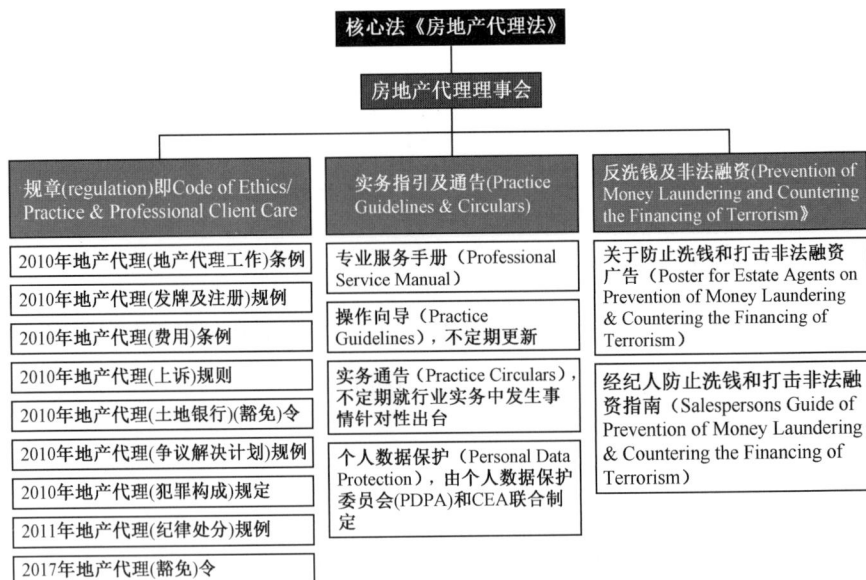

图 5-7　新加坡房地产经纪行业的规范及监管体系

资料来源:CEA、贝壳研究院整理。

①上位法——新加《房地产代理法》(Estate Agents Act)

该部法律由新加坡国会通过,法案提出组建房地产代理理事会(CEA),规定经纪人持照从业资格、经纪人与经纪公司的责任与义务以及行业内的检查、执法、投诉和处罚的程序和措施(如暂停和撤销从业执照)。CEA 在后续出台的多项规章均属于对该项法案内容的分解和细化,CEA被该部法律赋予了相应的执法权(见表 5-8)。

表 5-8　《房地产代理法》对于违法行为的最高处罚规定节选

罪　　行	最高罚款
未持牌照从业	罚款不超过 75000 新加坡元或监禁不超过 3 年
经纪人有牌照但没有在执业地注册	罚款不超过 25000 新加坡元或监禁不超过 12 个月,或两种处罚手段并用
在申请许可证或续期许可证的申请中提交虚假文件或做出任何虚假或具误导性的陈述	罚款不超过 50000 新加坡元,或监禁不超过 3 年,或两种处罚手段并用
经纪人做出虚假陈述,表示其受聘或被授权从事房地产经纪业务	罚款不超过 5000 新加坡元

续表

罪　　　行	最高罚款
经纪人未与客户签署书面代理协议	罚款不超过 25000 新加坡元，或监禁不超过 12 个月，如果当事人在被定罪后依然不改，则按天处罚，每天不超过 2500 新加坡元
未向客户披露应该披露事项	罚款不超过 10000 新加坡元，或监禁不超过 12 个月的期限，如果当事人在被定罪后依然不改，则按天处罚，不超过 1000 新加坡元
阻挠理事会执法	罚款不超过 50000 新加坡元，或监禁不超过 24 个月，或两种处罚手段并用
没有遵守理事会规定	罚款不超过 10000 新加坡元，或监禁不超过 12 个月，如果当事人在被定罪后依然不改，则按天处罚，每天不超过 1000 新加坡元

资料来源：CEA、贝壳研究院整理。

②补充性条例——实务指引及通告

实务指引及通告是 CEA 在核心法案《房地产代理法》的基础上就房地产经纪行业在实际运行中发生的一些案例进行归集和整理形成的经验，并将这种经验以行业规范和条例的形式出台，明确经纪人在什么条件下能做什么、不能做什么，要求经纪人在业务中遵守，以此规范经纪人行为。实务指引是动态、连续出台的过程。

下文将介绍《专业服务手册》（Professional Service Manual），该手册共分为五个章节，分别对应房地产经纪行业服务中的一个专题，通过案例＋经验得出可推广的规范条例，具体内容如图 5-8 所示：

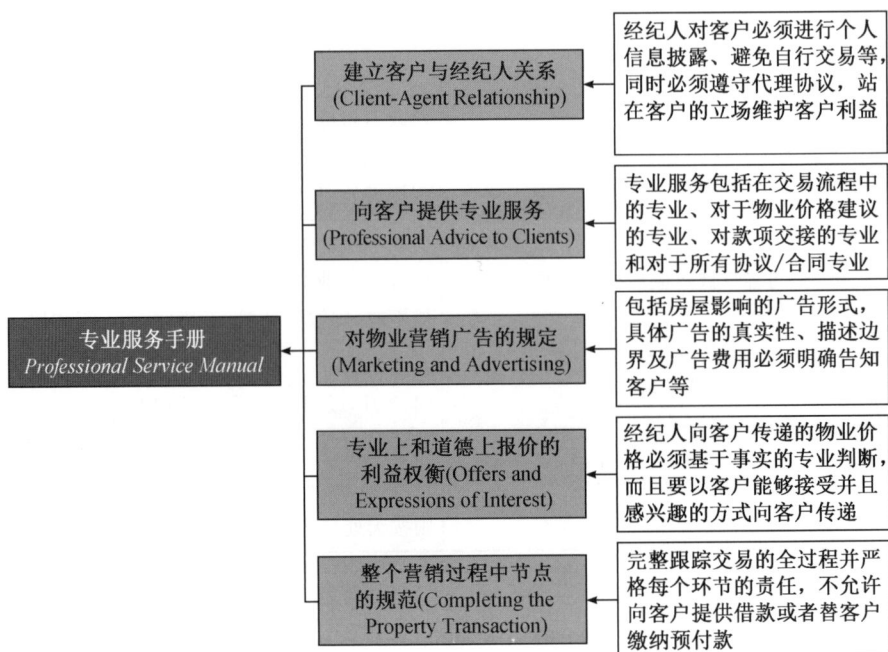

图 5-8 《专业服务手册》的内容

资料来源：CEA、贝壳研究院整理。

除此之外，CEA 还制定了行业中常用的协议范本，免费提供给经纪公司和经纪人使用。CEA 制定的系列协议范本如下：地产代理协议、房屋署出售住宅物业协议、房屋署购置住宅物业协议、业主租住房地产代理协议书、租客租住房地产代理协议、独家地产代理出售住宅物业协议、独家地产代理购买住宅物业协议、房东租赁房地产代理协议和承租人租赁住宅物业的房地产代理协议等。

③配合国家房地产调控的规范和措施——如反洗钱规定

CEA 作为房地产经纪行业的政府机构，会配合国家进行宏观调控政策或落实该政策在房地产经纪行业的实行，或出台具体的落实要求。如2015 年新加坡政府下属的警察部门下的商务事业部（Commercial Affairs Department）下发了的反洗钱和非法融资政策（Poster for Estate Agents on Prevention of Money Laundering & Countering the Financing of Terrorism）后，为了防止资金在房地产领域的非法流动，CEA 相继出台了房地产领域经纪人防止洗钱和打击非法融资指南，即 Salespersons Guide on Prevention of Money Laundering & Countering the Financing of Terrorism。

④CEA 实施的保护消费者利益

CEA 从消费者层面实施多项措施以保护消费者在房地产交易中的利益,如设定公共登记册,收录所有经纪人包括其资格证获取情况、注册情况、过去三年 CEA 对其的奖惩情况等,消费者可以通过查阅登记册了解其要选择或者已经选择的经纪人的上述信息,协助客户选择更加优秀的经纪人。

A.公共注册资料库

新加坡房地产经纪人的行为从公司范围内到协会覆盖区域最后到全行业层面。房地产代理理事会(CEA)在 2010 年成立后负责经纪行业行为规范的制定与监管落实,为此,建立了房地产经纪行业的公共注册资料库(见图 5-9),消费者可通过该资料库查询经纪公司和经纪人的信息。资料库所涵盖的信息如下:

给消费者的提示
- 到公共注册资料库查看房地产经纪公司与经纪人的资料
- 要求经纪人出示房地产代理证
- 查看房地产代理证上的资料是否和公共注册资料库的资料吻合
- 不要 应那些没列明经纪人姓名、注册号码等资料的传单、册子或广告
- 如果遇到非法的经纪人,请向房地产代理理事会举报

图 5-9　新加坡房地产代理理事会关于公共注册资料库的说明(部分截取)

资料来源:CEA。

a.经纪人信息

经纪人的姓名、注册号码、注册有效期,房地产代理理事会颁发给经纪人的奖项以及对经纪人采取的纪律处分,经纪人所属的房地产经纪公司、公司的执照号码,经纪人的照片。

b.经纪公司信息

房地产经纪公司的名称、执照号码、执照有效期,房地产代理理事会颁发给公司的奖项以及对公司采取的纪律处分。

B.对消费者的宣传及教育

此外,CEA还通过出版针对消费者的指南和宣传册(消费者如何选取房地产经纪服务、保护自身利益等)、广告和海报(采用英文、中文、马来语及泰米尔语通过海报和漫画的形式,对经纪人的职责、消费者权益维护、争议解决途径等进行宣传)及一些真实案例和消费者感兴趣的话题(如佣金收取标准是否有法律规定、是否房地产交易一定需要经纪人)等进行专场讲座或其他形式宣讲。

(2)监管及处罚

①CEA制定的纪律处罚流程

《房地产代理法》赋予了CEA制定行业行为标准的权力,同样赋予了其对违反行为规范做出纪律性惩罚的权力,但CEA作为行业监管机构,其权力边界也仅限于行业内的纪律处罚层面,除了纪律处罚外也有司法处置,所以在行业监管方面,由CEA的纪律处罚外加司法机构的司法处置构成。

CEA内部设立了专门的纪律委员会负责消费者的投诉处理和对违反相关规定的经纪人进行纪律处罚,纪律委员会成员由来自房地产行业的执业律师、建筑师、工程师或普通个人至少3人构成,如果当事人对纪律委员会的成员有异议,可以向纪律委员会秘书提出要求更换。目前CEA每年处理的诉讼案件大概为800件左右。

如图5-10所示,经纪人违反相关规定而危害到消费者或者同行利益,或者由CEA或第三方发现经纪人的不合法不合规行为后,CEA纪律委员会通过对当事人调查及独立调查取证后做出裁决。裁决有调解和仲裁两种形式:调解是调解员协助消费者和经纪人尝试解决争端并达成双方可接受的协议的过程,最终的结果由消费者和经纪人达成,调解员仅作为协调角色,不对最终的结果负责;仲裁的结果是仲裁员在考虑双方的意见后做出的裁定,但如果当事人对于CEA纪律理事会所做出的判决不服,可以至上诉理事会(独立于CEA)上诉。调解和仲裁机构由CEA认定,各机构的收费根据事件的大小和复杂程度收费(见表5-9、表5-10)。

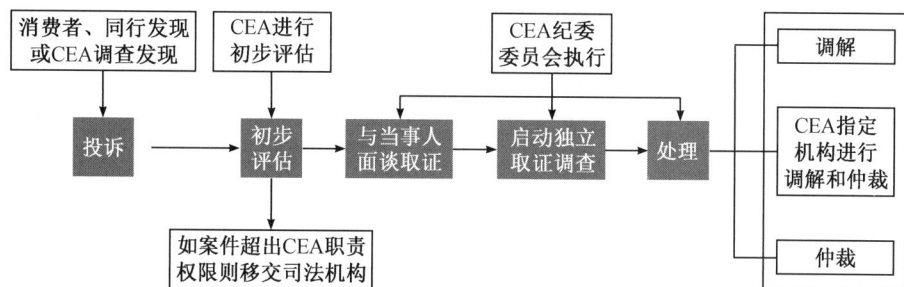

图 5-10　新加坡 CEA 的诉讼程序

资料来源:CEA、贝壳研究院整理。

表 5-9　CEA 认定的调解和仲裁中心

调解机构	a.新加坡消费者协会
	b.新加坡测量师与估价师研究所
	c.新加坡调解中心
仲裁机构	a.新加坡仲裁学院
	b.新加坡测量师与估价师研究所

资料来源:CEA、贝壳研究院整理。

表 5-10　调解机构——新加坡消费者协会(CASE)收费情况

单位:新加坡元

争议的物业交易价格	会员	非会员
低于5000	37.45	85.60
5000～10000	37.45	85.60
10001～20000	53.50	128.40
20001～30000	133.75	214.00
30001～40000	240.75	321.00
高于40000	347.75	428.00

资料来源:CEA、贝壳研究院整理。

②CEA 的纪律处罚措施

CEA 作为行业监管机构,其常规的纪律处罚措施包括撤销牌照或注册,暂停执照或注册,处以罚款、劝告或谴责被许可或注册销售人员,附加或更改许可证或注册的条件等。

2015 年 5 月 31 日至 2016 年 5 月 31 日，CEA 共接到投诉 780 件，这一数字连续六年持续下降，至 2015 年，投诉率为 4.5‰（投诉案件占总交易量比重）。投诉类型中，以广告/传单类占比最高，其次为经纪人的专业性，第三位为经纪人的行为；由 CEA 核实 2015—2016 年投诉成立的案件占总投诉的 36％，即不到一半的投诉被 CEA 认可投诉成立（见表 5-11）。

表 5-11　2014—2016 年新加坡房地产代理行业的投诉类型及数量

投诉的类型	数量（件）	
	2014—2015 年	2015—2016 年
广告/传单 （如误导性、不实描述）	305（43％）	315（40％）
服务不专业 （如错误的建议、不守时、操作流程错误）	161（23％）	212（27％）
行为不当 （如威胁、骚扰或不当表述）	121（17％）	131（17％）
没有代表客户利益 （如利益冲突、拒绝合作、报价不当）	33（5％）	33（4％）
非持照从业	46（7％）	55（7％）
其他 （如双边代理、欺诈、放债、参与处理交易款项）	36（5％）	34（5％）
合计	702（100％）	780（100％）

资料来源：CEA。

在 CEA 做出的处罚中，以警告为主，占比接近 50％，而纪律处分占比非常低，仅占 3％左右（见表 5-12）。

表 5-12　CEA 对过去两年投诉案件的调查结果

调查结果			数量（件）	
	处理结果		2014—2015 年	2015—2016 年
证实的投诉	警告		329（48％）	249（42％）
	纪律处分		20（3％）	17（3％）
	监察机构做出处分		15（2％）	15（3％）
未证实 （指具有证据不足的案件）			218（32％）	255（43％）
其他（CEA 调查证据不足但提交至财税等 其他政府机构进行调查）			102（15％）	54（9％）
合计			684（100％）	590（100％）

注：撤销牌照或注册、暂停执照或注册、处以不超过 75000 新加坡元的罚款、劝告或谴责执行员或销售员、附加或更改许可证或注册的条件。

资料来源：CEA。

通过一个案件感受房地产代理理事会对经纪人的行为监管：2016 年，房地产代理理事会对一起未经屋主同意、经纪人擅自将屋子分租出去的案件进行了处罚，对该经纪人的行为判定为违反道德守则，处理措施包括启动纪律行动程序，认定经纪人违反道德守则和违反专业维护客户守则的罪名，处罚 2.5 万新加坡元的罚款，同时暂停经纪人作业权限半年。

4.小结

新加坡房地产经纪人在实现专业化方面，在形式上具备了一个职业实现专业化的全部要素，房地产代理理事会作为职业化的核心组织和推动机构，在行业上位法赋予的权责范围内制定行业规范并进行监管，形成了经纪人从进入、作业到退出的全流程、全方位监管。

四、房地产经纪人生态系统

新加坡前五大经纪公司的人员规模占经纪人总量的 63％，其中第一大公司 ERA 经纪人规模占全行业 21％，第二大公司 Propnex[①] 经纪人规模占比 20％，前两家占比超过 40％，寡头格局非常明显（见图 5-11）。组屋规模占比高达 80％，房屋流通率处于低位，房地产经纪行业规模较小，新加坡房地产经纪人职业生态的提供者以公司为主，市场化程度相对较低。

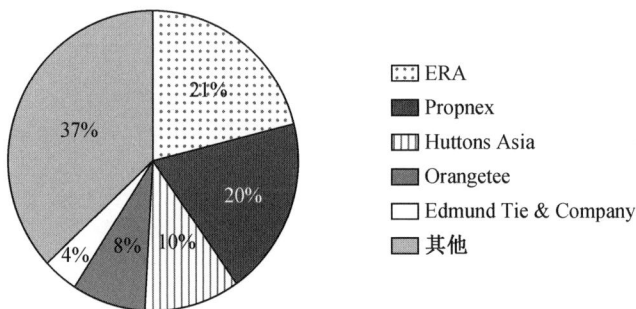

图 5-11　新加坡房地产经纪公司人员规模格局

资料来源：ERA 招股说明书。

以 ERA 为例进行分析。ERA 是美国知名房地产中介品牌，成立于 1971 年，目前在北美、欧洲、亚洲、非洲和中东等地区有 2339 家经纪公司。新加坡 ERA 公司于 1982 年开始运营，在 1998 年上市，曾于 2012 年退市，2017 年通过控股公司 APAC 实现挂牌上市，目前的业务类型主要包括在新加坡的房地产买卖及租赁业务，在新加坡、印度尼西亚、马来西亚、日本、韩国、泰国及越南等国家和地区的特许经营（自身拥有历史悠久房地产中介品牌 Coldwell Banker 在新加坡的特许经营权），提供房地产经纪培训、向政府或客户提供物业估价和物业管理服务（提供房地产管理、估价和培训的子公司——Realty International Associates 公司，RIA）。下面重点介绍 ERA 公司在经纪人反思性实践教育和培训的情况。

目前，ERA 在新加坡之外的 7 个国家和地区布局，共设有办事处 660 处、15300 名经纪人，2016 年公司总收入 2.1 亿美元，同比增长 23.7％，净利润 1172 万美元，同比增长 87.2％，其中非经纪业务毛利润占比 19.1％，而这其中经纪人培训占比 19.5％，特许加盟费占比 2.1％。

---

　　① 据联合早报 2017 年 6 月份报道，Propnex 将接手德伟产业（DWG）的房地产经纪业务，DWG 的 1071 名经纪人将归属 Propnex，加上现有的 5855 名经纪人，Propnex 今后的经纪人总数将达到近 7000 人，成为本地规模最大的房地产经纪公司，取代拥有 6243 名经纪人的 ERA 成为行业第一。

　　从前文对新加坡经纪人的执业资质认证的培训和继续教育制度的介绍可知,新加坡经纪人培训非常明显的特征是由 CEA 指定和认可机构提供,ERA 就是其中一个。其实 ERA 早在 2007 年便将经纪人培训服务商业化,即不限于对内部经纪人的培训支持,为经纪人获取职业资格证书和后续的持续性职业教育提供相应的培训服务。培训费用在 2014—2016 年三年间,由 150 万新加坡元增加至 190 万新加坡元,增长率为 25.2％。

　　培训服务由其子公司 RIA 提供,有专门的讲师团队负责经纪人的培训,2016 年,RIA 培训经纪人规模达到 15500 多名,其中约有 1000 名参加经纪人职业资格证课程培训。

五、房地产经纪人职业化程度

1.职业的不可替代性

（1）从业门槛

　　从业资格证是房地产经纪人从业的第一道门槛,参加房地产代理理事会指定机构的培训并通过相应考试是获取从业资格证的核心条件。从经纪人接受培训的内容上来看,知识的范围相对窄（见图 5-12）;从考试通过标准的设定上来看,考核内容相对简单,即获取从业资格证的难度较低,新加坡房地产经纪人的从业门槛相对较低。

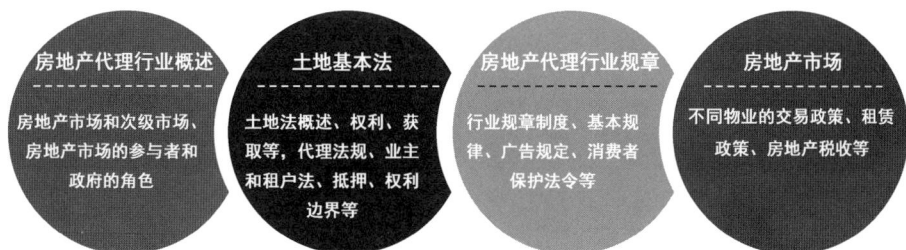

房地产代理行业概述
房地产市场和次级市场、房地产市场的参与者和政府的角色

土地基本法
土地法概述、权利、获取等,代理法规、业主和租户法、抵押、权利边界等

房地产代理行业规章
行业规章制度、基本规律、广告规定、消费者保护法令等

房地产市场
不同物业的交易政策、租赁政策、房地产税收等

图 5-12　新加坡房地产经纪人必须具备的知识

资料来源:IEA、贝壳研究院整理。

（2）职业角色

　　从房屋交易流程上,各环节的专业分工比较明确,经纪人的核心职责

是信息匹配和撮合谈判，从而有助于各个专业分工的角色实现专业化，降低了其他专业分工对经纪人的代替；从经纪人的角色分工上，销售员和执行员有权利边界的区分，降低了经纪人之间的相互代替。

（3）行业渗透

新加坡高达80％的组屋结构降低了房屋流通性和对经纪人的需要，组屋所有的房屋信息隶属于政府机构，而且政府对申请者有一定的政策要求，所有的交易流程基本都在政府机构完成，所以新加坡房地产经纪人的渗透率较低，约为66％左右。

在房地产代理理事会（CEA）2016年的调查中，消费者的年龄越高，越倾向于选择房地产经纪人参与交易，自行交易的占比在各年龄段均处于比较低的水平（5％～11％），随着消费者年龄的增大，消费者不确定是否使用经纪人的比例下降（见图5-13）。

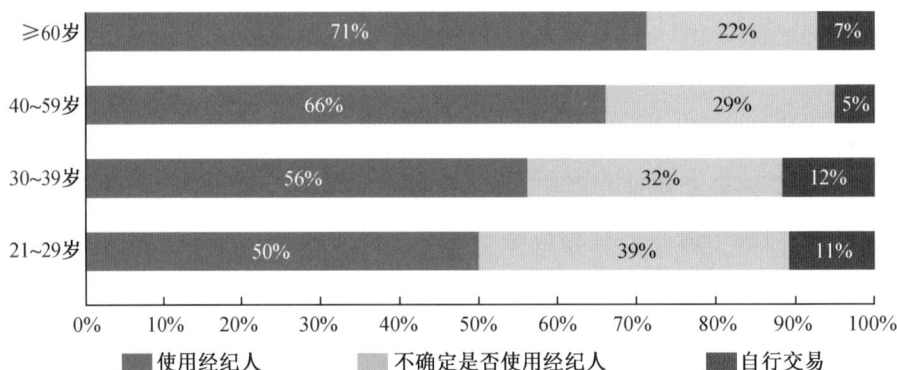

图5-13　新加坡不同年龄段消费者在未来房屋交易中使用经纪人可能性占比

资料来源：房地产代理理事会（CEA）。

所以，行业整体渗透率较低的原因是由房地产市场的特征决定的，但随着消费者年龄的增长，选择房地产经纪人进行房屋买卖委托者的占比提升。

2.职业认同感

新加坡房地产经纪人的门槛比较低，最低学历要求是高中毕业生，考试内容也相对简单，所以在新加坡获取房地产经纪人从业资格证相对容易。除此之外，新加坡房地产市场是一个受国家环境影响波动周期非常大的市场,这一点从前文提到的新加坡房地产交易中便可看出,在这样一个市场,获取从业门槛较低,经纪人对于该份职业的认同感并不强。根据房地产代理理事会(CEA)2016 年 2 月的一份报道,新加坡获取房地产从业资格的经纪人中有 1/3 者有另一份相对稳定的工作①,在对兼职经纪人的采访中,比如审计工作和电子商务从业者,认为房地产经纪人职业的波动性太大,收入难以有确切的保障,可见兼职的比例比较高。

新加坡房地产经纪协会(IEA)为协助经纪人渡过波动明显的市场周期,向经纪人推出了物业管理的培训。根据 IEA 主席 Jeffhery Foo 介绍,该培训的计划是将房地产经纪人培养为物业管理人员,而参加培训的经纪人中不乏超过 20 年从业经历的房地产经纪人。此外,出现了物业管理公司委托培训公司对经纪人进行物业管理培训,由物业管理公司支付培训费用,培训结束后返聘经纪人到该物业管理公司进行工作。如一家物业公司曾向培训机构支付为期 2 个月共计 8000 新加坡元(每人)的培训费用,待培训结束后,该公司再以 2500 新加坡元/人·月将该部分经纪人返聘。新加坡租赁物业市场发达产生了大量物业管理的岗位。

所以,通过上述的信息,可以推测新加坡房地产经纪人的职业认同感并不强,这一方面是由于新加坡房地产市场的强波动性决定的,另一方面也说明房地产经纪人自身对于该份职业化的认同感比较低。

3.职业自主性

新加坡房地产经纪人的行为规范和监管方面体系健全,从经纪人进入、作业到退出建立了全流程的管控体系,界定了经纪人行为边界的"对与错",建立了房地产经纪人职业自主性的基础,经纪人在行为规范的边界内开展提升服务和效率的探索是自主性的重要体现,往往始于小范围,如一个经纪公司、职业团体内,虽然无法衡量新加坡整体的房地产经纪人是否具备创新意识和行为,但是从上文中职业生态系统和 IEA 的行为中可以发现创新的动作,如反思性的实践教育和探索等。

---

①　房地产代理理事会(CEA)2016 年报告 *Fewer Choose to be Real Estate Agents*。

4.职业社会地位

（1）社会声誉

2016年,新加坡房地产代理理事会(CEA)调查显示,民众对经纪人的整体满意度为82%,这一比例比2012年第一次调查结果略有降低(2012年为87%),但依然处于比较高的水平,对经纪人满意主要体现在经纪人的礼貌、对消费者诉求的快速反应。

此外,CEA的职责中包括对消费者的教育,在调查中发现,消费者对房地产经纪行业规范的认知度排名前三的分别是:经纪人必须为买方提供合理的报价;经纪人必须经过买方的同意方可对物业进行广告宣传;当买卖双方同意下,双方经纪人应该合作,促成双方共赢的交易。

（2）经济报酬

根据新加坡劳动统计局（Ministry of Manpower,Singapore,Government)的统计,2016年新加坡全社会从业者的年收入中位数为4.5万美元,而房地产经纪人年收入中位数约为4.4万美元,与全社会从业者收入中位数基本持平,可见房地产经纪人的收入并不高,这与新加坡房地产经纪人平均人均套数仅0.6套的行业规模相关。

经纪人的收入与工作年限呈正相关性,从业年限越高,经纪人的收入越高,符合房地产经纪人职业的反思性实践总结为主的属性(见表5-13)。

表 5-13   新加坡不同工作经验的房地产经纪人收入情况

从业经验	年收入中位数（新加坡元）	折合为美元
入门级经纪人 （1～3年的经验）	3.6万	2.7万
5～9年工作经验的经纪人	5.8万	4.4万
10年以上工作经验者	7.4万	5.5万

资料来源：Pay Scale。

5.小结

以上,从中间指标和终极指标对新加坡房地产经纪人的职业化进行了衡量：

（1）职业的不可替代性：专业分工和经纪人内部的角色分工比较明确，但新加坡房地产经纪人的从业门槛、资质要求相对较低，所以，虽然具备了促进专业化发展的环境，但是经纪人的职业壁垒比较低。

（2）职业认同感：虽然房地产代理理事会（CEA）开展的行业价值宣传和消费者教育营造了经纪人的职业认同感的氛围，但是在房地产经纪行业规模较小且波动性比较大的市场环境下，经纪人的职业认同大幅降低。

（3）职业自主性上：新加坡界定了经纪人行为的法律边界，为经纪人发挥正确的自主性奠定了基础，在小范围内经纪公司和经纪人开展自主性创新。

（4）职业的社会地位上：民众对于经纪人有较高的认同，但是由于市场规模较小、行业波动性明显的特征，经纪人在职业报酬上并没有明显的优势。

第六章

日本房地产经纪人的职业化实践

日本国土面积约 37.8 万平方千米（约等于中国云南省面积），截至 2016 年年底，人口规模 1.26 亿人，其中 3500 万以上人口居住在首都东京都与周边数县构成的首都圈，日本首都圈被称为世界最大的都市圈。日本的法律体系在明治时代（1868—1912 年）是以大陆法律体系为基础，二战后参考美国的法律体系经历了一次司法改革，所以当前日本的法律体系兼具英美法系和大陆法系的特点。大陆法系也称之为欧陆法系，历史上，大陆法系的典型特征是以成文法为主，通常不承认判例法的地位（这是与英美法系最大的不同），具有悠久的法典编纂传统，在法学理论上崇尚理性主义、倾向于建构、重视逻辑和抽象化的概念体系，在司法审判中传统上要求法官严格按照法条审判。

日本房地产市场的新生以二战为起点，在 20 世纪 80 年代末 90 年代初达到了顶峰，伴随着房地产市场的发展房地产经纪行业快速发展，为规范房地产经纪行业的发展和提升行业效率，日本政府建立了房源共享信息系统（REINs），但该系统上的交易量仅占日本房地产经纪业务的 36%。

一、房地产经纪行业概况

1.行业规模和效率

（1）房地产经纪行业规模

①房地产市场的典型特征

日本房地产市场的典型特征可以概括为二手房流通率低、房屋集中度高、租赁占比高三个特征。

首先是二手房流通率低的特征。与房地产市场历史比较长、已经进入存量交易的发达国家相比，日本的房地产市场以新房交易和租赁为主，二手房交易占比较少，2014 年日本二手房成交规模为 51.6 万套，存量房的流通率不足 1%。日本二手房市场不活跃的原因主要是存量房屋质量较差、折旧时间短,致使可流通有效房屋存量不足。日本处于地震带,地震较多,现存存量住宅多为轻型木结构,在设计之初便确定了较短的房龄,日本住宅的平均寿命为 31 年。较短的房龄设计下,日本对于房屋的折旧计算为默认直线折旧法,即房屋年限达到 20～25 年房屋价值折旧便为 0,即仅剩地价,所以进一步降低了房屋的可流通规模。

二手房可使用寿命较短、折旧年限短,所以日本的新建住宅的开工量维持高位。近年来随着日本城市化进程进入尾声、人口老龄化加重,日本住宅土地供给持续减少,新房开工量出现缓慢下滑,2016 年日本住宅的新开工量仅为 96.7 万套(见图 6-1)。

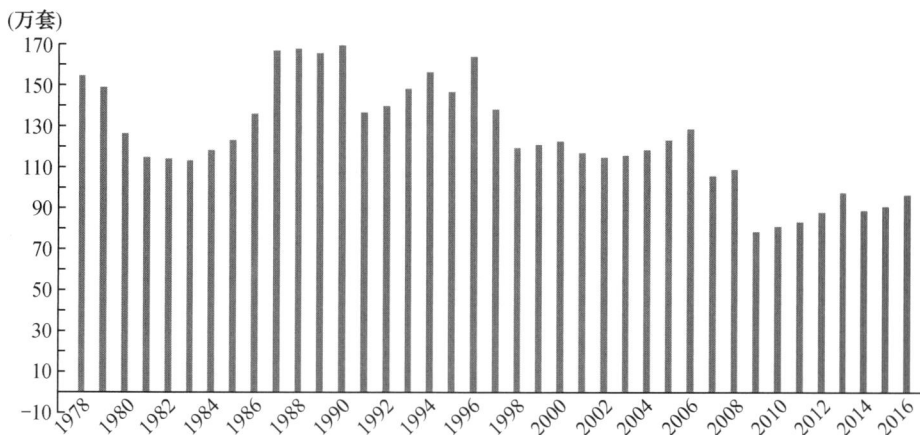

图 6-1　日本住宅的新开工量

数据来源:日本不动产流通经营协会(FRK)。

其次是房屋高集中度的特征。日本城市发展是典型的都市圈结构,丰富的轨道交通体系下人口向都市圈聚集,与高度集中的人口分布一致,日本存量住宅接近 60% 位于三大都市圈,即首都圈、近畿圈和中部圈(见图 6-2)。

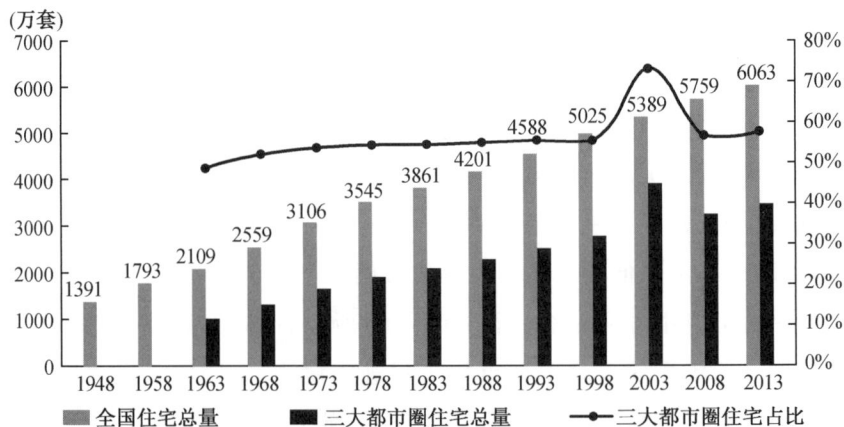

图 6-2　日本三大都市圈房屋存量及占全国住宅存量的比重

资料来源:日本国土交通省。

最后是租赁住宅占比高的特征。截至 2013 年,日本住宅存量约为 6063 万套,非空置住宅约 5210 万套,其中业主自住 3216 万套,租赁住宅 1856 万套,租赁住宅占比 35.5%(按照占非空置住宅基数计算),租赁家庭 1852 万户,占总家庭数量的 35.4%;租赁人口约 3391 万人,占总人口的 27.2%(见图 6-3)。新开工住宅中,租赁用房长期维持 40%～50% 的占比 (见图 6-4)。

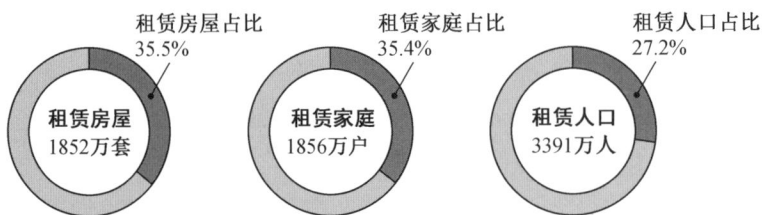

图 6-3　日本租赁市场房屋、家庭、人口概况

资料来源:日本国土交通省、贝壳研究院测算。

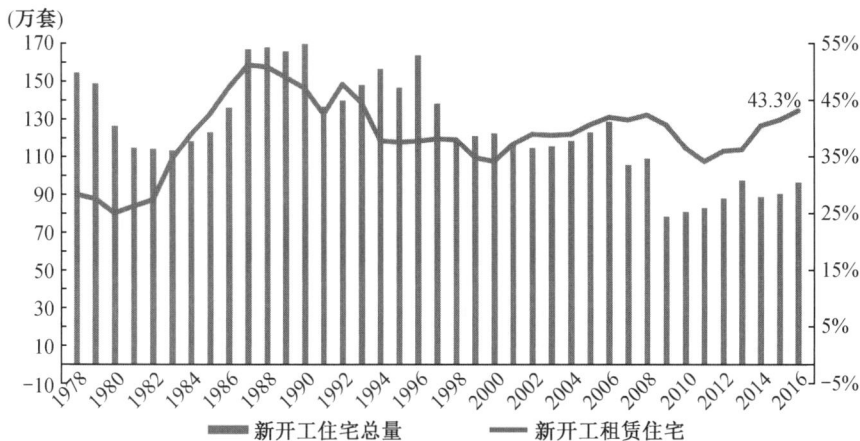

图 6-4 1978—2016 年日本住宅新开工量及租赁住宅与商品房占比

数据来源：日本国土交通省、贝壳研究院整理。

②房地产交易市场

日本二手住宅的成交规模比较稳定，但近年来随着新建住宅的开工量逐步减少，二手房交易规模呈现稳步上升的情形。一手住宅方面，受到2008 年金融危机的影响，一手住宅的成交量在 2008 年左右出现了大幅度的下降，2014 年一手住宅的交易量为 78.44 万套，为 2006 年成交高峰时期的 58％左右（见图 6-5）。

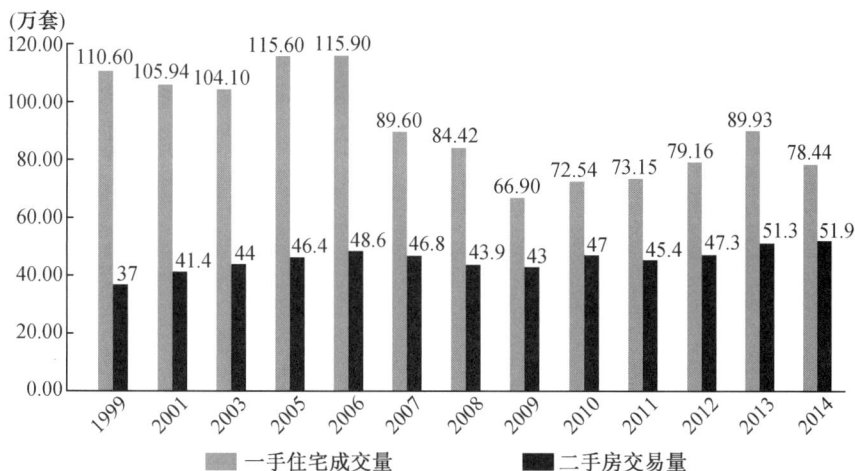

图 6-5 日本一手住宅、二手房交易量情况

资料来源：日本国土交通省。

以一手住宅、二手房以及住宅租赁市场规模为基数，一手住宅市场规模占比45％，二手房交易规模占比28％，住宅租金规模占比27％。若引入交易后市场，一手住宅市场仍占主导地位。二手房交易价格往往是一手住宅交易价格的60％，二手住宅交易额约为0.75万亿人民币，一手住宅约为1.2万亿人民币，住宅租赁的市场规模约为0.72万亿人民币（见图6-6）。

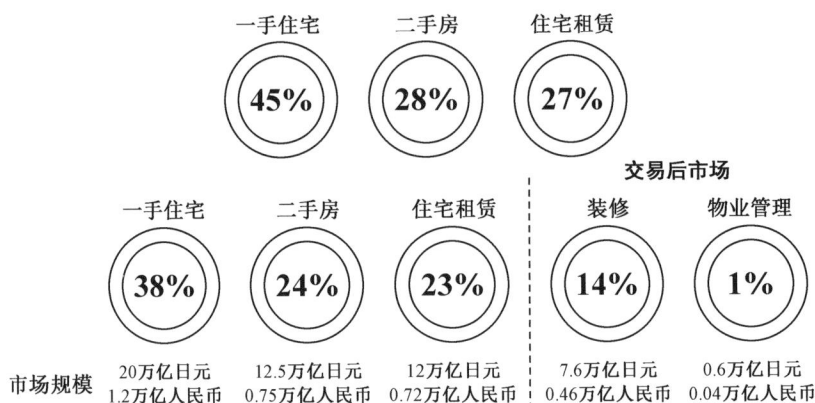

一手住宅　　　二手房　　　住宅租赁

45%　　　**28%**　　　**27%**

交易后市场

一手住宅　　二手房　　住宅租赁　　装修　　物业管理

38%　　**24%**　　**23%**　　**14%**　　**1%**

市场规模　20万亿日元　12.5万亿日元　12万亿日元　7.6万亿日元　0.6万亿日元
1.2万亿人民币　0.75万亿人民币　0.72万亿人民币　0.46万亿人民币　0.04万亿人民币

图6-6　2015年日本住宅市场格局

数据来源：贝壳研究院测算。

③经纪行业规模

日本房地产交易中（包括土地的交易）经纪人的渗透率为100％，经纪公司的业务多样，包含房屋和土地的交易、开发、租赁，以及物业的托管。此外，对于经纪业务的佣金收取，各个业务的费率也不尽相同，本章仅以二手房交易进行测算，房屋交易佣金费率政府规定上限为6％，市场平均值5.3％左右，2015年日本二手住宅交易额为0.75万亿人民币，二手房经纪业务佣金规模约为398亿人民币。

（2）房地产经纪行业效率

①经纪人规模

日本的房地产经纪人按照其业务权限分为两类，一类是强制性从业资格证要求的经纪人（即销售员），该类经纪人没有在委托合同上及重要说明书签字的权利；一类是宅建士，根据《宅地建物交易法》（以下简称《宅建法》）规定，不动产交易过程中的重要环节——交易对象和合约内容的说明（重要事项说明）与书面合约的认证过程都必须由宅地建物交易士（即宅建士)完成。宅建士是开设经纪公司的必要条件,因此一般经纪行业从业者都会积极参加宅建士资格考试,成为宅建士。

2016 年日本经纪行业从业人数达到 55.12 万人,较 2015 年增加 8805 人,其中,宅建士数量持续增长,1995 年至 2016 年宅建士数量从 24.1 万人持续上涨至 30.6 万人;销售员数量则波动较大。2000 年之前,销售员的数量多于宅建士,2000 年后宅建士数量逐渐超过销售员的数量,并且差距随着时间的增长不断扩大,截至 2016 年宅建士数量占总从业人员的55.53%,比销售员高出了 6.1 万人(见图 6-7)。

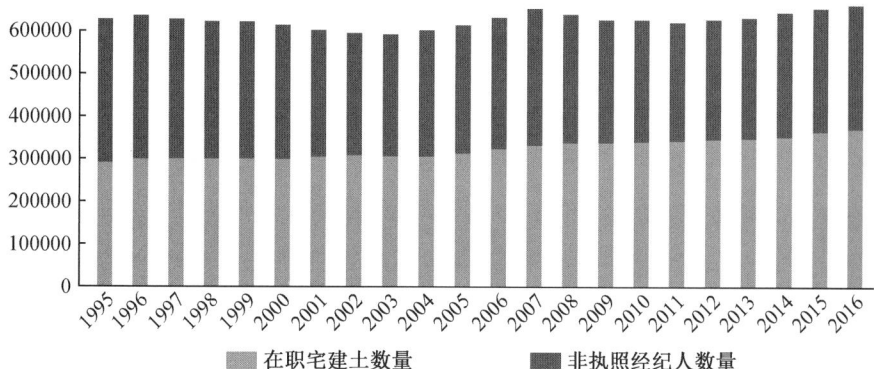

图 6-7 1995—2016 年在职宅建士(执照经纪人)与非执照经纪人数量变化

资料来源:日本国土交通省。

②经纪公司格局

日本房地产经纪公司是典型的大公司格局,前十大公司市场份额占比54.21%,而且业务线丰富,多涵盖了开发、资产管理、房地产经纪业务,决定了日本经纪人的生态服务以大公司为主(见表 6-1)。

表 6-1 日本前十大中介公司二手房销售额比较

排名	公司名称	销售额(亿日元)	市场成交占比	排名	公司名称	销售额(亿日元)	市场成交占比
1	三井不动产 Realty	14243	11.39%	3	不动产房产销售	10656	8.52%
2	东急 Livable	12115	9.69%	4	野村不动产 Group	7135	5.71%

续表

排名	公司名称	销售额（亿日元）	市场成交占比	排名	公司名称	销售额（亿日元）	市场成交占比
5	Century 21 Japan	6343	5.07%	8	三井住友 Trust 不动产	4191	3.35%
6	瑞穗不动产贩卖	5124	4.10%	9	三菱地所 Real Estate Services	1951	1.56%
7	三菱 UFJ 不动产贩卖	4417	3.53%	10	大京 Group	1616	1.29%

数据来源：贝壳研究院整理。

③行业人均效率

以一手住宅和二手房的交易量为基准进行经纪人人均成交量的测算，日本经纪人在房屋交易业务上的年人均成交效率长期为 1～1.5 套（见图 6-8），这一数据和可自由流通住宅占比 20% 的新加坡基本持平，而日本租赁住宅占比 35% 左右，日本经纪人的人均成交效率较低的主要原因是日本租赁住房占比高、房屋流通率低和从业人员规模大。

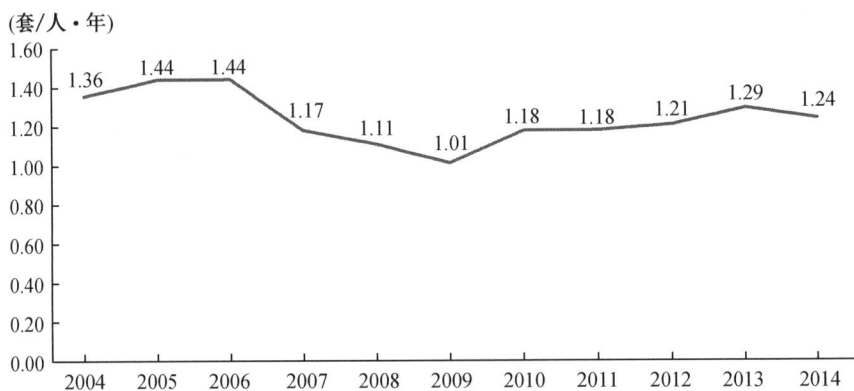

图 6-8　经纪人成交效率

资料来源：贝壳研究院测算。

2.房地产经纪行业的运行规则

（1）委托代理模式

①委托模式

客户向经纪人委托其需求分为两种类型:独家委托和多家委托。独家委托又可以分为两种情形,一种为客户虽将其需求委托于一个经纪人,但可以自行交易,如果自行交易完成则不用支付佣金,这种方式称之为专任委托;另一种为客户将其需求委托于一个经纪人后不可自行交易,称之为专属专任委托。目前,多家委托占比约为35%,独家委托中的专任委托占比约为41%,专属专任委托占比约为24%。

②代理模式

经纪人既可以作为买方代理人,也可以作为卖方代理人,或者同时代表买卖双方,即单边代理和双边代理同时进行。以野村不动产公司为例,在其房地产经纪业务中,约50%为双边代理,30%为卖方代理,20%为买方代理。

(2)佣金费率

《宅建法》中对佣金费用的规定是根据房屋交易额的区间收取不同比例的佣金费率,交易额越高,佣金费率越低(见表6-2),佣金费率的上限为6%,但由于该规定是1980年代出台的,随着房价的上升,目前日本已经很少有总价低于400万日元的房屋。调查显示,在实际收取中绝大部分中介公司使用的均为法律规定的最高中介费率(见表6-3)。

表6-2 《宅建法》中关于二手房经纪业务佣金费率收取的规定

交易额	佣金费收费标准(含税)
200万日元以下	5.4%以下
200万日元~400万日元	4.32%以下
超过400万日元	3.24%以下

资料来源:《宅建法》。

表6-3 日本中介收费标准调查

中介费收费标准	企业数量	占比
使用《宅建法》规定的中介费上限	102	81.0%
使用独自的中介费基准	3	2.4%
使用低于《宅建法》规定的中介费上限的中介费率	11	8.7%
无回答	10	7.9%
合计	126	100.0%

数据来源:一般财团法人土地综合研究所问卷调查、贝壳研究院整理。

（3）房地产经纪业务流程

日本法律规定卖方对卖出物业的瑕疵有担保责任，若卖方在隐瞒或者没有将物业存在的瑕疵向买方清楚说明的情况下将物业卖出则属于违法行为，买方可以以此为依据追究卖方的法律责任。经纪公司出于对自身利益的维护，会站在公正和专业的角度对卖方进行提醒、要求降低此种风险，所以日本政府鼓励房地产经纪业务的开展，以降低不动产交易风险，保障消费者权益不受侵害，日本房地产经纪业务在房屋交易中的渗透率几乎为100％。

根据房地产委托协议的要求，卖方经纪公司和经纪人的职责包括：房屋估价（初步）、房源核验（在房源核验的过程中确定经纪人评估价格与挂牌价格）、寻找买方、与买方交涉、签订买卖合同并将合同交付委托人过户等；买方经纪公司和经纪人的职责包括：房源介绍、重要事项说明、与卖方交涉、签订买卖合同并将合同交付委托人和协助过户等（见表6-4），具体业务范围以签订的中介合约为准。

表6-4　日本二手房买卖双方交易流程

卖　　方	买　　方
1.确定出售意愿	1.确定购买意愿与偏好
2.了解市场概况	2.确定预算
3.选择不动产公司	3.搜集房源信息（网上、广告、不动产中介）
4.进行价格评估	4.实地考察（居住环境等）
5.签订中介委托合约	5.试算购入各类税费及贷款利息
6.与购房者交涉	6.委托中介公司提出购买申请
7.房屋核验与重要事项说明	7.重要事项说明
8.签订买卖合同	8.签订买卖合同
9.过户	9.贷款
	10.过户

资料来源：日本不动产、贝壳研究院整理。

二、房地产经纪人职业化的起源与演变

1.房地产经纪人职业化的起源

日本房地产经纪行业最大的背景是二战，二战前，日本住宅建设发展非常缓慢，战争中大量房屋被毁，战后大量日本军人从战场返回，住房需求成为当时日本最紧要的事件，当时约有 500 万户、2000 多万人（占当时日本总人口的四分之一）亟待解决居住问题，住宅市场严重供不应求，房屋交易活跃，房地产经纪行业快速兴起，尤其是东京等大都市区域，房屋交易非常活跃。

房地产需求加剧，房屋交易市场活跃，房地产经纪机构兴起。但当时日本全社会处于新旧政权的交替之际，二战后日本旧的法律制度被废除，整个社会处于法律制度缺失的状态，直到 1947 年，由当时占领日本的美军草拟了日本现行的宪法，经过日本国会的审议后由天皇颁行，拉开了二战后日本社会法制的新局面。在房地产经纪行业，在以三井公司为代表的大公司推动下，1951 年成立了"促进不动产交易法立法联盟"，以促进行业立法。1952 年日本政府颁布了《宅地建物交易法》，开启了对房地产经纪行业的法律监管，这也是日本房地产经纪人职业化起源的标志。

2.房地产经纪人职业化的变迁

日本房地产经纪人职业化变迁之路围绕着《宅建法》的修订与更新而展开，1952 年《宅建法》首次颁布，规定不动产中介业者必须进行登记备案，并且严格规定了中介费的收费标准；1957 年修订，要求日本新设宅地建物交易员制度；1964 年修订，将中介从业者登记备案制改为注册制，逐渐提高中介从业者的从业门槛；1967 年修订，禁止夸张、不实的广告宣传等；1972年修订，新增营业保证金制度要求；1976 年，修订要求经纪公司和经纪人签订书面合同并严格执行；1988 年修订，制定了房屋流通平台（REINs 的前身）使用细则。

《宅建法》的逐步修订，是日本房地产经纪行业、经纪人的职业化不断完善和推动的过程。

3.小结

日本房地产市场的历史相对较短,特殊的历史背景下房屋需求在短期内快速产生,推动了房地产经纪行业的快速崛起,也促使对房地产经纪行业的监管、对经纪人的监管体系快速建立并不断迭代更新,推动了日本房地产经纪人职业化的发展。

三、房地产经纪人职业化的表现

1.职业化组织和推动机构

《宅建法》规定日本房地产经纪公司若使用 REINs 进行房源登录,则必须加入相应协会,在成为其会员的基础之上方可成为日本不动产流通机构会员并获得 REINs 使用权。同时推行营业保证金制度,《宅建法》规定经纪公司在营业开始前需缴纳一定数量的保证金,根据《宅建法》第 64 条第 2 项规定,现日本指定保证机构由"公益社团法人全国宅地建物交易业保证协会"与"公益社团法人不动产保证协会"两家机构组成,经纪公司只能选择成为一个指定保证机构的会员,这两家法定营业金保证机构均隶属于协会管理,因此在日本不动产经纪协会作用巨大。

目前在日本国土交通省登记备案的经纪行业协会有五个,分别为:全国宅地建物交易业协会联合会、全日本不动产协会、不动产协会、不动产流通经营协会和全国住宅产业协会。其中全国宅地建物交易业协会联合会与全日本不动产协会是会员数最多的协会,约 80% 的经纪公司为全国宅地建物交易业协会联合会会员,约 20% 经纪公司为全日本不动产协会会员,下文将以这两个协会为重点进行介绍。

(1)全国宅地建物交易行业协会联合会

全国宅地建物交易业协会联合会(以下简称全宅联)成立于 1968 年 5月,致力于服务消费者、会员机构以及不动产业,加强会员机构之间团结合作、为消费者提供更加安全安心的不动产交易服务,促进日本不动产经纪行业健康发展。日本全国共有不动产经纪公司12万家,其中83%的经纪公司属于全宅联的会员,在日本不动产经纪行业内具有相当的影响力。

　　全宅联在日本47个都道府县均设有地方分会,以便地方经纪公司会员可以得到有效且及时的帮助及服务。全宅联为会员机构提供消费者保护、保护会员经纪机构的法律支持、纠纷解决、人员培训等一系列服务;同时为消费者提供更加安心安全的不动产交易服务,促进日本不动产经纪行业健康发展。此外,为顺应日本不动产市场多元化商业模式的时代发展,全宅联增设为租赁行业提供服务支持的全宅联物业管理(即全国租赁不动产管理业协会)与全宅联支援机构(见图6-9)。

图6-9　全国宅地建物交易业协会联合会业务简介

资料来源:协会官网、贝壳研究院整理。

(2)全日本不动产协会

　　全日本不动产协会于1952年设立,是日本不动产业界历史最悠久的业界团体,是由日本中小不动产公司自发组成的公益社团法人。全日本不动产协会的主要职责是为经纪人提供教育研修和指导、举办房地产专业研讨会等,并向一般国民普及房地产交易的基础知识、为会员之间相互交流创造更好的条件,促进与其他协会的沟通交流。该协会目前的个人会员为2800人左右,公司会员为2.5万人左右。

（3）政府机构

国土交通省是日本的中央省厅之一，职责相当于各国的交通部与建设部，其掌管的事务相当广泛，包括国土规划与开发、基础设施建设、交通运输、气象、海事安全、观光推广等，对房地产经纪业务的管理仅为其职责之一。

2.职业资格制度

日本从事房地产经纪业务者分为销售员和宅建士，销售员没有强制性的从业资格证要求，宅建士必须获取从业资格证书方可从业。房地产交易过程中，重要事项的说明，重要事项说明书的签字、盖章，交易合同的签字和盖章等都需要持证的宅建士完成。

（1）经纪人获取牌照类型

在日本，想要成为宅建士，首先需要通过宅地建物交易士资格考试（见表6-5），通过该考试后需要到所在地区指定机关申请并完成登记后，才可以正式成为一名可以从业的宅建士。而登记申请必须满足"完成经纪行业实务培训"与"申请前10年内有2年以上的从业经验"两个条件之一才行（见图6-10）。这里"申请前10年内有2年以上的从业经验"的审核标准按从业经纪公司保存的"从业者名单"（法律规定经纪公司必须将该从业者名单保存10年）进行核实。

（2）经纪人牌照考试要求

宅地建物交易士资格考试属于国家资格考试，是为了保证不动产公平公正的交易过程中不可缺少的资格证明。由于法律规定不动产交易行业门店每5个经纪人必须配备1个宅建士资格持有人，因此市场中对宅建士资格持有者的需求较大，宅建士资格考试每年的考生超过20万人，也是现在日本国家资格考试中报考人数最多的资格考试。

表 6-5　宅地建物交易士资格考试概要

考试内容	1.土地的形状与质量;建筑的形态、构造以及种类相关内容
	2.土地及建筑权利以及权利变动相关法律知识
	3.土地及建筑相关法律上的限制
	4.住宅用地以及建筑相关税法规定
	5.住宅用地以及建筑供需相关法律以及实务知识
	6.住宅用地以及建筑价格评估相关知识
	7.《宅地建物交易法》以及其他相关法令知识
考试方式	选择题 50 题(四选一)
考试资格	无年龄、性别、学历限制(但是考试合格后,登记成为在职宅建士有条件限制)
考试地点	居住的都道府县
考试时间	一年一次;每年 10 月的第三个星期天为考试日
考试费用	7000 日元

资料来源:贝壳研究院整理。

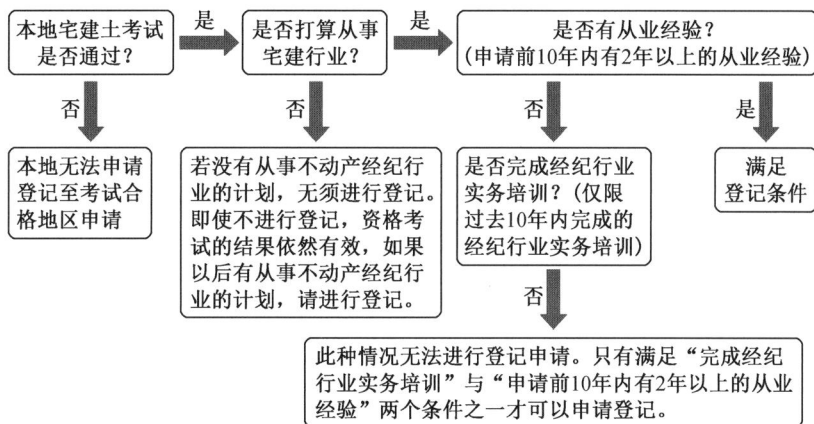

图 6-10　在职宅建士登记申请条件(东京都版)

资料来源:东京都都市整备局、贝壳研究院整理。

(3)经纪人考试培训要求

对于报名参加宅建士考试的申请者,考试前必须完成经纪行业实务培训的课程。根据《宅建法》第 13 条 16－1 号规定,经纪行业实务培训必须在国土交通省认证的经纪行业实务培训机构完成。2017 年 5 月 1 日更新的日本认证经纪行业实务培训机构名单如表 6-6 所示:

表6-6　国土交通省认证的经纪行业实务培训机构

登记编号	机构名称	登记编号	机构名称
1	公益财团法人 不动产流通推进中心	13	一般社团法人 职能研修会
2	株式会社 东京 LEGAL MIND	14	株式会社 住宅新报社
3	株式会社 日建学院	15	株式会社 Social Bridge
4	株式会社 TAC	16	株式会社 Ken Business School
5	株式会社 综合资格	17	一般财团法人 Heart Station
7	株式会社 九州不动产专门学院	18	株式会社 Pricing Japan
8	株式会社 日本商业法研究所	19	株式会社 新潟县宅建支援中心
12	一般社团法人 宅建实务教育中心	20	株式会社 At Home

资料来源：日本国土交通省、贝壳研究院整理。

（4）执照更新与继续教育

宅建士从业资格证的有效期为5年，每5年需要更新一次，更新的条件是参加继续教育并通过设置的考试。继续教育为6个小时课程学习，内容包括：宅建法主要的修订点以及实务操作中的注意事项，纠纷事例与相关法令学习以及实务操作中的注意事项，宅建士的使命与作用，税法主要修订点、税务纠纷学习与实务操作中的注意事项（见表6-7）。

表6-7　宅建士执照更新与继续教育

证书有效期	5年
更新方式	通过法定继续教育考试
更新费用	16500日元 （约合人民币1000元，包含4500日元证书更新费与12000日元继续教育费）
继续教育内容	·宅建法主要的修订点以及实务操作中的注意事项 ·纠纷事例与相关法令学习以及实务操作中的注意事项 ·宅建士的使命与作用 ·税法主要修订点、税务纠纷学习与实务操作中的注意事项
学时	6个小时

资料来源：日本国土交通省、贝壳研究院整理。

（5）对经纪公司的牌照管理

房地产经纪机构需要取得营业执照，如果只在一个地方营业，则必须领取地方县市政府核发的营业执照，如果同时在两个地方营业，必须有国土交通省核发的营业执照。取得营业执照的条件是5个工作人员中必须有1人拥有国家的房地产经纪人资格证，否则不能获得营业执照。

3.职业行为监管

日本房地产经纪全行业的监管是以日本政府制定的《宅建法》为核心，除政府对全行业层面的强制性监管外，日本房地产经纪行业也制订了规范协会会员的行为规范。

（1）政府层面的监管

日本不动产经纪行业的监管体系以《宅建法》为核心，国土交通省是依照该法律的内容对房地产经纪行业进行监管的政府单位，《宅建法》中对房屋信息、经纪公司、保证机构、宅建士行为准则分别进行了详细规定，以保证经纪行业健康有序地运行（见图6-11）。

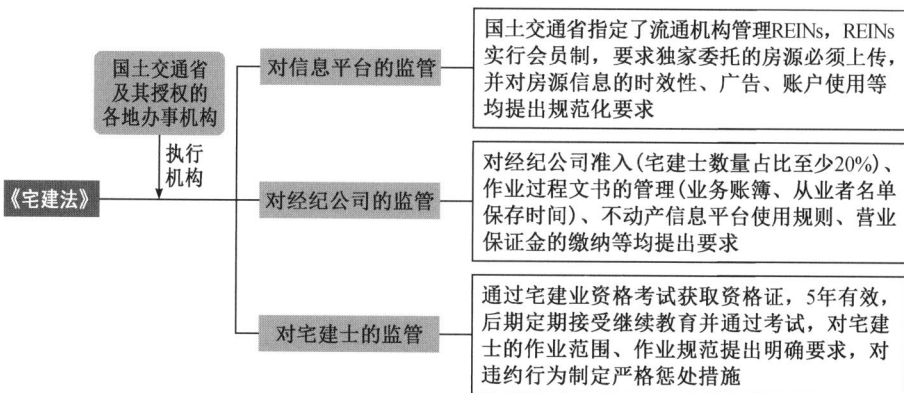

图 6-11　日本不动产行业监管体系概况

资料来源：《宅建法》、贝壳研究院整理。

①房源信息平台——REINs

Real Estate Information Network System（简称 REINs），是根据《宅地建物交易法》的要求、由国土交通省建立的不动产流通机构，在日本全国范围设立四个法人（东日本、中部圈、近畿圈、西日本）（见图 6-12），每个法人分别负责其管辖范围内的不动产信息交换业务。

图 6-12　日本四大指定流通机构负责区域

资料来源：《宅建法》、REINs 官网、贝壳研究院整理。

A.REINs 的运作机制

与美国 MLS 要求的独家委托、单边代理、合作交易不同，REINs 对于多家委托的房屋没有强制性的上传要求，但是当经纪公司接到卖方独家委托后则需要将该委托房源信息上传至所在区域的 REINs，该房源信息由 REINs 分发至其会员经纪公司以寻找买方。REINs 对宅建士上传的不动产信息负有保密义务，所以 REINs 对消费者是信息阻断的平台，在房屋未成交之前，客户无法获悉交易完成前房源的信息，在交易完成后，房屋成交基本信息会进行公开，消费者可以查询到房屋的真实成交情况。2015 年 REINs 会员数量为 13.3 万，而 2015 年末房地产经纪公司数量为 12.3 万，可以推测几乎所有经纪公司都是 REINs 的会员，因此在 REINs 可以实现房源信息在业内的最大范围曝光。所以 REINs 的主要作用是独家委托房源的合作平台，是历史交易的真实展示平台。

B.加入 REINs 的条件

要加入 REINs 需要有相关机构的推荐并且满足一定条件，目前被日本国土交通省认可可以作为推荐机构的组织有:全国宅地建筑物交易业协会联合会(简称全宅联)、全日本不动产协会(简称全日)、不动产流通经营协会(简称 FRK)支部,各县分支机构又组成了全国性的组织。此外,必须满足的条件:a.必须是经纪公司的经纪人(必须是从事不动产经纪业务者);b.原则上必须配备 REINs 专用登录终端设备;c.成为会员前 6 个月之内没有由于违反《宅地建物交易法》而受到处分,并且没有其他重大违反法律的记录。

REINs 的使用除了使用成本外,部分行为会有资金奖励,如市场上行期通过 REINs 成交一单可获得 25 日元的奖励。再如,为鼓励经纪人上传代理房源的户型图奖励 30 日元;需要付费使用的功能主要是房源信息的查询、成交信息的查询,按照使用次数收费,如房屋查找一次收费 5 日元(见表 6-8)。

表 6-8　REINs 收费标准节选

资金奖励	成交登记	市场上行期:25 日元/单
		市场下行期:45 日元/单
	户型图上传	30 日元/图
按使用次数收费	房屋检索	5 日元/次(每次最多 500 条信息)

资料来源:REINs 官网、贝壳研究院整理。

C. REINs 的使用与管理

REINs 机构向其会员分发终端登录账号和密码,并制定了对账号和密码的管理条例,要求会员必须遵守《道德规程》、《REINs 使用规程》、《REINs 使用手册》和相关规范要求。对于账号和密码的管理,要求不得借给第三方使用。

当经纪人获取卖方独家委托房源后,需要登录账号和密码上传房源信息表,房源信息表内容包括房屋的基本属性、卖方报价等。买方经纪人则可通过账号和密码对 REINs 上的房源信息进行浏览、匹配。当房源发生交易后,卖方经纪人需要及时上传房屋成交报告,该报告的内容包括房屋成交的价格等基础信息。成交信息只能用于卖方、买方商讨交易价格时所使用的历史参考资料,会员不得将成交信息作为广告、宣传使用。

日本国土交通省制定房屋上传（见表 6-9）、信息搜索匹配、房屋交易状况更新、成交报告上传及房地产经纪人的职责（见表 6-10）等细则来维护 REINs 的正常运转。

表 6-9　REINs 不动产信息上传准则

不动产信息上传准则	具体内容	
不动产交易信息上传	独家委托与独家代理必须登录	独家代理限 5 天内
		独家委托限 7 天内
	其他信息积极上传	
	独家委托与独家代理交易信息变更需要在规定时间内变更	
	上传信息发生变更、需要删除等情况需要及时处理	
	禁止重复上传、无正当理由的删除、变更与再上传	
	不得在上传信息中使用"暗号"	
	推荐会员积极上传图片信息	
不动产交易信息上传规则	所有上传信息必须经调查核实	
	签订中介委托合约的不动产交易，其上传信息需与书面合同信息一致	
上传不动产范围	根据交易对象位置确定该信息需要上传的指定流通机构	
上传者	会员直接上传	
	委托会员上传	
上传完毕证明	信息上传完毕系统会派发信息上传完毕的证明，会员需要随即交给委托人（卖方/买方）不得延误	
成交报告	上传不动产交易信息若已更新，会员需要及时上传成交报告，不得延误	
上传信息有效期	不论信息是否更新、变更，上传信息有效期均为 3 个月	

资料来源：REINs 官网、贝壳研究院整理。

表 6-10 房地产经纪人的职责

买方中介从业者		卖方中介从业者	
带看前通知原房源信息上传者	并尽量将买方的要求告知卖方代理机构	房源详情咨询核验	房源信息上传方无正当理由不得拒绝买方中介从业者关于房源信息详情咨询核验或者带看请求
购买申请	买方中介从业者确认买方购入意向之后需要向原房源信息上传者确认房源存在后,递交购入申请	根据购买申请确认交涉顺序	原则上卖方中介从业者应该按照收到购买申请的顺序来决定第一个交涉对象
		接到购买申请后需要尽快向卖方确认是否可出售	
		买卖方交涉过程的联络与汇报	
		成交后及时通知提出购入申请的买方中介从业者	

资料来源:REINs 官网、贝壳研究院整理。

D.对违反 REINs 规定的处罚

REINs 制定了违反其规范的处罚措施,处分的形式包括:除名并公示、停止使用 REINs(期限不等)、警告并公示、提示并公示和劝告等。

E. REINs 和美国 MLS 的异同

REINs 是仿照美国 MLS 建立的,二者的异同点如表 6-11 所示,虽然绝大部分经纪公司都加入了 REINs,但通过 REINs 成交的比例却并不高。2015 年,通过 MLS 成交的房屋占比仅为 36%,比例较低的主要原因是对房源上传时间要求不严格(独家委托 5~7 天上传房源,而 MLS 是 24 小时内上传),大公司由于其市场资源丰富,有足够的时间和动力隐藏房源,或者在上传截止期完成交易,日本房地产经纪行业是典型的大公司格局,日本前五大不动产中介的二手房销售额占总销售额的 40.39%,前十大公司占比 54.23%。

图 6-11 美国 MLS 和日本 REINs 的异同点

异同点	美国 MLS	日本 REINs
发起人	美国地区经纪人协会	国土交通省
发起形式	行业自发	政府推动

续表

异同点		美国 MLS	日本 REINs
管理主体		全美房地产经纪人协会确立主要的规则，地区经纪人协会具体管理	国土交通省指定的四个不动产流通机构
数量规模		900 多个地级平台	4 个区域机构
规则	加入对象及条件	仅经纪人可加入，且经纪人必须加入三级经纪人协会	仅经纪公司可加入且必须加入，成为会员前 6 个月内不能有违反《宅地建物交易法》及其他重大违法记录
	委托方式	仅独家合同	独家委托必须上传，多家委托不强制
	经纪人义务	24 小时内上传房源	独家委托 5～7 天上传房源，多家委托不强制要求上传房源
	房源信息管理	对上传信息有非常严格要求	对房源上传、下架时效有较高的要求，不得上传重复房源
惩罚		视情节严重仲裁、罚金、吊销执照等	对于发布虚假房源、没有按时处理交易流程、故意对其他会员造成伤害等行为依照情节严重给予阶段性停止使用 REINs，除名公示等处罚。
信息分发		对外分发信息需要经纪人同意	对外分发信息需要经纪人同意
开放对象		经纪人	经纪人

资料来源：贝壳研究院整理。

②对经纪公司的监管

在日本开设房地产中介公司必须具备三个条件：一是在之前经营其他业务的公司新增房地产经纪业务，其申请新增房地产经纪业务之前主营业务必须是盈利的；二是获取国家资质的宅建士人数占公司总员工数量的下限是 20%；三是缴纳营业保证金。

营业保证金制度是日本房地产经纪行业保护消费者利益的重要手段（见图 6-13）。《宅建法》规定新开设经纪公司必须在获得宅建业注册许可证（经纪业务许可证）的三个月内到附近保证金保存处缴纳相应营业保证金，保证金由当地法务局管理，保证金的金额要求：总店为 1000 万日元，每家分店为 500 万日元,保证金可以为现金、国债、地方债或者国土交通省承认的有价证券。经纪公司开业后每新开设一家新门店都需要事先通知其营业注册许可证注册授权人(国土交通大臣/都道府县知事),同时缴纳营业保证金,否则新增门店无法营业。

保证金的作用是当经纪公司出现诈骗等违法违规行为致使客户蒙受损失时,法务局可用保证金先行直接赔付客户,之后再走法律程序。所以,营业保证金制度的作用为:保护消费者,防止出现经纪公司无力承担交易损失的情况;保护经纪公司,站在第三方角度妥善并及时处理纠纷。

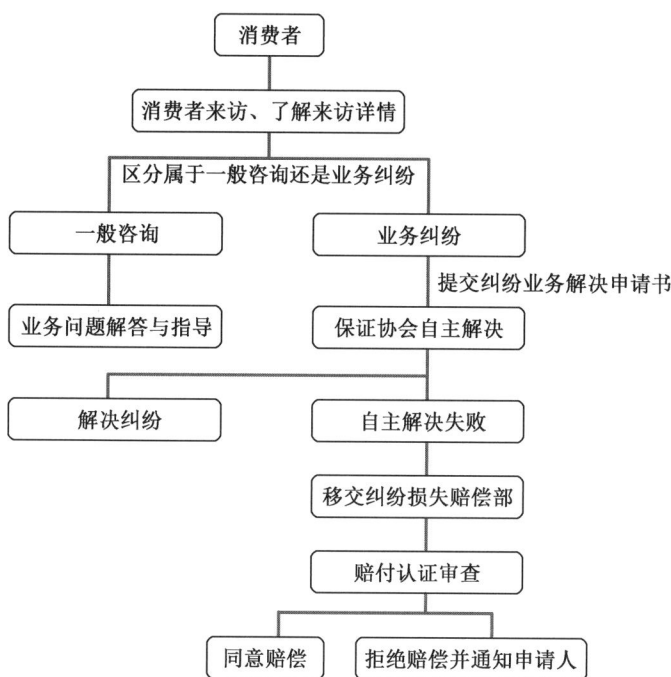

图 6-13　日本房地产经纪行业营业保证金的运营机制

数据来源:贝壳研究院整理。

日本房地产中介公司的所有合同按规定需保留 10 年,一旦合同出现错误、房屋出现瑕疵,房地产经纪公司都有不可逃避的责任,除当事经纪人负责外,领导和负责人对在任期内任何员工所签的任何一份合同也需负责,即便是出现问题时当时的负责人已经离职,也要承担赔偿责任,甚至中止合同,向消费者进行赔偿。除金钱上的处罚外,中介若违反《宅建法》等法律,还会受到停业和吊销执照等行政处分。

（2）行业协会层面的监管

行业协会执行力强，也是日本房地产中介运营比较规范的重要原因。在日本不管干什么行业，一般都有行业管理，而行业管理基本上依靠行业协会。做房地产有不动产协会，中介公司都要加入。日本房地产中介运营整体来说规范有序，哄抬房价、合同造假的现象比较少见。

（3）违法行为规范的处罚

①对经纪人监督渠道

对经纪人的监督包括自上而下的政府检查和自下而上的消费者投诉两条渠道。

A.政府检查：根据《宅建法》的规定，国土交通省对日本全国的宅建业经营者、都道府县知事对其管理区域内的宅建业经营者是否合法经营负责，需要定期对管辖经纪公司的业务情况，门店、经纪人是否从事其他业务，业务记录账簿，相关书面材料等进行检查，并根据检查结果进行汇报。

B.消费者投诉：日本政府对不动产经纪业务（包括经纪公司与经纪人）的监督管理主要是通过消费者投诉来完成。日本不动产经纪业务的消费者可投诉的机构有很多种，其中专业受理不动产相关投诉的机构包括法定投诉处理机构、行业内部自发形成的业界团体、国土交通省以及不动产公平交易协会；负责所有行业消费者投诉的机构有消费者厅、国民生活中心以及各都道府县的消费生活中心，这些机构也会受理该类型消费者投诉。

当投诉无法得到调解则上升至纠纷处理机构，日本设置了相关纠纷处理机构，其中专业处理不动产相关纠纷的机构有不动产合理交易推进机构与指定住宅纠纷处理机关；负责所有行业消费纠纷的机构有国民生活中心（见图6-14）。

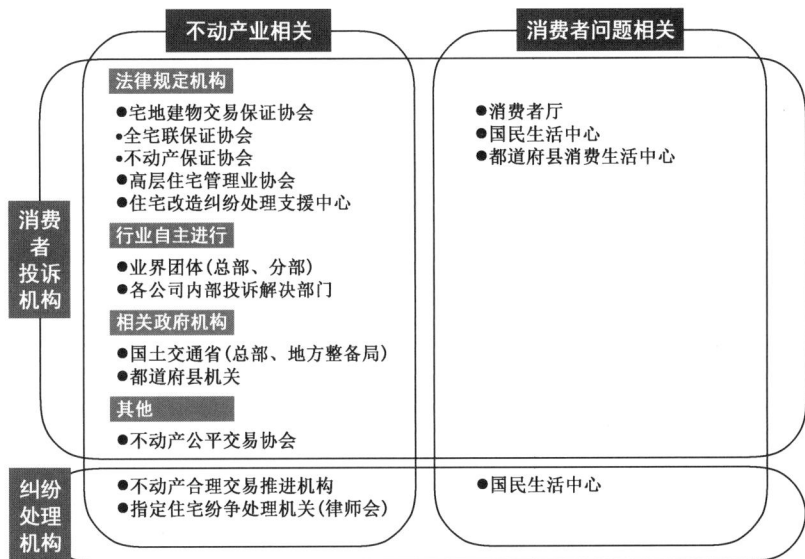

图 6-14　日本房地产经纪行业的投诉流程

资料来源：贝壳研究院整理。

②对违规行为的处罚

《宅建法》对经纪人违法违规的最高处罚为三年以下有期徒刑或者不超过 300 万日元，最低处罚为 100 万日元以下的罚款。若从业者中出现下表 6-12 所处罚的行为 A、B 时，经纪人接受表 6-12 相应处罚的同时，其所属机构法人或者个人要处以 1 亿日元罚金；其余情况所属机构法人或者个人处以相同罚款。

表 6-12　《宅建法》处罚办法

单位：日元

违法行为	处罚
以不正当方式获得宅建业注册许可证	A.三年以下有期徒刑或者 300 万以下罚款，可与其他处罚累加
无宅建从业注册许可证从事宅建行业的行为	
将宅建从业许可给他人使用的行为	
违反业务停止命令的行为	
业务中隐瞒或者提供虚假信息以促成交易的行为	B.二年以下有期徒刑或者 300 万以下罚款，可与其他处罚累加

续表

违法行为	处　罚
业务中以不正当的方式对对方施加压力、威胁或者故意使对方产生误解的方式促成成交的行为	C.一年以下有期徒刑或者100万以下罚款,可与其他处罚累加
宅建士考试机构相关人员泄露考试信息的行为	
宅建士考试机构相关人员从事考试辅导性工作被禁止后继续从事辅导的行为	

资料来源:《宅地建物交易法》、贝壳研究院整理。

4.小结

日本政府作为房地产经纪人职业化的组织和推动机构,建立了 REINs 房源共享信息平台,但是由于大公司先于该平台成长起来,该平台的使用率不及美国的 MLS。在经纪人的职业资格方面,虽然营业员没有强制性的从业资格要求,但是由于大公司格局下各个大公司对经纪人的招聘、培训、考核形成了严格且健全的机制,所以整体上存在较高的经纪人职业门槛,在经纪人的行为监管上,日本建立了健全且细颗粒度的监管机制,形成了对经纪人行为的强监管。

四、房地产经纪人生态系统

日本前十大从事房地产经纪业务的公司市场占有率达到54%,是典型的大公司格局。下文以三井不动产公司为例,分析其经纪人的职业成长情况。

大型不动产经纪公司对经纪人的入职学历要求较高,一般均要求大学及以上学历,同时为新入职经纪人提供了一个清晰的职业规划。以三井不动产为例,该公司为入职经纪人提供了清晰的职业规划(见图6-15),入职前4年为熟悉业务的阶段与积蓄实力的阶段,以学习专业知识确保交易安全顺利为主要工作任务;从第5年起进入副主任阶段,经纪人已经充分理解各类交易中可能会出现的风险点,因此可以发挥自身实力,提高业绩;职业规划具体到入职后10年内经纪人可以达到的职位与业务水平。清晰的职业规划为经纪人提供了确切的工作目标与晋升机制,可以在提高经纪人的专业化水平与服务意识的同时降低员工流失率。

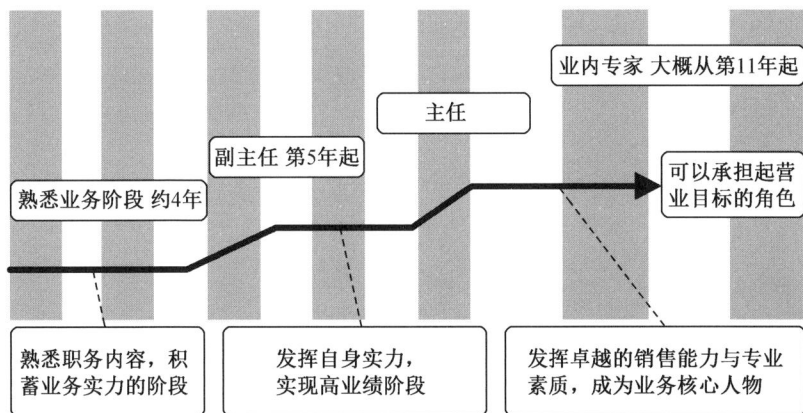

图 6-15　三井不动产 Realty 对旗下经纪人的职业规划

资料来源:三井不动产 Realty 官网、贝壳研究院整理。

五、房地产经纪人职业化的程度

1.职业的不可替代性

日本房地产经纪业务实现了比较明确的专业分工,有助于经纪人实现专业化。销售员从业没有强制性的从业资格要求,而宅建士必须参加培训、通过考试并注册方可从业,理论上销售员的被替代性高于宅建士,但是由于日本房地产经纪行业是典型的大公司格局和混业经营,公司为经纪人的职业成长提供了完善的平台,比较丰富的业务线丰富了经纪人业务选择。所以,日本房地产经纪人具有一定的职业壁垒和不可替代性。

2.职业认同感

日本独特的房地产市场下形成了以围绕房地产产业发展多种主营业务的公司模式,房地产经纪业务往往作为主营业务之一,而且房地产经纪业务往往是一个公司在涉足了房屋产业链前端的多项业务后"顺势"纳入,如一级土地整理与开发、房地产投资、开发与建设等,所以,大型混业经营的公司在经纪人的招聘、培训、激励和考核方面有健全且完善的体系，通过公司的文化价值培养经纪人的职业认同感。而社会层面，由政府、行业协会规范经纪人的行为，建立经纪人职业认同的社会环境。

3.职业自主性

日本房地产经纪行业的监管源自于法律层面，行业协会在法律边界内发挥促进行业健康发展的作用，从职业自主性发挥的基础来说，日本建立了经纪人行为的边界，具备了推动职业自主性的基础。而作为公司格局明显的市场结构，公司为经纪人的职业成长提供了平台，为经纪人发挥职业自主性创造了条件。

4.职业社会地位

不同于国内经纪人"低底薪＋高提成"的薪酬体制，日本经纪人以固定收入为主，随着经纪人从业年限的增加，业务熟练程度的增加，其固定薪金部分占比逐渐减少，绩效部分占比逐渐增加，这样的薪酬结构对刚入门的经纪人形成了有效的保护机制。

日本成熟经纪人的收入水平高于社会平均白领阶层收入水平。以一个30岁的成熟经纪人为例，其平均年收入可达到40万人民币，高于日本东京都统计数据测算的全日本平均27万人民币的收入水平，也高于根据日本厚生劳动省劳动调查公布的数据测算出的全日本平均20万人民币的收入水平（见表6-13）。

表6-13　日本不动产经纪人收入水平及结构

经纪人类别	固定薪酬占比	分红占比	薪酬水平 （万日元/年）
刚入职经纪人	100％	0	240～360
一般经纪人	33％～50％	0～30％	600～700
优秀经纪人	50％	50％	800～900

来源：贝壳研究院整理。

在高门槛、高培养成本和以固定收入为主加提成形成的比较连续且稳定的收入结构下，日本经纪人的流失率低于其他行业。以野村不动产为例,3 年经纪人的流失率为 10％,10 年经纪人的流失率不足 30％。此外,高门槛使得日本经纪人队伍的素质整体较高,以固定薪酬为主的薪酬体制给经纪人的生活带来保障,使经纪人能够真正实现为客户创造价值。以服务为导向的三井不动产和野村不动产人均年成交 8.4 套和 6 套。

5.小结

大型房地产经纪公司作为推动经纪人职业化实现的重要力量是日本的典型特征,其推动了行业立法的出台和政府对房地产经纪行业的基本监管,确保了房地产经纪行业的发展遵守规则和章程,并界定经纪人的行为以维护消费者利益。在此基础上,各公司从经纪人的招聘、培训、激励、考核和晋升等层面制定细则,为经纪人的职业成长创造条件,促进经纪人职业化向更高的阶段发展。

第七章

英国房地产经纪人的职业化实践

英国由英格兰、苏格兰、威尔士和北爱尔兰构成，总面积达 24.41 万平方千米（中国广西壮族自治区面积 23.7 万平方千米），截至 2017 年，总人口 6605 万人；英格兰占据了英国总面积的 53.4％、总人口的 83.9％，是英国国土面积和人口规模最大的区域。

英国房地产经纪行业与本书中所提及的其他国家和地区相比，其最典型的特征是经纪人从业没有任何门槛、没有非常健全的行业监管规范、没有专职政府机构和强有力的协会。

一、房地产经纪行业概况

1.行业规模与效率

（1）行业规模

①房屋产权类型

早从 1925 年起，英国居住产品类型便分为了私人永久产权（freehold）和政府租赁产权（leasehold）两大类，私人永久产权是指土地及附属物永久属于个人；政府租赁产权是指政府兴建，以低于市场价格出租给低收入群体使用的房屋。

截至 2014 年年底，英国存量住宅总量约为 2800 万套，其中私人自住住宅约为 1770 万套，占比约为 61％，私人租赁住宅约为 530 万套，政府兴建的公租房约为 500 万套，私人租赁和公租房占比各为 20％左右；私人自住住宅和公租房的存量长期以来基本维持稳定，私人租赁住房近 10 年来规模明显增大，私人租赁规模上升的原因主要是房价的上涨导致越来越多的人选择了租房，这一情形在伦敦区域表现更为明显（见图 7-1）。

（千套）

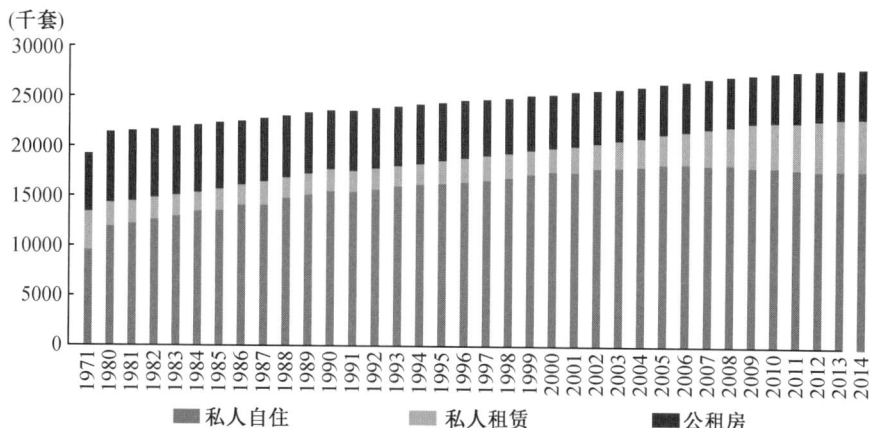

图 7-1　英国存量住宅类型及规模

据 2016 年 8 月英国决策基金会的报告显示，2003 年英国住房拥有率为 71％，而到 2016 年 2 月下落到 64％，其中大曼彻斯特郡的住房自有率从 2003 年的 72％下降到 2016 年的 58％，伦敦从 2000 年的 72％下降到 2016 年的 58％，而对应的英国租房率从 2003 年的 11％上涨到 2015 年的 19％，大曼彻斯特郡则从 6％增到 20％。住房拥有率降低主要是因为房价的不断上涨而买房的人员减少。

英国房价在 1990 年代以来出现了快速上涨，2008 年全球金融危机下房价虽然出现回落但快速反弹，2017 年第三季度的房价与 1989 年房价开始快速上涨前相比上涨了 237％，伦敦都会区①平均房价长期为英国平均房价的 2 倍左右，位于英国各区域首位（见图 7-2、图 7-3）。

---

①　伦敦都会区大致包含英国首都伦敦与其周围的卫星城镇所组成的都会区，总面积 1579 平方千米，人口约为 876 万人。

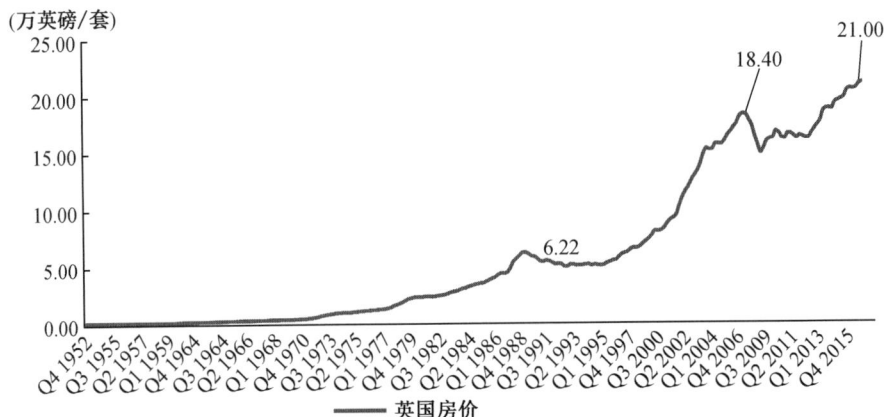

图 7-2 英国房价变化情况

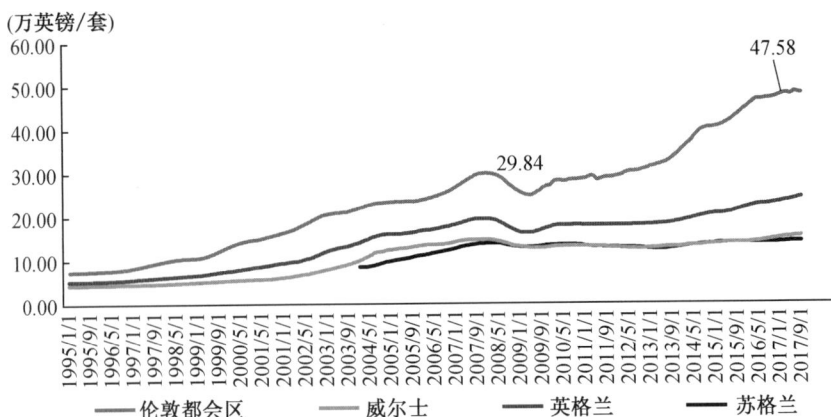

图 7-3 英国伦敦都会区及其他各区域平均房价变化

资料来源:Nationwide Buliding Bociety。

②房屋地域分布

英国的 90% 的房屋分布在英格兰、威尔士和北爱尔兰区域(其中超过 80% 的房屋分布在人口占比约 84% 的英格兰区域),10% 左右的房屋分布在人口占比接近 9% 的苏格兰地区(见图 7-4 和表 7-1)。在英国的房地产交易系统中,形成了以英格兰、威尔士和北爱尔兰为同一类型的房地产经纪业务,而苏格兰形成了不同于其他三区的房地产经纪业务。所以在下面的经纪行业运行机制介绍中,对英国房地产经纪人职业化的分析将分为两条线,一条是以英格兰为首的三个区域的模式,另一个是苏格兰的模式。

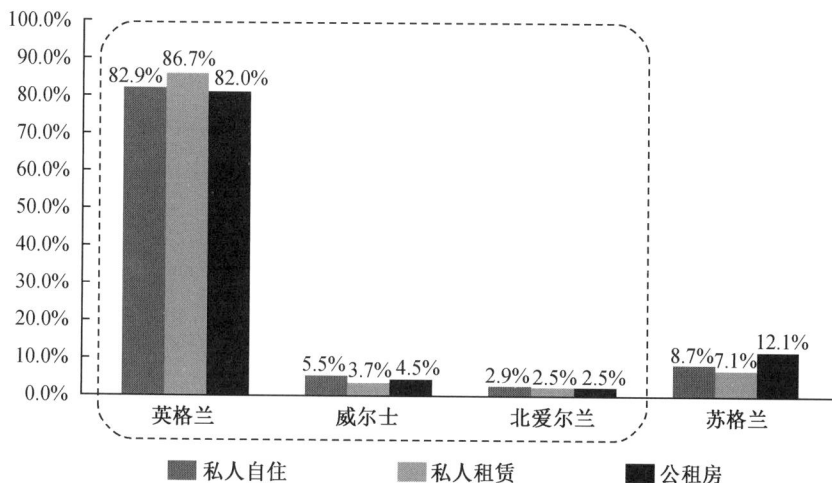

图 7-4　英国存量住宅及类型的地域分布

表 7-1　英国各区域面积和人口情况

区域	面积(万平方千米)	面积占比	人口(万)	人口占比
英格兰	13.04	53.4%	5464.407	83.9%
威尔士	2.08	8.5%	312.624	4.8%
北爱尔兰	1.41	5.8%	188.877	2.9%
苏格兰	7.88	32.3%	547.092	8.4%
合计	24.41	100%	6605	100%

资料来源：英国统计局。

③房屋成交规模

英国是最早完成工业化的国家,较早进入了存量房市场,目前二手房交易量占总交易量的 90% 左右。2008 年之前,英国新房和二手房每年的交易规模维持在 200 万套左右,受 2008 年金融危机影响,英国新房和二手房交易规模出现"拦腰折断"的情形,交易规模锐减至 100 万套左右,近年来呈缓慢回升趋势。2015 年,二手房交易量 140 万套,新房交易量 15 万套,总交易规模 155 万套,基本与 2008 年持平,但与成交规模最高年份 2007 年相比差距为 60 万套(见图 7-5)。

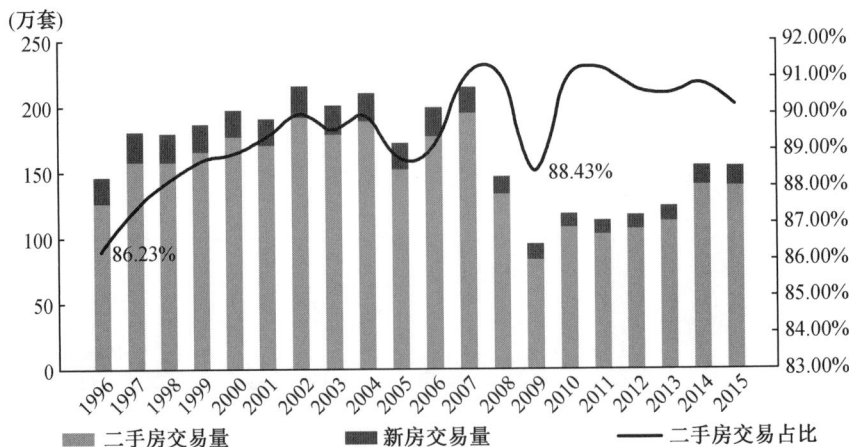

图 7-5　英国新房和二手房的交易规模

资料来源：英国统计局。

　　存量房的流通方面，与二手房交易规模的走势一致，长时间以来，英国二手房的流通率维持在 5％～7.6％之间，2008 年出现明显下滑，最低值为3.11％，2010 年以来随着二手房交易规模的逐步提升，存量房的流通率出现回升，2015 年存量房的流通率接近 6％，回归历史平均水平（见图 7-6）。

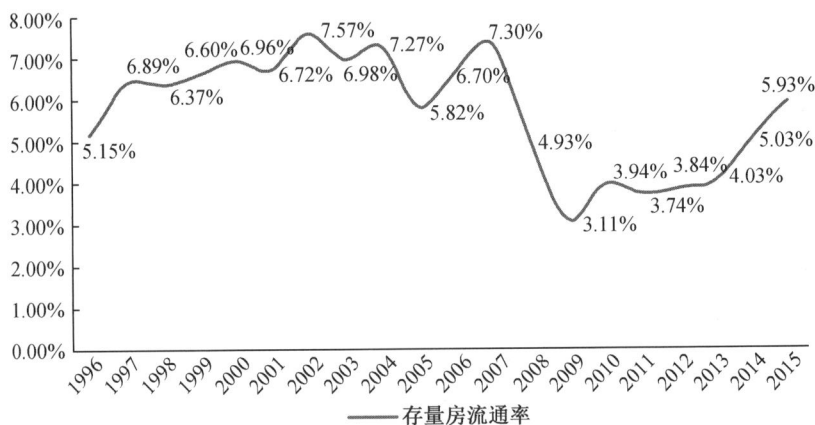

图 7-6　英国存量房的流通率

数据来源：贝壳研究院整理。

　　英国房屋交易规模在 2008 年出现明显下滑，2010 年以来房屋交易总额呈现回升趋势，2015 年，英国二手房交易额为 3679 亿英镑，新房交易额为 429 亿英镑，合计为 4108 亿英镑（见图 7-7）。

(亿英镑)

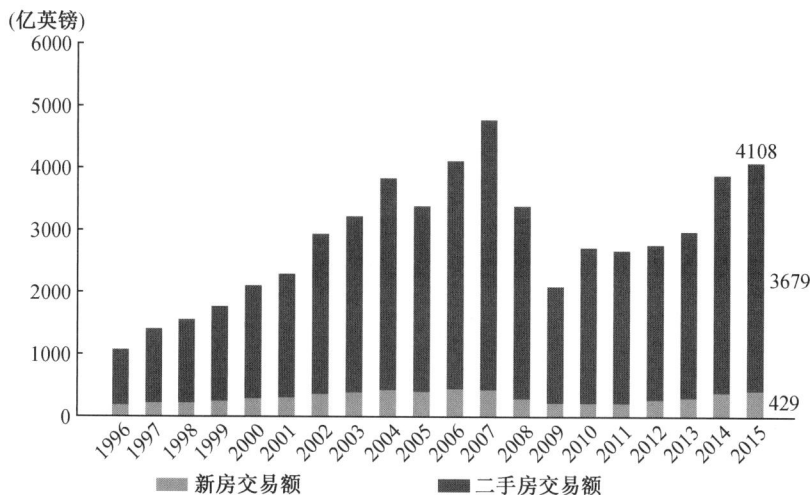

图 7-7　英国房屋交易额

数据来源：英国统计局。

④经纪行业规模

英国房地产经纪人在房屋交易中的渗透率在 2000 年之前约为 80％，2000 年以来约为 87％，佣金率在激烈的市场竞争中由 1.5％下降至目前的 1.4％。2007 年及之前，英国房地产经纪行业规模呈现持续上涨情形，2007 年行业规模达到 58.26 亿英镑，2008 年出现明显下滑，2010 年以来随着房屋交易规模的回升，房地产经纪行业规模出现了平稳回升，2015 年英国房地产经纪行业规模约为 50.05 亿英镑，折合约 70 亿美元（见图 7-8）。

(亿英镑)

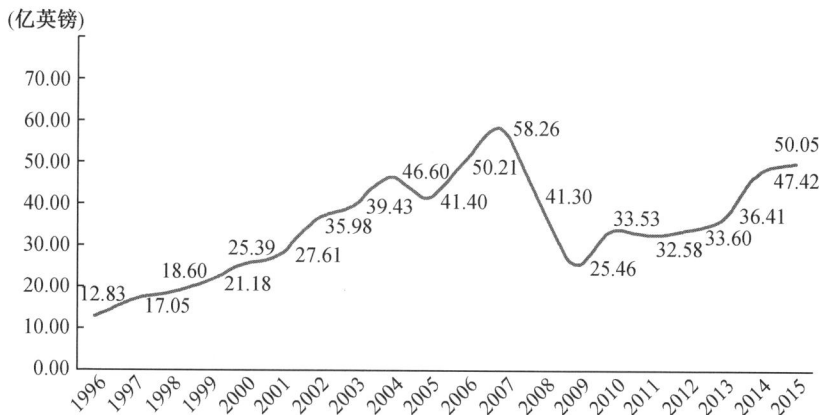

图 7-8　英国房地产经纪行业规模

数据来源：贝壳研究院整理。

（2）行业效率

英国房地产经纪行业与我们前述的国家最大的不同在于英国没有实行经纪人的职业资格制度，即没有经纪人的执业牌照制度，根据《房地产经纪人法案 1979》（Estate Agents Act 1979），在英国，除非当事人破产或被公平交易办公室明令禁止开设经纪公司外任何人都可以注册开设房地产经纪公司，即便是当事人没有开设经纪公司的权利，但是依然可以作为经纪人受雇于经纪公司从事房地产经纪业务。

根据 IBIS World 统计，截至 2016 年年底，英国共有 27153 家房地产经纪公司，经纪人 17.67 万人，以此粗略估算英国房地产经纪人的年交易为 8.7 套，但由于没有经纪人的从业资质要求，关于英国经纪人的数量没有确切的数字。

2.行业运行规则

英国房地产经纪业务典型的特征是苏格兰和其他三个地区有着不同之处。苏格兰虽然外交、军事、金融、宏观经济政策等事务上受英国国会管辖，但苏格兰在内部的立法、行政上，拥有一定程度的自治。在房地产制度中，苏格兰有自己的法律制度，其房地产经纪行业的运行及规范和英国其他三个区有着本质区别。以下内容分别对苏格兰和其他三个区的房地产经纪业务进行介绍。

（1）代理和委托模式

①委托模式

非苏格兰地区，82％为独家委托，即客户将其需求委托给一个经纪人。独家委托分为两种模式：一是在独家委托期间经纪人完成业务获取佣金，但是如果在委托期间客户自行完成交易则经纪人不能得到佣金；另一种是独家委托期间客户自行成交但依然支付给经纪人佣金，如果房屋是过了独家委托期限后成交的，但买家是经纪人介绍或经纪人在交易过程中发挥了相应的作用，则卖家依然要向经纪人支付佣金。

苏格兰地区，独家委托为主流，多家委托比例较低。

②代理方式

英国没有类似于美国的房源共享信息系统（MLS），所以对于经纪人代理方式没有法律的规定。为了更快促成业务,非苏格兰地区经纪人一般会选择双边代理,以自我资源或自己寻找资源促成交易。但是在苏格兰地区,绝大部分代理人为律师,买卖双方出于保护自身利益、降低风险的需求,会分别委托代理人,代理人在交易过程中的角色非常重要,所以在苏格兰地区,代理方式更多为单边代理。

(2)佣金收取模式

佣金费的收取没有法律上的设定,非苏格兰地区,85%的经纪公司按照1.5%收取,15%的经纪公司收取1%的佣金,佣金费率最高可以达到2.5%,伦敦的平均佣金费率为1.7%~1.8%。

苏格兰佣金费用区间跨度比较大,为总房价的1.5%~4%,费用主要由三部分构成,其中相对固定的费用如房屋属性调查、估价报告、房屋耗能报告,总费用约为350~400英镑,浮动费用主要体现在代理人佣金上,根据房屋属性的复杂程度不同佣金费率不同,构成了苏格兰1.5%~4%的佣金空间。

(3)房地产经纪业务流程

①苏格兰

苏格兰房地产交易中必须有代理人的参与,律师是代理人的首要和主要人选。

苏格兰房地产交易中必须要有代理人的参与,而且买卖双方必须有自己的代理人,所以站在代理人的立场上是典型的单边代理机制,即代理人只能代表买卖双方其中一方的利益,而代理人分为律师和房地产经纪人两种。

在苏格兰,绝大部分的房地产经纪公司是律师事务所,律师除了律师事务工作外,还从事房地产经纪工作。近年来,一些纯粹的房地产经纪公司在苏格兰出现,但绝大部分业务依然是由律师事务所开展,比如在苏格兰的爱丁堡地区,90%的房地产经纪业务依然由律师开展,这是苏格兰地区与英国其他三个区,甚至国际范围内其他区域最大的不同。所以,为什么在房地产交易过程中必须要有代理人的参与?为什么房地产经纪业务主要由律师事务所和律师承担?究其原因有两个,一是房屋交易制度决定了律师比单纯的房地产经纪人更能胜任这一角色,二是苏格兰律师的监管体系比房地产经纪行业更加严格和健全,其中第一个原因为根本原因,正是由于房屋交易过程中的复杂性和高风险性,使得消费者更倾向于选择能够维护自身利益的机构。

房屋交易制度方面,苏格兰复杂的房屋属性决定了房屋交易中对风险把控的重要性。在苏格兰 240 万套的存量房中,20%的房屋为一战前建造,32%的房屋是二战前建造,45%的房屋是二战后英国政府主导供给公租房时代建造的,该部分房屋在 1980 年代后又经历了市场化阶段(见图 7-9)。所以,苏格兰房屋与国内政府划拨土地、统一规划、开发商批量建设、集中出售不同,私有土地制度和长寿命的房龄下多次的交易流转,使得房屋属性非常复杂,需要把控的风险点非常多。

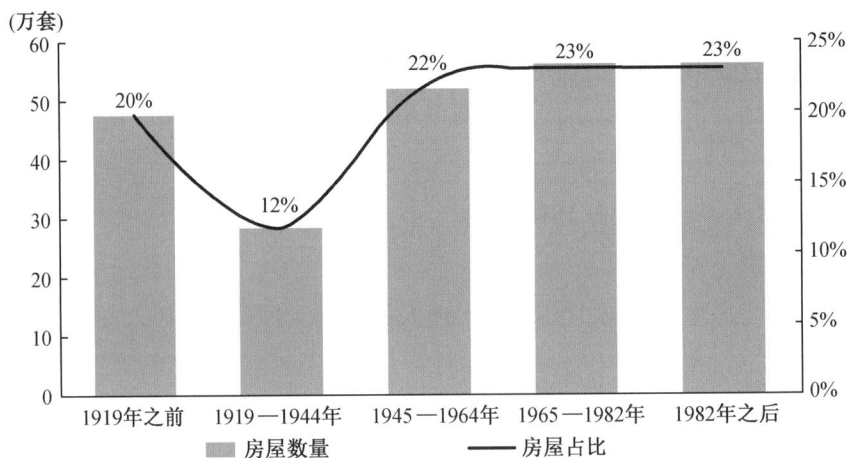

图 7-9　苏格兰存量房建造年代及占比

资料来源:苏格兰政府网站。

交易制度方面,对于卖方,在房地产交易中必须向买方提供一份房屋报告(home report),该份报告内容的高度专业性和风险性构成了买卖双方必须寻找代理人,而且是更愿意寻求律师作为代理人进行风险把控的根本原因。对于买方,则需要通过代理人向卖方进行要约看房并进行进一步谈判,因为在要约前买方需要获取房屋报告。一方面获取房屋报告如果通过代理人则更容易获取,虽然卖方通常情况下没有拒绝买方查看房屋报告的权利,但是出于对自身隐私的保护更愿意通过代理人递交给买方;另一方面,房屋报告中对风险把控的要求非常高,买家很难独自判断并承担责任。

房屋报告由三个独立的部分构成,其要求和内容如下:

A.对房屋客观、中立的调查和估价报告:目前该份调查报告只有英国皇家特许测量师协会注册会员或授权人员才能出具(苏格兰政府明确未来会评估其他机构是否具有出具该报告的资质),出具人根据对房屋的视觉检查形成房屋状况、使用性能及可能需要进行维修的说明,并给出房屋的价格及维修成本评估报告。这份报告是独立、客观的意见,卖家必须向买家提供,如果买家就此份报告对房屋的维修成本进行衡量后选择不购买是不需要承担任何责任的。其中的房屋价格评估报告是买家贷款时贷款机构放贷的依据,如果卖方没有通过代理人而是选择自行出售,而买方恰好需要贷款,此种情况下,如果没有律师对房屋自身的风险进行把控,银行不会进行房屋的抵押贷款。

B.房屋问卷调查:该问卷是由政府制定、包含了 16 个问题的标准问卷,该份问卷构成了苏格兰房地产交易中必须要有代理人参与的根本,虽然该问卷由卖方根据房屋情况自行填写,但是对于问卷中勾选"YES"的选项卖方必须提供相应的证明文件,而这些证明文件具有法律效力,如果在房屋交易中买方及其代理人发现了其中的问题,卖家必须承担赔偿责任,而复杂且专业的证明文件唯有律师才能进行风险把控。

16 个问题如下:

a.房屋产权的年限;

b.持有税;

c.车位;

d.是否处于自然或历史保护区;

e.是否为标志性历史建筑;

f.是否改动过房屋结构,如果有改动是否有完整的规划许可系列证明,如果有这些资料则需要一同交给买方;

g.房屋供暖情况;

h.房屋耗能报告的期限;

i.房屋是否遭受过洪水/风暴/火灾,如果遭受过是否有保险理赔;

j.房屋材料中是否含有石棉;

k.物业及供应商(水电煤气等)、化粪池系统及维修合同;

l.公共区域的划分及责任；

m.房屋财务问题：有无房屋管家（对接房屋的日常运行和维修）、房屋保险、物业费；

n.房屋专业问题：如防腐防潮，有无开展，谁来开展；

o.保证：对电力、屋顶、供暖等上述问题的答案进行保证；

p.房屋边界：是否有变动，有则提供变动证明；

q.影响房屋的通知：如邻居物业的规划是否影响本房屋，如果有需提供变动证明。

C.房源耗能报告：该份报告由获取能源绩效评估的评估师对房屋的用电、用气等情况进行衡量，给出房屋能耗的等级，并给出降低能耗的建议。

由于房地产经纪业务主要由律师做，所以在苏格兰地区，律师事务所的名称一般为房屋中介与律师事务所（Estate Agency & Solicitors），而且形成了律师投放房源的网站 ESPC，该网站是房源展示平台，除此之外，律师也会将房源投放到其他房源展示平台，如 Rightmove、Zoopla 等。

苏格兰的二手房交易是一种"竞标"的方式，即第三步中买方通过其代理人递交要约（offer），该要约有标准的格式，由代理人出具，内容包括买家的出价意见、期望入住时间和其他诉求，卖家一般会设置一个截止日期，需要注意的是在截止日前卖家可能会收到不止一份要约，所以在截止日前即便是卖家接受了要约并向买方代理人发出了接受信，但接受信并不具备法律效率，在截止日前买卖双方可随时停止交易而不用承担责任。截止日期后，买方代理人会根据委托人的情况安排带看、交涉谈判，在整个过程中会形成一系列的正式信函（Missives），该信函由代理人出具，内容上是根据苏格兰标准条款（Scottish Standard Clause）而来（见图 7-10）。

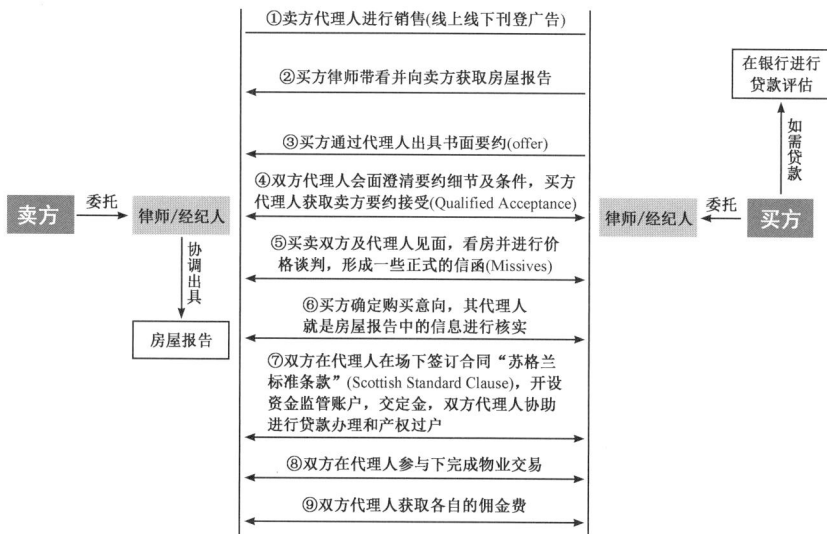

图 7-10　苏格兰地区的房屋交易流程

资料来源：Department for Communities and Local Government、贝壳研究院整理。

所以，房屋本身的复杂性决定了房屋交易过程的高度专业性，这种专业性对代理人对于风险的把控要求非常高，决定了买卖双方在房屋交易过程中出于自身利益的诉求更愿意选择专业知识性高、风险把控能力强的律师作为代理人。

②英格兰、威尔士和北爱尔兰

非苏格兰地区房屋交易和苏格兰地区最大不同在于对于房屋属性调查方面，非苏格兰地区卖方在出售房屋前不是必须提供房屋报告（home report），所以关于房屋属性、能耗及估价等类似于"房屋尽职调查"的程序留在了买方看完房子后有购买意向后再开展。所以在进入对"房屋尽职调查"前，卖方委托经纪人进行房源营销，买方委托经纪人进行房源寻找，双方经纪人的主要职责是进行房源和客源的初步匹配，这一阶段对于买卖双方来说无论是从成本上还是资源的丰富性上，经纪人远比律师更合适。

当买卖双方确定意向后，卖方一般会委托其经纪人推荐律师进行房屋产权核验、推荐能源核验师出具房屋能耗报告，推荐英国皇家特许测量师协会会员进行房屋估价（非必须）；买方一般只需要委托一名律师对卖方提供的"房屋尽职调查"内容的真实性进行核验，这一项服务属于单独计费，即便是交易未能达成，买卖双方也需要支付相应的费用。根据英国社区与地方政府部（Department for Communities and Local Government）[①]报告，17％的买家是由于房屋自身问题在该阶段停止交易。如果买方对于房屋属性没有异议，则由经纪人进行谈判议价并完成后续交易（见图 7-11）。

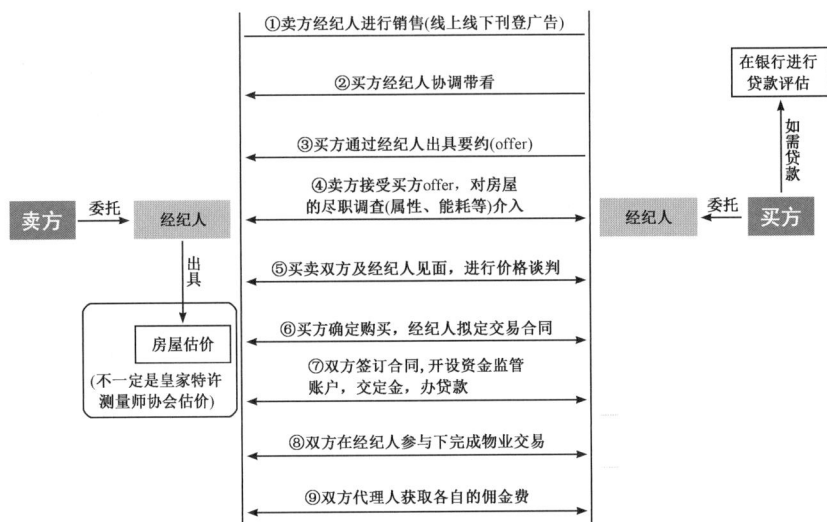

图 7-11　非苏格兰地区的房屋交易流程

资料来源：Department for Communities and Local Government、贝壳研究院整理。

所以，正是由于苏格兰地区与其他三个区域房屋交易制度上的不同，苏格兰地区将律师这一非常重要的角色前置，律师从交易之初便已经介入到了房屋交易环节，形成了律师在房地产交易链条中的全贯通，久而久之，便形成了苏格兰独特的房地产经纪人——房地产律师，由此形成了房地产律师的房地产交易生态，有自己的房源展示渠道，客户也形成了选择习惯。而在非苏格兰的其他区域，律师的职能仅体现在买卖双方已经初步达成意向后对房屋风险把控上，是整个交易环节中非常重要的一个环节，不可缺少但也并不能参与全部环节，因为对于买卖双方的诉求律师并不清楚，而经纪人作为一开始便介入到整个交易环节中重要角色，在信息匹配和撮合交易方面发挥核心作用。

---

① 英国商业、创新及技能部（Department for Business，Energy&Industry Strategy）2017 年 10 月发布的 *Research On Buying And Selling Homes* 报告。

二、房地产经纪人职业化的起源与变迁

1.房地产经纪人职业化的起源

英国是最早开始工业化的国家,工业化开启了城市化的道路,早在1851年,英国城市人口占比首次超过了50%,成为全球范围内第一个实现城市化的国家,伴随城市化进程的是英国房地产市场的发展。但是,第二次世界大战中英国很多建筑物毁于战争,战争结束后,英国政府为解决住房短缺的问题,进行了大规模房屋建设工作。20世纪40年代至50年代,英国政府主导建设的房屋占到同期房屋建设总量的70%左右,这一时期,租赁用途的住房占比高达70%左右,可见这一时期是典型的政府干预住房;1960年代起,兴建私人住宅的开发商逐渐兴起;到1980年代,受新自由主义经济的影响,英国政府减少了对政策性住房的支持,并且允许政策性住房进行市场化交易,至此,英国住房供应主体由政府转向了市场;1990—2011年,私有住宅的建设量为总房屋建设量的84%。

目前,英国存量房中属于二战结束前的占比为37%左右,二战结束之后1980年前政府主导建设时期的房屋占比约为42%,其中部分房屋实现了市场化流通,1980年后完全实现自由流通的房屋占比约为21%(见图7-12)。

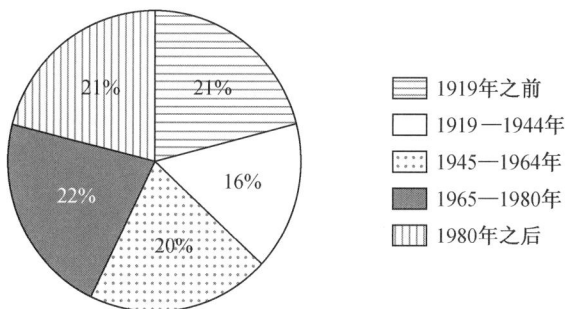

图 7-12　英国存量房的房龄分布

资料来源:*English Housing Survey Housing Stock Report* 2008。

第一次工业革命开始之际,便已经有了不动产的交易,相信从那时候起便有了从事不动产交易的中介机构和人员,但是对于英国房地产经纪人的职业化变迁,我们目前可以追溯的历史非常有限。二战后至 1980 年前英国住房市场是以政策性为主的市场,房屋自由流通非常有限,但在 1980 年代英国房地产市场化快速发展之前,1979 年,英国立法机构出台了目前可以追溯到的英国房地产经纪行业的第一部法律《房地产经纪人法案》(Estate Agents Act 1979),开启了近现代英国房地产经纪人的职业化之路。

2.经纪人职业化的演变

(1)房地产经纪人职业化路径的典型特征

分析英国经纪人职业化的演变后,我们发现英国房地产经纪人的职业化实现路径并不适用于我们在第一章中推导出的理论层面上房地产经纪人职业化的路径。理论层面上,房地产经纪人的职业化是政府、行业协会或者大公司牵头形成行业的知识体系并将其传播,并建立行业从业者应该遵守的行为规范并对其进行监管。推动或推行职业化的机构要么是政府,要么是行业协会,要么是大公司,方式上是建立行业的知识体系并将其传授给从业者,这一条的检验方式是经纪人牌照考试和继续教育;同时对从业者的行为进行规范和监管,这一条的实现方式是出台各种法律法规或行业制度。而且通过前面多个国家经纪人职业化的实现路径都验证了这一理论路径的可行性,虽然几乎无一例外的是最终的掌控权都落在了政府手中,但这是由房地产在一个国家经济和社会发展中的重要属性所决定的。

但是英国却完全不相同,形式上,一是没有对经纪人所掌握的知识的考核机制,即没有牌照制度;二是现有的全行业层面对经纪人的行为规范和监管制度并非来自一个统一的机构,而是散落在多个政府机构中。从执行职业化的机构上,首先是行业协会,英国有各种各样房地产经纪行业直接或间接的行业协会,功能无外乎为经纪人提供职业技能培训,出台会员必须遵守的协会规范,其目的是对经纪人进行信誉背书以提高消费者的信任,但由于没有房源信息平台,没有出现房地产经纪行业极具影响力的行业协会,相反对房地产经纪人来说有分量的协会是英国皇家特许测量师协会。其次是大企业,英国最大的房地产经纪公司 Countrywide 成立于 1986

年,市场规模占全行业的 7.6%,拥有员工 1.13 万人,但是该公司在推动全行业经纪人的职业化上并没有特别的贡献,根本原因在于在行业规模刚刚爆发之际英国政府率先出台了行业法律,对行业进行规范和监管。此外,该公司的人员规模和市场占有率均为行业第一,但毕竟只有不足 10%的市场份额,在非常分散的行业组织中很难做到对行业经纪人职业化的推动。最后是政府机构,2014 年之前英国没有专门的政府机构来实施经纪人的职业化,关于经纪人的监管政策也是出处不一,虽然 2014 年英国政府成立了国家房地产交易标准局(NTSEAT),但是该机构并没有制定法规的权力,其职责是发布禁令和正式的警告命令,并监督申诉专员和房地产经纪公司对纠纷的解决,所以它是一个督导部门。这些因素构成了英国房地产经纪人职业化的典型特征。

(2)房地产经纪人职业化的演变

按照职业化的实现路径,建立行业知识体系并将其传播给从业者从而构建从业者所必须具备的业务知识、建立行业行为规范并对其进行监管,这两项是实现职业化的核心。对从业者的教育一方面是建立从业者从业所必须具备的知识体系,另一方面是向从业者讲述其必须遵守的行为规范和可能受到的处罚。对于从业者接受教育程度的检测,即是否具备了作为从业者的基础知识和明确了自己的行为规范边界,通常情况下采取的方式是从业牌照的获取和更新,所以牌照是对从业者是否具备从业资格的筛选工具。

按照职业化的实现路径衡量英国房地产经纪人职业化的演变,英国房地产经纪人职业化仅具备了一个方面,即建立行业行为规范和监管体系,但并没有建立行业知识体系并传播,也没有针对知识教育的检测体系,如牌照获取和更新。但是值得注意的是,2017 年 10 月英国政府通过了保守党提出的对租赁经纪人进行备案登记、教育培训的提案。虽然这一提案并没有被工党所同意,但保守党这一提案意味着英国开始了对租赁经纪人的牌照监管,而牌照的背后是筛选。目前关于具体的实施细节还未出台,但是这是房地产经纪人职业化非常重要的信号,不排除日后在房地产经纪人中进行推广。

3.小结

英国房地产经纪人职业化仅具备了理论意义上实现职业化5个要素中的2个，即行业行为规范与监管机制、制定行为规范和监管的机构——多个政府机构，所以，英国房地产经纪人的职业化之路，也许才刚刚起步。

三、房地产经纪人职业化的表现

在这里，特意将英国房地产经纪行业的监管部分提前，不仅是因为英国房地产经纪行业的监管是房地产经纪人职业化的主要表现，同时也是因为英国房地产经纪行业的监管的独特性，这也是英国房地产经纪人职业化的表现中与国际上大部分国家的不同之处。

1.职业行为监管

英国房地产经纪行业的行为规范和监管同样受到政府和协会组织两条线的约束，但与其他国家房地产经纪行业的监管由政府统一部门实施不同，英国房地产经纪行业的监管由多个政府机构出台，原则是要求每一个经纪人遵守；协会方面，英国房地产经纪行业没有成长起规模大、有足够影响力的行业协会，中小协会组织众多，各个协会有自己的规范章程，但协会组织的规范仅对其会员具有约束力。

除此之外，苏格兰地区房地产经纪业务绝大部分由律师这一角色担任，所以苏格兰对从事房地产经纪业务的律师有自己的监管要求。

（1）官方层面的监管

当前，英国房地产经纪行业官方层面的监管规范"散布"在多个官方机构中。官方要求经纪公司和经纪人必须加入政府房地产补偿署（TPO）的补偿计划，该计划要求经纪人购买职业赔偿保险。由于建立了类似于营业保证金的制度，客户对于经纪人的行为如有疑问可以向该机构申请查询以判断经纪人的行为是否违反相应的规范。如果证实经纪人的行为不当并给消费者造成损失，消费者可申请赔偿；如果经纪人的行为造成了严重的社会影响和消费者利益受损，则由法院进行审判裁定，而房地产经纪行业监管机构(NTSEAT)则仅监督补偿计划实施情况。

自1979年第一部经纪行业行为规范出台至今,英国官方层面先后出台了以下行业监管文件:

①1979年《房地产经纪人法案》(EAA);

②1992年《乡镇规划(广告管制)条例》;

③2004年《住房方案》;

④2007年《消费者、房地产经纪人和补偿法案》(CEARA);

⑤2007年《反洗钱条例》;

⑥2008年《保护消费者免受不公平交易条例》(CPRs);

⑦2008年《免受市场行为误导的商业保护》(BPRs);

⑧2013年《消费者合同规定》等多部规范。

其中在2007年和2008年间,英国出台多项法律。其背景是受美国次贷危机的影响,自2007年8月起,英国房价连续17个月下跌,市场交易量萎缩,市场下行背景下,房地产经纪行业的竞争加剧,出现了大量危害消费者利益和行业健康发展的事件,如下:

安排集中看房和投暗标:经纪公司通常利用周末开放日的时间,安排几十人轮流看一套房子,看完之后安排买家投暗标报价,造成一种房源紧俏的情形,利用人为的情形迫使买方提高价格,虽然这种方法是不违反任何法规,但抬高了房价,对消费者不利。

将同一套房源反复当作新房源挂到网站上:将一套房源反复挂在网上吸引消费者的注意是房地产经纪行业惯用的手段,在市场下行期间,这种情形尤为明显。

经纪公司为客户介绍抵押贷款经纪人或律师,以获取额外佣金:英国房主联盟警告说这是一种"出于追求利润的目的被普遍滥用"。英国最大的房产中介商Countrywide也是英国最大的单一抵押贷款发放机构,是一家混业经营的公司,所以其有足够的动力和资源开展此项业务获取利润,这种情形最严重的情况便是美国的次贷危机。

房地产经纪行业乱象不断,关于规范行业行为、保护消费者权益的呼声越来越高,业主呼吁出台经纪人执业资格认证。在这样的情况下,英国先后出台多项法律来规范行业行为,但是对于经纪人的执业资质,英国政府经过一番调查和论证后依然决定不实行经纪人的牌照制度,原因我们在下文中的牌照制度章节详细说明。

英国房地产经纪行业政府层面规范和监管内容如表 7-2、表 7-3 所示。

表 7-2　英国官方层面对房地产经济行业的行为规范及内容

规范或条例	核心内容
1979 年《房地产经纪人法案》（EAA）	规范了房地产经纪行业的业务范围,哪些主体可以成为房地产经纪人,哪些主体不能成为房地产经纪人,对经纪人职业的具体行为规范较少。 规定了经纪人为客户的最佳利益行事,并要求经纪人诚实、公正且及时接待买卖双方。不遵守法律的房地产经纪人可能被禁止从事房地产经纪人工作,如果他们无视这项禁令,便可以被起诉并受到惩罚
1992 年《乡镇规划（广告管制）条例》	主要对土地和财产出租出售中的广告营销行为进行规范。规定出售或出租土地或财产的广告适用条件和限制。 比如,在完成交易(销售或者租赁)14 天内撤销广告,简而言之,一旦财产的转让已经通过,或处所已被允许,任何广告标志(如"出售"或"放弃"标志)最长只能曝光 14 天
2004 年《住房法案》	规定了在英格兰和威尔士的房屋交易中自 2007 年 12 月 14 日起,卖方必须提供房屋信息资料包(Home Information Pack,简称 HIPs),并要求参与 HIPs 业务的经纪人必须加入一项对消费者的补偿计划,该计划相当于营业保证金,如果由于经纪人的行为导致客户利益受损可启动对消费者的赔偿计划。2007 年,出台新政策要求所有的经纪人都必须加入对消费者的补偿计划(如下)
2007 年《消费者、房地产经纪人和补偿法案》（CEARA）	要求所有的房地产经纪人加入对消费者的补偿计划,当顾客和经纪人发生纠纷时,可以要求补偿法案进行协调和申请补偿。该法案还规定了房地产经纪人执业规范的一些内容:要求经纪人保存业务记录,包括保留买家报价信息期限为六年;给予 NTSEAT(房地产经纪行业监管机构)和当地交易标准部门进入办公场所和资料存放场所进行查看的权力;扩大 NTSEAT 可以评判的房地产经纪人实践适当性的范围,并根据 EAA1979 发布禁令或者警告通知

续表

规范或条例	核心内容
2007年《反洗钱条例》	"条例"的目的是减少金融犯罪和非法融资利用合法企业进行洗钱的可能性。 任何从事房地产经纪业务的人(包括线上经纪人)都必须遵守该规定,经纪人必须采取措施来预防客户通过交易进行洗钱,此外,经纪人必须保留交易记录以备查看。2014年4月1日,公平交易局(OFT,the Office of Fair Trading)将房地产经纪行业反洗钱责任的监管转交给税务和海关机构
2008年《保护消费者免受不公平交易条例》(CPRs)	CPRs对违反其规范的交易者判定其刑事犯罪。 2013年10月1日起,Property Misdescriptions Act 1991(PMA 1991,《不动产虚假描述法案1991》)被废除,取而代之的是CPRs,该法案并非针对房地产一个行业,因而适用范围比PMA(仅限于传统的线下经纪人)要广泛,这一规定适用于所有与消费者有业务接触的房地产经纪从业者,不仅包括传统经纪人,也包括通过线上广告营销,吸引潜在客户的线上经纪人。 CPRs对于房地产经纪人的营销中的描述进行规范,如果违反规定视为犯罪行为,其宗旨是不能误导消费者。当违反了CPRs后,由治安法庭审理,每一项违反行为最高罚款5000英镑,如果违反多项,则数罪并罚;如果情节严重,则审判程序上升到皇后法庭(Crown Court),罚款没有上限,监禁最高两年
2008年《免受市场行为误导的商业保护》(BPRs)	主要是对商业物业、同行竞争和广告等的规定,BPRs禁止广告误导——广告欺骗(或可能欺骗),BPRs还规定竞争广告的内容必须符合公平竞争的原则,不能欺骗消费者
2013年《消费者合同规定》	规定适用于在交易过程中和交易后必须列示的信息、信息给出的方式、消费者在购买过程中取消交易的权利、交易的时间风险和交割风险、禁止额外支付。房地产交易中的买卖双方和租赁双方签订的合同豁免于该条例,但是经纪人其他作业行为包括市场营销、租房资质审查、库存清单等并未豁免

注:HIPs的内容主要包括对房屋耗能说明、房屋基本信息的介绍、房屋各种保险的缴纳情况、房屋的销售报价等信息,其目的是为买家提供房屋的真实信息和卖方报价,借此减少卖方随意涨价的情形。该计划提出的背景是2004年,是市场上行期的卖方市场,卖家临时调高价格的情形比较普遍。但该计划在2010年由于费用问题被取消,仅保留了关于房屋耗能情况的说明书,当时,制作一份HIPs的花费约600英镑。

资料来源:英国房地产经纪协会(NAEA)、贝壳研究院整理。

表 7-3　英国官方层面对房地产经纪行业的监管维度

违反规范的行为	行业专属法律规范	一般法律
未披露个人利益	《房地产经纪人法案》，法院对违反行为进行审判	《反欺诈法 2006》，法院对违法行为进行审判《消费者、房地产经纪人和补偿法案》
未能向买卖双方进行信息传递		《保护消费者免受不公平交易条例》，公平交易局（OFT）制定
未向卖方透露为买方提供额外服务的事实（经纪人可能通过向买方提供额外服务获得佣金）		
欺骗买方（如提供虚假报价）		《反欺诈法 2006》《保护消费者免受不公平交易条例》
误导性的信息	Property Misdescriptions Act 1991（PMA 1991）已废除	《保护消费者免受不公平交易条例》
关键方面的虚假描述		

注：2006 年英国颁布了《欺诈法》（Fraud Act），将欺诈（Fraud）从《盗窃法》（Theft Act 1968）中独立出来，扩大了刑法对于包括金融欺诈在内各种欺诈行为的规制范围，除了部分特别规定外，其他类型的欺诈都可以适用该法，如，消费者欺诈、支票欺诈、信用卡欺诈、抵押欺诈等，进一步完善了对于金融欺诈犯罪的规制体系。

资料来源：OFT、贝壳研究院整理。

以上是英国房地产经纪行业现行的行为规范及监管组成，对上述文件按照英国经纪人可能存在的危害消费者利益的行为进行进一步的拆分，可以发现，在英国对全行业层面的监管上，尽管不是一个明确的房地产经纪行业监管机构负责上述规范的执行，但不同机构出台的规范和监管要求似乎涵盖了房地产经纪行业监管的绝大部分。

（2）协会层面的监管

英国房地产中介通常是自愿加入行业协会，如英国皇家测量师协会（RICS）、英国房地产经纪人协会（National Association of Estate Agents，NAEA）、独立网络经纪人协会（IAEA）和租赁住宅经纪人协会（ARLA）等，以提高自身的信用资质，但是这种行为是用来获得消费者认同的，并不是必需的。如 NAEA 出台了其会员必须遵守的系列准则，其中《客户资金保护规范》要求会员在处理客户资金时必须使用资金监管账户，《反洗钱条例》提出经纪人有义务遵守在房地产交易领域的反洗钱行为等。

在这些协会中，皇家特许测量师协会（RICS）由于其承担着英国房地产估价的职责，成为房地产经纪业务中非常重要的环节，同时由于其极具影响力吸引了很多经纪人的加入。为此，皇家特许测量师协会（RICS）制定了协会会员必须遵守的行为规范，如《行为规范》《英国住宅房地产标准蓝皮书》《房地产经纪指导》《房地产管理》《服务收费住宅管理规范》《私人租赁行业规范》《国家地产经纪标准》《批准的补救方案》等，对其会员的行为进行规范和监督。

（3）苏格兰地区对于从事房地产经纪业务律师的监管

苏格兰房地产经纪业务中，如果委托人对皇家特许测量师、律师或房地产经纪人以及能耗核验师的服务不满意，均可以通过相应的途径维护自己的利益。政府建议当事人首先向苏格兰公民咨询局（Citizens Advice Bureaux）获取意见，该机构是免费的慈善咨询机构，仅提供咨询建议但没有实际的处置权。所以当事人也可不选择这一步，而是直接通过提供服务机构的投诉处理机构，即各个服务机构内部的客户服务中心。该中心有对本机构员工的规范及对客户投诉的相应处理机制，但如果当事人对于该处理结果不满意，则可继续提请更高的机构处置。此时就体现出来律师和普通房地产经纪人在监管上的区别了。

苏格兰有法律投诉委员会（Scottish Legal Complaints Commission，SLCC）和苏格兰法律协会（Law Society of Scotland）。法律投诉委员会（SLCC）是独立于政府和法律界进行投诉案件的调查和定性机构，每年会向各律师事务所内的律师收取一定的费用作为会费；苏格兰法律协会（Law Society of Scotland）作为律师行业的协会，制定会员必须遵守的行业规则和监督其执行情况，设有行业投诉处理机制。一般的投诉处理流程为法律投诉委员会（SLCC）先进行案件的调查和判断，将调查结果移交法律协会，如果律师的行为属于律师协会裁决的职责范围内（律师存在明显的行为不当或收费过高），协会将对律师进行罚款等处罚并弥补当事人的损失；如果案件的严重程度超过了协会的职责，协会会移交给苏格兰律师纪律审裁处（Scottish Solicitors Discipline Tribunal）。所以，律师从事房地产经纪业务受到律师行业的监管，而律师的职业化程度非常高，有非常健全、严格的监管体系，以严格、规范的监管体系作为背书，对消费者来说是非常好的定心丸。

此外，对特许测量师的监管属于皇家特许测量师协会（RICS）的职责，特许测量师协会对于会员的行为规范要求及监督管理设立有法规部门、申诉服务部门和仲裁调解机构，机构以其极高的信誉为会员行为背书，以严格的行为规范监管会员的行为，进而维护消费者的利益。

（4）房地产经纪行业的监管流程

当消费者和经纪人就房地产经纪业务发生争议后，消费者可以通过以下渠道解决：

首先向房地产经纪公司投诉，好的房地产经纪公司应有自己的内部程序处理投诉。

如果未能解决则向补偿署进行投诉并申请补偿，该机构在 2015 年共处理了 1220 个关于房屋销售的投诉，其中支持了 73% 的投诉和补偿，驳回了 27% 的投诉。

或者向经纪公司和经纪人所属的行业协会［一般地产公司都会是英国房地产经纪人协会（NAEA）或皇家特许测量师协会（RICS）］进行投诉，但是统计表明，NAEA 在 2011 年仅处罚了 3 名成员，且结果没有公开。

如果还未解决，可以寻求仲裁或到法庭起诉，仲裁和法院判决是房地产领域具有强制执行权力的渠道。

2.职业化组织和推动机构

（1）英国房地产经纪人协会（National Association of Estate Agents，NAEA）

该协会是 1962 年由房地产经纪人雷蒙德·安德鲁斯（Raymond Andrews）牵头创立，成立的初衷是以行业协会的身份对行业实行统一的规范和监管，但由于其影响力有限，所以在推动行业统一监管体系的建立上并没有发挥太大的作用。1970 年，该协会开展了第一次对房地产经纪人的业务技能培训，1972 年推出了面向消费者进行房屋宣传的杂志。该协会目前的主要活动是进行经纪人培训和教育。

（2）皇家特许测量师协会（Royal Institution of Chartered Surveyors，RICS）

该协会于1868年在英国成立，目前在全球范围的146个国家和地区设有分会，总会员接近20万人，具有非常高的知名度。该协会的职责是进行房地产的测量，并负责提供测量方面的教育，制定测量行业的培训标准，向政府和商业机构提供专业建议，并制定严格的会员行为规范保障消费者利益。

在英国，房地产估价由皇家特许测量师协会承担，英国很多经纪人为了得到该协会的背书，会选择成为协会的会员。此外，英国没有专门的房地产经纪人资质认证，所以协会会员参与房地产经纪业务不受限制，相反其本身具有估价的权利，所以在房地产经纪业务中更具有优势。该协会对房地产经纪行业最大的贡献在于制定了多部会员应该遵守的行为规范和准则，以规范从事房地产经纪业务者的行为，维护消费者的利益。

除上述在房地产领域非常知名的协会外，一些经纪人为增加自己的信用背书获取消费者的认同，会选择加入独立网络经纪人协会（IAEA）和租赁住宅经纪人协会（ARLA）等，这些协会对会员有行为规范的要求，但不具有法律效力，所有涉及房地产中介的终极争端解决方案由仲裁法庭判决。

3.政府机构

房地产经纪人职业实现专业化的措施是建立行业知识体系并将该知识向从业者进行传播，制定从业者应该遵守的行为规范和标准，对于两种措施的实施要么是行业内的职业团体，要么是政府，或者是行业内的大公司。英国在这两个方面的典型特征是政府机构实施，这一职责先是由英国公平交易局（OFT）承担，后由英国2014年成立的房地产经纪国家交易标准团体（NTSEAT）负责。

（1）公平交易局——Office of Fair Trading（OFT）

公平交易局（OFT）根据1973年的《公平交易法案》设立。它是英国的经纪监管机构，目标是确保企业公平竞争，阻止不公平的做法，如流氓交易、金额诈骗。其主要工作包括：分析市场、加强消费者权益保护、反不正当竞争、许可和监督工作（消费信贷、房地产经纪、反洗钱监督）、宣传企业和消费者教育等。2014年之前，关于房地产经纪行业内的竞争与消费者利益损害调查等均由该机构开展，出台了大量关于英国房地产经纪行业的调查保护，为政府决策提供建议，其中对于行业是否实行经纪人牌照制度的最终调查就是出自该机构。

（2）房地产补偿署——The Property Ombudsman（TPO）

该机构成立于1990年，1998年之前作为企业中处理房地产经纪业务投诉的部门，1998年成为全行业中处理经纪业务投诉的部门。2009年，经英国政府批准，将其纳入到英国消费者投诉委员会（Ombudsman Association），成为其组成部分，提供公正和独立的仲裁服务来处理经纪公司、经纪人和买家、业主、租客间的争议并对消费者进行赔偿。其运作逻辑是仅处理对加入了该组织、成为该组织会员的经纪人的投诉，经纪人要加入该组织除了必须购买职业赔偿保险（professional indemnity insurance）①和所在的公司必须要开设客户资金监管账户外，还需要每年缴纳约为195英镑的年费，加入该组织后必须遵守该组织的章程和行为规范，当消费者对客户进行投诉后该组织认定了经纪人的责任后可进行赔偿。

2004年，该机构仅涵盖了全行业36%的房地产经纪公司，2007年，这一比例上升到了85%，2016年，95%的销售经纪人和85%的租赁经纪人加入了该组织。

该组织为消费者提供了查询经纪人行为是否违法违规的渠道。2007年，该组织共收到了12052条查询记录，其中有超过50%的查询结果显示经纪人没有违反任何规范规定，其行为属于正常的工作职责范畴内，但20%的查询发现经纪人违反了相应的规定，这20%的记录共涉及经纪人870人，比2016年上升了48%，可见这一措施为消费者维权提供了渠道。

（3）房地产经纪行业监管机构——National Trading Standards Estate Agency Team（NTSEAT）

自2014年4月1日起，英国政府委托国家交易标准委员会房地产经纪

---

① 职业赔偿保险不同于公共或雇主责任保险，该保险还可以保护公司免受雇员或公众成员在工作或业务场所遭受人身伤害时可能造成的索赔，比如一位正在接待的客户摔伤了膝盖后需要手术和数月的物理治疗，则该保险可以覆盖。

组(National Trading Standards Estate Agency Team,简称 NTSEAT)负责评估英国的个人或企业是否适合在《地产中介法》的条款下从事中介工作。在这之前,房地产行业的监管由公平交易局代管。

NTSEAT 的职责包括:在《房地产经纪人法案 1979》下发出禁止或警告命令、批准和监督消费者赔偿计划、就房地产经纪事宜提供一般建议及指引,但其职责不包括对经纪人和消费者之间的争议进行调解或仲裁。

4.职业资格制度

英国房地产经纪人没有牌照制度,1979 年首部行业法令《房地产经纪人法案 1979》明确:在英国,除非当事人破产或被公平交易局明令禁止开设经纪公司外任何人都可以注册开设房地产经纪公司,即便是当事人没有开设经纪公司的权利,但是依然可以作为经纪人受雇于经纪公司从事房地产经纪业务,所以并没有牌照认证这一制度。但是在房地产经纪行业的运行中,英国就经纪人是否需要牌照认证制度开展了长达 4 年的调查和讨论,最终的结果是不正面实行牌照制度,即不实行和美国等其他国家类似的牌照认证制度,而是重新定义了经纪人,关于牌照制度讨论的起因、经过及结果是本章节重点论述的问题。

(1)关于是否实行牌照制度的起因

按照《房地产经纪人法案 1979》对于经纪人的定义:处理包括商业和农业不动产买卖客户的需求,或者从事这个过程中的一部分业务,并遵循客户的指示完成相应的业务的从业者可以看出在 1979 年的法案中对于经纪人的定义非常宽泛。2004 年,OFT 对当时房地产经纪业务中买卖双方可能遭受的最大风险进行了分析(如图 7-13 所示),最终的结论是:引入牌照制度并不能完全解决消费者所面临的风险,所以当时没有引入牌照。到 2008 年金融危机市场下经纪行业竞争激烈,经纪人为争夺更多的个人利益进行信息隐瞒、阻断买卖双方的信息沟通等现象频出,在英国掀起了新一轮实行牌照制度的呼吁。

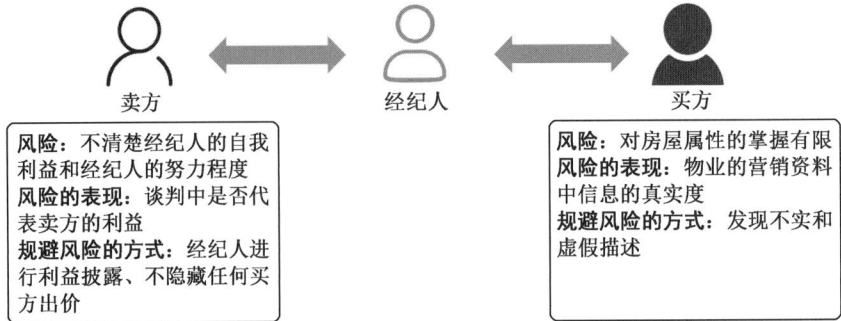

图 7-13　买卖双方在房地产经纪业务中主要的风险及规避形式

资料来源：OFT、贝壳研究院整理。

（2）关于是否实行牌照制度的调查和结论

2007 年，皇家特许测量师协会（RICS）、英国房地产经纪人协会（NAEA）和租赁住宅经纪人协会（ARLA）联合对住宅市场进行了研究，该项研究的目的是引入一种"积极"的管理制度，而这种积极的管理制度包括建立经纪人的进入筛选机制和设立统一的监管执行机构，而对经纪人的筛选便是建立可考核的行业门槛——牌照制度。为此，2009 年，RICS、NAEA 和 ARLA 联合成立了物业标准委员会（Property Standards Board，简称 PSB），但该组织并没有存在过长的时间便于 2010 年 11 月 10 日解散，这一方面说明了行业认证制度自下而上推进的困难，另一方面是英国多个政府机构交叉管理房地产经纪行业，这其中存在复杂的利益关系，所以推行经纪人牌照制度困难重重。

2008 年，OFT 启动关于牌照制度的调查，2010 年出具了调查报告 *Home Buying and Selling-A Market Study*。该调查对英国的房地产经纪行业监管体系进行了评估，其结论认为英国在房地产经纪行业现有的监管制度已经从多个维度涵盖了对经纪人行为的监管，当前房地产经纪行业最大的问题不是对经纪人的监管，而是行业的创新不足。创新不足表现在英国房地产经纪行业的互联网化非常落后，对比同时期美国线上平台的快速崛起，当时的英国房地产经纪行业大约有 20 家房地产经纪公司有线上平台,全英国总共不到30家私人销售门户网站①。所以最终的结论认为英国房地产经纪行业亟待解决的问题是行业创新与服务质量的提升,而非设置牌照制度,从而增多一道对经纪人的监管门槛。除此之外,增加牌照势必产生成本,而这一成本最终会转嫁到消费者身上,这对于本就缺乏创新的英国房地产经纪行业来说毫无益处。最终,OFT代表政府做出了不实行牌照制度的决定。

(3)英国经纪人的"职业"身份

不实行牌照制度,那英国是如何界定房地产经纪人这一职业身份的呢?按照《房地产经纪人法案1979》对于经纪人的定义:处理包括商业和农业不动产买卖客户的需求,或者从事这个过程中的一部分业务,并遵循客户的指示完成相应的业务者便是房地产经纪人。2014年NTSEAT成立后,对从事房地产经纪业务者做了进一步的界定,如仅从事房地产经纪业务中的广告、媒体者并不能算房地产经纪人,判断一个人是否为经纪人,要看其从事的业务是否涉及向委托人出具物业交易的专业性意见、撮合双方进行谈判交易并在其中起到传递信息的作用、提供房屋交易所必须使用的能耗等级证书等。可见,英国对于一个经纪人其身份的判断是根据其从事的业务内容进行判断的。

(4)英格兰和威尔士经纪人"职业资质"的获取

虽然英格兰和威尔士在政府层面并没有房地产经纪人的职业资质认定,但这并不等于市场上没有关于经纪人职业资质认定的组织或者机构,经纪人为了在市场竞争中更具有优势,往往会获取一些行业内知名度比较高的机构或者协会的资质认可,如英国房地产经纪人协会,以及专门从事职业教育资质认可的机构和公司,如reed.co.uk等。

以英国房地产经纪人协会(NAEA)为例,NAEA为其会员和非会员提供房地产经纪行业相关的教育,学员在课程学习完后NAEA会发放牌照。其提供的课程内容如表7-4所示:

---

① 商业、创新及技能部(Department for Business, Innovation & Skills)2012年9月发布的 *The Regulatory Framework For Home Buying And Selling* 报告。

表 7-4　英国房地产经纪人协会向经纪人提供的课程培训

模　块	内　容	学习时间	级别	收费(含税,英镑)
提升工作效率	开篇:基础经纪人法基本内容、经纪人职责、和客户沟通、获取客户方法、异议处理、增加曝光、有效反馈等	7 小时	初级	会员价 175,非会员价 240
	进阶:市场评估、在竞争中获胜、信心与动机、高效率	7 小时	中级	会员价 175,非会员价 240
	管理能力:管理职责、高效交流、高效会议、时间管理、目标制定、激励等	7 小时	中级	会员价 175,非会员价 240
	领导能力:沟通、战略与愿景、绩效、团队管理、授权、目标设定等	7 小时	进阶	会员价 175,非会员价 240
销售能力	销售的关键原则、销售方案、建立信任、区分竞争对手、回答技巧、自我激励等	7 小时	进阶	会员价 85,非会员价 125
观点建议	该部分主要采用案例的方式模拟交易过程中经纪人的反应	3 小时	初级	会员价 175,非会员价 240
谈判能力	结合市场判断物业估值,揣摩客户信息,信息传递	7 小时	初级	会员价 175,非会员价 240
金融犯罪辨识	政府出台的相关政策的解读,如《反洗钱法》	4 小时	初级	会员价 85,非会员价 125
政策、法律	如《住宅房地产经纪人法》	7 小时	中级	会员价 175,非会员价 240
房屋交易实践和流程	房屋交易环节(资质、物业属性、贷款)及可能的影响因素及处理	7 小时	进阶	会员价 175,非会员价 240

资料来源:NAEA、贝壳研究院整理。

5.小结

　　以上是英国房地产经纪人职业实现专业化的方式,其典型特征是全行业层面的监管出自多个政府部门,没有统一的执法机构,行业协会影响力有限,没有经纪人对专业知识的掌握和对行业监管制度了解的考核机制,即没有经纪人的牌照制度。

四、房地产经纪人生态系统

通过对多个国家的分析可知,一个国家经纪人生态系统与房屋资源的组织方式高度相关。如美国,建立了独立的房源共享平台(MLS),提供了经纪人独立作业的平台,所以诞生了围绕经纪人的全方位服务提供商,形成了丰富的生态系统。但是英国没有建立其类似于 MLS 大的房源共享信息平台,英国经纪公司极度分散,门店规模市占率第一的公司 Countrywide 的市场占有率为 12.5%,前十公司市场占有率为 16.8%,最大的加盟公司仅有 300 家左右的门店,占整体市场 2% 左右。无强大的协会、无高市占的大型公司,英国房地产经纪人的生态系统相对单调和薄弱。

1.经纪人的高校教育

英国经纪人的职业化教育不是为了获取从业资格证书,因为英国没有政府层面强制性的从业门槛,但是行业内有大量关于经纪人职业教育培训的机构提供相应的培训。从经纪人层面,经纪人通过参加职业培训从声誉、执业能力上增加竞争优势;从消费者层面,消费者更倾向于选择由一些知名度比较高的机构认证的经纪人。英国经纪人的职业教育培训大概可以分为以下两大类。

(1)高校的房地产经纪人相关专业教育

①专业设置

英国房地产及物业管理专业的教育目标是培养学生在房地产细分领域的职业技能。目前英国开设该专业本科学位的大学有 24 所,其中 5 所大学中该专业与房地产经纪人直接关联,硕士学位的大学有 43 所,内容主要为房地产金融和投资。此外,还有远程教育相关专业(包括经纪人业务教育专业和家装专业),该类毕业生毕业后从事的工作主要是房地产经纪人或者房地产投资分析师。

②专业分工

英国大学中房地产专业化分工比较健全,涵盖土地利用、城市规划、测量、市场分析、投资评估(包括国际市场分析)、设计施工、合同采购、室内装修、物业估价、房屋销售、物业管理等内容，其中，房地产测量由政府信誉背书，其含金量备受消费者和学生的青睐，该专业不仅包括测量本身，还包括投资、规划、市场营销等其他课程。此外，可以发现，在英国大学房地产专业的教育中，"物业估价师"是非常重要的一门课程，几乎在所有房地产专业中都有涉及，而且有专门的估价专业。另外，城市更新也是英国房地产专业中比较鲜明的分支。

表 7-5　英国房地产经纪人相关专业要求

学历	学校	年限	学费（英镑/年）	教学内容
本科	诺丁汉特伦特大学	3年	17528	估价、房地产企业、投资咨询、投资管理、资产管理、经纪、可持续性及管理业务、业务计划、客户服务、商务谈判和项目管理等
			16984	专业和商业技能、测量、施工、规划、土地利用、房地产经济学、物业管理、就业能力和商业意识、投资评估与估值、投资组合和基金管理、项目分析等（该培训更倾向于开发商的立场）
本科	牛津布鲁克斯大学	3年	18289	该机构和英国皇家特许测量师协会合作，皇家特许测量师协会其政府背书信用极高，很多经纪人通过加入特许测量师协会提高声誉，该机构毕业生可以直接获得该份荣誉； 房地产法律、财产管理、建筑、设计施工、规划、评估与估价，房地产经济与金融、估值和投资、房地产企业管理、商业住宅开发、一年的项目实践，机构毕业生一般去了房地产开发公司
本科	伦敦南岸大学	3年	16984	施工、建筑环境与经济、估值、房地产经纪和管理公司研究、房地产经济与金融、应用评估、物业管理、规划、高级评估、房地产企业管理、项目管理，该机构的毕业生最好的出路是特许测量师
本科	威斯敏斯特大学	3年	16644	建筑技术、政策、规划与可持续发展、物业经济与财产、伦敦市再生、城市再生与发展

续表

学历	学校	年限	学费（英镑/年）	教学内容
硕士	伦敦南岸大学	13个月	13175	城市发展与再生、房屋更新与发展、城市市场、城市规划与可持续发展
硕士	赫瑞—瓦特大学	1年	15992	房地产经济学、房地产估价和估值、宏观经济与金融、规划和财产、房地产投资分析（该专业是培养专门估价师）
硕士	物业管理大学	2年	19222	测量、评估、物业交易、城市规划与可持续发展、房地产投资、管理、营销等
远程教育	国际职业教育学院（ICI）— UK*	8个月	1084	房屋销售、房屋管理、经纪服务、商业实践

*：该课程是由国际私人职业教育学院〔International Association of Private Career Colleges (IAPCC)〕所认可，由国际职业教育学院（International Career Institute，ICI）提供，设有初级、中级和高级三个级别，通过ICI独家的课程体系，为经纪人提供房屋买卖、评估、管理和租赁过程中的理论和实践结合的教学，并且跟踪学员的职业经历。目前的学员结构是政府、商业雇主人员占比32%，高中毕业生占比20%，创业或寻求新职业者占比18%，希望在本行业提升者占比11%，军人占比11%，家庭妇女占比8%。

资料来源：贝壳研究院整理。

2.经纪人职业培训

英国政府批准或认可的专业培训机构有 CoreNet Global UK Ltd（Corporate Real Estate Network）和 Real Estate Federation The International（British Chapter of the FIABCI）两个，其中 FIABCI 为全球房地产行业的专业人士提供包括信息、知识分享和教育培训。

除此之外，英国房地产经纪人协会（NAEA）的核心职能之一是为经纪人提供培训教育（这也是该协会赢利的重要来源），其培训内容已经在经纪人培训机构章节详述，在此不做赘述。专业经纪人工会（Guild of Professional Estate Agents，目前有经纪人会员 800 人，分布在英格兰和威尔士地区），也为经纪人提供专业的培训和教育。

（1）单纯以提供职业化教育为赢利点的培训机构

此类公司一般是专门的职业化教育培训机构，不仅限于房地产经纪人,其提供培训或者教育的方式有线下课堂和线上远程教育等,如国际职业教育学院(International Career Institute,ICI)、Be-a Education & New Skills Academy 等(见表7-6)。

Reed 是一家整合各类职业教育培训机构提供的在线课程的信息平台,其平台上目前整合的房地产行业相关的课程共 91 项,涵盖房地产投资、策划、税收、交易等多个内容,其中针对房地产经纪人的有 5 项。

表 7-6 英国部分提供房地产经纪人职业教育机构信息

课程	课程内容	提供机构
Estate Agent Diploma CPD Accredited	经纪人的基本知识(分类、职责、义务、法律、物业基础知识),如何成为经纪人(侧重于业务层面,如如何激发买家兴趣、如何获取房源、如何办理贷款等)	JOHN ACADEMY .CO.UK
Estate Agent Diploma Level 3 — CPD Certified NUS Extra Card Eligible	职业介绍(房地产经纪人的定义、职责、发展历史、房地产业)、经纪人的业务类型、雇佣经纪人的利弊、如何获取有价值的物业属性、经纪人的自律和规范、经纪人在房屋交易中的重要作用、估价、带看、谈判、议价、与业务链其他职业的合作、房地产投资、法律等	BE-A CO.UK
Graduate Certificate in Real Estate Services	房地产物业简介、物业营销、维护、短租、长租	UK Home College
Real Estate	房屋销售、房屋管理、经纪服务、商业实践	INTERNATIONAL CAREER INSTITUTE
Digital Photography: Architecture and Real Estate Photography	该课程主要提供摄影技巧培训,房地产经纪人要通过线上广告展示房源,对房屋摄影技术的掌握也是非常重要	of course

资料来源:贝壳研究院整理。

3.经纪人的职业保险

英国法律规定雇主必须为员工购买责任保险(employers' liability insurance),房地产经纪行业作为法人主体同样需要遵守,该保险主要是当员工工作中因工受伤或者疾病而依法理赔。除此之外,英国房地产经纪行业比较重要的保险是职业赔偿保险(professional indemnity insurance)。

职业赔偿保险是当被保险人(经纪人)的疏忽等原因造成客户或第三

方起诉赔偿而予以理赔的险种。需要注意的是,购买该保险是加入 NAEA 的前提条件之一,而且 NAEA 对经纪人投保的保额有最低要求,为 10 万英镑。职业赔偿保险覆盖的范围一般包括:诽谤、知识产权侵权、文件或数据丢失疏忽的虚假陈述或错报、不诚实、病毒传输、违反保密、第三方设备故障(包含而不限于)等造成的赔偿。

除此之外,还有诸如办公室与财产保险(office and property insurance),标的主要是办公财物;业务中断保险(business interruption insurance),标的是业务因外力被迫中断而造成的损失;董事和高级管理人员保险(directors' and officers' insurance),主要是当受到股东的指责索赔时可以进行索赔。

五、房地产经纪人职业化的程度

通过对英国房地产经纪人职业化的梳理中,我们发现自 1980 年代英国房地产市场开启了新一轮市场化之路以来,对于房地产经纪行业的监管、对于房地产经纪人的关注都未曾成为英国政府在房地产经纪行业中的重点。相反,自 1980 年代起,面对创新动力不足、经济增长乏力的背景,英国政府的主要精力放在了对产能、效率低下的国有企业的改革上,为此放松政府管制,鼓励市场竞争,在这样的背景下,英国房地产经纪行业从一开始便处在"宽松"的环境中成长。随后,在创新成为英国发展的主旋律后,政府的主导政策是减少监管障碍、促进市场创新,外加由于保守党、工党和自由民主党三方之间的博弈,任何无助于创新的举措都被一一制衡和否定,这一切造就了英国房地产经纪人职业化的现状。

这样一个职业化的表现形式带来了什么样的效果呢?依然从职业的不可替代性、认同感、自主性和社会地位进行衡量。

1.职业的不可替代性

(1)职业角色

苏格兰地区经纪人的职业角色是典型的代理身份,因为要求经纪人对每一个房屋风险进行把控,而在英格兰、威尔士和北爱尔兰地区,房地产经纪人则是典型的居间身份，经纪人的主要职责是进行房源客源的信息匹配并撮合交易，而对于专业性非常强的环节，如产权核验、风险把控等则是由律师进行。在职业角色方面，居间身份比代理身份的职业壁垒更低，也更容易被取代。所以在苏格兰地区，普通经纪人很难取代已经在房地产经纪业务形成影响力的律师，而在非苏格兰地区，经纪人进入行业近乎无门槛，其被取代的可能性非常大。但是在非苏格兰地区律师并没有取代房地产经纪人，最大的原因在于这些地区的房地产交易制度：买卖双方在确定初步意向后进行房屋核验，这项专业性非常强的动作被认为是制度强制性滞后，而律师这一职业的门槛高、成本高，所以在非苏格兰地区，律师并没有介入到前期的房源客源拓展、信息匹配这种专业性要求比较低的环节。如果当年非苏格兰地区的 HIPs 没有被取消，那律师的角色就会被人为前置，或许就会形成目前苏格兰的律师主导房地产经纪业务的情形。所以，对于 HIPs 没能推行的原因，除了政府解释的成本问题外，或许还有来自经纪人的阻力。

（2）知识教育

英国没有对房地产经纪人所需要具备的基本业务知识做强制性要求，而经纪人所接受的行业知识和教育是构成其职业壁垒的重要形式。英国这种几乎没有门槛的制度下，几乎人人都可以成为房地产经纪人、从事房地产经纪业务。这对于经纪人来说，如果没有日本那样房地产经纪公司为经纪人的职业提供成长条件和晋升通道的话，经纪人的职业积累难度非常大，被替代性也非常高。

2.职业认同感

对于职业的认同感一般体现在从业者的教育水平、从业动机和对职业的投入上。但由于英国自 1980 年代以来，整个国家的发展重点是刺激经济、企业创新，在房地产经纪行业上的重点是如何增加企业的市场竞争活力，从而降低房屋交易佣金费用，所以对于经纪人群体本身的关注度非常少。外加英国没有经纪人牌照制度，没有经纪人的筛选机制，所以无法找到权威的关于经纪人群体本身的调查和报告，因而对于英国房地产经纪人的教育水平，无法给出答案。

对于从业动机,从我们对其他国家房地产经纪人的选择动机中知道这一职业比较低的门槛和高收入的机会是从业者选择的动机,而英国房地产经纪人这一几乎无门槛的职业,其从业者的动机有足够的理由是因为低门槛和存在高收入机会。

对于经纪人在房地产业务上的投诉情况我们通过市场需求这一指标进行间接反映。2017 年 12 月 19 日,全球著名招聘网站 Indeed 发布的英国经纪人需求中,全职房地产经纪人需求为 70 个,兼职房地产经纪人需求为 11 个,粗略估算兼职经纪人占比约为 13%。

对经纪人的留存,采取经纪人在房地产经纪行业的工作年限进行反映。11% 的从业者在房地产经纪行业的工作年限不足 1 年,50% 的从业者工作年限为 1~4 年,则 61% 的从业者工作年限为 4 年以下,即 61% 英国房地产经纪人在该行业的留存不超过 4 年。可见,英国房地产经纪人在进入行业前 5 年内的流失率处于高位(见表 7-7)。

表 7-7　英国经纪人工作年限分布

工作年限	占比
<1 年	11%
1~4 年	50%
5~9 年	11%
10~19 年	17%
>20 年	11%

数据来源:PayScale Human Capital。

3.职业自主性

职业自主性的表现是行业协会是否对本行业的知识教育及行为规范和监管有核心的掌控权,或者是否对政府在行业知识和行业规范与监管上产生影响。

首先,关于行业知识和教育,政府层面没有要求,行业协会层面也没有建立起全行业应该传播的知识体系,仅对其会员进行培训,所以从行业知识上来说,英国房地产经纪人的自主性近乎缺失。

其次,在对行业的行为规范和监管上,房地产由于其重要的地位,所以即便是美国这样一个自主性非常高的国家，最终也是通过官方将协会的规范上升到了法律层面，国际上的其他国家要么一开始便是政府制定行业行为规范和实行监管，要么是在某一个时点政府接管了原本由协会制定行业规范的职责并将其通过政府权力上升到全行业层面。但是英国与我们本书中提到的其他国家和地区都不同，没有一个统一的政府机构制定行业规范并实行监管，现有的政策规范出自多个政府部门。这样的结果对于消费者的维权来说显然不高效。当今，对经纪人不满意却不投诉的原因中17%～21%为不知道如何投诉。从这一点上衡量，英国房地产经纪行业的自主性依然缺失。

4.职业社会地位

（1）社会声誉

经纪人的社会声誉最直接的体现便是消费者对于经纪人的评价，在英国商业、创新及技能部（Department for Business，Energy & Industrial Strategy）发布的《2015房屋买卖调查报告》[①]中，从多个维度调查了消费者对经纪人提供的服务的满意情况。

①整体满意度

82%的买方和83%的卖方对他们所委托的经纪人提供的服务表示满意，而与经纪人有多次业务委托的消费者对经纪人提供的服务满意度更高，表现为非常满意。而对于经纪人提供的服务表示不满意的卖方中68%是由于在委托中经纪人的业务效率过低、交易时间过长所致，而买方对由于经纪人业务效率低下而导致交易时间过长造成的不满意者占比为85%，高于卖方，可见，经纪人进行信息匹配、促成交易的效率对消费者来说尤为重要（见图7-14）。

---

① 本小节中如无特殊说明，则所有数据及资料均出自于《2015房屋买卖调查报告》

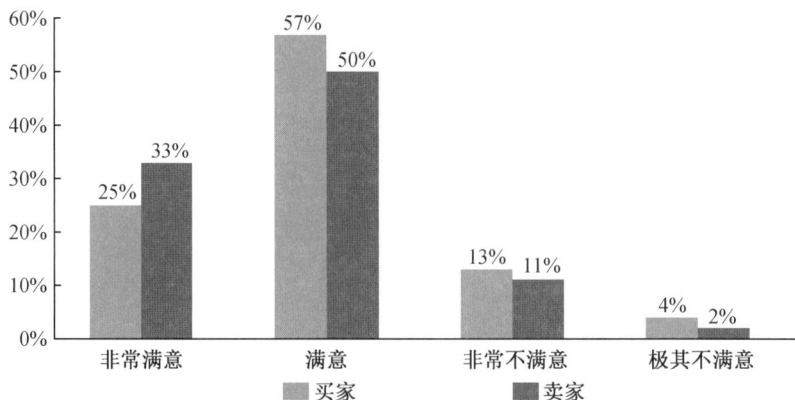

图 7-14　英国买卖双方对交易中经纪人的整体满意度

资料来源：Department for Business，Energy & Industrial Strategy。

对交易环节中其他服务提供者的不满意程度中，买方对为自己提供房屋风险把控的律师的不满意度排在首位，在卖方中，这一情况同样存在。也就是说，买卖双方对从事房屋风险把控的律师的不满意度高于对经纪人的不满意度，律师才是房地产交易环节中消费者最不满意的群体（见图 7-15、图 7-16）。在英国，买方从委托经纪人到最终搬进所买的房子平均时间为 12～14 周，而美国仅需要 4～6 周，造成这种情况的原因除了在制度层面上是由于英国对于房地产交易各环节没有做过相应的时间区间要求之外，经纪人主动或被动的"延误"是非常重要的因素。此外，律师在对房屋风险的调查和把控中也会花费比较长的时间。

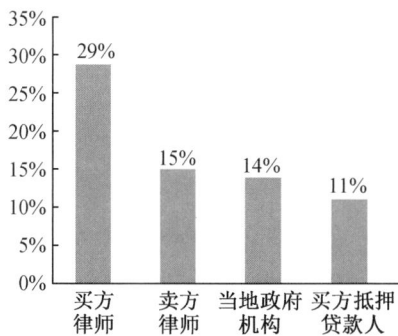

图 7-15　买方对各方参与者的不满意度

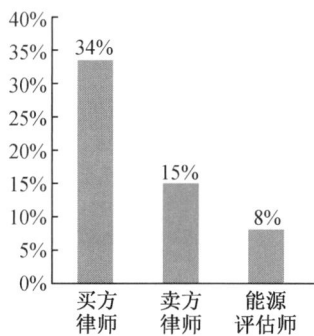

图 7-16　卖方对各方参与者的不满意度

注：政府机构主要是指在房屋产权核验及风险把控阶段和产权过户阶段所需要接触的政府部门。

资料来源：Department for Business，Energy & Industrial Strategy。

②对不满意的投诉情况

英国政府层面提供了消费者对为其提供服务的经纪人、律师等的投诉渠道，但是实际中，不满意的买卖双方真正采取投诉的占比并不高。对律师提供的服务不满意的买卖双方对其投诉者占比最高，但依然不足40%。而对经纪人提供的服务不满意的买卖双方选择投诉措施者中，买方占比34%，卖方占比20%。可见，即便是对经纪人的服务不满意，大部分客户也选择不予投诉（见图7-17）。

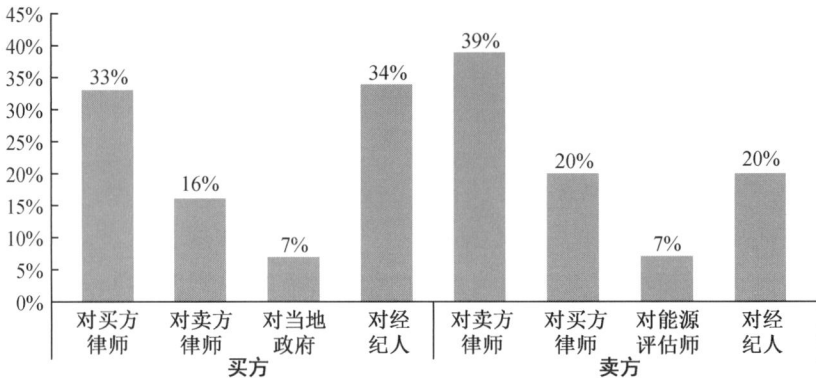

图 7-17　对房屋交易环节中提供服务不满意的买卖双方采取投诉措施的占比

资料来源：Department for Business，Energy & Industrial Strategy。

而消费者对于服务提供者的服务不满意但却不选择投诉的原因多样，但是无论是买方还是卖方，无论是对律师还是经纪人，不投诉的理由中排名首位的均是认为投诉没有意义。没有意义是指对于投诉的处理往往是没有结果或者仅仅获得一个道歉，所以买卖双方认为投诉不会获得想要的结果从而选择不投诉。排名第二的理由是为了推进房屋交易进程而选择不投诉，不想让事情变得更糟、不想在投诉上耗费太多精力和投诉过程太复杂也是造成买卖双方不愿意选择投诉比较重要的理由。此外，不知道如何投诉也是不选择投诉的理由（见图7-18、图7-19）。

对于第一个理由，我们无妨回顾一下前文中所述的消费者对经纪人的投诉一般路径是先向经纪公司或行业协会进行投诉，如果未能得到满意的处理结果，则消费者可以继续向上申请政府补救计划署进行处理并补偿。但是经纪公司对于投诉的处理经常没有结果又或者仅仅是一个道歉，而行业协会的处理则更是少之又少，这样的处理结果对消费者来说无疑没有太大的意义。而我们知道英国房屋交易的战线拉得非常长,在此背景下,消费者宁愿选择不投诉。这样的结果让我们对于前面整体的满意度再次提出疑问,比较整体满意度我们无法得知其构成。

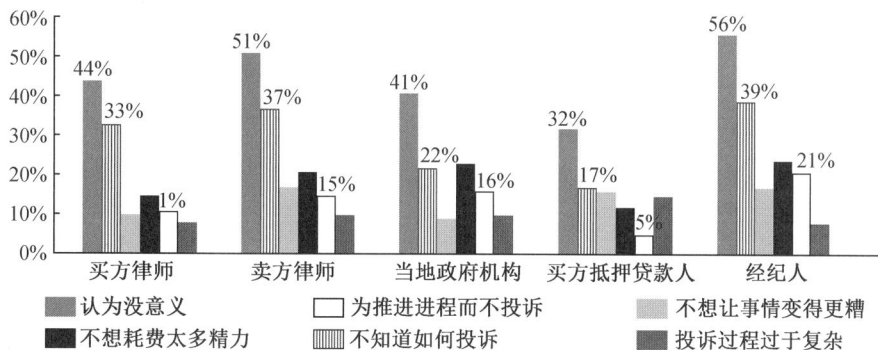

图 7-18　买方对提供服务各方不满意却不选择不投诉的理由

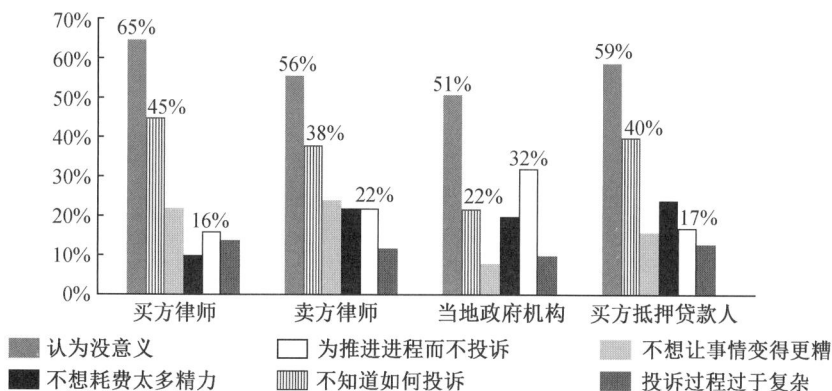

图 7-19　卖方对提供服务各方不满意却选择不投诉的理由

资料来源:Department for Business、Energy & Industrial Strategy。

(2)经济报酬

英国政府列举了房地产经纪人的收入情况,初级经纪人年收入一般为1.5 万英镑,有基础经验的经纪人年收入 2 万~2.5 万英镑,而店长的年收入约为 3.5 万英镑。据英国统计局对 2100 万名从业者收入的调查,2016年英国社会平均年收入为 2.72 万英镑,而房地产经纪人的平均年收入为2.46万英镑,低于社会平均年收入,在 145 个职业中排名第 89 位,排名靠后。据全球人力资源网站 PayScale 数据显示,2016 年英国房地产经纪人的收入中位数为 1.8 万英镑。房地产经纪人平均收入低于社会平均收入,收入中位数低于收入平均数，可见英国房地产经纪人的收入水平较低、收入差距明显。

虽然工作经验与收入成正比(见表7-8)，但是61%的从业者不会坚持到5年以上，所以对于年轻的从业者来说，没有任何门槛的房地产经纪人职业是高替代性、竞争激烈的职业，这样的职业注定不会有非常可观的经济报酬。

表7-8　英国经纪人工作年限与收入对应关系

工作年限	年薪(万英镑)
<5年	1.8
5~9年	2.3
10~19年	2.6
>20年	3.6

数据来源：PayScale human capital。

5.小结

英国房地产经纪人没有从业门槛和资质的要求，即从行业进入来说没有门槛，所以缺乏这一群体的基本画像。但从消费者的利益维护渠道可以推测由于缺乏清晰、明确的投诉通道，所以房地产经纪行业的价值在消费者心目中可能并不清晰，难以获取消费者和民众对于经纪人的高度认可。此外，不够健全的监管体系下经纪人发挥职业自主性的方向没有明确的指引。

第八章

中国房地产经纪人的职业化实践

一、台湾地区房地产经纪人的职业化实践

台湾地区的总面积为3.6万平方千米,截至2017年10月人口为2356万人,其中以台北的人口密度最高,超过70%的人口集中在西部的5大都会区。

台湾地区房地产经纪行业的运作机制是以日本为蓝本,在房地产经纪人职业化上也有诸多相似之处,台湾对房地产经纪人的监管是政府加协会的模式,要求"人必归业、业必归会"。

1.房地产经纪行业概况

1.1 行业规模和效率

（1）房地产经纪行业规模

①房屋成交规模

1990年代起,台湾地区房地产市场结构由增量交易进入了存量交易时代,二手房的交易规模逐年加大,房地产交易规模在2000年出现了明显下滑,主要因素是人口老龄化快速加剧、人口增速明显下滑,对房屋需求降低。截至2016年,台湾地区住宅存量规模达到858万套,2016年台湾地区二手房交易量为25万套,新房量为12万套,新房占到二手房交易量的近50%（见图8-1）。

(万套)

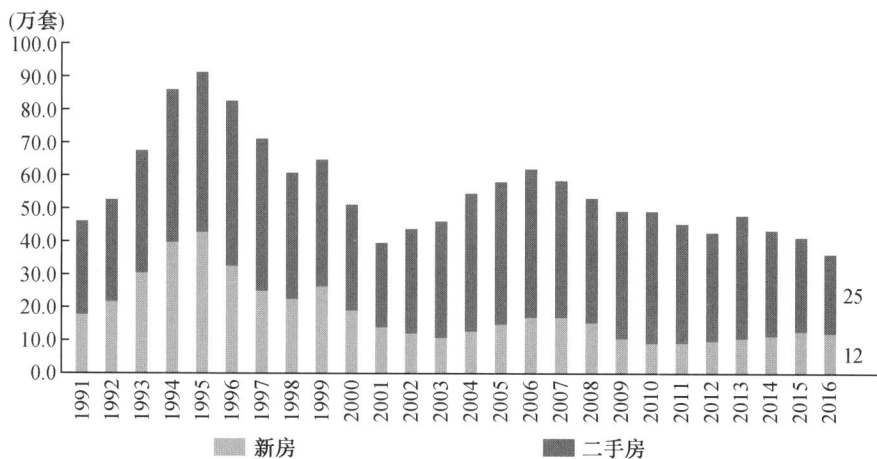

图 8-1　台湾地区新房和二手房的成交规模

资料来源：台湾"内政部"。

②房屋流通率

近年来，随着人口老龄化的加剧，台湾地区存量房的流通量出现了连续下降的趋势，截至 2016 年，台湾地区存量房的流通率已降至 2.9％，不到高峰时期（即 2006 年）的一半（见图 8-2）。

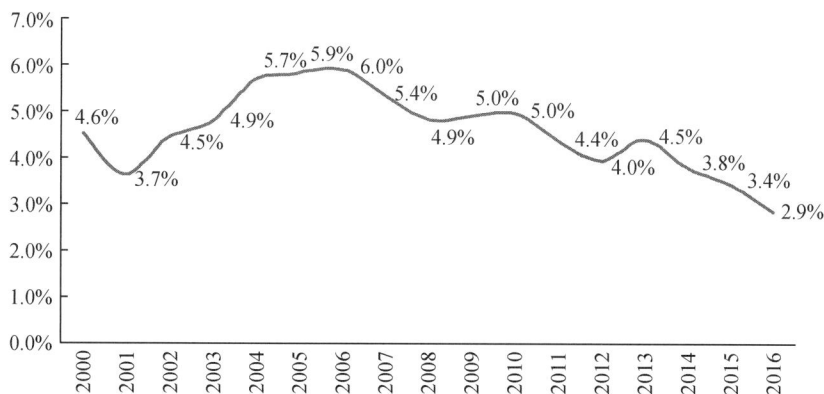

图 8-2　台湾存量房的流通率

资料来源：台湾"内政部"、贝壳研究院整理。

③房地产经纪行业规模

台湾地区二手房交易中经纪人的渗透率为 90％左右，佣金率约 3.5％，新房交易中经纪人的渗透率为 50％左右，佣金率约 5％，以此估算 2016 年台湾地区房地产经纪行业规模（新房和二手房的经纪行业之和）约 1161 亿新台币，折合美元约 38.67 亿（见图 8-3）。

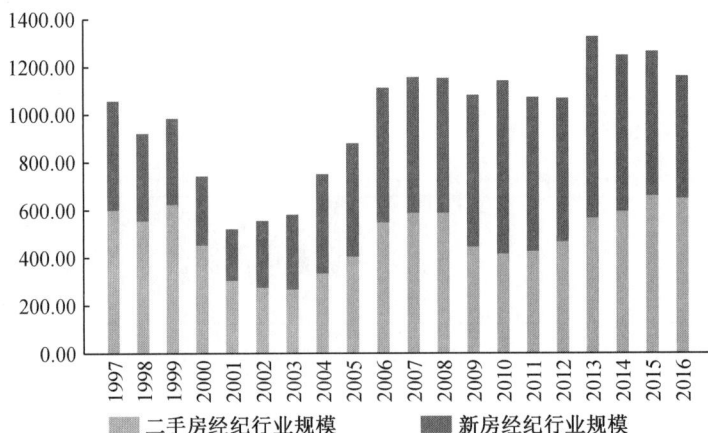

图 8-3　台湾地区新房和二手房的经纪行业规模（单位：亿新台币）

资料来源：台湾"内政部"、贝壳研究院整理。

（2）房地产经纪行业效率

①经纪人和经纪公司的规模

台湾地区从事房地产经纪业务者分为营业员和经纪人，营业员只需注册便可从业，而经纪人则需要通过获取从业资格证。2008 年以来，获取经纪人从业资格证的人员规模持续增加，截至 2017 年 7 月，台湾共有 1.15 万人获取了房地产经纪人从业资格证，其中 8104 人获取从业资格证且从业，该部分从业者为从业经纪人，占全部持牌经纪人的 70%；截至 2017 年 7 月，从业营业员 3.58 万人，从业经纪人和从业营业员共计 4.4 万人。2015 年以来，随着市场下行，从业经纪人和营业员的规模持续下降（见图 8-4、图 8-5）。

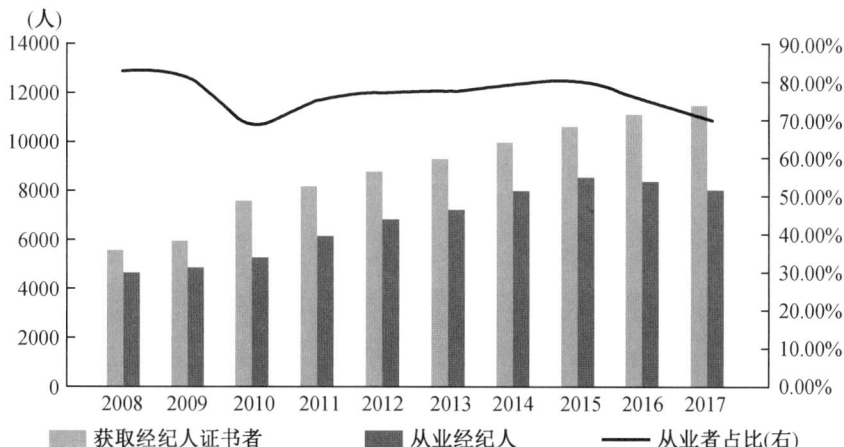

图 8-4　台湾地区获取房地产经纪人牌照者及经纪人从业者情况

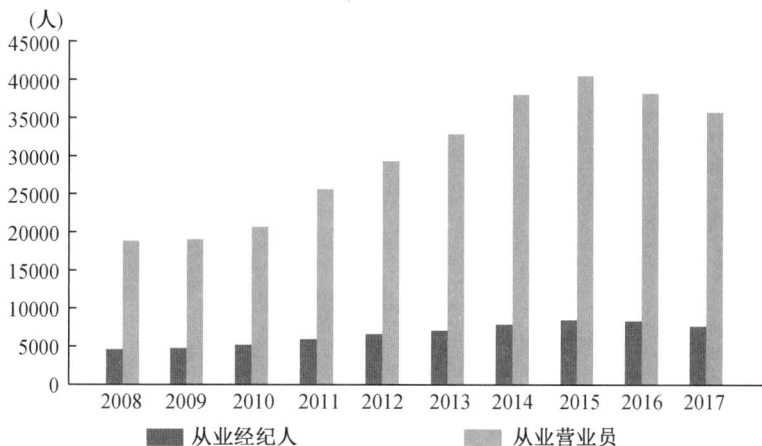

图 8-5　台湾地区从业经纪人和营业员数量

资料来源：台湾"内政部"、贝壳研究院整理。

②经纪人人均效率

台湾地区二手房交易中经纪人的渗透率约为50％，在本书中一律采用存量房的交易计算经纪人的效率，同时以从业经纪人和营业员规模作为计算基数，台湾地区经纪人的人均成交规模连续下降，经纪人效率下降的最大背景是台湾地区房地产市场的持续走低，此外，从业人员不断涌入也是造成行业平均成交效率降低的重要原因（见图8-6）。

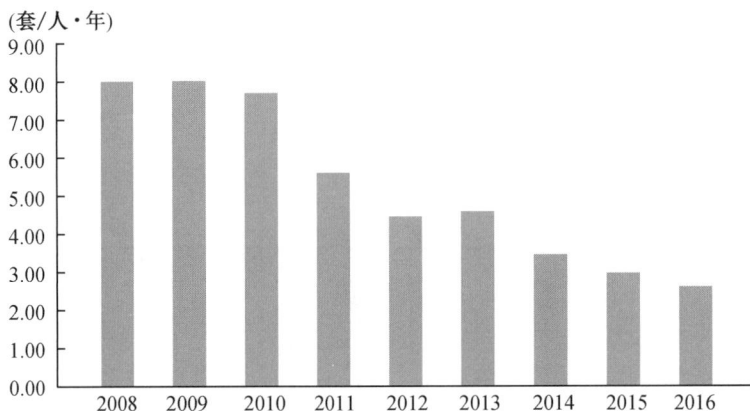

图 8-6　台湾地区经纪人人效（套/人·年）

资料来源：台湾"内政部"、贝壳研究院整理。

1.2 房地产经纪行业的运行规则

（1）代理和委托模式

①委托模式

2000 年之前，台湾地区实行独家委托模式，但 2000 年后随着房地产市场进入下行期，房屋交易量下滑，市场竞争激烈，各经纪公司为了取得更好的发展，多家委托模式开始兴起。以市占率最高（19.5％）的永庆公司为例，2016 年起独家委托占比仅为 20％～30％。

②代理模式

台湾地区二手房交易为双边代理，经纪人可以同时作为卖方经纪人和买方经纪人。

（2）佣金收取模式

台湾地区规定了房地产买卖业务合计佣金费率上限为 6％，租赁业务合计佣金上限为一个半月租金。经纪公司和经纪人员应本着公平竞争原则订立明确的收费标准，并在业务操作中将收费标准及收取一方或双方的比例记入销售或租赁委托协议，不得有联合垄断或显失公平的行为。由于实际收取的佣金费率由买卖双方与经纪公司磋商确定，因此台湾"内政部"提供的《成屋买卖契约书范本》中佣金一栏中也没有预填的数值。房地产经纪企业及其从业人员不得收取差价或其他报酬，其中经营房地产经纪业务者,应依据实际成交价格或租金按主管部门规定佣金标准计收,佣金标准应公示,违者将给予严厉处罚。

政策规定佣金最高上限 6％(向卖方收取 4％,向买方收取 2％)是经纪公司、行业协会与主管部门博弈的结果,在历史上,佣金率在 1995 年最高收取到 7％。近几年,随着房屋交易量的降低,目前实际佣金率下降至3.5％左右(一般向买方收 1％,向卖方收取 2.5％)。

台湾地区房地产经纪公司一般都要求卖方在委托时预付一部分佣金,而直营公司也会要求买方预付一部分佣金,但这并非强制性规定。比如直营模式的房地产经纪公司信义,要求买卖双方在委托时各自预付 70％的佣金费,待交易达成后再付 30％;加盟的中信要求卖方预付 50％,买方在成交达成时再支付。经纪人之间的佣金分配上,房源经纪人一般分得 40％～50％,客源经纪人一般分得 50％～60％。

(3)房地产经纪业务运行流程

台湾地区房地产交易中,经纪人是典型的居间角色,负责开发客户、获取房源、促成交易达成并从中赚取佣金。房地产经纪人工作的业务流程一般为:

①获取房源和或客源;

②就该区域地段的行情,提出合理估价;

③调查房屋产权、使用状况以及房屋面积等,确定售屋或租屋的条件;

④签订委托协议;

⑤房客源信息匹配,展现其销售功力,针对有意买屋或租屋的客户,主动了解各种需求,提供合适的房屋商品或服务;

⑥谈判撮合,若买方对销售价格及条件有意见,则须协助买卖双方的交涉谈判,签订买卖协议及协助产权移转过户。

在房屋交易的专业分工中,地政士负责提供房屋产权核验报告、协助办理贷款,建经公司负责资金监管,有比较科学、明确的分工体系。

在房源共享信息平台的建设方面,吉家网是涵盖房源较为齐全的经纪人作业的房源共享信息平台。吉家网目前只允许跨品牌房源在线上流通,为台湾 65％的门店提供房源共享,网站库存房源占年度交易量的 70％左右(17 万/24.5 万≈70％),但平台目前并没有建立跨品牌的房源共享合作机制,门店间的合作多是私下联系,按照市场标准分佣,也有转向开发对方房源的,而平台对此并没有清晰的界定和处罚,所以吉家网尚不是有效的外部合作平台。

吉家网在形式上具备了经纪人独立作业的基础,八大品牌公司的市占率达到 69%,其余 31% 主要为中小型独立经纪公司,在八大品牌公司中,连锁加盟市占率为 54%,直营市占率为 15%,分散度非常高也是台湾地区房地产经纪行业的典型特征。

2.经纪人职业化的起源与演变

2.1 经纪人职业化的起源

台湾地区房地产经纪行业正式以独立、合法的面貌出现是在 1984 年之后,因为在 1984 年之前,台湾地区的房地产经纪公司不能以经纪业务领取营业牌照和成立公司,所以 1977 年台湾第一家二手房中介公司以励行建设的名字注册成立,巨东建设也在同年成立,因为政策原因,1985 年之前,房地产经纪公司以其他名义如"建设公司"或"实业公司"成立,但实际上是开展房地产经纪业务,此时的经营多为楼面经营,非独立的店面式经营。

1984 年之后,台湾地区出口经济开始繁荣,城市核心区土地供不应求,促使房地产经纪业务快速发展。当时大型企业年销售额超过百亿新台币,如:太平洋房屋 1984 年的销售额为 280 亿新台币,台湾房屋销售额为 175.5 亿新台币。房地产经纪行业的基础加大,台湾当局将房地产经纪业正式列为一种行业,允许房地产经纪业成立同业公会,这一举措使得台湾的房地产经纪业有了归属。

1987 年 11 月,台湾"经济部"在商业团体分类标准中增列了"房屋中介商业"的类目,并准予成立公会。为了加强行业管理,1988 年 5 月台北市房屋中介经纪商业同业公会成立,行业协会的成立是行业自律的标志,开启了台湾房地产经纪人职业化的历程。

2.2 经纪人职业化的变迁

台湾地区房地产经纪人职业化的历程相对较短,职业化事件相对集中。职业化历程分为以下三个阶段：

（1）第一阶段：1985—1994 年，职业化的启蒙

1985 年台湾当局同意成立行业协会，1988 年，台北市房屋中介经纪商业同业公会成立，但当时的同业公会影响力十分有限，其影响力不足以促使出台一份全行业或者大部分经纪公司和经纪人遵守的规范和制度，这一时期虽然有行业协会，但协会在推动职业化的具体行动上影响力十分有限。

（2）第二阶段：1994—1999 年，职业化的局部探索

1994 年 4 月，台湾不动产中介经纪商会同业公会全联会成立，全联会成立的背景是房地产交易规模增加，房地产经纪公司和从业者数量加大，但"房地产仍然以爆出天量收盘，但个别公司的表现则以持平居多；正规的仲介公司惨淡经营，十分艰辛；而不法业者却乘虚而入，罔顾消费者权益，以致社会大众对房仲介业产生不良之印象"①。而当时的背景下，虽然台湾地区各地均有房屋仲介公会，但缺乏与有关行政主管机关对等的全台湾地区的房屋中介组织，因此行业犹如一盘散沙，无法凝聚向心力，更无法催生《房屋仲介管理条例草案》，基于促进房地产经纪行业健康发展、维护消费者利益的原因，台湾不动产中介经纪商会同业公会全联会（以下简称全联会）成立。

全联会的宗旨是结合同业力量、建立公平制度、维护市场秩序和保护消费者权益。全联会的主要任务包括政策宣传、争取业界权益、发展教育训练、组织境外事务考察、退休研究发展、表扬优秀从业人员、进行形象宣传、开展社会服务、收取营业保证金制度，以及协助当局进行对从业人员的登记和管理。

（3）第三阶段：1999 年以来职业化的全面推行

1999 年 2 月 3 日"不动产经纪业管理条例"（以下简称"条例"）实施，同年 8 月制定了"不动产经纪业管理条例实行细则（草案）"，标志着台湾地区房地产经纪业进入了规范化管理阶段。"条例"明确了台湾当局行政主管部门是实施房地产经纪人执业资格管理的主体，另外，"条例"规范经纪机

---

①　出自台湾不动产中介经纪商会同业公会全联会关于公会缘起介绍。

构不得赚取差价或其他报酬，明确使用《不动产说明书》的必要性，设置营业保证金、经纪人职业资格制度等，出台了一系列规范经纪公司和经纪人的行为的"法律"规范。

台湾地区房地产经纪业管理的"立法"目的是："建立不动产交易秩序，保障交易者权益，促进不动产交易市场健全发展。"其"立法"宗旨在于规范房地产经纪业的营业范围与运作程序，促进房地产交易市场的稳定与发展，保障交易安全。

2.3 小结

台湾地区房地产经纪人职业化的历程相对较短，1985 年当局将房地产经纪行业纳入工商业目录，允许以房地产经纪业务开设公司和成立行业协会。1988 年，台湾地区房地产经纪行业首次成立行业协会。1994 年，同业公会联合会成立，发挥推动行业立法的作用。1999 年，行业内第一部法律出台，对从业者必须具备的知识、从业门槛、业务流程、行为规范、佣金收取等方面做出了法律层面的要求。从职业化的要素上看，台湾地区房地产经纪人职业化具备了从业者必须接受行业知识与教育并通过一定的考核方式证明具备了相应的要求、当局或行业协会出台行业行为规范并要求从业者遵守的核心要素。

3.房地产经纪人职业化的表现

3.1 职业化组织和推动机构

（1）行业协会——台湾不动产中介经纪商会同业公会全联会

台湾地区房地产经纪行业自律组织为台湾不动产中介经纪商业同业公会联合会。值得一提的是，台湾的"不动产经纪业管理条例"中确定了业必归会的原则，入会成员要缴纳一定数额的保证金。同业公会主要参与行业立法和组织实施，并负责行业管理的具体事务，例如房地产经纪从业人员业务培训和执业考试等。

台湾不动产中介经纪商会同业公会全联会（以下简称"全联会"）于1994 年 4 月成立，目前，全联会在台湾共有 19 个地方公会，覆盖了全岛，共有 5500 家经纪公司、80000 名经纪人加入。

（2）行政主管机关 ——"内政部地政司"

"内政部"是台湾当局的最高主管机关，其业务涵盖人口、户政、地政、地方政府（地制）、役政、社会治安（警政）、宗教、殡葬、礼俗祭仪、团体管理、灾害防救（如空勤总队）、公园管理、土地规划等。"地政司"是"内政部"下属机关，其业务范围涵盖地籍清理、土地征收、土地登记、土地测量、地价业务、不动产交易管理、公共建设用地协调等一切土地相关业务，"内政部"在房地产经纪行业的职责主要是发放经纪人职业资格证。

3.2 职业资格制度

（1）牌照类型

台湾地区要求从事房地产经纪业务者分为营业员和经纪人两种身份，经纪人是指可以执行中介或代销业务者[①]，营业员是协助房地产经纪人执行经纪业务者，营业员从业需要在同业公会进行注册，而经纪人需要获取从业资格证方可从业。

（2）牌照获取

房地产经纪人应考资格出自于"专门职业及技术人员考试法""不动产经纪业管理条例"的有关规定。营业员和经纪人的从业条件大不相同，营业员没有年龄、工作经验的限制，只要完成"内政部"指定机构的 30 个小时培训并通过随堂测试后便可向所在地的同业公会注册，进入房地产经纪公司以营业员的身份从业，一次培训注册有效期为 4 年，如在满 4 年后继续注册，需要提供接受培训至少 20 小时的证明文件。目前在行业协会注册过的营业员累计近 32 万人次。

而房地产经纪人则有学历、从业经验的要求，除此之外，经纪人必须通过考试获取牌照，牌照有时效性，更新有一定的条件。经纪人获取牌照的一般流程为：通过考试院组织的专业技术考试后，向主管部门申请领取资格证书，后向主管机关申请登记，领取从业执照，如此方才具备执业资格。

---

① 《条例》规定中介业务是指从事不动产买卖、互易、租赁的居间或代理业务。代销业务则是指受开发商委托，负责策划并代理销售不动产的业务。

以下为房地产经纪人获取牌照的要求:

①申请条件:

A.学历:高中及以上;

B.从业经验:具备一年以上房地产经纪营业员的经验。

②考试内容:

考试内容共五科,分别为语文、"民法"概要、不动产估价概要、"土地法"与土地相关"税法"概要和"不动产经纪法规"概要。其中,"土地法"与土地相关"税法"概要包括"土地法"、"平均地权条例"及其施行细则、"土地征收条例"、"土地税法"及其施行细则、"契税条例"和"房屋税条"等内容;不动产经纪相关法规概要包括"不动产经纪业管理条例"及其施行细则、"公平交易法"、"消费者保护法"和"公寓大厦管理条例"等内容。

③考试规定:

A.考试频率:统一举行,每年 1～2 次;

B.考试通过率:20％左右(见图 8-7);

C.牌照有效期:4 年;

D.牌照更新:需要完成规定的接受继续教育,房地产经纪人持在主管机关认可的机构、团体完成专业训练课程 30 学时以上的证明文件,向市政府地政处、县(市)政府办理注册登记以保持其专业水平。

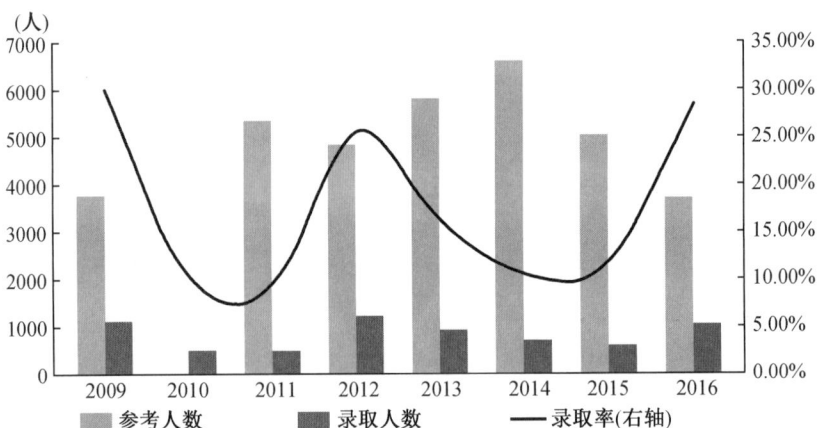

图 8-7　台湾地区房地产经纪人资格考试及录取情况

资料来源:台湾地区"内政部"、同业公会。

(3)对经纪公司的牌照要求

①注册登记并加入地区同业公会

根据"不动产经纪业管理条例"的要求,开设经纪公司应向主管机关申请,依法办理公司或商业登记,并向主管机关规定缴存营业保证金。此外,必须加入登记所在地之同业公会后方得营业,同时要求经纪公司在可营业日期起的 6 个月内开始营业,逾期者将被吊销营业许可,但如有正当理由者可申请一次 3 个月的展期。

经纪公司开设分店时,应向"直辖市"县(市)政府申请备查。

②对经纪公司的法人要求

根据"不动产经纪业管理条例",以下人员不具备经营房地产经纪企业的资格:

A.无行为能力或限制行为能力者;

B.破产之后还未复权者;

C.犯欺诈、背信、侵占罪、性侵害犯罪等;

D.受劳教处分者;

E.曾经营房地产经纪企业,经主管机关批准撤销,自撤销之日起未满五年者;

F.未按规定补充缴纳营业保证金者;

G.未按规定收取佣金者;

H.受停止执行房地产经纪业务处分尚未执行完毕,或撤销房地产经纪人员合格证书处分还未满五年者。

经纪公司登记后,其公司负责人、董事、监察人、经理人或商号负责人有上述各款情形之一者,由主管机关命其限期整改;逾期未改善者,废止其许可,并通知其公司或商业登记主管机关废止其登记。

③对经纪公司人员资质要求

经纪公司分店至少有一位持牌经纪人,如为非常态营业处所,但销售总金额达新台币 6 亿元以上,则至少有一位持牌经纪人。当分店营业员数超过 20 名时,应增设一名经纪人。

3.3 职业行为监管

台湾地区房地产经纪行业管理的模式是行政监管与行业自律并行的模式,即主管部门对行业的管理是实行指导、间接管理,而直接管理则是依

托同业公会实施"自治"管理，是一种"人必归业，业必归会"的监管体系①。（见图 8-8）

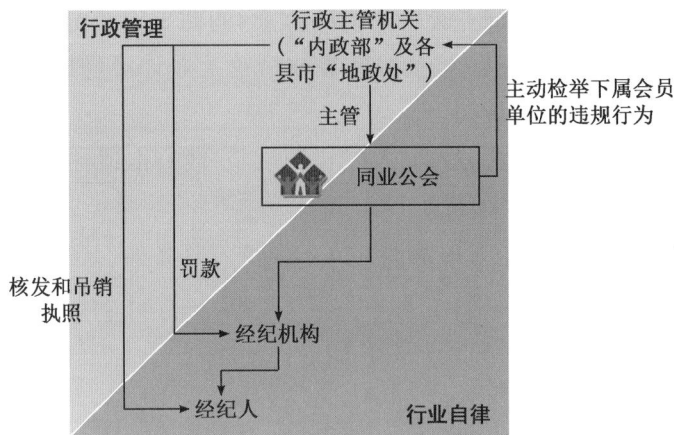

图 8-8　台湾地区房地产经纪行业行政监管和行业自律的监管体系

资料来源：台湾地区"内政部"、同业公会。

主管部门和行业协会在对经纪行业监管的具体执行上，主管部门的职责主要体现在牌照的发放和吊销上，而行业协会的职责范围广，台湾地区房地产经纪行业协会在行业监管中起着重要的作用。

表 8-1　台湾地区相关主管部门和行业协会在房地产经纪行业监管方面的职责

	主管部门——"内政部"	行业协会——同业公会及地方分会
监管职责	负责房地产经纪人执业资格管理，对房地产经纪人的监督管理是通过核发、吊销执照体现	※举行交易安全宣传教育，为从业人员和消费者提供了可供参考的交易标准流程和安全须知手册。 ※负责消费者与经纪机构的纠纷调解，经法院判决或营保金委员会商议可使用经纪机构缴纳的保证金向消费者进行赔付。 ※监督经纪从业人员行为和职业道德的责任，如发现违反职业道德的行为，应由同业公会向行政主管机关举报，由主管机关对经纪机构进行罚款等处罚

资料来源：台湾地区"内政部"、同业公会。

---

①　尚国珥，路红卫.台湾房地产经纪业管理制度及其启示[J].商业时代，2007(20)：107－108.

（1）行业监管的法律依据

台湾地区的房地产经纪相关法律法规体系完整，1999年台湾地区立法机构通过了"不动产经纪业管理条例"，此后，立法机构相继通过了以下一系列房地产经纪行业法律法规，构成了台湾房地产经纪行业监管的依据。

①2000年，"不动产经纪人员奖惩委员会组织规程"；

②2001年，"不动产经纪业营业保证金缴存或提供担保办法"；

③2001年，"不动产经纪业营业保证金管理委员会组织及基金管理办法"；

④2001年，"不动产经纪营业员测定办法"；

⑤2001年，"不动产经纪人专业训练机构团体及课程认可办法"；

⑥2002年，"不动产经纪业管理条例施行细则"；

⑦2003年，"不动产说明书应记载及不得记载事项"；

⑧2003年，"不动产经纪业或经纪人员奖励办法"。

"不动产经纪业管理条例"是对整个台湾地区房地产经纪行业管理的基本法律文件，"条例"的最高指导原则是"人必归业，业必归会"，即从事不动产买卖的人一定要进入经纪公司；从事不动产买卖的"公司"一定要依法缴纳保证金，也一定要加入地方公会。1999年，"条例"发布后又经过三年缓冲期，在2002年正式落实了"人必归业，业必归会"。根据全联会提供的最新数据，目前全台湾共有约5500家经纪公司，经纪行业从业人员近80000人。

台湾地区建立了房地产经纪人考试、注册、换证等制度并规定了奖惩办法，对房地产经纪人的执业资格进行了有效管理，所以具有行政管理特别法性质和专门职业法性质；同时该"条例"又规定：如果房地产经纪企业或经纪人员违反有关规定，除受处罚外，还应追究其民事责任。为落实职业资格制度，避免无照经营，该"条例"还规定了非房地产经纪企业经营中介或代销业务的公司，行政主管机关有权禁止其营业，并处以罚款直至追究该企业负责人的刑事责任。

（2）营业保证金制度

房地产经纪业在台湾地区属于特许行业，为保障当事人合法权益，特别规定了房地产经纪企业开业前应缴存营业保证金制度，目的是建立房地产经纪从业人员的信用机制。

根据"不动产经纪业营业保证金缴存或提供担保办法"的要求，不动产经纪公司应于加入登记所在地的同业公会之前，向台湾地区不动产中介经纪业同业公会全联会或不动产代销经纪业同业公会全联会缴存营业保证金。对于营业保证金的缴纳标准设有上限，最高不得超过新台币 1000 万元整：

①经纪业设置营业处所在 5 处以下者，每一营业处所缴存新台币 25 万元，逾 5 处营业处所者，每增加一营业处所，增缴新台币 10 万元；

②每一营业处所所置经纪人人数逾 5 人者，每增加一人，增缴新台币 3 万元。

房地产经纪企业缴存的营业保证金本金专款用于损害赔偿的支付。"条例"规定受损害人取得对房地产经纪企业或房地产经纪人员的执行名义、经仲裁成立或经基金管理委员会决议支付后，可以在该房地产经纪企业缴存的营业保证金及提供担保总额内，向同业公会请求代为赔偿。其目的在于避免部分房地产经纪从业人员蓄意欺诈消费者，以建立房地产经纪行业公正的形象，赢得客户信赖。

对于缴纳的营业保证金的运作，同业公会设立营业保证金管理委员会，其中房地产经纪人不得超过委员总数的五分之二，基金利息用于健全房地产经纪制度。

基金性质主要有以下三点：

①独立性："条例"第 9 条规定，"营业保证基金独立于经纪业及经纪人员之外，不因经纪业或经纪人员的债务债权关系而为让与、扣押、抵销或设定负担"，目的是使房地产经纪企业、经纪人员的财产与债务完全脱离，因此基金具有相对独立性；

②公益性：营业保证基金的利息用于健全房地产经纪制度，使其具有公益性质；

③财产权性质：营业保证金缴存以后，发生房地产经纪企业合并、变更组织形态后，其已缴存的保证金将不受影响，其权利随之转移，不需要重新缴纳，另外申请退出的企业，自核准注销营业之日起满一年后，可以申请退还其营业保证金本金，所以该基金又具有财产权性质。

（3）房地产经纪业务行为规范

根据《不动产经纪业管理条例》的要求，房地产经纪业务行为主要是通过房地产经纪人应尽的义务来规范，房地产经纪人应尽义务分为两类：

第一类是委托代理合同所约定的义务："内政部"制订了台湾《不动产委托销售契约书范本》，该范本规定了经纪人在接受客户委托时应尽的义务，可以归纳为诚实义务和提供优质专业服务的义务。

第二类是房地产经纪公司或经纪人员的业务义务：该部分义务以各种法规确定，其核心法规便是《不动产经纪业管理条例》，如广告必须真实、个人利益披露、重要事项说明等。

此外，房地产经纪公司及其从业人员不得收取差价或其他报酬，应公示佣金标准，违者将给予严厉处罚。

（4）协议、合同等文本的规定

"内政部"制订了房地产经纪业务中所要使用的系列标准文件，供房地产经纪公司、经纪人及公众使用，通过主管机关层面标准的协议、合同文本等保障合同当事人的合法权益，也在一定程度上有效促进了房地产经纪市场交易的进行。如委托房地产经纪人，则经纪公司必须提供包括《不动产出租、出售委托契约书》《不动产承租、承购要约书》《定金收据》《不动产广告稿》《不动产说明书》《不动产租赁、买卖契约书》等在内的协议[①]，并由经纪人签字。

《不动产说明书》是台湾地区房地产经纪行业中非常重要的组成。1989年，信义房屋在台湾地区首先在房屋交易流程中制作《不动产说明书》；1999年在《不动产经纪业管理条例》中明确了经纪公司和经纪人使用《不动产说明书》的必要性，规定经纪人员在执行业务过程中，应以《不动产说明书》向与委托人进行交易的一方进行解说，说明书在进行解说前，应该由委托人签字，《不动产说明书》应记载及不得记载事项，由台湾地区行政主管机关规定。

《不动产说明书》在卖方委托经纪人后由经纪公司和经纪人制作完成，

---

① 不动产出租、出售委托契约书和不动产承租、承购要约书在经纪人代销开发商的业务中不适用。

一份完整的《不动产说明书》由以下内容构成：

①与土地相关的信息：

A.土地坐落位置、基地面积、权利范围和地形图等；

B.权利种类：所有权、他项权利和信托登记；

C.所有权人或他项权利人；

D.现况是否有依惯例使用、有无共有人分管协议；

E.有无出租、出借或占用、被占用情形；

F.有无供公众通行的私有道路；

G.土地使用管制内容：土地使用分区、是否属不得兴建农舍及应说明的事项；

H.土地权利登记状态：有无他项权利的设定情形或是限制登记情形，或信托登记等；

I.重要交易条件：交易种类、交易价金、付款方式、应纳税费项目、规费项目及负担方式；

J.其他重要事项：外围环境、是否已办理地籍重测、有无越界建筑、公告征收和公共基础设施等。

②与房屋相关的必要信息：

A.建筑改良物标示：权利范围、坐落位置、建号、门牌、面积、建筑完成日期、建物改良用途、信托登记及其他注记事项；

B.房屋目前管理使用情况：是否有住户规约、共享部分有无分管协议及其协议内容、水电煤气供应情形、有无出租或占用情形、建物目前作住宅使用是否位于工业区或不得作住宅使用的商业区或其他分区，房屋有无施作夹层等。

③不应记载事项包括：

A.不得约定本说明书内容仅供参考；

B.不得约定缴回不动产说明书；

C.不得使用未经明确定义的使用面积、受益面积、销售面积等名词；

D.预售屋出售目标，不得记载未经依法领有建造执照的夹层设计或夹层空间面积；

E.不得为其他违反"法律"强制或禁止规定的约定。

（5）资金监管

1996 年，信义房屋在台湾地区首推履约保障。经过近年来房地产经纪公司的积极推广，逐渐受到消费者认可，已成为成屋市场主流机制。

履约保证是指一种代管契约，由买卖双方的第三方保管某特定文件、契约、金钱、证券或其他财产，当符合特定条件或法律事件发生时，该第三人即将其保管物交给特定之人。目前台湾地区实行的履约保证制度，就是买卖双方本身或房地产经纪公司委由建经公司暂时托管买方交易资金和卖方文件，买方陆续付出的资金会先保留在"履约专户"中，等待所有买卖手续均完成，并且过户、交屋给买方后，银行才会将价金交付给卖方。

建经公司是由银行投资，专门处理不动产营建、管理事项的机构，例如花旗银行的侨馥建经、台新银行的安信建经等。至于履约保证的费用，一般建筑经理公司会收取交易金额的万分之四～万分之六，买卖双方各半担负（万分之二～万分之三），以房价 1000 万元新台币计算，买卖双方各需支付 3000 元新台币的履约保证费用。

（6）处罚和奖励机制

台湾房地产经纪业的行政主管机关与经纪机构普遍设置投诉电话，受理消费者的投诉。交易过程中发生的纠纷通常由经纪机构调查处理，主管机关接受的投诉一般委托同业公会或经纪机构进行调查处理。若房地产经纪机构与消费者发生交易纠纷，经仲裁委员会或基金管理委员会裁决房地产经纪机构应当赔偿，则由营业保证金在机构缴存的额度内代为赔偿，并通知经纪机构补足保证金额度。

台湾地区的房地产经纪业管理，除包括行业执照许可、房地产经纪人员执照考试以外，还包括详细的行政监督管理和奖惩制度，房地产经纪业行政主管部门有监督、管理房地产经纪业运行，并对其进行奖惩的权力。台湾地区市、县的房地产行政主管部门设置了奖惩委员会，以处理奖惩事项。委员会对促进房地产经纪业发展、维护消费者权益有突出贡献者，给予奖励。同时针对房地产经纪企业和经纪人员规定各种惩罚内容，其中行政惩罚包括警告、停止营业、罚款以及撤销许可或执照等。

对于违反条例规定的经纪公司处新台币 3 万至 30 万元罚款、停止营业处分，最高可废止其许可。

对于违反条例的经纪人处以警告、停止执行业务处分,最高可以废止其经纪人员证书或证明,且经纪公司负连带责任。

3.4 小结

台湾房地产经纪行业具备实现经纪人职业化的初级阶段的全部要素,由主管部门"内政部地政司"和行业公会全联会作为组织和推动机构,对经纪人的基础业务知识进行了强制性要求并设定了考核标准,建立起从经纪人进入、作业到退出的全流程规范和监管制度。

4.经纪人生态系统

与美国经纪人职业化的高度市场化的生态系统相比,台湾地区房地产经纪公司虽然也为分散的格局(如图 8-9),但并没有形成围绕房地产经纪人形成丰富的市场化服务体系,这背后有太多的原因,如台湾地区房地产经纪行业的规模相对较小(2016 年为 60 亿美元的市场规模、4.4 万名活跃经纪人),和美国相比差距非常大。此外,台湾地区吉家网和美国 MLS 无论是从创办者的影响力、平台的吸引力还是平台的运行规则上,都有本质的区别,所以台湾地区房地产经纪人的作业本质上还是基于门店、基于公司内部的合作,而非美国严格意义上的独立作业经纪人。

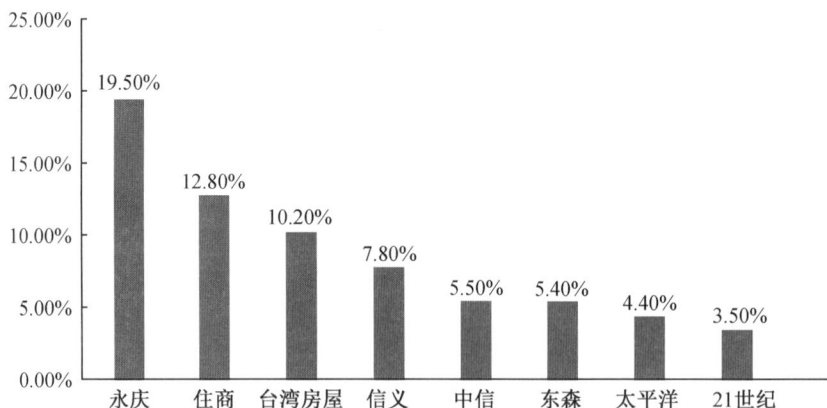

图 8-9 台湾经纪公司的市场占有率(门店)

资料来源:各公司年报

台湾房地产经纪人的生态体系依然以公司内部为主,公司作为经纪人职业成长的主要平台,从经纪人的招聘、培训、激励、考核到分工和合作,经纪公司提供一切所需资源和支持。以信义公司为例,始终坚持直营模式的信义制定了经纪人招聘、培训体系,所有人员都由总部统一招聘、面试和培训,在人员招募方面,信义坚持招没有从业经验的经纪人、学历要求为大学及以上。对于经验要求的解释是,信义认为新人比较容易通过训练,完整而快速地了解信义的经营理念和文化,员工更认同并实践公司的理念,提供给客户的服务才具有一致性。

　　信义在对经纪人的培训方面,入职后 6 个月为养成期。养成期内新人累计要参加超过 100 个小时的培训,包括教室和实操培训。其中入职后第一个月基本为全职培训,一个月内不接触客户,除培训外进行商圈地图描绘,一个月后才由学长带学弟拜会客户。6 个月内的主要培训内容涵盖品牌理念、商务礼仪、金融财务、沟通技巧、交易法规、管理领导等全方位的课程,花在每位新人身上的专业培训时间超过 100 小时①。入职培训的目的是了解公司文化体系、快速融入团队,后续仍有一对一的师傅带教,资深店长、区总、HR 随时助教。

　　针对执照获取,信义提供教育训练辅导新入职员工获得营业员执照,鼓励人员参加不动产经纪人普考,取得不动产经纪人执照,并提供 150 个小时的教育训练课程;针对专业和管理两类人员序列,信义设置了两类教

---

　　① 台湾信义公司新人训练主要包括 3 类:(1)不动产从业新进人员"营业员"训练:30 小时。该训练提供完整的不动产营业员训练课程,辅导新进人员取得营业员资格,费用由公司补助一半;训练课程内容包括"土地法及土地税法""民法""不动产相关法规"。(2)信义新人"职前训练":80 小时。提供完整的新人职前训练,主要目的有三个,一是帮助新进人员对信义企业发展、经营理念、未来展望与组织架构有整体的认识;二是协助新进人员了解信义人工作上应有的基本态度与知识;三是引导新进人员认识信义的规章制度并明确本身的权利义务。(3)信义新人"基础训练":70 小时。通过基础专业训练课程增强新进人员不动产基本专业知识,提高交易安全机制及客户满意度与服务品质,主要保留"不动产相关税法实务:代书作业系统、租赁业务概述、住宅、预售屋及停车位商品买卖等""不动产相关法务实务:中介实务法律常识、交易签约应注意事项等""顾客满意相关课程:客户满意度系统的经营、服务品质政策等""自我成长课程:自我行程管理、个案行销等"。

育训练,针对经纪人设定专业职训练①课程,针对管理者设定管理职教育训练②。

人才培育费用等相关支出,占信义房屋营业收入的45%左右,可见有效的人才培育对公司获利十分重要。为了表达对人才培育的重视,信义房屋内部开会时的检讨顺序是:(1)检讨人才培养的成效;(2)检讨服务质量的成果;(3)检讨业务达成的状况。信义房屋坐落在信义路上的总部大楼的地下第一层和第二层,是进行教育训练的演讲教室与讨论空间,其装潢费用也是整栋大楼最高的。虽然信义房屋的奖金比例只有12%,但是扣除掉奖金后的营业收入,还需支付员工教育训练、保险、退休金等费用,这些也是员工福利的一部分。信义房屋愿意投资教育训练的软硬件设备,不仅对工作技能有实际的提升作用,同时也有看重人才的强烈象征意义。

对于主管等管理职位,信义房屋建立了一个相当有创意的"人才指标"来检视各级主管施行人才培育工作的成效,并依此作为绩效考核及相关奖惩的参考。信义房屋人才指标的计算方法如下:

人才指标＝晋升点数 ＋ 异动点数 ＋ 离职点数

部属的晋升速度越慢,则晋升点数越少。店内部属表现绩优而至其他分店支持,则有异动点数。若店里的离职人数很少,则会增加离职点数,反之,会有负的离职点数。管理阶层通过这种方式及时纠正主管的训练和领导方式。

由于信义房屋的经营理念是任用自己培育的员工,因此员工周转率和离职率对他们而言非常重要,否则培育新员工的成本将是一笔非常大的花

---

① 台湾信义公司专业职训练包括:(1)进阶训练:60小时。通过进阶专业训练课程提升人员专业知识,提高服务水准,培养人员专业中介咨询顾问的能力。主要包括:不动产相关税法与节税实务(重构退税、遗产税及赠与税实务等)、动产相关法务实务(票据法、不动产强制执行、中介刑事责任等)、顾客满意相关课程(客户满意的经营、服务品质政策、客户抱怨纠纷处理等)、自我成长课程(MOT关键时刻、优势谈判、风水与中介、个人绩效分析与改善等)。(2)管理才能评价及核心职能训练:人员通过系统的核心职能评鉴,精准规划人员训练发展计划及能力提升;强化人员五项核心职能训练,提升人员能力外,使个人更能发展无限潜力。(3)提供一系列完善的专业课程——生涯规划、人际沟通、项目管理、压力管理、营销企划、顾客满意等专业课程,提升人员的专业能力,成为全方位的房地产理财专家。

② 管理职教育训练:90小时。优良管理能力并非天生就具备的,而是要经过不断地学习与启发,才能成为称职的管理者。信义房屋提供完整的管理训练课程,成就卓越的管理能力,成为信义未来的领袖,包括"店主管培训教育训练、高阶主管培训教育训练、店主管基础教育训练、高阶主管经营策略教育训练、店主管进阶教育训练"。

费。从招聘和培训方面,建立经纪人的职业认同感,信义经纪人的年度流失率维持在 35% 左右,这在销售行业,尤其是房地产经纪行业,是相对低的水平。

5.房地产经纪人职业化的程度

5.1 职业的不可替代性

台湾地区房地产经纪业务流程有比较明确的分工,经纪人的核心职责是信息匹配和撮合谈判,专业的分工有助于降低经纪人被其他环节从业者取代的可能性。营业员几乎无从业门槛,经纪人需要获取从业资格证。从营业员注册的规模上看,营业员群体的流动性高,不可替代性较低。台湾地区房地产经纪人的从业门槛比较低,体现在经纪人的从业申请条件要求和考试的难度上。所以从职业资质上看,台湾地区房地产经纪人的职业壁垒相对较低。但是可以发现,如信义这样的大型直营经纪公司为经纪人的职业成长提供了强大的支持,有助于形成经纪人的核心竞争力,建立起自己公司内部经纪人高的职业壁垒。

5.2 职业认同感

同业公会作为房地产经纪行业的职业团体,在对经纪人行为进行监管的同时担负行业价值宣传的职责,以构建经纪人职业认同感的公众环境。在经纪人对于职业的自我认同感方面,台湾地区房地产经纪人的最低学历要求为高中毕业。目前大型品牌经纪公司为吸引高学历的优质人才,要求新进人员学历至少要大学毕业,但不限科系。目前信义 93% 的经纪人为大学学历,其经纪人的离职率处于比较低的水平,约为 30%～40% 左右,为经纪人职业成长提供支持的大型经纪公司也在努力促进经纪人职业认同感的建立(见图 8-10)。

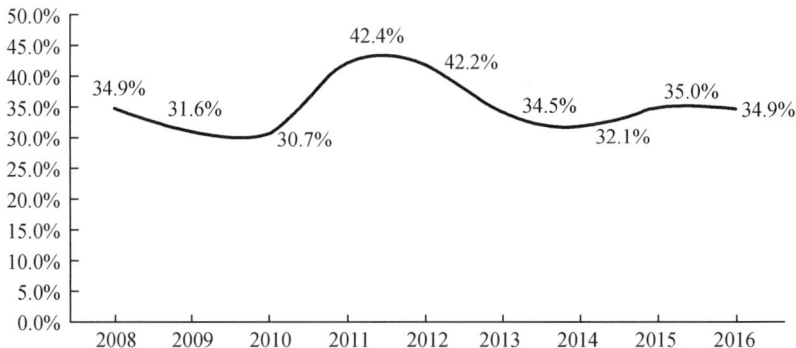

图 8-10　台湾信义房地产经纪公司的经纪人离职率

注:离职率＝年度离职人数/[(年初人员＋年末人员)/2]

数据来源:贝壳研究院对台湾信义公司的调研。

5.3 职业自主性

台湾地区司法机构出台了行业进入、作业到退出的全流程规范,"地政部"负责经纪人的职业资格证颁发,同业公会则负责落实经纪人行为规范的要求,所以,台湾为经纪人的职业自主性设定了基础,经纪人可以在行为对错的边界内充分发挥自主性,提高效率和服务质量。

5.4 职业社会地位

(1)社会地位

同业公会作为向公众宣传房地产经纪行业的核心窗口,有助于公众真正了解行业的本质,从而改变公众对于行业的误解;从经纪人行业对消费者提供的服务方面,信义公司每年会进行客户满意度调查,在客户满意率方面,近三年均超过 90%,且呈现逐年升高趋势;在消费者忠诚度上面,均超过 90%(见图 8-11)。

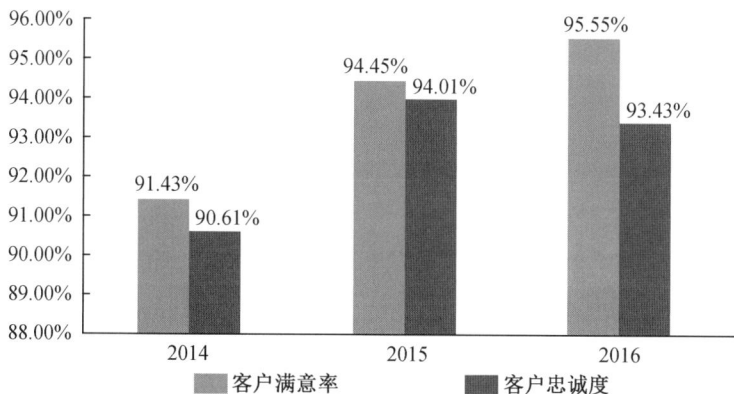

图 8-11　台湾信义客户满意度及忠诚度①调查

资料来源：2016 年信义房屋企业社会责任报告书。

（2）经纪人报酬

经纪人的收入方面，经纪人的人均工资高于社会平均工资 15％左右，而信义经纪人的收入高于行业平均水平 23％左右，信义在经纪人的收入和激励上措施如下。

①经纪人

在前 6 个月的学习期，信义为经纪人提供每月约 1.5 万新台币（折合人民币约为 3300 元）的保障，除此之外，公司为员工缴纳社保及公积金法定福利，所有新员工从入职信义的第一天起，公司就给每一位经纪人购买意外伤害保险，定期健康检查，员工还有旅游、婚丧补助、制服补助等各种多元化福利。学习期结束后，薪酬结构调整为"固定薪酬＋执照加成＋奖金提成"，其中固定薪酬依据经纪人的职级而定，从 2 万新台币到 7 万新台币不等（见图 8-12）。

---

①　忠诚度是指下次买卖房屋或者会向亲朋好友推介信义的调查者的占比。

(万元人民币/人·年)

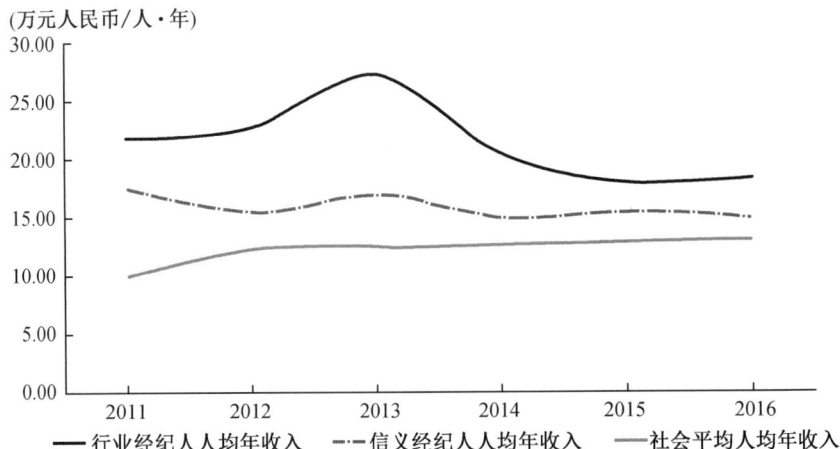

图 8-12　台湾房地产经纪人的收入情况

数据来源：同业工会、信义年报。

①店长

店的营收即为店长的营收，店的成本为店长的成本，店长的薪酬为固定工资＋盈利分成，其中盈利分成即为（店营收－店成本）×20%，若某个月发生由于业绩不突出未产生正盈余，需累计并在有盈利时扣除。据信义统计，店长的平均收入会比经纪人高50%～100%。

5.5 小结

台湾地区房地产经纪行业的专业分工为经纪人实现专业化提供了良好的环境，经纪人的被替代性低于营业员，经纪人的职业认同感具有一定的民众环境和基础，经纪人的职业自主性有正确的引导方向，台湾地区房地产经纪人职业化的发展具备基础条件。而为经纪人职业成长提供良好平台和支持的经纪公司，其经纪人实现职业化的资源更为丰富、成果更为显著。

二、香港地区房地产经纪人的职业化实践

香港地区全境由香港岛、九龙半岛和"新界"组成，管辖总面积约2755平方千米，其中陆地面积1106.34平方千米，截至2017年年底，人口规模约

740.98 万人。香港地区的法律制度大致沿袭了英国的法律制度,1997 年后,根据"一国两制"的原则,香港地区的法律制度得以继续原有的普通法体系,并以成文法作补充。

香港地区房地产经纪行业的典型特征是房屋交易短时间内大规模爆发,在面对房地产经纪行业的混乱状态下,特区政府出台行业最高法律,对行业进行规范和监管,由此也开启了香港地区房地产经纪人实现职业化的进程。

1.房地产经纪行业概况

1.1 行业规模和效率

（1）房地产经纪行业规模

①房屋类型及规模

截至 2016 年年底,香港地区房屋总规模为 277 万套,房屋类型共分为四种,其中私人住宅占比最高,约 154 万套,占比 55.96%;其次是特区政府的公营房屋,占比 29.42%,该部分房屋是出租给低收入的香港居民,申请者必须满足特区政府的一系列标准;资助房屋类似于内地的保障性住房,是特区政府兴建的、以低于市场价格出售给中等收入的香港居民;资助房屋和其他类占比约为 14.62%（见表 8-2、图 8-13）。

表 8-2 香港地区房屋的四种类型

房屋类型	定义及申请要求
公营房屋	包括房委会的出租公屋(公屋)和房协的出租屋; 截至 2011 年,香港共有 77 万套公营房屋,其中 76 万套属于政府的房委会,77 万套共分配给 200 万名香港公民(约占当时全香港人口的 28%); 申请对象为低收入的香港居民,租金远低于市场水平,平均申请等候时间为 3 年
资助房屋	由政府或房协兴建,以低于市场价格向市民出售; 申请对象为中等收入的香港居民; 如果转售必须满一定的年限并且按照当时市场价向政府补交差价
私人住宅	由私人开发商兴建,以市场价格出售或出租; 购买对象没有限制,可以自由买卖、转售及出租

续表

房屋类型	定义及申请要求
其他	寮屋:在 20 世纪五六十年代,香港人口急剧增长下,由于当时房屋供应未能满足大量的突发需求,数以十万计的市民在未开发和未批租的政府土地或已批租的私人农地上搭建铁皮屋或木屋。目前少量存在。 丁屋:是 1972 年实行的"新界"小型屋宇政策,申请者必须为年满 18 岁的男性,其父亲必须是 1898 年为香港"新界"认可的乡村居民,可申请一生中在其所属乡村兴建一所小型房屋自住,政府目的是鼓励村民兴建质量较好的房屋,保存和提升原住居民的凝聚力,如出售必须向政府补交地价并取得政府同意。 中转房屋:作为临时安置受到拆迁、火灾及其他灾害影响但又不符合申请公屋的房屋

资料来源:香港房协高中通史科技教材中第一册《居住的需求》。

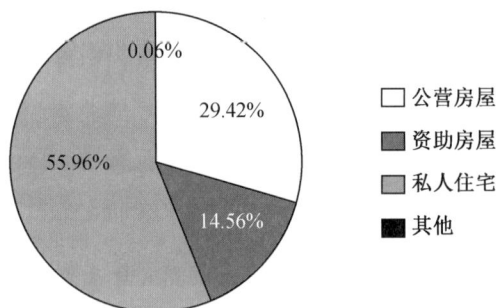

图 8-13 香港四种房屋类型数量占比(%)

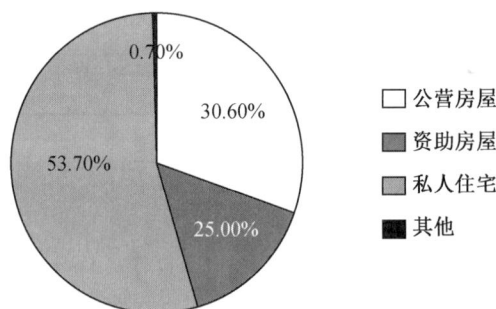

图 8-14 香港四种房屋类型的家庭户数占比

注:截至 2017 年 3 月 31 日,约有 14.55 万名 60 岁及以上的长者户居住在公屋中,占公屋总户数的 19%。

资料来源:香港房屋委员会。

②房屋流通情况

香港约45％的房屋为公营房屋(即公房)或资助房屋,公房只能用于租赁,资助房屋是政府以低于市场价格提供给中低收入人群的住房,虽然可以出售但需要按照市场价格补交差价,流通率比较低。私人住宅的交易不受上述政策影响,香港一手住宅的成交基本保持稳定,二手住宅成交变化幅度较大。在2010年后,二手住宅的成交规模出现了大幅下降,主要原因是2010年香港特区政府应对香港楼市过热情形实施了一系列如增加印花税、收紧按揭、增加土地供应及政策性住宅供应的措施。2010年以来,政府每年平均供应4万套公房及资助房屋,私人住宅的二手房成交量出现了较大幅度下滑(见图8-15)。

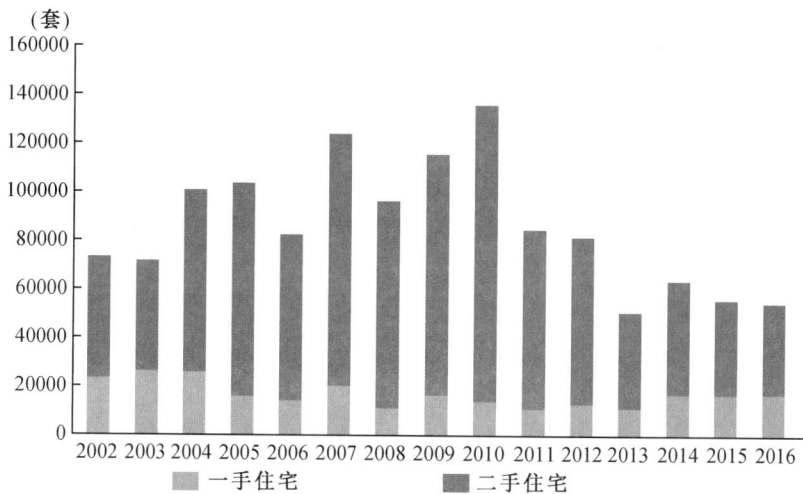

图 8-15　香港一手住宅和二手住宅的成交规模

资料来源:香港房屋委员会。

香港私人住宅的流通率随市场变化非常明显,在2010年市场高峰期,私人住宅流通率达到11.07％,2011年以来随着香港特区政府对楼市的调控,私人住宅的流通率出现回落,截至2016年,私人住宅的流通率已经下降至3.27％,约为最高点的1/4(见图8-16)。

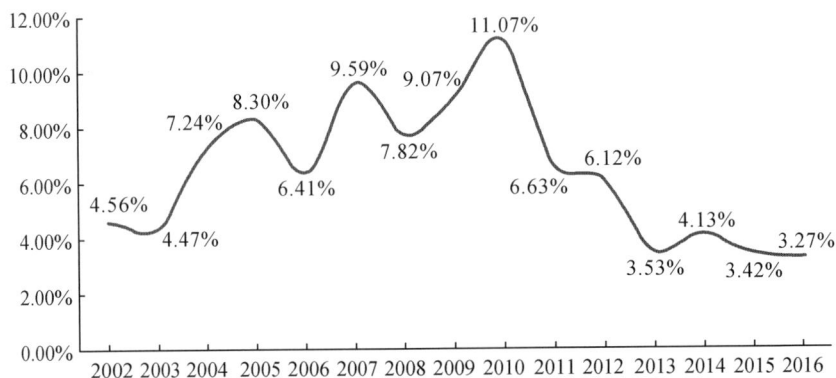

图 8-16　香港私人住宅的流通率

资料来源:香港房屋委员会、贝壳研究院整理。

③房屋交易规模

2016 年香港房地产交易总金额为 5709 亿港币,其中私人住宅总的成交金额为 4280 亿港币(见图 8-17),非住宅成交金额为 1048 亿港币,地段转让契约为 381 亿港币。私人住宅交易额中,一手住宅的成交金额为 1866 亿港币,二手住宅成交金额为 2414 亿港币。

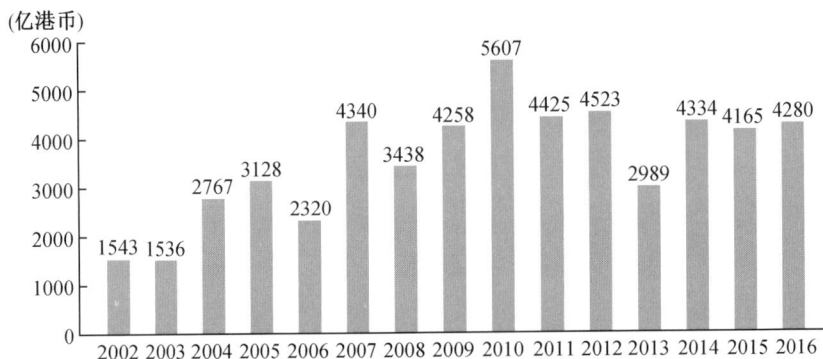

图 8-17　香港私人住宅的交易规模

资料来源:香港房屋委员会。

香港房地产经纪人在房屋交易中的渗透率约为 70% 左右,佣金费率在 1%~1.5% 之间,以此估算,2016 年香港房地产经纪行业的市场规模约为 70 亿港币,约为 9 亿美元和 60 亿人民币。

(2)房地产经纪行业效率

①经纪公司和经纪人的规模

2016 年香港人口总规模 735 万,房地产代理从业者个人牌照 2016 年年底合计 37275 张,即约 200 人拥有 1 位代理人,这一比例和美国接近。根据香港特区政府统计处数据,截至 2015 年年底,香港运行的房地产经纪公司为 2834 家,活跃经纪人为 23833 人(见图 8-18)。

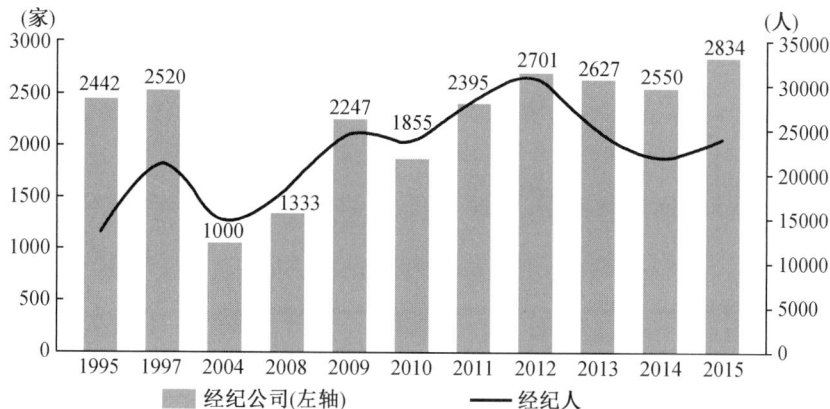

图 8-18　香港经纪公司和经纪人的规模

资料来源:香港特区政府统计处。

②经纪人人均效率

以私人住宅的交易估算香港经纪人的平均效率,经纪人的成交效率与房地产市场的走势高度一致。2010 年香港私人住宅的规模、成交总额、流通率均达到历史最高值,这一年香港经纪人平均成交 4.01 套,为历史最高值。随后,随着房地产市场进入下行周期,而前期市场繁荣下吸引大量新的经纪人进入,经纪人的平均成交量出现明显下滑。根据汇……计算,2015 年,人均成交 1.64 套,激烈的市场竞争使得部……目光放到了近年新兴市场区域,如马来西亚等地区(见图……

检验员 1

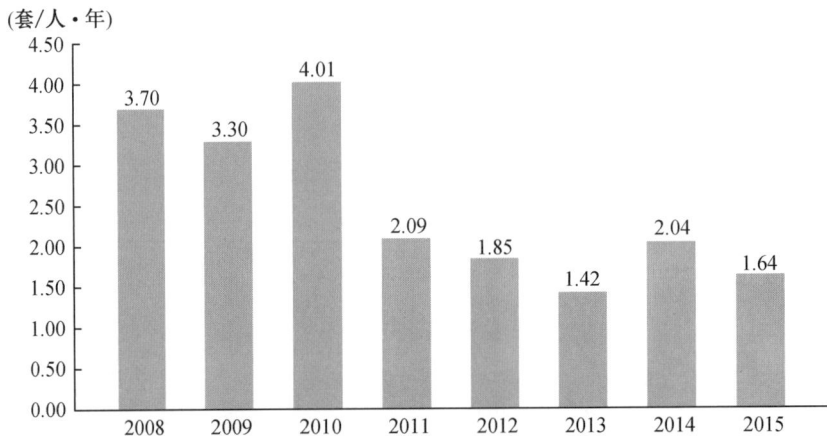

图 8-19　香港经纪人的成交效率

资料来源：Wind 资讯、香港特区政府统计处、贝壳研究院测算。

1.2 房地产经纪行业的运行规则

（1）委托代理模式

①代理模式

香港特区政府承认单边和双边的代理模式，香港房地产代理监管局（EAA）制定了经纪行业作业的系列表格，其中有 4 套标准的代理协议，分别为《出售香港住宅物业用的地产代理协议》《购买香港住宅物业用的地产代理协议》《出租香港住宅物业用的地产代理协议》和《承租香港住宅物业用的地产代理协议》，为房屋买卖和租赁提供了标准的协议范本。

②委托模式

香港客户的委托以多家委托为主。在代理协议范本中，第一条便是代理的类型及有效期。经纪人和客户在签署代理协议中必须明确是独家委托还是多家委托。如果双方签订了独家委托协议，但是在合同期间内物业由非代理公司销售或出租，则客户仍需支付代理佣金。此外，代理协议内容上还包含代理人的责任、挂牌价格、佣金、物业资料、经纪人勘察物业和待看的权限、营销渠道、广告宣传及经纪人的利益披露等内容。

（2）佣金收取模式

香港房地产经纪行业中的法例没有规定地产代理从业人员所收取的佣金金额或占成交额的比例。卖方可以和代理人员商讨佣金数额，可以为固定费用,也可以为成交额的百分比,目前佣金收取比例为 $1\%\sim1.5\%$。这一比例在世界范围处于比较低的水平,这与经纪人所承担的责任挂钩。在非常重要的条款制定和把握上,经纪人不承担任何担保责任,只需提示客户寻找律师处理便可,所以佣金费率处于全世界较低水平。香港的代理人可以不对每一项条款担责任,但是必须要知道该项条款的意义和可能存在的风险,所以必须提示客户向律师询问相关条款的风险。

(3)房地产经纪业务流程

香港房地产经纪人是典型的居间角色,经纪人的核心作用是进行信息匹配和交易。整个经纪业务中,律师作为把控交易过程中一切可能风险的重要角色参与其中。经纪人在完成谈判并确定双方交易意向后,买方经纪人会对物业进行产权核验,买卖双方律师进行合同拟定、成交过户协议拟定等,此时经纪人仅作为支持性角色参与。成交过户完成后,由买方律师将有关产权转户契约在特区政府土地注册处进行注册(见图 8-20)。

图 8-20　香港房地产经纪业务流程

资料来源:贝壳研究院整理。

1.3 小结

香港政策性住房占比约 45%,政策性房屋的交易受到政策的限制,流通率较低。香港房地产经纪行业的历史较短,没有发展起行业协会,没有建立起独立的、全行业的房源共享信息平台,而是以中原、美联等大型公司以房源信息的内部共享建立自己的内部房源共享系统。

2.经纪人职业化的起源与演变

2.1 经纪人职业化的起源

香港房地产经纪业务起源于 1970 年代。大致经历了以下三个发展阶段,伴随着房地产经纪业务发展的是房地产经纪人职业化的开启:

（1）第一阶段：1970 年代，房地产经纪业务开启

香港房地产经纪活动起源于 1970 年代。当时出口制造业发展蓬勃，经济快速发展，市民生活水平提升，加上大量内地人口迁入，加大了对房屋的需求。除特区政府和房屋协会相继出台的公房和资助房屋制度措施外，私人住宅迎来了快速的发展，当时出现了英资、华资的房地产经纪公司。

（2）第二阶段：1980 年代，房地产经纪行业快速发展，规模与问题并行

随着 1980 年代房地产市场尤其是私人住宅市场的快速发展，1980—1989 年期间，房地产经纪公司数量和规模快速加大，香港新增私人住宅供应 29.4 万套。但是在行业发展早期，缺乏监管的背景下伴随市场规模而增加的是房地产交易中经纪人欺骗、欺诈客户的行为，房地产经纪行业在民众中的声誉下降。

（3）第三阶段：1990 年代，牌照开启房地产经纪人职业化的道路

1990 年代，香港经济经过几十年的快速发展，累积了大量财富，与1970 年相比，1990 年香港银行存款增加了 81 倍，财富的积累使当时香港房地产市场的需求极其旺盛，而每年 50 公顷的土地供应量更使房地产价格易升难跌，各类资金以及银行贷款都投入到房地产市场，造成房地产价格快速上涨，外加当时处于"后过渡期"的港英政府当局，主要着眼于政治问题，无心他顾，在房价上涨太快形成巨大的"财富效应"下，炒楼成风。1991 年年初到 1997 年 9 月，香港房地产物业售价指数从 49.6 升至 169.5，租金指数从 79.2 升至 138.9。与房地产市场的"繁荣"相比，房地产经纪行业的发展出现了前所未有的"繁荣"，特许经营模式引入到了香港房地产经纪行业，以 21 世纪不动产为例，在 1994 年通过特许加盟的方式进驻香港。在失去理智的市场环境下，房地产代理行业由于没有从业门槛、行业规范和监管，滋生出大量的不法行为，危害客户利益，进一步加剧了市场的不稳定情绪。

成立于 1948 年的香港房屋协会，其职责主要是通过多项创新的房屋计划及与政府合作，管理辖下的出租屋村，开发夹心阶层住屋，为政府推行各项贷款计划，开发长者房屋，参与市区重建，以及协助私人旧楼业主管理和维修楼宇，所以对房地产经纪行业的监管十分有限。房地产经纪行业长期处于比较混乱的状态，行业没有门槛，从业人员的素质良莠不齐，经纪人

追求自我利益而导致客户利益受损的事件频发。在此背景下,香港地区立法局于 1993 年 6 月通过协议,建立完善的发牌制度对房地产经纪行业实行有效的监督和管理,开启了香港房地产经纪人职业化的历程。

2.2 经纪人职业化的变迁

香港房地产经纪人的职业化起源于 1993 年香港地区立法局首次提出制定经纪行业的法规和经纪人牌照制度。此后香港地区立法局通过了香港房地产经纪行业最高的法律——《地产代理条例》,并根据法律要求成立了房地产代理监管局。监管局在最高法律赋予的权力边界内相继出台多项行业运行规范,并制定和执行经纪人的牌照申请规范(见图 8-21)。

与美国、新西兰长达百年的房地产经纪人职业化历程相比,中国香港房地产经纪人的职业化历程比较短,严格意义上来说并没有出现房地产经纪行业协会,所以行业自律的成分比较少,而是行业乱象大规模爆发之际直接由政府出台法律规范进行监管。

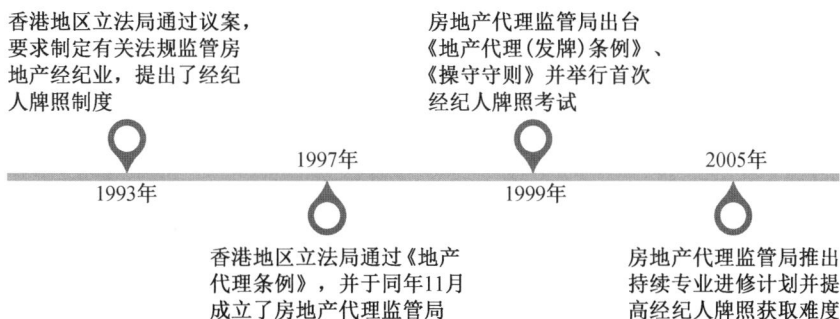

图 8-21　香港房地产经纪人职业化历程的里程碑节点

资料来源:贝壳研究院整理。

(1)1993 年,政府首次将房地产经纪行业的监管提上立法层面

香港地区立法局于 1993 年 6 月通过协议,要求制定相应的法规,建立完善的发牌制度对房地产经纪行业实行有效的监督和管理,该份协议的主要内容如下:

①关于牌照制度:要求房地产经纪公司和个人必须持有牌照开展业务,关于牌照的具体要求由政府制定,牌照分为经纪人牌照和公司牌照,其中经纪人牌照分为代理人牌照和营业员牌照。

②关于牌照获取要求：个人获得牌照的前提是申请人必须理解和掌握有关政策、法规和专业知识，代理人要有一定的服务水平及从业经验；经纪公司获取牌照的要求是公司法人持有代理人牌照。

当时的经纪人获取执业资格证书所考核的内容指定了以下 8 个方面：

A.香港房地产经纪行业的发展历史；

B.房地产经纪实务；

C.监管物业转让的习惯及程序规定；

D.土地注册制度、查册及物业的相关资料系统；

E.建筑物有关知识、物业分类及管理；

F.房地产估价理论及实务；

G.租赁及租约实务；

H.房地产经纪业务的有效管理。

1993 年，香港提出了通过牌照制度对经纪人和经纪公司进行监管，这一内容的提出奠定了香港房地产代理监管局成立的坚实背景。

(2)1997 年，房地产经纪行业最高法律出台，开启了房地产经纪人职业化的快速发展历程

随着 1997 年亚洲金融风暴爆发，香港私人住宅价格下跌高达 60%，大量房屋与贷款出现"倒挂"，这一年，香港特区政府通过了《地产代理条例》，并根据法律的需求成立房地产代理监管局，将香港房地产经纪人职业化的理论进行了落地。

香港房地产代理监管局成立后，在《地产代理条例》赋予的权限内先后出台了包括《地产代理(发牌)规例》、《操守守则》和《房地产代理常规(一般责任及香港住宅物业)规例》在内的多部行业规范，从经纪人的进入、作业到退出进行了全方位的监管，并且在 1999 年举行了房地产经纪人牌照的第一次考试。香港地产代理监管局的发展历程见图 8-22。

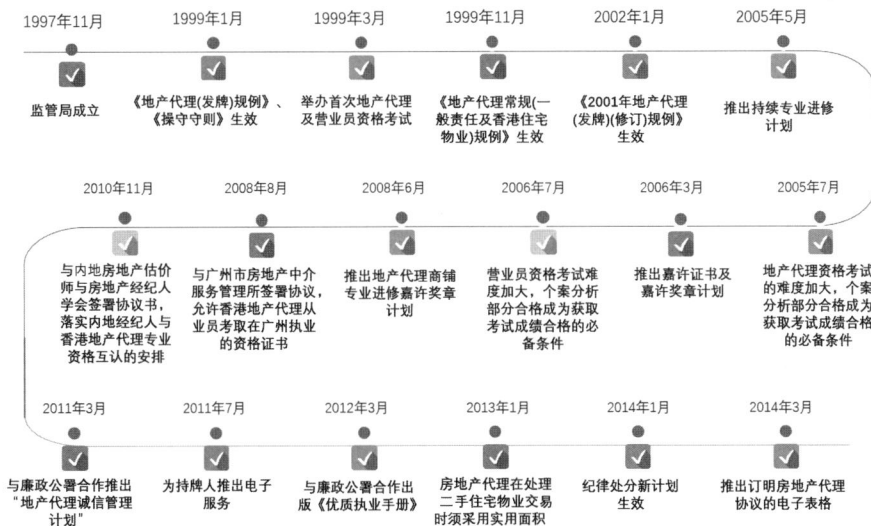

图 8-22 香港地产代理监管局的发展历程

资料来源：EAA、贝壳研究院整理。

2.3 小结

　　香港房地产经纪人在实现职业化过程中典型的特征是时间短和参与主体单一，自始至终是政府机构在推动职业化的进程。所以，与美国、新西兰、新加坡等国家相比，中国香港房地产经纪人职业化没有完整的路径和要素，没有出现职业团体，更没有职业团体在行业知识体系建设和行业行为规范方面的作为。究其原因，可能与当时紧迫的职业化需求相关，房地产市场的快速发展带动了房地产经纪行业大规模兴起，而职业化的基础条件缺失，行业亟待规范，此时，唯有政府的强制性作用才能在最短的时间以强制性的力量发挥作用，这也是香港房地产经纪人职业化以经纪人和经纪公司的牌照要求作为开端的原因。

3.房地产经纪人职业化的表现

3.1 职业化的组织和推动机构

　　香港房地产经纪人职业化的典型特征是没有出现职业团体，这与香港较短的房地产市场和经纪行业市场有关，但也离不开由于行业小而分散的形态下难以组建站在行业长远发展的角度上引导企业和从业者的行业环境有关。

（1）政府机构——香港地产代理监管局（EAA）和一手住宅物业销售监管局

①地产代理监管局（EAA）

地产代理监管局（EAA）是根据《地产代理条例》的需求成立的政府机构，其主要职责是：

A.规范房地产经纪运作，确保房地产经纪机构和从业人员遵守条例规定；

B.促使房地产经纪人公正立场，履行职责，维持并提高经纪人的声誉和社会地位；

C.为经纪人通过职业资质考试和继续教育联络教育机构或培训团体；

D.负责经纪人的牌照申请及下发；

E.制定行业发展中的执业指引和其他条例及规范；

F.接受对经纪人的投诉或主动调查经纪人违反条例的行为；

G.对违反条例规范的经纪机构和经纪人进行纪律制裁；

H.就佣金争议做出裁定；

I.向公众宣传房地产交易及经纪行业的知识。

可见房地产代理监管局是香港房地产经纪行业的政策制定机构、规范监管机构、房地产经纪活动的指挥机构、经纪人职业化的推动机构、公众对经纪行业认知的宣传机构。

②一手住宅物业销售监管局

一手住宅物业销售监管局类似于内地的房管局，其主要职责包括：

A.制定一手住宅销售的作业指引——《一手住宅物业销售条例》，并对不遵从指引条例的情形进行调查；

B.监察条例条文的遵从情况（包括通过对售楼说明书、价单、示范单位、售楼处、成交记录册、销售安排公告、卖方网站和广告的定期巡查和检查，监管销售手法）；

C.处理投诉和公众查询；

D.安排宣传活动和教育公众有关销售一手住宅物业的事宜；

E.备存电子资料库,贮存一手住宅发展项目的售楼说明书、价单和成交登记册。

可见,一手住宅物业销售监管局是香港一手住宅销售活动的规范制定和监管机构,其使命是提高香港一手住宅物业销售的透明度和公平性,保障买家利益。

3.2 职业资格制度

1997年《地产代理条例》出台及监管局成立,对香港经纪人从业资质做出了强制性的要求,经纪人必须持牌照从业。1999年香港房地产代理行业实行持照从业,无照从业者将受到监管局甚至司法机构的严厉处罚,处罚方式包括禁止从业、罚款,甚至监禁等,最高量刑为2年监禁及50万港币的罚款。

(1)牌照类别

香港房地产经纪人个人牌照分为营业员牌照和地产代理(个人)牌照两类。

①营业员牌照

营业员不能独立开展和经营房地产经纪代理业务,只能以雇员身份受雇于经纪公司,并在其监督下从事地产代理工作,营业员牌照是经纪人从业的基础牌照。

②地产代理(个人)牌照

该牌照是签发给独资经营者、合伙人、实际管理公司业务的董事,或地产代理业务经理等从事代理工作的人士,持地产代理(个人)牌照的人可开经纪公司,也可以以雇员的身份从事经纪业务。所以,营业员和代理人并不是初级和高级的区别,二者的牌照没有先后考取的顺序,即代理人不需要必须从营业员做起。代理人是独立开代理公司或者以合伙人身份开设代理公司的必需条件。

除个人牌照外,香港房地产经纪公司也必须有牌照,经纪公司申请牌照的最基础条件是法人必须持有代理人牌照。根据《地产代理(发牌)规例》的要求,开设经纪公司前必须向监管局申请一份营业详情说明书,类似于内地的营业执照,营业详情说明书应放置于营业场所显眼处。

（2）牌照申请条件

根据《地产代理条例》（第 511 章）、《地产代理（发牌）规例》及《营业员牌照的发牌条件》，"申请人"必须符合以下的基本条件：

①学历：完成中学五年级（即高中二年级）或同等程度的教育（结业证书的正本或由律师签署的核证副本，作为学历证明文件。监管局认为，中五课程应包括语文科、数学科及其他科目）；

②年龄：年满 18 周岁；

③考试成绩有效期：在申请牌照的日期前的 12 个月内通过经纪人牌照考试；

④其他：被地产代理监管局认为是持牌的适当人选。

（3）获取牌照的考试要求

香港地产代理监管局制定了经纪人获取牌照所需要参加资格考试的《考试手册》，内容包括牌照申请条件及考试模式、内容、费用、成绩通知等系列内容，详见表 8-3。在该本手册中，监管局详细列举了经纪人考试内容及所需要掌握的程度，同时对于报考人如何获取此类知识也做出了明确的规定，即监管局没有出版任何的考试用书，也没有委托任何机构出版，市场上的培训机构也并非监管局认定或指定。

从香港经纪人作为居间角色的职责上看，香港经纪人的考试内容上属于难度比较高的考试。目前这一考试难度是在 2006 年由房地产代理监管局（EAA）修改《考试手册》所定，其目的是进一步提高经纪人的进入门槛，缓解过多从业者涌入。2016 年参加地产代理人的资格考试人数为 3837 人，考试合格人数 1277 人，通过率为 33.3%；参加营业员资格考试人数为 5142 人，考试合格人数 1805 人，通过率为 35.1%，所以 2016 年香港通过经纪人资格考试的人数约为 3082 人，这对于总规模为 3.7 万的经纪人群体来说，依然是规模庞大的从业群体。

表 8-3　香港房地产经纪人获取牌照的考试要求

考试要求		地产代理资格考试（EAQE）	营业员资格考试（SQE）
考试内容		※地产代理业的背景，影响地产代理业的各种因素 ※《地产代理条例》内容和地产代理监管局要求 ※经纪行业法规及其在工作中的应用 ※不同物业资料查询系统的要素及查册工作 ※建筑物的基本分类和术语，及与建筑物有关的法律和技术 ※物业估价的基本原理 ※租务法例，及其与租务工作的关系 ※融会上述知识，设计出有效的管理系统和制订标准工作程序，以确保地产代理办事处及分行遵守各项规管条文	※地产代理业的背景，影响地产代理业的各种因素 ※《地产代理条例》和地产代理监管局要求，及物业销售订明守则 ※经纪行业法规及其在工作中的应用 ※建筑物的基本分类和术语，及与建筑物有关的法律和技术 ※租务法例，及其与租务工作的关系
考试题型		第一部分 30 道题目（占 60 分）＋第二部分 20 道题目（占 40 分，以一至两个个案分析为基础）	第一部分 40 道题目（占 60 分）＋第二部分 20 道题目（占 40 分，以一至两个个案分析为基础）
考试时间		3 小时	2.5 小时
合格标准		考生必须同时在考试第一及第二部分取得合格分数，方能获取考试合格的成绩，合格分数为总分数的 60%	
考试费用		700 港币，由 2018 年 1 月开始，考试费上调至 800 港币	450 港币，由 2018 年 1 月开始，考试费上调至 550 港币
考试频率		1 年 4 次	1 年 6 次

资料来源：EAA，贝壳研究院整理。

监管局对代理人和营业员获取从业牌照考试内容及掌握程度做出了详细规定,营业员必须掌握的知识比代理人所必须掌握的知识范围小、难度低,表 8-4 是代理人资格考试的内容及掌握程度的要求。

表 8-4　香港代理人获取执业牌照的考试内容及掌握程度要求

部分	知识内容	掌握程度
第1部分	地产代理业的背景、影响地产代理业的各种因素 ①香港地产的发展情况、不同的发展阶段和与整体社会经济发展的关系 ②香港地产代理业的发展,包括由个人代理发展到公司代理,以至大型连锁集团。地产代理业与其他专业及界别的关系,包括与政府部门、法律界、银行界、发展商、建造业、物业管理业等的关系 ③房屋和土地政策(影响价格的因素——政治、经济、移民、利率、按揭政策) ④物业的供应与需求量 ⑤地产代理人的角色和功能(促销人、分销人) ⑥《地产代理条例》的由来 ⑦市民对地产代理专业的期望(消费者如何看待这个行业,对这个行业的期待)	2级,基本认知
第2部分	了解《地产代理条例》和房地产代理监管局的要求;熟悉监管局就物业销售订明的守则,能够处理各种不同的物业交易情况 ①地产代理业的法定管理组织(监管局的主要职能和一般权力、组织架构) ②遵守监管局的发牌条件(申请条件、发牌条件、营业资料) ③地产代理的法定职责与《地产代理条例》(代理的定义、登记、职责、协议、表格、调查投诉和纪律、上诉、罪行与处罚和佣金裁定等) ④操守守则(法规、操守及道德标准、对客户的责任、代理之间的关系及需遵守的标准等) ⑤职业规则(责任、放盘及寻找委托、协议的使用、广告宣传、提供资料、谈判、佣金和交易后服务等) ⑥遵守与地产代理业有关的指引	4级,能够明了并实际地运用知识于地产代理行业

续表

部分	知识内容	掌握程度
第3部分	房地产经纪行业规范、法律条例等基础知识 ①基本法的基本概念(普通法、司法) ②衡平法的基本概念 ③成文法 ④代理法[委托形式(明示、暗示、不容反悔、追认)、代理职责(尽一切努力、披露、不可失实陈述……)] ⑤合约法原则(定义、形成、物业合约、诠释、违法处置、失真陈述) ⑥疏忽(定义、要素、声明) ⑦物业交易实务和程序 ⑧按揭(形式、条款、计息方式和申请程序等) ⑨物业相关税项(印花、物业、地租、差饷和利得税等)	2级,基本认知
第4部分	土地注册制度、查册及与物业有关的资料系统的介绍 ①土地查册所涉技术性名词和要点(物业详情和业主详情等) ②土地查册(转让历史与现时业权的查册区别和查册方式等) ③如何分析查册文件(常见难题、注意事项) ④可供公众查阅的统计资料(与地产相关的基本数字、房屋资料和交易资料等) ⑤其他土地、物业资料的统计查询	①～③为4级,能够明了并实际地运用知识于地产代理行业; ④～⑤为2级
第5部分	简介与建筑物有关的知识、物业分类及物业管理 ①政府批地的条件 ②《城市规划条例》 ③《建筑物条例》 ④影响现有楼宇的问题 ⑤影响新楼地盘或重建楼宇地盘的问题 ⑥物业管理	1级,初步认知
第6部分	对物业估价的基本原理具备初步认识,以便能够明白物业估价报告的主要内容 ①估值定义 ②地产物业的需求和供应 ③地产物业可有不同的价值(市价、强迫售价和投保价等) ④估价方法(直接比较、投资计算、利润计算和重置成本法等) ⑤地盘估价方法(比较法、余值法和现金流转折现法等) ⑥物业市场(市场趋势及直播和销售方法等) ⑦估价报告	1级,初步认知

续表

部分	知识内容	掌握程度
第7部分	掌握租务法例,及其与租务工作的关系 ①租约种类(住宅和商业楼宇等) ②租约印花税 ③租客权益 ④租客责任(支付租金和在租务关系终止时交还物业管有权等) ⑤业主权益 ⑥业主责任 ⑦终止租务关系(租约期满、双方协议、合约中提早终止条文和其他等) ⑧续租程序(协议续约和其他) ⑨CR表格	4级,能够明了并实际地运用知识于地产代理行业
第8部分	地产代理必须能够融会前述各部分的知识,设计出有效的管理系统和制订标准工作程序,以确保地产代理办事处或分行符合各项规管条文 ①因他人作为而负上的法律责任(雇主与雇员的关系、明示和暗示的权限、"在受雇工作期间"的意义) ②为地产代理和营业员设计有效的管理系统和标准工作程序,确保符合《地产代理条例》的规定,以及设立监察机制(持照从业、接受监管、披露利益、保密、防止洗黑钱) ③遵守其他法例[《公司条例》、《合伙条例》、《雇佣条例》和《个人资料(私隐)条例》等] ④物业资料管理(收集、更新、核准、保存和存放等) ⑤处理投诉及佣金	4级,能够明了并实际地运用知识于地产代理行业

资料来源:EAA、贝壳研究院整理。

(4)牌照更新

监管局要求在申领从业牌照后12个月或24个月进行一次更新,更新频率越低所缴纳的费用越高,必须于其牌照有效期届满前1~3个月提出有关牌照续期申请。监管局考核是否发放新牌照的条件是进修学分是否达到标准,没有达到则不予更新,分数积累越多,可以在牌照更新的基础上获取代表能力越高的奖章证书。牌照更新费用见表8-5所示。

表 8-5　香港房地产经纪行业牌照更新费用

单位:港币

牌照类别	更新费用	
营业员牌照	1280	2510
地产代理（个人）牌照	2010	3930
地产代理（公司）牌照	2800	5460
独资/合伙商号于每一个营业地点的营业详情说明书	2120	4140
公司商号营业详情说明书——以每个附加的营业名称在一个营业地点营业	2800	5460
公司商号营业详情说明书——在每个附加的营业地点营业	2120	4140
补发牌照或营业详情说明书	300	
修订牌照的详情或营业详情说明书的详情	300	
核证登记册内任何记项的副本或摘录	150	

资料来源:EAA、贝壳研究院整理。

（5）持续进修计划

持续专业进修计划于 2005 年 5 月起以自愿参与形式推行,该计划鼓励从业人员(包括地产代理及营业员牌照持牌人)秉持终身学习的精神,积极参与计划,达到每年持续专业进修学分的目标。地产代理监管局会不时进行检讨,以决定应否将计划改以强制形式推行来提升从业人员的专业水平和督促其掌握行业最新知识。

①学分和内容要求

一般而言,每参与一小时的进修活动获得一个学分。凡内容与地产代理法例、执业、法规要求、管理事宜有密切关系均属核心科目,其他有助提升从业人员一般水平的相关课程则属非核心科目(见表 8-6)。

表 8-6　香港房地产经纪行业持续进修计划学习科目

核心科目	非核心科目
地产代理条例及地产代理监管局指引	市场推广技能及技巧
其他与地产代理工作相关的法律及实务知识	一般商业管理
专业操守	财务及会计知识
地产代理业务管理、督导、管治及尽责审查	其他司法管辖区地产代理业实务

续表

核心科目	非核心科目
测量,物业/设施管理及城市规划	信息科技
	社会经济课题
——	语言技能
	其他有助提升地产代理从业员水平的知识

注:例如物业转易、租赁、土地查册、歧视法例、劳工法例、《建筑物条例》、《一手住宅物业销售条例》及《个人资料(私隐)条例》等。

其他有助于提升地产代理从业人员水平的知识如环境保护、可持续发展、室内设计、职业安全、行为心理、统计及数据分析等。

资料来源:EAA、贝壳研究院整理。

专业进修积分不设上线,积分越多可获认证资格越高的奖励,如嘉许证书、嘉许奖章、地产代理商铺专业进修嘉许奖章及优越嘉许奖章。

②组织形式

进修的方式包括监管局免费提供的课程培训和监管指定机构进行的课程培训。监管局的课程属于免费课程,但是如果经纪人没有达到相应的标准将失去学习的机会,则只能自费在指定机构完成学习。

③监管局提供的免费课程

监管局向持牌人提供应用于地产代理工作须掌握的法律知识和实用技巧,不收取费用,分为现场和在线两种形式。现场课程期限为两年循环制,每个循环期约6个月,以方便经纪人根据自己的时间安排学习,对上课效果的检测方式是进行测验,测验成绩分为卓越级别(90~100分)、优异级别(80~89分)、合格级别(60~79分)及不合格级别(低于60分),获得卓越级别的经纪人可获得下载监管局网页及监管局的相关刊物的权利;全勤(课堂学习时间不少于27小时)及所有测验成绩合格的经纪人将获得地产代理监管局颁发的地产代理监管局实务证书;全勤及课堂学习时间30小时及以上者除了获得证书外还将获得卓越勤学奖。特别注明,现场课程不计学分。

在线学习是监管局为持牌人提供的免费网上持续专业进修活动,经纪人可通过观看课程影片完成学习,参加者需进行相关的课后测验,若取得合格分数将获得学分,不合格的参加者可再获一次机会参加测验,若两次测验皆未能取得合格分数,该参加者将失去参加网上学习活动的机会。

课程内容每年会有变化,但围绕经纪人的业务展开,比如 2016 年的课程内容主要包含诚信执业、执业通告中关于卖方身份核实和如何获取物业的使用面积、一手住宅销售中关于售楼说明书的理解和注意事项、一手住宅的销售推广及数据的使用、商铺及写字楼的估价、住宅楼的维修保养和对监管局职责的学习等。

2016 年监管局提供的详细课程内容详见附件 4。

④监管局指定机构提供的收费课程

目前监管局认可的培训机构约 50 个,包括如香港中文大学、香港城市大学、香港理工大学、香港科技大学等多所著名高校,以及职业训练局、培正专业书院和在特区政府网页中刊登的具有举办副学士课程资格认定的其他教育机构。具体名单见地产代理监管局公布的《持续进修计划》。

3.3 职业行为监管

一手住宅物业销售监管局和地产代理监管局(EAA)是香港房地产行业的两个监管机构,其中一手住宅物业销售监管局的职责是对一手物业销售过程中的行为的规范。一手住宅物业销售监管局制定了《一手住宅物业销售条例》。这部条例的读者定位是购买一手住宅的买家,所以一手住宅物业销售监管局的重点并非是对经纪人的监管,重点是对开发商的监管,要求开发商在进行一手住宅销售时必须提供相应的资料和履行相应的职责,如提供售楼说明书和售价单,披露成交资料,对广告和营销安排做出说明,以及对临时买卖合约和买卖合约须载有的条文进行解释,禁止失实陈述和虚假或具误导性资料的传播和使用。

地产代理监管局是基于对《地产代理条例》的实施而建立的,《地产代理条例》是香港地区司法局出台的、具有极强法律效力的行业监管文件。香港地产代理监管局在《地产代理条例》赋予的权限范围内制定了规范行业运行的多项法规,从经纪人的进入、作业过程中的代理协议及业务行为、佣金收取都有详细的规定。除此之外,监管局制定了经纪业务中的多个标准文件,如物业资料收集表、代理协议标准表等,供经纪人和经纪公司使用,见图 8-23。除对经纪人的行为进行规范和监管之外,监管局也进行公众的房地产知识宣传和教育,以提高消费者对于房地产市场的了解,减少消费者在房屋交易过程中遭受损失的情况。

在香港房地产经纪的监管系统中,监管局作为独立的政府机构,负责制定行业运行规范,监督经纪公司和经纪人对行为规则的落实情况(见图 8-24),监管局有权做出最终的处罚决策(前提是司法局认可监管局的决定),而且当事人选择裁定机构时需优先选择监管局进行处理,因为监管局作为房地产经纪行业的专职机构,在处理效率上比其他机构如消费者协会更加专业和高效。

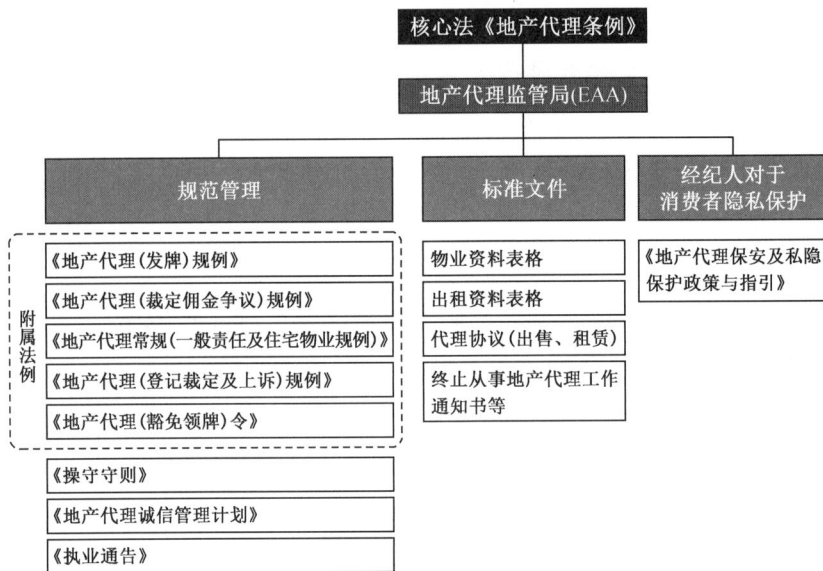

图 8-23　香港房地产经纪行业的监管体系

资料来源:EAA、贝壳研究院整理。

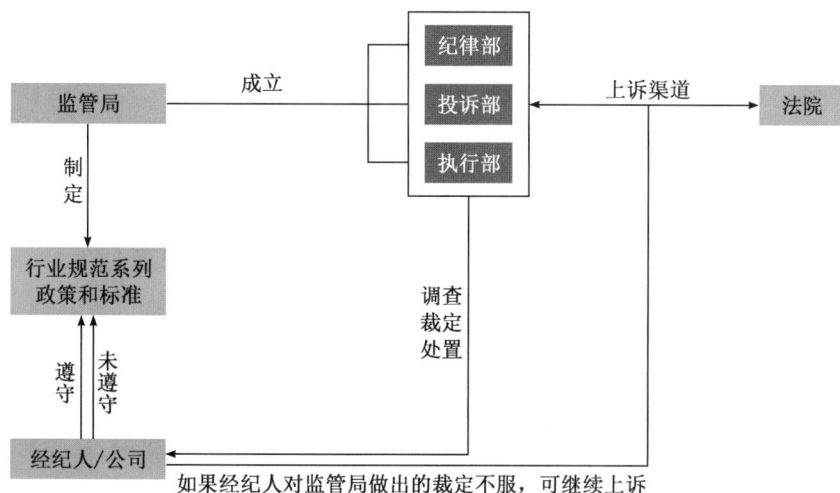

图 8-24　香港房地产经纪行业的监管运作

资料来源:EAA、贝壳研究院整理。

在监管局对经纪人的处罚中,以训诫/谴责和附加/更改牌照条件为主,其次是罚款,而暂时吊销牌照和永久性撤销牌照的比例相对较低(见表8-7)。

表 8-7　香港房地产经纪行业的监管运作

单位:例

年份	做出的处分或行动				
	训诫/谴责	罚款	附加/更改牌照条件	暂时吊销牌照	永久性撤销牌照
2014 年	260	174	254	12	53
2015 年	214	137	233	15	44
2016 年	195	140	191	33	44

资料来源:EAA、贝壳研究院整理。

(1)《地产代理条例》及附属法例

《地产代理条例》是香港房地产代理行业第一部全行业层面的法律规范,该部法律由香港地区立法局出台,1997 年首次出台,在 2002 年和 2007 年分别进行了修改。核心内容分为 6 个部分:对监管局的介绍、对牌照的要求、对经纪人违法违规行为的处理和制裁、经纪人的职责和作业过程的规范、地产代理协议的内容及签署和佣金争议裁定（见图 8-25）。

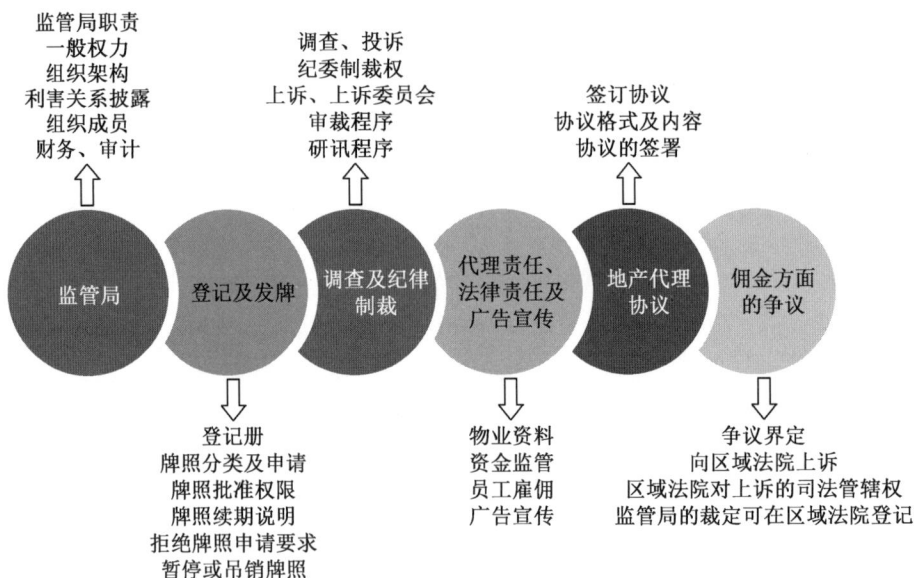

监管局职责　　　调查、投诉　　　　　签订协议
一般权力　　　　纪委制裁权　　　　　协议格式及内容
组织架构　　　上诉、上诉委员会　　　协议的签署
利害关系披露　　审裁程序
组织成员　　　　研讯程序
财务、审计

| 监管局 | 登记及发牌 | 调查及纪律制裁 | 代理责任、法律责任及广告宣传 | 地产代理协议 | 佣金方面的争议 |

登记册　　　　　　物业资料　　　　争议界定
牌照分类及申请　　资金监管　　　向区域法院上诉
牌照批准权限　　　员工雇佣　　　区域法院对上诉的司法管辖权
牌照续期说明　　　广告宣传　　　监管局的裁定可在区域法院登记
拒绝牌照申请要求
暂停或吊销牌照

图 8-25　《地产代理条例》的内容体系

资料来源：EAA、贝壳研究院整理。

房地产代理监管局（EAA）成立后，为了使《地产代理条例》的内容能够落地使用，监管局对牌照、住宅销售、投诉及佣金争议等内容进行了进一步的细化，由此诞生了 5 部附属法例（见图 8-26）。

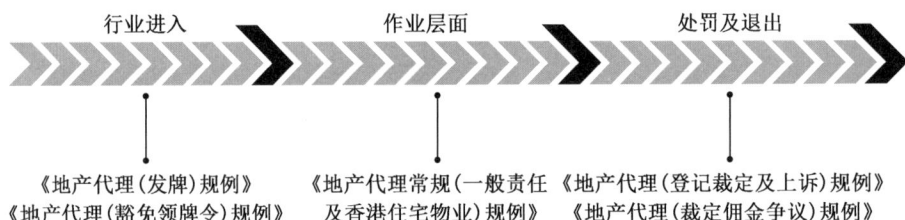

行业进入　　　　　　作业层面　　　　　　处罚及退出

《地产代理（发牌）规例》　《地产代理常规（一般责任　《地产代理（登记裁定及上诉）规例》
《地产代理（豁免领牌令）规例》　及香港住宅物业）规例》　《地产代理（裁定佣金争议）规例》

图 8-26　《地产代理条例》的系列附属法例

资料来源：EAA、贝壳研究院整理。

①《地产代理（发牌）规例》和《地产代理（豁免领牌令）规例》

这两部条例是关于经纪人、经纪机构的牌照规范。《地产代理（发牌）规例》是经纪人和经纪公司申请牌照的详细规定，具体内容见本章中的职业资格制度相关内容；而《地产代理（豁免领牌令）规例》是对经纪人免除牌照情形的说明，如果经纪人不在香港地域内从事房地产经纪业务则不需要

持有香港房地产经纪人牌照,如果经纪人不开设经纪公司可不申请代理人资格牌照。

②《地产代理常规(一般责任及香港住宅物业)规例》

该规例是监管局认为持牌人在从事或经营地产代理工作的业务时或在以营业员身份行事时应该遵守的专业标准。从经纪人获取客户的委托、签订委托协议、进行房源和客源匹配、协助协商促成交易、资金监管到佣金费用的收取分配,每一个环节经纪人必须要做的、坚决不能够做的事情,在该部规例中均有明确的说明(见图 8-27)。

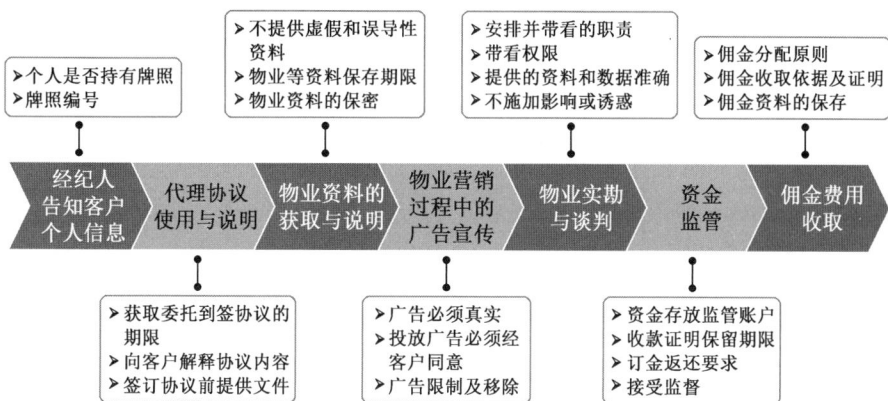

图 8-27 《地产代理常规(一般责任及香港住宅物业)规例》的内容

资料来源:EAA、贝壳研究院整理。

以代理协议的使用与说明、物业资料的获取与说明、物业营销过程中的广告宣传为例,详细列举三个环节中经纪人的职责。

A.代理协议的使用与说明

a.与卖方签订代理协议的日期:接受卖方口头委托 7 个工作日内或就物业进行广告宣传之前或就物业签署成交协议前,以三个时间中最早的时间为准;

b.与买方签订代理协议的日期:安排买方带看或就物业签署成交协议前,以两个时间中最早的时间为准;

c.在有关人士并非由律师代表的情况下,经纪人在和委托人签订代理协议之前必须向委托人说明的事项包括:代理类型及对应的权责、代理协议(监管局制定了标准的代理协议表格)中的每一项条款含义,如果委托人依然有不明确的地方,必须建议委托人寻找专业律师进行咨询。

B.物业资料的获取与说明

a.无论是提供给卖方还是买方的信息都必须真实、无误导性;

b.经纪人必须对所代理的物业资料进行备份,存放时间不少于3年,监管局有权查阅并向当时经手的经纪人进行相关提问;

c.经纪人如没有得到卖方书面同意不能够将物业任何资料以任何方式分发他人代理;

d.如经纪人A已经得知卖方与经纪人B签署独家委托协议,则A不得向卖方索取代理,如果A促使卖方签订了代理协议,则卖方无须向A支付佣金。

C.物业营销过程中的广告宣传

a.经纪人不得安排或准许发出任何与其业务有关的虚假或具误导性陈述或详情的广告;

b.经纪人在对物业进行广告宣传前必须取得委托方书面同意;

c.经纪人不得以与委托方期望不符的价格或租金进行广告宣传;

d.如果为合租物业的出租广告,必须注明合租状态方可进行广告宣传;

e.经纪人在物业不再具备交易状态或代理协议终止后(二者中最早)移除广告。

③《地产代理(裁定佣金争议)规例》

裁定佣金争议是指委托人与经纪人就佣金的收取额度、收取方式及收取时间等发生争议而寻求的裁定。

香港佣金裁定可以通过监管局、区域司法机构、消费者协会等渠道投诉,监管局的流程最为简单,程序所花时间较短,而且监管局的决议如果被区域司法机构认定可以作为最终裁定,但是监管局受理的佣金裁定案件要求是佣金及其他费用总额不超过30万港币(见图8-28)。

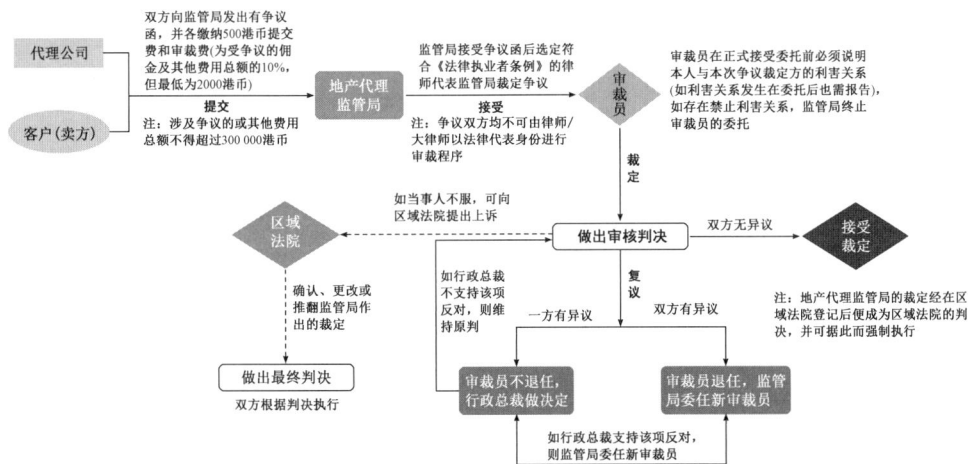

图 8-28 香港房地产经纪业务中的佣金争议裁定流程

说明:有关持牌地产代理和客户之间的佣金争议,可根据《地产代理条例》第49条转介地产代理监管局(监管局)做出有约束力的裁定。地产代理和他们的客户可选择一个较法庭更快捷的途径去解决争议,也就是说佣金争议不一定非要由监管局,除非代理投诉人双方同意将佣金争议根据《地产代理条例》第49条转介监管局做出有约束力的裁定,否则监管局没有司法管辖权处理双方的佣金争议。监管局解决的佣金及其他费用总额上限为30万港币,超出则不受理解决,可以直接选择司法程序。

资料来源:EAA、贝壳研究院整理。

④《地产代理(登记裁定及上诉)规例》

《地产代理条例》列举了包括监管局工作人员、经纪人、消费者在房地产经纪业务中可能的违法违规情形及处罚措施,而《地产代理(登记裁定及上诉)规例》是对任何违法违规行为的认定、处理规范。处罚等级共分为 6 个级别,1 级最重,6 级最轻。

A.可能的违法违规情形及处罚措施(见表 8-8)

表 8-8 《地产代理条例》中对于违法违规行为的界定及处罚措施(部分摘录)

违法违规行为	处罚措施		
	等级	经公诉程序定罪	经简易程序定罪
经纪人或经纪公司未获取牌照而从事房地产经纪业务	1 级	罚款 50 万港币及/或监禁 2 年	罚款 5.0001 万 ~10 万港币及/监禁 6 个月

续表

违法违规行为	处罚措施		
	等级	经公诉程序定罪	经简易程序定罪
接受监管局调查的个人未能向监管局提供应提供的资料	2级	罚款 20 万港币及/或监禁 1 年	罚款 5.01 万～10 万港币及/或监禁 6 个月
监管局人员在调查过程中未能按照规定履行保密义务			
在监管局进行佣金争议裁定中任何做出虚假陈述的个人			
营业员未立即将收取客户的款项交给代理人或存入资金监管账户	3级	罚款 15 万港币及/或监禁 6 个月	罚款 2.51 万～5 万港币及/或监禁 3 个月
申请牌照时出具了虚假或误导性文件、资料	4级	罚款 5.01 万～10 万港币及/或监禁 1 年	
代理人在业务开展过程中使用了牌照外的个人姓名	5级	罚款 5.01 万～10 万港币及/或监禁 6 个月	罚款 2.51 万～5 万港币及/或监禁 6 个月
营业员在开展业务过程中使用了牌照外的个人姓名	6级	罚款 5.01 万～10 万港币及/或监禁 3 个月	罚款 2.51 万～5 万港币及/或监禁 1 个月

资料来源：EAA 贝壳研究院整理。

除了以上处罚外，对任何违反《地产代理条例》规定的个人，法庭或裁判官可做出不超过 5 年被取消牌照资格的裁定。

B.上诉及裁定

上诉是指消费者或经纪人对于监管局就上述违法违规行为的处置提出异议并要求重新裁定的过程。上诉的事由包括：牌照申请及续期被监管局拒绝、监管局要求提交牌照申请的附加条件、监管局做出吊销或撤销牌照的决定或监管局认定的违规违法处罚措施。

对于上诉的裁定由上诉委员会和审裁小组负责，上诉委员会由监管局局长委任，由 1 名主席和 11 名成员组成，所有人员均不得是政府公职人员，审裁小组是根据具体上诉事件机动成立，成员全部来自上诉委员会，审裁小组做出的决定为最终决定（见图 8-29）。

图 8-29　上诉委员会和审裁小组的产生过程

资料来源：EAA、贝壳研究院整理。

上诉裁定程序由裁定小组决定，包括材料的收取、证据的收取、调查等，审裁程序中的任何一方均可亲自，或由大律师或律师代表，或在审裁小组同意下由其他人代表参与审裁程序，裁定结果可以是维持原判也可以做出更改，但处罚措施均为上述 6 个等级。

（2）《操守守则》

《操守守则》是《地产代理条例》及 5 部附属条例的补充。比如对于凶宅的调查并非《地产代理条例》规定提供的资料，但如果经纪人没有采取合理及切实可行的步骤查核物业曾否发生死亡事件，则违反监管局的《操守守则》。

经纪人如没有遵从《操守守则》，可能会被视为《地产代理条例》下不适合从业的经纪人，继而不符合获取从业资格证的最后一项要求，即监管局认为其并不是合适的人选。持牌人还可能因此受到纪律处分，纪律处分由监管局设立的纪律委员会行使纪律制裁权，纪律制裁权包括：训诫或谴责有关持牌人、将条件附加于有关牌照上或更改牌照上的条件、暂时吊销或撤销其牌照、判处罚款和做出支付费用的命令。监管局建立了对经纪人的纪律处罚记录名单，公众可查询经纪人在过去两年接受纪律处罚的情况。

《操守守则》在内容上是规范加案例的形式，自 2007 年出台以来，2013年进行了第一次更新，2013 年版本内容如表 8-9 所示。

表 8-9　《操守守则》的内容（2013 年更新）

规　　范	违反规范的情形
经纪人的行为必须符合法律的规定	安排非法租赁 违反交通条例

续表

规　　范	违反规范的情形
经纪人充分了解有关的法例及规定	向买家提供贷款 以恐吓手段追收佣金 在订明表格内设定额外条款 物业外墙悬挂广告牌 插手订金托管 没有核实当事人法律行为能力 发出预售楼花同意书前接受订金
经纪人应具备的专业知识及能力	未获业主同意安排分租 诓骗客户订立租约 向客户提交虚假的要约 就物业许可用途作出失实陈述
经纪人执业时应秉持的操守、道德标准及对客户的责任	提供误导性的按揭资讯 没有就非独立住宅单位进行土地查册 临时买卖合约内未有妥善处理的整改要求 安排买方签署没有填上价格的协议
经纪人应尽一切应尽的努力	提供错误楼龄 没有尽力核实物业的楼面面积资料 就客户提问垃圾收集点的位置做出失实陈述 在未取得合约双方同意下更改合约条款 欠缺土地查册
经纪人尽量避免陷入任何利益冲突之中	将自己的物业出租给客户 没有披露自己与卖方的关系 未有披露地产代理同时代表双方
经纪人在执业时必须遵守的操守标准	损害其他地产代理行的名声 参与打架 不当处理客户款项 收购旧楼 在公共场合以粗言秽语辱骂同行 拒绝退还"可供出售证明书" 擅自取用楼盘资料

资料来源：EAA、贝壳研究院整理。

（3）《执业通告》

《执业通告》是监管局就经纪人、经纪公司或者民众对监管局出台的法律法规、文件、资料及房地产经纪业务中相关问题向监管局进行询问，监管局会整理相应的问题并给出全面的解答,并将此类问答形式整理成册进行公布,供民众、经纪人和经纪公司进行查阅。自 1999 年至 2017 年,监管局共公布了 76 份执业通告。

(4)标准文件

标准文件是监管局制定的房地产经纪行业通用业务表格,供经纪人、经纪公司及民众使用。通用表格最大的优点在于提升行业效率和维护消费者利益,统一的表格能够快速使用而且内容一致,对于消费者来说,可避免因经纪人或经纪公司以自我利益为导向获取额外信息或签订不利条款。

截至当前,监管局制定并公布的标准文件有:物业资料表格(适用于香港住宅物业的买卖)、出租资料表格(适用于香港住宅物业的出租)、出售香港住宅物业用的地产代理协议(供地产代理与卖方用)、购买香港住宅物业用的地产代理协议(供地产代理与买方用)、出租香港住宅物业用的地产代理协议(供地产代理与业主用)和承租香港住宅物业用的地产代理协议(供地产代理与租客用)等共计 6 款房地产经纪业务的标准表格。此外,对经纪人和经纪公司层面,监管局制定的标准表格有:持牌人终止从事地产代理工作通知书、持牌地产代理雇用/终止雇用营业员通知书、持牌地产代理委任/终止委任经理通知书、持牌地产代理委任/终止委任董事通知书和成为/终止作为地产代理业务合伙的成员通知书等 6 款标准文件。

(5)《地产代理资讯保安及私隐保护政策与指引》

该政策出台的背景是房地产经纪行业的互联网应用下对客户资料保密的重要性持续加强。香港有《个人资料(私隐)条例》,而《地产代理资讯保安及私隐保护政策与指引》是《个人资料(私隐)条例》在房地产经纪行业的应用。监管局制定该政策的目的是向经纪公司及经纪人介绍保护个人资料隐私的最低要求。

内容包括明确客户个人资料保护的重要性、保护客户个人资料的基本原则、客户个人资料的使用权限及监控系统和经纪公司对于经纪人在保护客户个人资料方面的培训等方面。如对于客户个人资料的使用方面,除非高级管理者批准,否则严禁经纪人将私人电脑设备(如个人笔记本、PAD、USB 储存设备等)连接至公司网络等。

3.4 小结

香港房地产经纪人在实现职业化上的典型特征是没有房地产经纪行业的职业团体这一角色出现，而是司法机构出台行业最高法律，根据法律需要组建专门的政府机构，该政府机构制定行业发展的一切规则并有权力对违反规范的经纪人或经纪公司进行处置。香港房地产经纪人职业化具备执业资质制度、行业知识和教育体系、健全并不断更新的监管制度。

4.经纪人生态系统

香港房地产经纪行业具备了推动经纪人职业化实现初级阶段的全部要素，中原集团和美联集团作为香港房地产中介市场中两大核心机构，两家公司占据房地产经纪行业规模的 67%，其中中原占比 35%，美联集团占比 32%。

以香港中原公司在经纪人职业化方面的推动和实践为例，中原集团建立了经纪人的互联网作业工具（新房销售管理平台 CCES、存量房信息平台 CCAI）；在经纪人反思性教育实践上，中原地产在 2006 年成立中原训练学院，并邀请地产代理监管局成员——在业内有 30 年经验及堪称地产代理"教父"的郭昶先生担任院长，学院的顾问委员会包括大学教授，地产界及测量界精英人员，为经纪人提供全面训练及终身学习的机会。

中原学院课程分为三个范畴：

①考牌课程及迎新课程，为准备入职及新加入的营业员或地产代理而设；

②为在职人士而设的语文课程、专题讲座、持续专业进修课程活动（CPD），还有主管级的培训如主管工作坊系列及优质服务证书课程（CSE）；

③各类兴趣班及户外训练。

为方便从业人员了解开课的时间及课程内容，学院设立网站（www.cti－edu.com），员工可在网上报读有关课程，而网站亦有超链接至其他与物业成交相关的网站。

5.房地产经纪人职业化的程度

5.1 职业的不可替代性

（1）专业分工

香港房地产经纪人是非常明显的居间身份,虽然其有义务向客户解释代理协议中的内容,但是对于协议、合同中的风险不负法律责任。而律师作为香港房地产经纪业务中的重要参与方,在买卖双方达成成交意向后的流程和环节中扮演核心角色,所以就房地产经纪行业的分工来看,具有相对明确的分工,有助于降低经纪人被其他环节角色取代的可能性。在2016年香港经纪人资格考试中,有过法律从业经验者参加代理人和营业员考试的占比分别为1.1%和0.2%,即46人和11人,可见律师转向经纪人是非常低的比例。

因为律师是专业化程度非常高的职业,需要漫长的学院式教育培养,其工作的职责是解决纠纷,与房地产经纪人进行信息匹配、促成交易不同。这与需要在具备基础知识的基础上反思性实践要求高的职业在作业逻辑上有着本质的区别,这也是国际上居间角色的经纪人都没有被律师这类职业取代的原因。

（2）从业门槛

香港房地产经纪人的知识教育是获取执业牌照的基础。通过前文执业牌照相关内容的介绍,可以发现代理人所需要掌握的知识内容非常丰富,而且各知识体系之间构成了由基础认知到实际应用这样一个由易到难的掌握要求,从物业的属性掌握到应用知识体系搭建房地产经纪业务体系、组织和管理从业人员,形成了一个完整的闭环知识系统(见图8-30)。

> 房屋统计资料的查询
> 土地及其他物业资料的统计资料查询
> 建筑物基本指标
> 估价基础知识

1级，初步认知

2级，基本认知

> 房地产经纪行业背景及影响因素
> 行业法律法规及监管

该知识的掌握程度是考核营业员对知识在业务中的应用能力，对代理人来说，基础知识的应用程度更高，不仅体现在业务中，还体现在组织和管理中

4级，系统知识在业务中的应用

3级，基础知识的应用

> 《地产代理条例》及监管局职责
> 土地注册、查册系统及使用方法
> 租赁法律条例
> 管理能力及职责

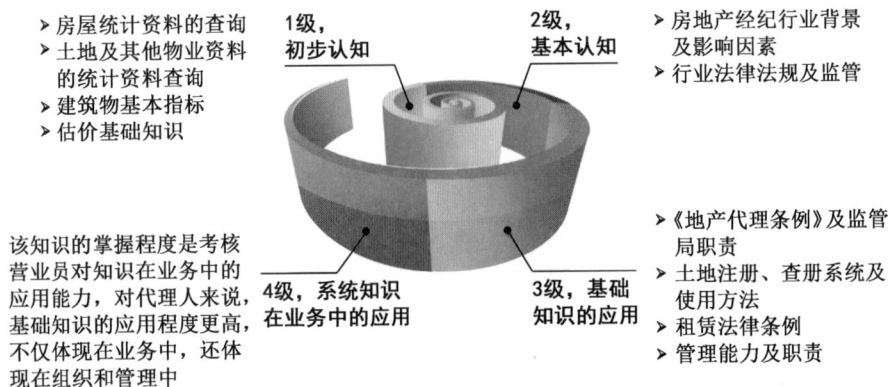

图 8-30　香港代理人获取执业资质考试的知识掌握逻辑

资料来源：EAA、贝壳研究院整理。

专业知识体系构成了房地产经纪人的职业门槛，从考试的通过率方面（33%～35%的通过率）看，房地产经纪人的门槛有一定高度；从职业的属性上看，房地产经纪行业是实践性极强的职业，从业时间越长积累的经验越多，所获取的业绩也就越多，使得房地产经纪人被新进入者和技术取代的可能性比较低。总之，即便是居间的身份，香港房地产经纪人的职业壁垒依然存在，被替代的可能性比较低。

5.2 职业认同感

房地产经纪人的职业认同感一般体现在人员素质水平、职业进入动机、职业投入度和从业者的行业留存方面。

（1）人员素质

人员素质采用经纪人的学历水平进行衡量，香港对获取牌照的经纪人学历最低要求是中五或同等学力，目前经纪人的学历水平中也是以最低学历标准者占比最大，整体为65.1%，代理人为54.6%，即大部分的经纪人学历仅达到最低标准，学历更高者选择成为经纪人的比例较少（见图8-31）。

为什么存在学历低于最低学历要求的情况？香港是1999年首次举行考试，但是在2002年才正式颁布牌照制度，所以2002年之前对经纪人的学历没有最低要求，也就是说中五以下学历者是2002年之前的部分从业者。

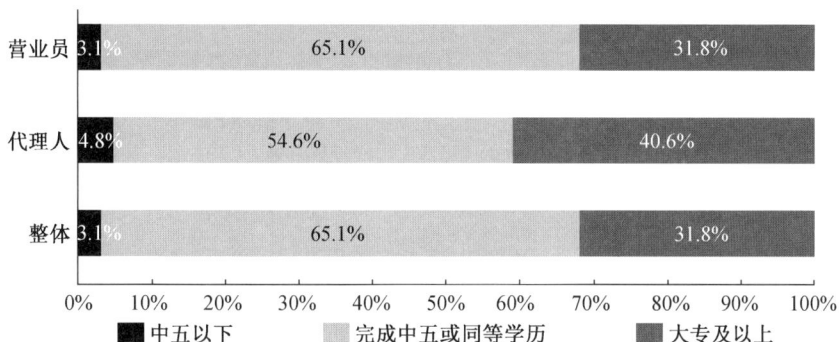

图 8-31　香港经纪人的学历水平

注：香港的教育中中学分为初中和高中，初中三年称之为中一到中三，高中三年称之为中四至中六，在修毕中四及中五课程后，所有学生均需参加香港中学会考，以决定能否升读预科课程（中六、中七），所以中五相当于高中二年级，这一水平对应的是内地的高中或中专水平。

资料来源：EAA、贝壳研究院整理。

（2）从业动机

关于经纪人的从业动机，较低的门槛和存在获取可观收入的可能性是该行业吸引从业者的最大因素。

在香港代理人的从业背景中，以其他销售类、地产代理类、银行/会计/投资从业者占比最高，过去三年中，有销售经验者（零售/批发、保险和其他销售类）考取代理人牌照的占比提升；在营业员的从业背景中，以零售/批发、物业管理和学生占比最高，过去三年中，零售/批发、保险和见习营业员考取营业员牌照的占比提升（见图 8-32、图 8-33）。

有销售经验为主的从业者是选择房地产经纪行业的主要群体，除了房地产经纪人的工作性质具有销售特征外，存在可观收入的可能性也许是吸引他们进入的最大动力。

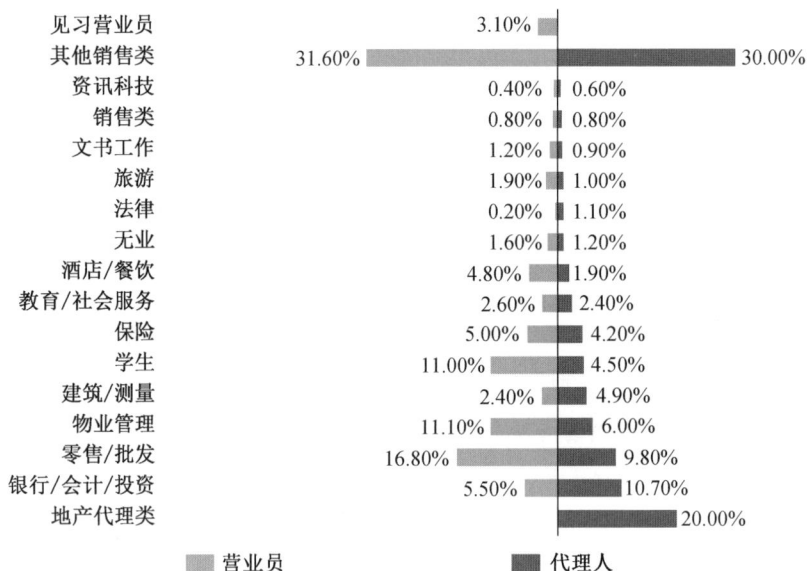

从业背景	营业员	代理人
见习营业员	3.10%	
其他销售类	31.60%	30.00%
资讯科技	0.40%	0.60%
销售类	0.80%	0.80%
文书工作	1.20%	0.90%
旅游	1.90%	1.00%
法律	0.20%	1.10%
无业	1.60%	1.20%
酒店/餐饮	4.80%	1.90%
教育/社会服务	2.60%	2.40%
保险	5.00%	4.20%
学生	11.00%	4.50%
建筑/测量	2.40%	4.90%
物业管理	11.10%	6.00%
零售/批发	16.80%	9.80%
银行/会计/投资	5.50%	10.70%
地产代理类		20.00%

图 8-32　香港经纪人的从业背景

注：其他销售类中 90% 为资料不详。

资料来源：EAA、贝壳研究院整理。

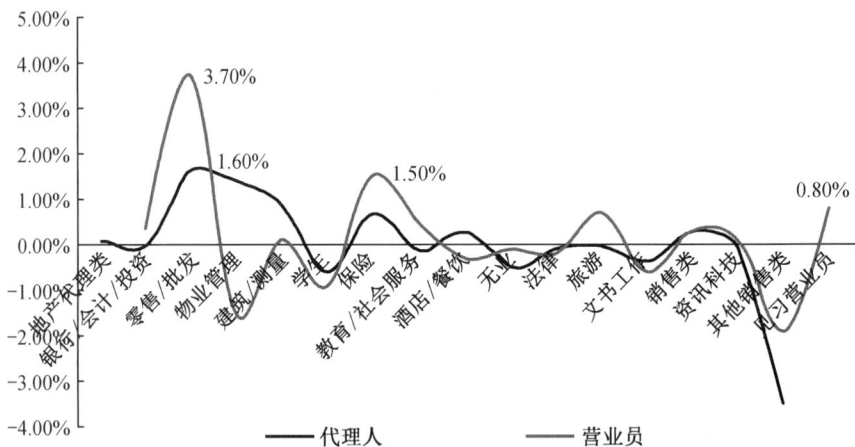

图 8-33　2016 年与 2013 年相比香港经纪人的从业背景变化情况

资料来源：EAA、贝壳研究院整理。

（3）投入度

采用香港特区政府统计处的活跃经纪人数和监管局的持牌经纪人数计算经纪人的活跃度，以此衡量香港经纪人在工作上的投入情况，2013—

2015 年间,香港活跃经纪人的占比维持 61%~68%之间,即 32%~39%的经纪人处于非活跃状态,持有牌照但不从业。这一比例和美国基本持平,2016 年美国活跃经纪人占比约为 62%左右(见图 8-34)。

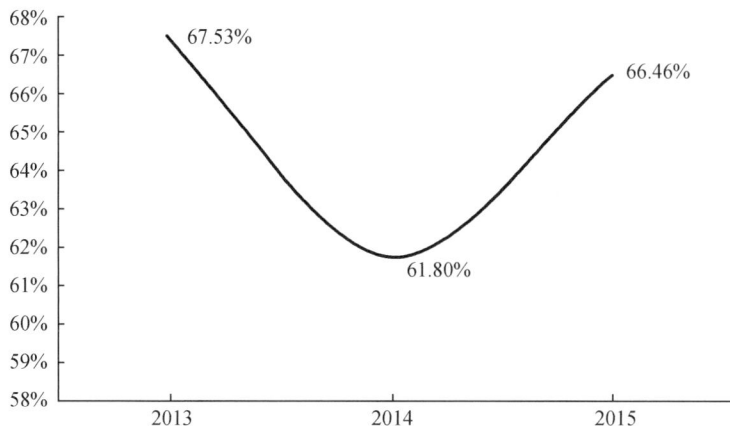

图 8-34　2013—2015 年香港经纪人的活跃情况

资料来源:香港特区政府统计处、EAA、贝壳研究院整理。

(4)留存度

经计算,2014—2016 年香港房地产经纪人的年流失率分别是 16.06%、10.71%和 6.25%(见表 8-10),这一水平和新西兰基本持平,在房地产经纪行业属于比较低的流失情况。房地产经纪行业是经验积累非常重要的行业,所以正常的从业年龄结构应该符合正态分布,而香港房地产经纪人的年龄分布也确实是正态分布,46~55 岁从业者的占比最高,为 30.7%,随着年龄的增加和减少从业人员依次呈阶梯递减,这与美国"老年型"和内地"青年型"不同(见图 8-35)。

表 8-10　香港经纪人的进入和流失情况

年份	新获取牌照人数(人)	个人牌照总数(个)	流失经纪人(人)	流失率(%)
2014	4268	35450	5819	16.06
2015	4228	35859	3819	10.71
2016	3793	37363	2290	6.25

资料来源:EAA、贝壳研究院整理。

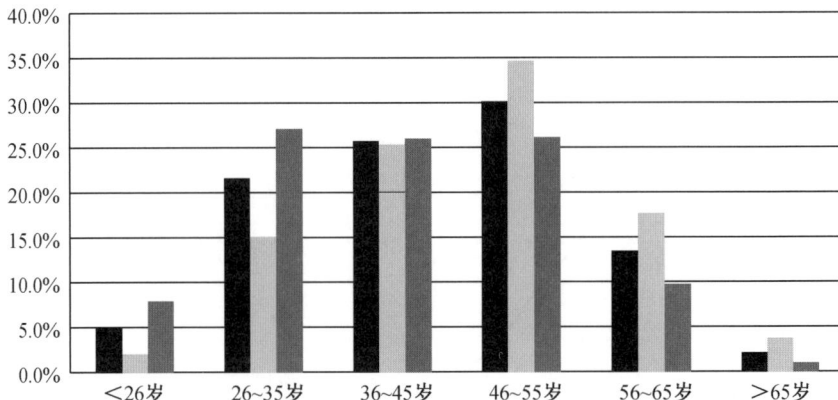

图 8-35　香港经纪人的年龄分布

资料来源：EAA、贝壳研究院整理。

5.3 职业自主性

职业自主性的体现是有行业团体存在，行业团体决定行业的知识教育和行业规范，或者行业协会发挥作用影响政府在行业规范和监管方面的行为。但是香港房地产经纪行业并没有出现行业协会。香港没有出现行业协会并发挥作用这一现象，其根本的原因在于香港房地产市场在较短的时间内迅速爆发，房地产经纪行业快速兴起并呈现爆发式增长。快速发展的行业中短期内出现了大量客户利益遭受损害的事件，行业声誉下滑，特区政府不得不通过立法进行行业监管。所以香港房地产经纪行业的监管是立法先于自律，这是由于特殊的行业发展环境所决定。

5.4 职业社会地位

（1）社会声誉

监管局是独立的政府机构，负责消费者对经纪人的投诉。本书采用投诉侧面反映香港经纪人的社会声誉。2014—2016 年监管局接到的消费者投诉占经纪人参与的交易比例分别为 0.63％、0.56％和 0.87％，在监管局对房地产经纪行业的宣传和严格监管下，香港在消费者利益保护方面建立了明确的通道，而消费者投诉比例较低似乎说明了香港消费者对于经纪人的认同（见表 8-11、表 8-12）。

表 8-11　监管局接到对消费者的投诉情况

年份	2014 年	2015 年	2016 年
接获的投诉个案	399（56）	315（43）	475（74）
占总交易个数的比例	0.63％	0.56％	0.87％

注:（）表示与一手物业有关。

资料来源:EAA,贝壳研究院整理。

表 8-12　监管局接到对消费者的投诉并做出的裁定

年份	2014 年	2015 年	2016 年
指称成立	192(12)	155(10)	103(21)
指称不成立	160(23)	157(35)	117(7)
资料不足	42(4)	19(0)	36(2)
其他(例如投诉人撤回投诉)	84(9)	94(11)	90(12)
总数	478(48)	425(56)	346(42)

注:（）表示与一手物业有关,部分为往年案件。

资料来源:EAA,贝壳研究院整理。

(2)收入水平

①劳工局规定的最低工资水平

劳工局于 2013 年、2015 年分别出台《房地产代理行业法定最低工资:行业性参考指南》,2013 年调整的法定最低工资水平是每小时约 25 元人民币,2015 年则约为 28 元人民币(2015 年餐饮和旅游行业最低工资水平也约为 28 元人民币)。最低法定工资不包含奖金,设定法定工资的目的是保障基层雇员。在劳动局对于佣金的定义中,最低工资是包含佣金的,除非是雇主和雇员另有约定,所以,这也就是已经有了最低工资保障而代理人收入依然不高的原因。

由于房屋属性的原因,房屋可以完全流通的仅为占比 55.96％的私人住宅。稀缺的土地、人口规模大、人口密度高(6646 人每平方千米),外加强劲的城市发展属性,可以自由流通的房屋价格处于高位,所以即便是 1％的佣金费率,给代理人的佣金费用依然不低,外加代理人是居间的身份,对于风险的把控需要额外的支出(房地产交易中买卖双方给律师的费用是协商确定）。

②经济报酬

经纪人的收入由底薪（有最低工资保障，职位级别越高底薪越高）＋佣金分成（按照一笔业务总佣金额等级分成）＋奖金（职业级别越高或者开单越多奖金越高）构成。2016 年，香港社会全行业年收入中位数为 2.5 万美元，经纪人收入中位数 3.2 万美元，综合收入与工作年限相关（见表 8-13）。

表 8-13 2016 年香港代理人工作年限与收入情况

单位：万美元

工作年限	综合年收入
1～4 年	3.023
5～9 年	5.297
10～19 年	7.712

资料来源：PayScale、香港特区政府统计处。

5.5 小结

就香港房地产经纪人在实现职业化方面取得的效果来看，房地产经纪业务在一定程度上的专业分工有助于降低经纪人的被替代性。经纪人从业具有一定的门槛，该门槛中对经纪人的知识要求相比经纪人的职业角色来说比较高，但是加大了对经纪人的筛选力度，进一步构筑了经纪人的从业门槛；监管局对行业价值的宣传有助于构建经纪人职业认同感的社会环境，公司格局明确，为经纪人的职业认同感提供了资源和支撑；监管局出台了从经纪人进入、作业到退出的全流程规范和监管，外延明确、颗粒度非常细，为经纪人发挥正确的职业自主性奠定了基础；消费者对经纪人的认同感比较高，而经纪人所获取的经济报酬方面，最低工资保障加佣金分成为经纪人的职业成长提供了基础、连续的物质保障。

三、内地（大陆）房地产经纪人职业化现状

在第二章中关于房地产经纪人职业化的必要性论述中，阐明了房地产经纪人的特殊属性和房地产经纪人实现职业化的必要性。总体上，和本书

中所分析的国家和地区相比,内地(大陆)房地产市场化的历程相对较短,在这相对较短的历程中,内地(大陆)房地产经纪人职业化进展如何,存在什么样的问题和面临什么样的挑战,是本节重点论述的问题。

1.内地(大陆)房地产及房地产经纪行业概况

1.1 内地(大陆)房地产市场的发展

"新中国成立时中国有 5.3 亿人口,到 1978 年增加到 9 亿。1949 年我国人均居住面积是 4.5 平方米,1978 下降到 3.6 平方米。这还不包括城市逾 1000 多万尚未返城的上山下乡知识青年,假如把他们算上可能连 3 平方米都不到。人口增加了几乎一倍,而房子盖得极少,可想而知人们居住条件越来越差只能是唯一的结果。"①

1978 年之前,内地(大陆)城镇实行租房制度,具体做法是从城镇职工工资中扣除一部分用于住宅建设,建成之后进行分配。租房制度的问题在于分配不公、收不抵支,住房非常紧张。1978 年内地(大陆)实行改革开放,在住房制度上实行福利分房制度。1980 年,邓小平提出"出售公房,调整租金,提倡个人建房买房"的设想,拉开了内地(大陆)住房制度改革的序幕。1986 年,国务院召开了城镇住房制度改革问题座谈会。1988 年,《中华人民共和国宪法》中首次确立了土地使用权可以依法转让。这一时期,上海在租房中借鉴了新加坡的公积金制度,即每月从工资中提取一部分积累形成住房公积金,公积金可以用来支付房租,海南、深圳等地成了房地产市场化改革试点的首批区域。1993 年海南房地产泡沫破裂,让内地(大陆)房地产改革进入到了新的调整期。1994 年是内地(大陆)全方位改革的一年,财税制度改革、金融体制改革、投资体制改革、企业制度改革、住房制度改革和物价体制改革在这一年被提出。国务院在《关于深化城镇住房制度改革的决定》中提出房改的根本目标是实行住房商品化、社会化。这一年,私房可以上市买卖,公房作为计划经济的产物退居幕后,民众的住房观念也逐渐发生改变,曾经"靠政府、靠单位、靠等"的观念逐渐改变,攒钱买房、贷款

---

①　卜凡中. 我们房地产这些年[M]. 杭州:浙江大学出版社,2010.

买房逐渐被接受。1998 年,内地(大陆)结束了近半个世纪的福利分房制度,货币化住房方案正式启动,中国房地产开启了市场化之路。

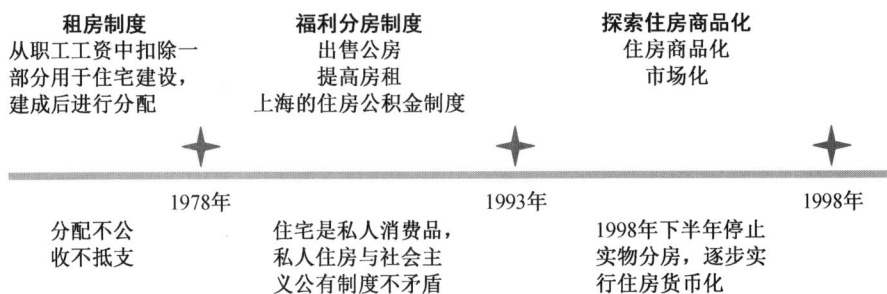

租房制度	福利分房制度	探索住房商品化
从职工工资中扣除一部分用于住宅建设,建成后进行分配	出售公房提高房租上海的住房公积金制度	住房商品化市场化
1978年	**1993年**	**1998年**
分配不公收不抵支	住宅是私人消费品,私人住房与社会主义公有制度不矛盾	1998年下半年停止实物分房,逐步实行住房货币化

图 8-36 内地(大陆)房地产市场发展的重要节点

资料来源:贝壳研究院整理。

自 1998 年启动住房商品改革,在过去的 20 年时间,内地(大陆)房地产市场快速发展,住房自有率由 1998 年之前的 4%～5%、人均居住面积 4～5 平方米发展到今天的 60% 和 36.6 平方米(2016 年数据,城镇住房)。在城镇化步入后期、人口增速放缓、人口老龄化加重的情形下,内地(大陆)房地产市场的发展也逐渐步入了后半场——存量房时代。目前内地(大陆)存量房规模约为 2.4 亿套,户均套数超过 1 套,与增量阶段对新增供应的需求不同,在存量房时代,房屋的流通成为解决住房的重要途径。

1.2 内地(大陆)房地产经纪行业的发展

与房地产市场的发展相比,在过去 20 年左右的历程中,内地(大陆)房地产经纪行业的发展大概可以分为 1998 年之前的萌芽起步期、1998—2007 年的乱象丛生期和 2008 年至今的行业调整期,推动内地(大陆)房地产经纪人实现职业化的一些措施也穿插其中(见图 8-37)。

(1)萌芽起步期(1998 年之前)

经纪行业和经纪人这一群体最早被提上国家层面是在 1992 年召开的十四大之后。当时国内许多学者开始对经纪人的定义、法律地位和市场作用进行了探讨,提出了针对经纪人立法的迫切性。随后,中共中央出台的《八届人大常委会立法规则》将《经纪人法》纳入准备审议的法律草案之一。1996 年,建设部下发了内地(大陆)房地产经纪史上第一部国家层面的管理规定——《城市房地产中介服务管理规定》，将房地产中介从业人员分为了咨询人员、估价师、经纪人共计三类，并分别规定了各类的从业资格，其中要求房地产经纪人必须参加考试并获得"房地产经纪人资格证"后方能从业，考试和注册方法由各省（自治区、直辖市）政府主管的房地产管理部门制定，同时提及了经纪人违约责任及罚则条例。但是这部管理规定在内容上太过宽泛，难以落地实施，当时没有出台关于经纪人资格考试的相关细节规定。然而这一时期，内地（大陆）主要实行政府分房的福利制度，没有实行市场化的交易，所以房地产经纪行业发展基本上处于空白，经纪人的职业化也仅停留在理论层面。

（2）乱象丛生期（1998—2007年）

这一时期的社会背景是内地（大陆）商品房的全面大发展，伴随着房地产交易的活跃，房地产经纪活动相继增多，如我爱我家、顺驰、链家等房地产经纪公司相继成立。出于行政管理的需要，我国部分省市在房地产经纪业管理实践中，开始着手房地产经纪法规的建设，相继制订了房地产经纪人、经纪机构管理暂行办法，但并未从理论上对其进行深入研究。2000年，建设部委托中山大学岭南学院房地产咨询研究中心对房地产经纪人资格管理制度进行了研究。2001年8月，建设部下发了修正后的《城市房地产中介服务管理规定》，修改的部分为："由国务院建设行政主管部门归口管理全国房地产中介服务工作"修改为"省、自治区建设行政主管部门归口管理本行政区域内的房地产中介服务工作"，"房地产经纪人考试和注册由省、自治区人民政府建设主管部门和直辖市房地产管理部制定"修改为"房地产经纪人的考试和注册办法另行制定"。本次修改最大的内容是在罚则上，处罚方式更加细化，具体到处罚执行上依然比较粗线条。2001年12月18日，由人事部、建设部向各省（自治区、直辖市）下发了内地（大陆）房地产经纪行业历史上第一份关于房地产经纪人职业资格考试的指导文件——《房地产经纪人员职业资格制度暂行规定》和《房地产经纪人执业资格考试实施办法》，正式实施经纪人资格考试。自1996年首次提出经纪人持照从业到2001年年底出台从业资格考试的可执行文件，这中间经历了5年的时间。该份文件明确了考试申请者的基本条件（学历、品行）、考试内容及考试等级。考试内容至今天依然没有大的变化，但当时设定的经纪人（初级为协理经纪人,最低学历为高中毕业)申请门槛依然比较高,如取得大专学历,工作满 6 年,其中从事房地产经纪业务工作满 3 年,或者取得博士学位,从事房地产经纪业务工作满 1 年等。在 2001 年的内地(大陆),普通高校毕业生 107 万人,大专以上者(包括成人专科、自考文凭及网络专科等)合计约 27.65 万人,就大专学历且要求工作满 6 年这一条件,在当时内地(大陆)人才高度紧缺的时候这一门槛显然过高;就博士身份来说,2001 年内地(大陆)博士毕业生 1.28 万人,且不说这类人在当时的内地(大陆)十分稀缺,且还需要一年的工作经历才具备经纪人考试的资格,可以看出对经纪人入门门槛设置得非常高。可想而知,房地产经纪人执业考试推行的难度。也正是基于当时我国人才市场的环境,外加经纪行业本身在公众心中的预期,该政策指出:在 2005 年以前(包括 2005 年),报名参加房地产经纪人执业资格考试的人员,可以不需要先取得房地产经纪人协理从业资格,以此来吸引符合资格的人参加。虽然没有确切的数字,但是在当时内地(大陆)的教育环境及人力市场缺口下,推测参加考试的人员规模不会很大。

在经纪人职业化起步阶段,由于脱离当时社会背景的准入门槛和难以落地的行业规范,而房地产交易规模又在逐步增大中,在缺乏强有力的监管下,房地产经纪行业乱象丛生,发生过多起经纪人或者经纪公司损害客户利益、扰乱行业秩序的恶性事件。这一时期的行业乱象主要包括虚假房源宣传、吃差价、卷走客户资金并逃逸,甚至用武力手段恐吓和殴打客户,导致客户利益受损,甚至是身心受损,对房地产经纪行业声誉造成了极大的损失。这一时期内地(大陆)房地产经纪行业的乱象,像极了 19 世纪末期的美国、1950 年代的日本、1990 年代的香港和台湾,因为缺乏规范和监管,大量投机分子涌入,破坏行业声誉。

(3)行业调整期(2008 年至今)

基于出现了大量欺诈行为造成了行业声誉和形象严重受损,2007 年,建设部和央行联合出台《关于加强房地产经纪管理规范交易结算资金账户管理有关问题的通知》,规定房地产中介必须通过银行专用账户结算交易资金,以及第三方资金监管问题。2008 年,金融危机引发房地产市场大降温,房地产经纪行业经历大洗牌,行业整合加速,行业龙头公司的地位和格局逐渐拉开。龙头公司出现并推动行业规范,各公司相继出台了在本公司范围内的行为规范和标准。行业环境变化推动房地产经纪公司变革,从店面形象、经纪人的形象、真房源、不隐瞒和欺骗客户的业务行为规范等维度做起,拉开内地(大陆)房地产经纪行业改革序幕。

与市场变革推动行业变革相比,在全行业经纪人职业化推行方面,2015 年人社部、建设部联合下发了《房地产经纪人员职业资格制度暂行规定》和《房地产经纪人职业资格考试实施办法》,同时废止 2001 年的规定。此次将房地产经纪人的等级在原来的基础上增加了高级经纪人一类,但是关于高级经纪人的职业门槛截至目前依然处于课题研发阶段;关于考试内容和协理人的资格审查没有变化。而本次改动最大的是删除了房地产经纪人必须持照从业的要求,对其解读如下:房地产经纪专业人员职业资格仍属于国家职业资格,其性质由准入类变更为水平评价类,其含义是取得相应级别职业资格证书的人员,表明其已具备从事房地产经纪专业相应级别专业岗位工作的职业能力和水平[1]。这一改变其实是取消了内地(大陆)房地产经纪人执业资质的强制性门槛。

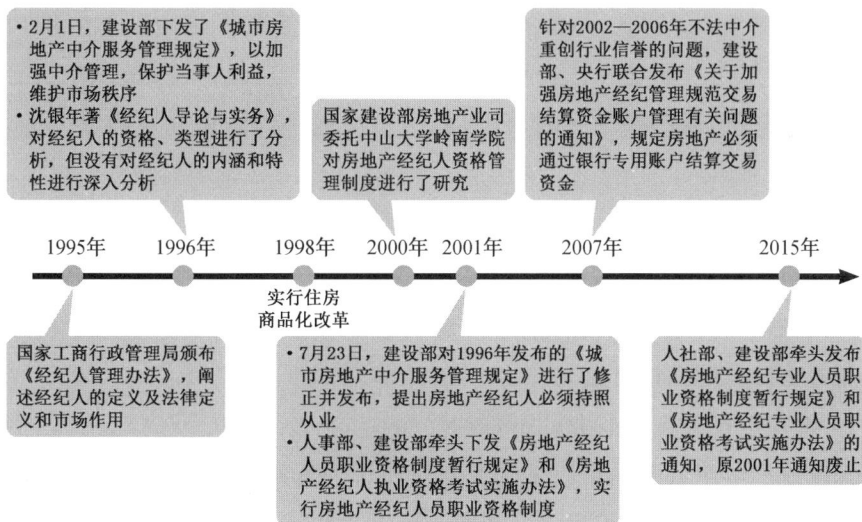

图 8-37　中国经纪行业的发展历程及主要的职业化节点

资料来源:贝壳研究院整理。

---

[1] 房地产经纪专业人员职业资格考试有关问题解答:http://www.agents.org.cn/article/info—1114.html

2.内地(大陆)经纪人职业化现状

职业化的目的是构建职业在一定程度上的不可替代性、职业认同感、职业自主性并最终提升职业的社会地位。在实现职业化的方式上,第一、二章通过理论研究建立了职业化理论层面的实现路径,第三章至第七章通过多个国家在房地产经纪人职业化的实践对建立的理论路径进行验证,这些国家在房地产经纪人职业化上的实践和探索为内地(大陆)房地产经纪人职业化提供了借鉴。上文中对内地(大陆)房地产市场和房地产经纪行业的发展进行了简要总结,从中可以发现房地产经纪人职业化的要素和动作,今天,站在内地(大陆)房地产市场化改革的 20 年里程碑节点上,内地(大陆)房地产经纪人职业化取得了什么样的成效、采用了什么样的方式、面临什么样的问题是房地产经纪行业发展必须要面对的问题。

内地(大陆)对房地产经纪人职业化的探索源自 1995 年国家工商行政管理局颁布《经纪人管理办法》。发展至今,内地(大陆)房地产经纪人职业化的探索已经走过了 20 多年的历程。这 20 多年的历程中,房地产经纪人职业化的要素不断出现并落实推行。本节写作的逻辑依次是对内地(大陆)房地产经纪人职业化取得的效果、内地(大陆)房地产经纪人职业化的方式进行分析,从问题中寻找原因,总结出内地(大陆)房地产经纪人职业化的问题。

2.1 内地(大陆)房地产经纪人职业化的效果

房地产经纪人职业化的效果体现在职业的不可替代性、职业认同感、职业自主性和职业的社会地位上。

(1)房地产经纪人职业的不可替代性

房地产经纪人是一个以基础业务知识作为支撑、具有高度实践性的职业,其客户具有明显的积累属性和熟人引荐效应;同时市场的不断变化、技术的不断进步要求经纪人必须具备持续学习的能力。所以理论层面上,房地产经纪人的职业化不可替代性最终会体现在经纪人的年龄、从业年限等方面。经纪人的年龄上,合理的不可替代性应该表现出随着年龄增长的正态分布;从业年限上,应该与年龄呈正相关,意味着经纪人在行业内长时间的积累和沉淀。而要实现经纪人在年龄上、从业年限的分布上达到此种效果,则要求经纪人的流失保持在一个合理的水平。这里的流失是指经纪人彻底从房地产经纪行业流失而转向其他行业。高的流失率表示经纪人群体的高速轮换,这对于职业的成长和积淀形成了非常不利的冲击,尤其是对于房地产经纪行业这样一个低频、专业知识要求高、实战经验要求多的职业来说尤为明显。

根据中房经联[①] 2017 年调查,32.7% 的房地产经纪人无任何从业经验,即房地产经纪人是其第一份职业,而 67.3% 有从业经验者中近 20% 者的工作经验为销售类。与房地产经纪业务经验缺乏对应的是从业群体的年龄严重失衡,接近 77% 的经纪人年龄在 30 岁以下,年龄在 30~39 岁之间的经纪人占比约为 20.7%。这与房地产经纪人职业属性所决定并在新西兰、日本及中国香港等国家和地区被证实的从业群体年龄应该为正态分布相背离(见图 8-38)。此外,接近 60% 的经纪人从业年限在 1 年以下(见图 8-39)。

年龄结构严重失衡、行业经验基本缺失、行业从业年限极其有限,这背后是经纪人群体的高速流动。2016 年全行业经纪人年流失率为 120%,即不到一年时间中全行业房地产经纪人全部流失。2016 年,链家经纪人流失率为 85%,而同期台湾地区信义的流失率为 35%,而这些流失的经纪人中再回房地产经纪行业从业的概率很低,根据链家的调查,90.5% 的经纪人离职后不再从事房地产经纪工作。

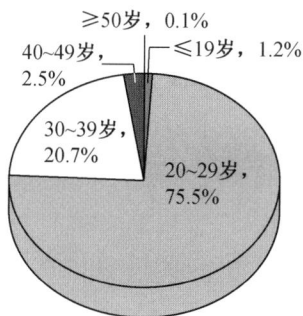

图 8-38 2017 年内地(大陆)房地产经纪人年龄分布

数据来源:中房经联。

---

① 中房经联是由代表 35 个城市的房地产经纪公司为行业利益联合发起的组织,2017 年调查样本量为全国(不含港澳台地区)的 11466 名房地产经纪人。

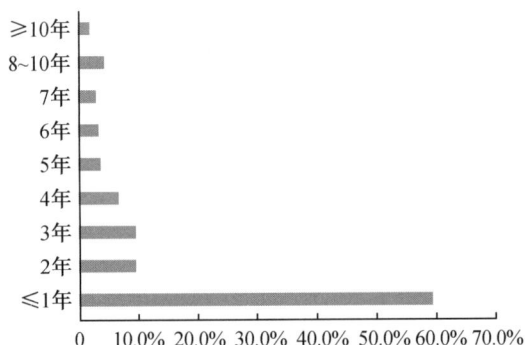

图 8-39　2017 年内地(大陆)房地产经纪人从业年限分布

数据来源：中房经联。

可见,目前来说,内地(大陆)房地产经纪人的不可替代性非常弱,经纪人轮换速度太高,这对于行业人才的积累和沉淀是极强的冲击。当然,建立经纪人成长的职业化环境需要内外部共同发力,从外部环境来说,除了房地产市场的稳定健康发展和对房地产经纪行业和经纪人的价值进行正确宣传外,设立适合的职业门槛是现阶段必要的措施。

(2)房地产经纪人的职业认同感

其实上述经纪人的流失率已经部分证明了房地产经纪人对于职业化的较低认同感。此外,从经纪人的入行动机来看,有机会获得高收入是绝大部分经纪人选择房地产经纪行业的最大动力。在 2017 年,链家对非空白从业经验经纪人的调研结果显示,有机会获取高收入的入行动机占比最高,为 63%。所以,从经纪人群体自身所表现出的特征和经纪人的入行动机来看,房地产经纪人这份职业在经纪人心目中的认同感并不高。当然,同职业的不可替代性一样,职业认同感的建立也需要前已提及的社会环境。此外,需要为经纪人的职业成长建立渠道、提供工具和支撑,这一般需要公司给予经纪人从招聘、培训、激励到考核的全方位服务。

(3)房地产经纪人的职业自主性

房地产经纪人职业自主性必然是建立在行业行为规范所界定的"对与错"的基础之上。这是经纪人个人职业成长的重要体现,也是经纪人在具备行业基础知识、掌握行业基本规则的基础上探索建立个人的系统作业逻辑。这一整套的作业逻辑包含了房源与客源的获取、房源营销方案、房源客源匹配、撮合交易到交易后服务的整个环节,并最终服务于客户。对于房地产经纪人职业自主性的衡量,经纪人是否能够给客户系统的解决方案是重要指标。在美国,经纪人需要准备房源挂牌建议资料包;在新西兰,经纪人需要向客户展示房屋营销方案;在日本,经纪公司会出具系统的方案供经纪人使用,经纪人系统作业逻辑的建立需要经纪人具备专业的业务知识、对行业有专业和深度的自我理解,此外还需要借助一定的工具来实现。但是就当前内地(大陆)房地产经纪行业的现状来看,经纪人利用信息不对称、刻意隐瞒真实数据和信息获取房源、客源的现象依然较多,尤其在中小城市,基础的作业规范都未能建立。此外,经纪人群体的高流失、快轮换为建立经纪人职业自主性增加了困难,而对于经纪人建立职业自主性的工具,内地(大陆)目前基本处于空白状态。

(4)房地产经纪人的社会地位

在内地(大陆),房地产经纪行业长期被冠以"黑中介"的称号,这是行业乱象造成了行业声誉受损的体现、是消费者对房地产经纪人的服务极度不满意的体现,也是消费者对于行业价值不了解、没有正确认知的体现。

随着内地(大陆)房地产市场进入存量房时代,存量房屋的流通和交易成为越来越多家庭的住房解决渠道,房地产经纪人规模将持续增加、重要性持续提升。因为存量房的交易和新房交易的逻辑不同:新房具有集中批量出货的特征,而存量房的房源分散在每一个业主手中,客源寻找房源的成本高、难度大、渠道少、周期长,而且二手房的交易过程比新房更为复杂,所以经纪人在房屋流通中承担着挖掘房源、挖掘客源、房客匹配、交易过程中提供专业服务和资源的角色。近年来,随着一线城市和部分二线城市存量房的交易规模的上升,房地产经纪人成为越来越多有房屋交易需求的人绕不开的群体,但是经纪人在得到消费者、民众和社会的认可方面却依然没有取得明显的改善。

在体现经纪人个人社会地位的经济报酬方面,经纪人离职潮、经纪行业关门潮在一次次的市场调整和政策调控中上演,经纪人轮换率过高、行业人才沉淀困难,大规模人员的流失和轮换是经纪人无法在经济报酬上获得持续满足的体现。

上述是内地(大陆)在进行了将20多年房地产经纪人职业化探索后房

地产经纪行业、房地产经纪人职业的现状：没有职业壁垒的高取代性、缺乏职业认同感的大环境、没有原则的职业自主性和几乎不存在的社会地位。虽然，内地(大陆)房地产经纪人职业化远没有达到应有的效果，但是，房地产经纪人的职业化探索始终在进行。近年来，越来越多的经纪人从自身形象、言谈举止等外在方面提升个人形象，部分经纪人通过各种渠道学习专业知识提升自己的专业性，我们也看到部分具有反思精神、进取精神的经纪人在个人作业逻辑上的探索实践以获取客户的认同。

2.2 内地(大陆)房地产经纪人职业化的现状

（1）组织和推动机构

在房地产经纪人职业化的组织和推动机构上，从国际社会及大陆和台湾地区的经验来看，起初的推动机构可能是政府、协会也有可能是大型的房地产经纪公司，但最终除美国外，均由政府机构作为最有力的组织、推动及核心执行机构。比较特殊的是英国，虽由政府机构组织和推动，但没有专职的政府机构负责，而是将本就不系统的监管内容分散在多个政府机构中。

内地(大陆)在房地产经纪人职业化的组织和推动上，国家工商行政管理局、住建部、发改委、人社部、物价局等多个部门均先后起草出台房地产经纪人执业资质考试、房地产经纪人行为规范等系列规范及佣金费用收取规定，所以政府机构是内地(大陆)房地产经纪人职业化最早的推动者和组织者。

此外，中国房地产估价师与房地产经纪人学会(CIREA)是作为全国性的房地产估价和经纪行业自律管理组织在房地产经纪人职业化中也发挥一定的作用。中国房地产估价师与房地产经纪人学会的前身是成立于1994年8月的中国房地产估价师学会，在2004年7月变更为中国房地产估价师与房地产经纪人学会。学会的宗旨是："开展房地产估价和经纪研究、交流、教育及宣传活动，拟订并推行相关技术标准和执业规则，加强行业自律管理，开展国际交流合作，不断提升房地产估价和经纪人员及机构的专业胜任能力和职业道德水平，维护其合法权益，促进房地产估价和经纪行业规范健康持续发展。"①目前该学会承担全国(不含港澳台地区)房地产估价师、房地产经纪专业人员职业资格考试、注册、登记、继续教育等工作。

在推进房地产经纪人职业化的实践上,链家制定了内部经纪人的博学考试、"红黄线管理制度"等系列措施和规范,在经纪人的基础业务知识和行为规范方面做出了职业化的努力和推动。

(2)职业化的组织方式

①行业基础知识和教育

目前,内地(大陆)对于房地产经纪人在行业基础知识的上不做强制性的要求,主要体现在经纪人的从业门槛上,没有年龄和专业要求,没有接受相关知识和科目培训及教育的要求、没有经纪人在工作中开展持续教育的强制性要求。经纪人协理和经纪人资格考试实行自愿原则,实行全国(不含港澳台地区)统一大纲、统一命题、统一组织的考试制度,由人力资源社会保障部、住房城乡建设部指导中国房地产估价师与房地产经纪人学会确定房地产经纪人协理、房地产经纪人职业资格考试科目、考试大纲、考试试题和考试合格标准,并对其实施房地产经纪人协理、房地产经纪人职业资格考试工作进行监督、检查;由中国房地产估价师与房地产经纪人学会负责房地产经纪专业人员职业资格评价的管理和实施工作,组织成立考试专家委员会,研究拟定考试科目、考试大纲、考试试题和考试合格标准。详见表8-14。

从考试科目上,房地产经纪人协理资格的考试科目分别为"房地产经纪综合能力""房地产经纪操作实务"。"房地产经纪综合能力"的主要内容是介绍房地产经纪行业、房地产经纪管理的相关知识,包括房地产和建筑概述、房地产经纪行业、房地产经纪管理、房屋租赁、房屋买卖、个人住房的贷款和不动产登记等七个部分;"房地产经纪操作实务"的主要内容是介绍房地产经纪业务流程及业务操作中的具体事项,包括房地产经纪业务类型及流程、房地产交易信息搜集及运用、房地产经纪服务合同签订、房屋实地

---

① 中国房地产估价师与房地产经纪人学会 http://www.agents.org.cn/article/list — 20130702160635.html。

查看、房地产交易合同、资金结算、房屋查验与交接、房地产经纪业务风险防范等八个内容。而房地产经纪人资格考试的科目分别为"房地产交易制度政策""房地产经纪职业导论""房地产经纪专业基础""房地产经纪业务操作"。"房地产交易制度政策"的主要内容是介绍房地产交易过程中相关的制度和政策，包括房地产法律制度概述、房地产所有权和使用权、房地产开发经验、房屋转让、房屋租赁、房地产抵押、住房公积金、房地产税费、不动产登记、房地产广告等；"房地产经纪职业导论"主要介绍房地产经纪职业和房地产经纪行业的相关知识，包括房地产经纪基本理论、经纪人职业资格、经纪企业管理、经纪行业管理、职业道德和行为规范等；"房地产经纪专业基础"内容主要包括房地产和建筑、环境和景观、城市规划、房地产市场、房地产价格及评估、房地产投资及评价、房地产金融及贷款、消费者利益保护及营销心理，"房地产经纪业务操作"在"房地产经纪操作实务"基础上增加了房地产市场营销等内容。

根据中房经联调研结果显示，2017年内地（大陆）房地产从业人员持证率为40%，其中房地产经纪人协理证占比30%，房地产经纪人证占比10%，这一比例与2016年相比，分别提高了7%和4%。

表 8-14　房地产经纪人职业资格考试规范

考试名称	房地产经纪人协理	房地产经纪人
报考条件	A.遵守国家法律、法规和行业标准与规范,秉承诚信,公平、公正的基本原则,恪守职业道德 B.具备中专或者高中及以上学历	A.遵守国家法律、法规和行业标准与规范,秉承诚信,公平、公正的基本原则,恪守职业道德; B.学历及工作经验满足下列条件之一者: a.取得房地产经纪人协理职业资格证,从事房地产经纪业务满6年; b.取得大专学历,工作满6年,其中从事房地产经纪业务满3年; c.取得本科学历,工作满4年,其中从事房地产经纪业务满2年; d.取得双学士学位或研究生学位,工作满3年,其中从事房地产经纪业务满1年; e.取得硕士学位,工作满2年,其中从事房地产经纪业务满1年; f.取得博士学位
考试科目	"房地产经纪综合能力""房地产经纪操作实务"	"房地产交易制度政策""房地产经纪职业导论""房地产经纪专业基础""房地产经纪业务操作"
考试时间	每个科目的考试时间均为 1.5 小时	每个科目的考试时间均为 2.5 小时
考试频率	1 年 1 次	

资料来源:《房地产经纪专业人员职业资格制度暂行规定》《房地产经纪专业人员职业资格考试实施办法》。

②行业法规和监管

在房地产经纪行业的监管方面，针对"假房源"、"吃差价"、"乱收费"、"随意驱赶租客"以及"随意提高租金"等市场不规范行为，多个政府部门多措并举，不断完善经纪行业监管体系，主要有：一是准入门槛方面，明确了设立经纪机构的条件，颁布了《房地产经纪专业人员职业资格制度暂行规定》等；二是行为规范方面，出台了《加强房地产中介管理促进行业健康发展的意见》，推行经纪人实名服务制度，明确门店和网络平台房源信息的真实性、完整性，规范经纪服务价格，要求经纪机构不得协助消费者签订阴阳合同和"吃差价"等行为；三是交易安全方面，强化存量房交易资金监管和明确产权核验要求，促进买卖双方能够快速、安全地交易，避免房屋产权纠纷带来的损失。详见表8-15。

表 8-15　内地（大陆）房地产经纪行业规范与监管条例

内容		监管文件及出台机构	内容及力度
准入门槛	经纪人准入	《房地产经纪专业人员职业资格制度暂行规定》和《房地产经纪专业人员职业资格考试实施办法》（人社部、住建部）	经纪人从业资格考试为自愿参加，整体上经纪人的从业门槛较低，对经纪公司的开设要求有强制性的要求和门槛
	机构设立	《房地产经纪管理办法》（住建部、发改委、人社部）、《房地产经纪机构申请备案办事指南》（市、县房地产主管部门）	营业执照+备案机制
行为规范	门店房源信息管理	《关于加强房地产中介管理促进行业健康发展的意见》（住建部等）公开征求意见稿	规范中介服务行为（业务范围、信息发布、收费、涉税费用调查、房源信息调查，完善行业管理制度、加强中介市场监管（中介机构备案制度，从业人员实名服务、行业自律，多部门联动监管，内容持续观察，但 2016 年 7 月发布至今时间较短、落实效果有待持续观察
	实名服务		
	网络平台房源管理	《住房租赁与销售管理条例（征求意见稿）》公开征求意见稿	涵盖住房租赁、住房销售，房地产经纪服务、监督管理、法律责任，是我国首个住房租赁销售规范的征求意见稿
	服务价格	《关于商品和服务实行明码标价的规定》（住建部、发改委、人社部）	房屋租赁代理收费按半月至一月成交租金额标准，买卖按交易总额的 0.5%~2.5% 计收，独家委托不超过 3%，市场遵守情况良好
	阴阳合同	《关于加强房地产中介管理促进行业健康发展的意见》（住建部等）发改委	政府主管部门或者行业组织制定合同示范文本，经纪人对合同内容及风险的告知，对违法行为的处罚，得到了比较好的监督
	吃差价	《房地产经纪管理办法》（住建部、发改委、人社部）、《房地产经纪执业规则》（中房学）	随着合同、房地产登记公司收费、资金的监管的加强，吃差价的行为得到了良好的整治
交易安全	产权核验	《关于做好不动产统一登记》（国土资源局，住建部）	不动产登记机构做好涉及房屋的所有权、用益物权、担保物权的首次登记、变更登记、转移登记、注销登记、更正登记、异议登记、预告登记、查封登记等工作，由不动产登记机构统一落实
	资金监管	《房地产经纪管理办法》（住建部、发改委、人社部）	银行开设的客户交易结算资金专用存款账户划转交易资金，严禁经纪公司挪用客户资金，目前大中城市全部实现了资金监管

资料来源：贝壳研究院整理。

③反思性知识和教育实践探索

经纪人的反思性教育实践是经纪人通过一定的教育、培训渠道，或者师徒之间的传承和个人基于业务实践的反思、提炼和总结建立个人业务逻辑的过程，这一过程也是职业化的高级阶段。在美国高度发展的房地产经纪行业，形成了市场化的供给方，在其他国家，这一行为更多依赖于公司内部为经纪人提供相应的支撑。在内地（大陆），目前来看，至少缺乏市场层面的服务供给者，在公司内部，不排除部分大型公司为经纪人提供了相应的服务和支撑，但目前内地（大陆）房地产经纪人在反思性教育试探方面的探索应该刚刚起步。

（3）职业化存在的问题

通过上述章节的分析，可以发现，内地（大陆）房地产经纪人职业化经过 20 多年的探索，基本具备了职业化初级阶段的要素，但在要素的落实和实施上，存在以下问题：

①组织和推动的机构存在着交叉重叠现象，权责边界不清晰

政府机构是内地（大陆）房地产经纪人职业化的核心组织和推动机构。当前，住房、价格、税务、工商行政等主管部门对经纪领域建立了联动监管机制，形成了多头管理、各管一头的局面。从表面看，这样的监管方式似乎覆盖了经纪行业的全部主体，但实际上由于责任划分不明确，监管力度分散，特别是对于一些交叉部分容易造成监管的真空，从而使得"该管"的管得不够。比如，对于涉及交易安全的资金监管和产权核验推进不够，没有建立统一的实施标准和规则；监管对于新进入的主体，如第三方网络交易平台缺乏有效的覆盖。此外，在上述各机构中，没有一个机构担负关于房地产经纪行业价值宣传的职责。

此种情形产生的后果可参考英国。英国在推动房地产经纪人职业化上没有专职政府机构，而是将对经纪人的监管分布在多个分散的政府机构中，一方面造成了对经纪人的监管真空，另一方面，致使部分消费者在利益受损后不知道该找哪个部门投诉。从国际及中国台湾、香港地区的经验来看，消费者在利益受损后，有非常明确的利益追讨流程，一般先由专职的政府机构（或主管部门）或行业协会进行处理，并设置调解和仲裁部门进行调解仲裁，对于调解和仲裁难以解决或者超出了其范围的案件，由司法部门

裁定。但目前内地(大陆)"多头管理、各管一头"的情形下,司法审判是主要的渠道,而司法审判存在着周期长、流程复杂的特征,对于经纪人和消费者来说无疑均是"别无选择的选择"。仅 2017 年上半年,北京在审的 7412 件合同纠纷案件中,二手房买卖有 965 件,占比 13％,比 2016 年同期增长 48％。

②行业基础知识"缺位",经纪人的从业门槛较低

首先,在房地产经纪人所具备的基础知识的要求方面,内地(大陆)自 2001 年提出经纪人必须持证从业起,便持续探索经纪人所应该具备的知识。但目前来看,与其他国家或地区相比,基础知识的要求存在范围过窄、内容较浅的特征,更多聚焦在房地产经纪业务本身的操作层面,而较少涉及房地产行业本身的运行逻辑。从国际社会及香港和台湾地区的经验来看,除了英国,各国家和地区对经纪人从业的基础知识和知识的传播及教育方式均做出了强制性的要求。经纪人具备的基础知识要求在各国家及地区之间不同,在同一国家内部不同经纪人类别上不尽相同,但基本涵盖了房地产的运作逻辑、房屋估价和房地产经纪业务原理等。

其次,在衡量经纪人是否掌握从业所必须具备的知识方面,当前内地(大陆)实行水平评价类职业资格制度,即取消了经纪人必须持照从业的强制性要求。但从其他国家及地区的经验来看,强制性的考核要求依然是现阶段推行全行业房地产经纪人职业化的重要手段,而且经纪人对行业基础知识的掌握、接受继续教育和经纪人诚信管理体系是整套的系统机制,任何一个环节的缺失均会对其他环节产生不利影响,如由于没有强制性的经纪人基础知识掌握衡量指标,所以接受继续教育、将对经纪人的教育纳入到监管惩罚机制难以实现。

因此,从业人员学历普遍偏低、工作年限不足和流失率高是内地(大陆)房地产经纪人群体的典型特征。在此种情形下,一些损害消费者利益的行为时有发生。部分小机构经纪人在业绩导向的驱动下存在损害消费者利益的行为,如经纪人采用电话洗盘等各种骚扰客户的方式来获取客源,采用"低佣金"或虚假信息"切客",利用信息不对称自行买卖房子"吃差价"等,种种不规范行为,直接影响了买卖双方的交易安全,降低了社会对经纪行业的认可度,形成"消费者输、经纪行业输"的恶性循环。

③行业缺乏上位法，且监管并未形成闭环

近年来虽然出台了多个文件规范经纪行业的发展，但内地（大陆）的房地产经纪组织的立法仍处于较低的立法层面上，《宪法》虽有一定的指导意义，但严格意义上来说，最高的立法确认仍是《城市房地产管理法》，而其对经纪机构的立法规定相当笼统和简略。其他的地方性规定和规范性文件则立法层次较低，效力不足。[①] 从国际及我国台湾、香港地区的经验来看，建立房地产经纪行业的上位法是确立行业监管权威、在消费者心中树立监管威信的必要措施，同时也是指导行业监管细则制定和实施的基本原则。

此外，当前内地（大陆）房地产经纪行业监管缺乏持续且全面覆盖的诚信管理体系和调解仲裁机制。对备案经纪机构和经纪人的违规行为，监管部门一般采取现场查探、约谈、记入信用档案、罚款、取消网上签约资格、媒体曝光等短期行政手段，尚缺乏持续追踪的信用管理体系和处罚机制。因目前从业人员实名登记尚未全面落实，相关部门对未备案的经纪机构及其从业人员的诚信行为也无有效规范措施。经纪机构和经纪人的违规成本较低，比如取消网上签约资格的经纪机构过一段时间后又可以恢复，记入信用档案的经纪人并没有禁止从业，违规被开除人员可以到其他公司或城市继续从业。对市场租赁和买卖主体，由于缺乏相应的个人诚信档案记录的约束，经常出现随意涨房租、加价出售、随意终止合同等违约行为，使得住房买卖、租赁市场"生态环境"恶化，不利于行业的健康发展。

（4）小结

通过上述对内地（大陆）房地产经纪人职业化的组织和推动机构、职业化的组织方式及职业化存在的问题等方面的分析，可以发现，就当前内地（大陆）房地产经纪人职业化的实现阶段来看，虽然具备了职业化的部分要素，但依然处于没有实现全行业经纪人职业化的初级阶段，在高级阶段的探索则处于起步期。

当前内地（大陆）房地产经纪人职业化存在的问题表现在组织和推动的机构存在着交叉重叠现象，权责边界不清晰、行业基础知识"缺位"，经纪人的从业门槛较低和行业缺乏上位法，且监管并未形成闭环三个方面，从

---

① 陈慧. 房地产经纪组织的法律规制研究[D]. 南京：南京工业大学，2014.

而造成内地(大陆)房地产经纪人职业的高替代性、低认同感、"伪"自主性和低社会地位。

3.链家的经纪人职业化实践

链家成立于2001年,在过去17年的发展中,链家在推动房地产经纪人职业化上进行了多维度的探索。详见图8-40。

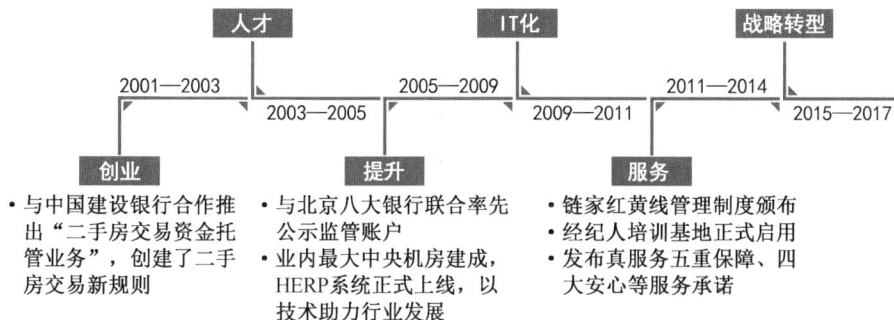

图 8-40　链家在房地产经纪人职业化上的实践

资料来源:贝壳研究院整理。

链家在推动房地产经纪人职业化上的行动可以分为三个层面,第一层面是构建实现房地产经纪人职业化的环境,第二层面是对经纪人业务知识的传授与业务能力的培养,第三层面是对经纪人行为的规范与管理。

3.1 构建房地产经纪人职业化实现的环境

一个职业实现专业化的过程称之为职业化。职业化的实现需要一定的社会环境和条件,其中公众对行业价值的正确认知是构建职业化实现所需要的社会环境的重要基础。在缺乏对行业价值的正确宣传和公众缺乏对行业价值的正确认知下,链家通过系列措施构建经纪人实现专业化的环境和基础,为经纪人建立职业化奠定了坚实基础并进行了背书。

(1)对客户的多项服务承诺

①三方签约、不吃差价的阳光交易模式

2004年,链家率先在行业内提出"透明交易、签三方约、不吃差价"的阳光操作模式,签约前通过视频向交易双方提示签约风险,在线上披露高压线、垃圾站等6类嫌恶设施,公示房屋真实成交价,让业主定价、购房人出价更有依据,对经纪人信息进行全透明展示,实施线上更新实缴税费、价/税等关键信息,公示一房一核验、房源被带看次数、业主调价记录等促进房产交易的透明信息,让客户安心购房。

②全渠道"100％"真房源及"假一赔百"承诺

虚假房源是危害房地产经纪行业健康发展、浪费客户时间精力甚至造成财务损失的源头,尤其随着互联网的发展,房源发布渠道增加,虚假房源泛滥情形更加严重,严重危害行业的发展。链家在2009年启动建立楼盘字典,以确保链家线上的每一个房源都是真实的,目前在链家全渠道发布的房源信息均符合"真实存在、真实委托、真实价格、真实图片",如发现任何虚假信息,对首位举报者进行赔付。

③多途径的签约风险提示及防范举措

由于房屋交易的低频、复杂属性,消费者很难完全掌握房屋交易过程中的全部知识并识别风险,为此,链家制作了房屋交易风险提示视频、百万损失案例集,以制式化的形式向消费提示常见风险及链家的风险防范举措,消费者可以通过链家门店要求经纪人提供该项服务。

④免费提供资金监管,以及资金损失先行垫付返还承诺

2006年,链家地产率先响应建委和行业协会号召,联合八大银行拥护"资金监管"的号召,买卖双方签署资金监管协议后,买方将房屋款项转至北京链家房地产经纪有限公司在光大望京支行开设的存量房交易结算资金专用存款账户,待买卖双方达到资金解冻条件(过户完毕)后,链家会出具资金解冻函、信汇凭证、房本复印件和契税票,银行见到资料后将款项划转至卖方预留的账户;若是买卖双方没有正常办理过户手续,即未达到资金解冻条件的情况下,链家出具非正常解冻函和信汇凭证,同时买卖双方持本人身份证原件和卖方房产证原件,到光大银行望京支行,可办理解冻手续。2013年,通过链家成交的二手房,资金监管率已经达到72.37％,截至2017年年底,通过链家成交的二手房资金监管率已经达到了100％。

链家为客户提供免费的资金监管服务,并确保资金存入"存量房客户交易结算资金专用存款账户"内的交易资金安全性,对选用由链家、光大银行提供的"四方资金监管"服务后发生资金损失的,则由链家承担对资金损失的先行垫付返还责任。

⑤真服务五重保障

"真服务五重保障"是指:

A.打造签约环节服务标准,推行"签约风险告知";

B.打造房源信息交付标准,推行"全渠道100％真房源、假一赔十";

C.建立房源呈现标准,推行"嫌恶设施披露";

D.打造市场行情交付标准,推行"真实成交价公示";

E.打造客户服务标准,推行"客户投诉,单单公示"。

该保障实施的背景是 2011 年七部委联合出台了《房地产经纪管理办法》,这是中国第一个专门规范房地产经纪行为的部门规章。《房地产经纪管理办法》的出台使得行政主管部门对房地产行业的监管"有法可依"。为真正做到让消费者放心,需要市场化的手段落实,为此,链家实施了"真服务五重保障"。

⑥四大安心承诺

"四大安心承诺"是指:

A.凶宅筛查最高原价回购:此处"凶宅"是指房屋本体结构内发生警方认定的自杀、他杀、非正常死亡事件的住宅。链家建立了"凶宅数据库",链家承诺对交易房屋进行背景调查,该笔交易中的房屋属于上述凶宅时,均会如实告知购房人,如链家未查到或未告知,链家将与客户协商进行补偿,最高至"原价回购",由链家向业主进行追索。

B.签前查封损失先行垫付:如业主隐瞒房屋已被查封的事实继续出售,这无法通过房产证判断,很可能会造成客户损失,为此,链家承诺通过链家成交的房屋,将在签约前对房屋是否有查封进行核实,如果在签约前房屋被查封且该查封导致无法交易、已缴纳款项不能追回,链家将对购房人已交易的房款承担先行垫付返还责任,损失由链家向责任方追索。

C.辐射检测最高原价回购:"辐射房"是指房屋周边既存的高压电力设备对客户所购房屋造成的电磁辐射影响,链家委托专业机构进行检测、出具报告,并如实披露,如未告知,链家将向客户进行补偿,最高至原价回购。

D.物业欠费损失先行垫付:指前任业主欠费,尤其是拖欠高额物业、取暖费用而导致新业主被限制服务或不能办理入住手续,链家会对房屋费用拖欠情况进行核查,如业主有费用拖欠且留存的物业交割保证金不足以抵扣所拖欠费用，则由链家承担先行垫付责任，并由链家向业主进行追索。

四大安心承诺是链家针对购房者最关心的方面做出的承诺。购房人最关心的交易风险有四大方面，一是交易资金安全，二是房屋存在瑕疵信息，三是购房后出现遗留问题，链家的四大承诺分别对上述三类担心予以消解。

链家是第一家实现为客户风险买单的平台，2015 年链家斥资 1 亿元成立先行赔付基金，以兜底二手房交易风险，保障客户利益。

在美国、英国、中国香港等国家和地区，围绕房屋本身属性形成了健全的公共数据库和房屋交易风险防范机制，但内地（大陆）房地产市场化历程相对较短，存量房交易的时间更短，存量房的基础信息不够健全、缺乏全行业存量房交易的风险防范。链家率先在行业内开启了不吃差价的交易模式、真房源行动、风险提示及防范、资金监管、多重服务承诺和设立保障基金，为消费者提供多重利益保障的同时，为链家经纪人赢得客户信任奠定了基础，是达成职业认同感和提升职业社会地位的重要手段。

在链家通过自身努力践行承诺的同时，也应该注意到内地（大陆）房地产经纪行业健康发展的基础信息和数据的缺失，唯有健全的信息、风险防范机制，全行业才能持续、健康发展，才能为消费者带来更好的服务和体验，才能保障经纪公司的发展。

（2）对经纪人作业平台的搭建

链家始终将经纪人作为最重要的资源和财富，将经纪人当作自己的客户。为提高经纪人的业务能力和市场竞争力，促进经纪人实现专业化，链家在经纪人作业平台的搭建和业务工具上不断探索和创新。为此，链家与 IBM 达成战略合作、建立经纪人作业管理的 SE 系统、建立楼盘字典、搭建线上平台，并对积累的海量真实数据进行挖掘以进一步为经纪人的业务所用。目前，链家为经纪人提供的作业平台和工具主要包括：

①SE 系统（sale effectiveness，高效的销售系统）

在与 IBM 的战略合作中，建立起高效的经纪业务作业系统。该系统是统一的内部资源库、统一的人员管理库和统一的业务管理流程体系，通过系统梳理和分解房屋交易环节，形成了从委托到成交的全流程管理，明确经纪人的分工与责任，为经纪人的作业提供了高效的工具，同时也能够尽量避免经纪人之间因为业绩产生纠纷,经纪人的业绩角色认定一切以SE系统为准。

②线上平台的搭建

基于楼盘字典搭建奠定的真房源基础,2010年"链家在线"上线,2014年"链家在线"更名为"链家网"(www.lianjia.com)并正式上线。链家网是集房源信息搜索、产品研发、大数据处理、服务标准建立为一体的国内领先且重度垂直的全产业链房产服务平台。

链家网基于链家自2008年开始就率先建立起"楼盘字典"。楼盘字典目前囊括全国36个重点城市8000万条房源数据,容量达到1200T,收录了包括房源房间门牌号、标准户型图、属性信息、配套设施信息、历史业务数据等多维度信息。通过对这些房屋数据、人群数据、交易数据的进一步挖掘和处理,不断推出"交易流程可视化""地图找房""房屋智能估价系统"等一系列大数据产品,重构房地产交易流程,实现了用户体验和交易效率的双提升。此外,链家手机客户端上线。

截至2017年年底,链家后台服务器接收内部需求1亿次/天、检索服务调用次数10亿次/天、每单成交背后1.2万个PV,远远高于行业平均的3000个PV。目前链家数据存储总量已达到1.34个PB,并以每日3TB的速度增加。

③单边比和合作网络

链家的管理语言中,单边比=二手业务总边数/二手总单量,单边比衡量的是一笔业务中有几个经纪人参与并最终分到了业绩。2015年,链家进行了经纪人薪酬制度改革,一方面大幅增加了提佣比例,另一方面则要求高级别经纪人开单必须和低级别的经纪人分享业绩,低级别经纪人也必须与高级别经纪人或店经理合作才能完成交易。合作人需承担的主要工作包括陪同带看、协助签约、协助办理后期。单边比制度的实施强化了经纪人之间的合作,避免经纪人以成交为唯一目标追求,因为即便某一名经纪人自身没有获客成交,他仍然有可能因为创造价值而参与业绩分配——这也是为什么数月不开单的经纪人仍然有可能存活下来。

依托互联网、数据、信息技术等手段,链家建立了包括房源信息管理、经纪人行为管理、房屋真实交易数据挖掘的系统平台和工具,并通过制定一系列标准化的服务和产品,打造一个强支持、强服务、强管控的全新的经纪人作业平台。同时,通过互联网平台实现买方、卖方、经纪人的连接与互通,为经纪人和合作伙伴打造一个开放式的服务者生态平台,为经纪人提供更多的学习资源和成长机会,助力经纪人成长为专业的经纪人,实现其职业化。

(3)对经纪人利益的维护

链家制定了维护经纪人利益的陪审团制度。其成立的背景是为维护平台作业环境的公平,对北京链家综合经纪人、租赁经纪人之间因内部竞争/合作产生的业绩纠纷进行裁定,以及接受其他部门委托裁定违规行为,或与其他事业部达成一致,联合调查、裁定纠纷,判定公司内部员工之间的业务纠纷,建立内部纠纷处理机制,杜绝一言堂,保证客观公正,以公平、安全、可信为基石,提升经纪人凝聚力和归属感。

3.2 打造经纪人职业成长的通道

在当前国内尚未实现全行业层面房地产经纪人初级阶段职业化之际,面对全行业经纪人从业门槛缺失、经纪人从业基础知识体系缺乏、经纪人教育培训机制不健全、经纪人职业水准考核缺失、以开单成交为唯一导向的情形,链家在经纪人的招聘、培训教育、激励和考核等方面设立了高于行业的标准,建立了经纪人职业成长的全通道,助力经纪人快速实现职业化。

(1)招聘

链家设定了经纪人招聘的门槛,年龄:18 周岁及以上;学历:2017 年起没有从业经验的经纪人的招聘最低学历要求为统招及大专以上,其中要求本科学历占比 70%,有从业经验者为高中及以上学历;品行:品行端正、诚实稳重等。目前,北京链家经纪人的学历构成中,具有统招本科与具有统招专科学历的经纪人合计占比达到 70%。

(2)培训

经纪人入职链家后需要接受 192 小时的集中培训,共计 15 门课程的学习。为此,链家成立了针对房地产经纪人培训的链家学院,整个课程体系包括新人买卖业务知识培训、新人租赁业务知识培训、买卖业务知识初级衔接训、买卖业务知识高级衔接训、租赁业务知识衔接训等。培训内容除企业文化、服务意识、业务基础、资源获取外,房地产基础知识、运作逻辑、房地产经纪行业基础知识、房地产经纪业务的运作逻辑、业务工具的使用、资源转化、带看及签约风险、社区精耕、行业价值观和团队合作等涵盖在整个培训内容中。对经纪人的培训以业务流程为主,店经理的培训兼顾业务流程和业务流程管理,通过行业知识、行业价值观、作业层面技能的培训和传递,提升经纪人及店经理的能力,注重培训效果的管理,帮助经纪人建立基础业务知识并提升经纪人的业务能力。

除业务知识的培训外,对见习经纪人实施业务操作层面的师徒制,即每名见习经纪人由一名经纪人或以上级别人员对其进行辅导,实行不同级别人员同时辅导,人员数量有限制(经纪人可辅导 1 名见习经纪人、高级经纪人可同时辅导 2 名见习经纪人,资深经纪人和营业主任可同时辅导 3 名见习经纪人),不同级别的经纪人有不同的辅导权限,辅导目标是协助见习经纪人通过见习期。为高效、有效开展师徒互助工作,链家制定了师傅行为准则,对师傅的工作方针、行为规范、佣金分成等内容进行了规定。

(3)考核

链家对经纪人是否掌握了基础的业务知识的考核方式是每年两次的"博学"考试,该考试自 2010 年起在实行,素有"链家高考"的称号。"博学"设计思路的核心始终是从实战出发,以考促学,该考试不是一次性,而是持续的考核。"博学"考试的内容除上述业务基础知识外,包括了大量业务实践中的案例,而案例教学是经纪人日常中非常重要的内容。链家设有专门的内容运营部,负责对交易中的典型案例进行梳理,再由 AE(AE 为经纪人赋能师,赋予经纪人产品能力和持续激励)向经纪人进行宣讲。AE 每周会针对不同主题,与经纪人进行场景模拟。对 AE 的考核便是经纪人对于案例的理解和在业务中的反应。

以 2017 年下半年"博学"考试知识点为例,涵盖了买卖业务知识、企业相关知识和房地产基础知识三大部分,买卖业务知识涵盖房屋属性定义、房屋交易、房屋交易条件、购房条件、签约、网签、资金监管、贷款、税费、过户、抵押和公证、风险防范及政策等内容;企业相关知识包括企业文化与价值观、安心承诺服务、经纪人言行规范、运营管理制度等;房地产基础知识包括法律常识、房地产基本知识概述、房地产金融知识、不动产登记制度、土地知识、城市规划等。

八年的探索，"博学"考试作为考核经纪人业务知识掌握和业务实践应对的重要措施，取得了一定的成绩。通过分析，"博学"考试的成绩与经纪人的入职时间呈明显的正相关性、与客户给予经纪人的评价呈正相关性。

（4）晋升

在经纪人的职业成长和晋升路径上，链家设置了透明的晋升机制和职务级别，晋升考核以业绩为考核指标，在职业级别上分为 4 个序列 15 级，其中业务人员为 5 级：见习经纪人、经纪人、高级经纪人、资深经纪人、营业主任；店经理为 4 级：见习经理、店经理、高级店经理、资深店经理；区经理为 4 级：区经理、高级区经理、资深区经理、大区经理；业务总监为 2 级：总监、高级总监。

此外，链家通过经纪人职业能力认证的形式鼓励经纪人学习、成长，如目前北京实行的经纪人签约能力资格认证。自 2014 年起，历时三年建立的签约能力和签约质量闭环管理机制，通过对经纪人进行考前培训，组织考试认证，审核签约质量，从运营人员中选拔出法律专家并授予其签约能力。

（5）对行业价值和公司价值观的宣传

作为一家承担社会责任的企业，链家通过建立爱心小学、爱心图书馆、链·未来电脑教室、资助贫困高中生（链家欢乐崇世珍珠班）、儿童大病救助项目、链·未来成长计划、智播启赋计划（在线教育课程）等公司活动以及设置高考休息站、开展链家中国社区跑项目、成立链家志愿服务队走进社区系列活动，宣传房地产经纪行业、经纪公司价值观，展现职业经纪人。

截至 2018 年年初，第八所链家爱心小学投入使用；链家在 20 个省（自治区、直辖市）建立 129 所爱心图书馆，捐赠图书 492446 册，受益学生 45221 人次；建立 7 所电脑教室，共 240 套电脑，为 2966 位小学生提供电脑教学；100 位高中生 3 年的全部餐费及学习资料费（学费及住宿费已减免）共计资助 750000 元；向爱佑慈善基金会捐款 22010000 元。目前已经支持了 587 名先天性心脏病患儿，145 名白血病患儿接受手术；共有 232 位链家资助人，资助太阳花孩子 528 人次，资助金总额 482211.67 元；在线教育课程走进第一所小学——甘肃芳草链家爱心小学。

链家所有门店为市民免费提供应急复印打印、应急电话、便民饮水、便民雨具、爱心图书捐赠点、询路指引、应急上网、应急充电等多项服务。每年 6 月高考到来之际，链家所有门店对考生家长开放，并准备充足的纸笔和饮水，为考生和家长"保驾护航"。组织"链家中国社区跑"，聚焦社区居民健康和邻里和谐，为周边社区参与跑步的居民提供饮水、跑步装备等补给。成立"链家志愿服务队"，做社区好邻居，所有链家门店提供八大便民服务，并且每逢年假节日，开展与社区居民互动，便利和丰富社区生活。

3.3 对经纪人的行为规范和管理

（1）经纪人着装形象规范与社区公约

链家制定了经纪人着装形象要求和社区公约，经纪人着装形象根据季节分为春夏装、秋冬装，对男女经纪人的着装、发饰、个人卫生等做了具体的要求；社区公约要求经纪人不随地吐痰，不乱扔废弃物，不在禁烟场所吸烟；遵守公共秩序，公共场合不喧哗吵闹，排队遵守秩序；遵守交通规则，不并行挡道，不违章停车；以礼待人，衣着整洁得体，礼让弱势群体，文明用语。

链家旨在打造职业、专业、可信赖的经纪人形象，并以此作为建立职业经纪人团队的第一步。运营管理人员需要以身作则并做好日常监督工作。与此同时，经纪人作为社会和社区的一分子，从小事做起，先做一个合格的社会公民、合格的社区居民，进而进一步做一个合格的经纪人。

（2）建立内部作业规范

红黄线制度的目的是倡导企业价值观，规范员工行为，营造良好的作业环境和企业文化氛围，杜绝损害客户和公司利益行为的发生。关于红黄线制度的详细规定见附件 6。对于触犯红线的员工予以辞退处理，且永不录用，触犯黄线则黄线记过，留岗查看一年，留岗查看期间不得晋升，一年内累计两次触犯公司黄线，等同于红线，予以辞退处理。对于违纪行为及处罚结果会在公司内网中进行通告，并且由人力资源中心人事绩效部留档备案。

红黄线制度是链家规范经纪人行为，维护客户利益、同行利益和公司利益的措施和手段，是在全行业缺乏系统、细化的监管下，在全行业推出的第一个将客户利益、同行利益纳入的规范。

（3）建立公司内部规范

为了保障安全交易，促进链家地产签约规范，使运营经纪人及相关部门在进行存量房屋买卖签约时有标准可供依循，根据相关法律法规、北京市房地产市场现状及存量房屋买卖交易习惯，结合链家地产的交易经验，链家制定了《北京链家房地产经纪有限公司签约基本法》。

主要内容：①链家地产经纪人在进行房屋买卖签约时，应当严格遵守本法，应当具备链家地产认证的签约权限，持签约能力认证证书签约，应当通过区域经理/商圈经理和/或法务审核后，方可将合同交由交易双方签章。②链家地产经纪人不得对交易双方以书面、口头等任何形式做出不当承诺；链家地产经纪人不得作为交易双方任何一方的代理人，代为办理房屋交易相关手续；经纪人不得居间操作自己买卖房屋的业务。③对于限制/无民事行为能力人，必须由其监护人代理签约和操作相关交易手续，对于70岁以上的老人，为保证其健康状况及签约意愿，签约时间不建议超过当天24时，如没有完成的，可视老人情况，另行约定继续签约的时间。

以上是链家在房地产经纪人职业化上的努力与实践。从打造积极向上的职业环境到为经纪人职业化提供平台、工具、支持和规范经纪人的行为，17年的探索，链家在推动全行业房地产经纪人职业化的道路上从未停止。虽然已经取得了部分成效，但是在全行业层面未能对虚假房源、经纪人损害客户甚至同行利益的行为等进行良好的规范和监管下，内地（大陆）房地产经纪人距离职业化依然任重道远，实现全行业房地产经纪的职业化需要社会、政府、行业、公司及经纪人的共同努力。

第九章

各国家及地区房地产经纪人职业化总结

一、各国家及地区房地产经纪行业概述

1.房地产经纪行业规模

从经验看,除日本由于二手房质量及高翻新率下导致新房成交量高于二手房之外,其他国家和地区均已进入存量房的流通时代,二手房的交易规模超过新房,当房地产市场由增量期进入存量期,存量房的流通成为解决住房需求的重要手段(见表9-1)。

表 9-1　2016 年各国家及地区新房和二手房的成交情况

国家或地区	存量房规模 (万套)	二手房成交量(万套)	二手房流通率	新房成交量 (万套)	二手房/新房
美国	13558.00	545.00	4.02％	56.1	9.71
新西兰	184.30	6.54	3.55％	2.50	2.62
新加坡	123.25	2.50	2.03％	0.38	6.58
日本(2015 年)	6063.00	51.90	0.86％	78.44	0.66
英国(2015 年)	2800.00	139.62	4.99％	15.08	9.26
中国香港	277.00	3.79	1.37％	1.67	2.27
中国台湾	858.00	24.50	2.86％	12.20	2.01

资料来源:贝壳研究院整理。

房地产经纪行业规模＝存量房的交易套数×套均价×经纪行业渗透率×佣金费率,而存量房的交易受到一个国家或地区房地产市场政策的影响非常大,比如新加坡和中国香港,政策性房屋占比分别约为80％和45％,高占比的政策性住房下房屋的流通率降低,交易规模下降,而且政策性房屋的交易流程相对规范,经纪人的参与度较低,行业渗透率较低,所以房地产经纪行业的规模较小(见表9-2)。

表 9-2　2016 年各国家及地区存量房交易的房地产经纪行业规模

国家或地区	二手房交易套数(万套)	二手房套均价(万美元/套)	二手房销售额(亿美元)	经纪行业渗透率(%)	佣金费率(%)	经纪行业规模(亿美元)
美国	545.00	27.60	15042	90%	5.20%	704
新西兰	9.04	44.27	400	90%	2.30%	7.9
新加坡	3.00	私人:258.00 组屋:31.00	290	60%	2.00%	3.5
日本(2015 年)	55.40	22.34	1155	100%	5.30%	61.1
英国(2015 年)	140.00	27.35	4992	87%	1.40%	60.8
中国香港	3.78	81.47	308	70%	1.50%	3.2
中国台湾	24.5	29.63	698	90%	3.50%	22.0

资料来源:贝壳研究院整理。

2.房地产经纪行业渗透情况

　　房地产经纪行业渗透是指经纪人参与房屋交易的比例。一个国家或地区的房地产经纪行业的渗透率除了与房地产市场化的程度相关外,还与这个国家或地区的房屋交易政策、房地产经纪行业的价值宣传程度高度相关。如日本,要求卖方对所售房屋的产权瑕疵负责,所以,无论是卖方还是政府,都希望经纪人参与其中,以专业的服务降低买卖双方的房屋交易风险;如英国的苏格兰地区,由于律师先于经纪人介入到房屋交易的流程中,久而久之便形成了以律师作为主要参与人的交易特征;如美国、新西兰、新加坡、中国香港及台湾地区,协会、专职政府机构在推动经纪人职业化的同时对行业价值进行宣传和向公众传授房屋交易的知识和风险,推动了民众对于房地产经纪行业价值的正确认知,从而有利于更好地发挥房地产经纪行业的网络效应。(见图 9-1)

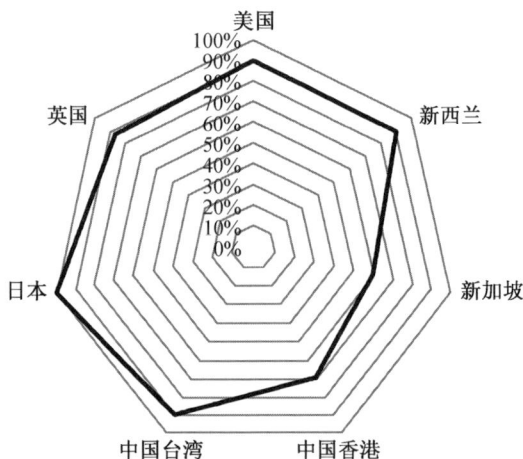

图 9-1　各国家及地区房地产经纪行业的渗透率

资料来源:贝壳研究院整理。

3.房地产经纪行业的专业化分工

房地产经纪人的职业角色分为房地产经纪业务的专业分工和经纪人角色分工两个方面,此外,从房地产经纪行业的委托代理机制上,还存在第三个方面,即法律层面的职业角色。

首先是房地产交易环节中的专业分工。虽然各国家或地区房地产交易流程、环节及参与方不完全相同,但是从房地产经纪行业的发展来看,从最初经纪人参与房屋交易的全部环节到逐步分解、形成专业化分工,经纪人的核心职能转向房屋交易的前段,即信息匹配和撮合谈判,其他各环节的参与方也逐步实现专业化,如资金监管人、产权律师、抵押贷款经纪人、房屋检修师等(见表 9-3)。专业化分工是职业发展的必然,是提高效率、实现专业化的重要途径,专业化分工有助于促进经纪人实现专业化。

表 9-3　各国家和地区房屋交易的专业化分工

国家或地区	信息匹配和撮合谈判	合同风险	资金监管	产权核验	房屋检修	抵押贷款	物业交割
美国	经纪人	经纪人	ESCROW	产权保险主体	房屋检修主体	估价师、银行	经纪人、政府

续表

国家或地区	信息匹配和撮合谈判	合同风险	资金监管	产权核验	房屋检修	抵押贷款	物业交割
新西兰	经纪人	律师	律师	政府	房屋检修主体	估价师、银行	经纪人、政府
新加坡	经纪人	律师	律师、资金监管主体	律师	房屋检修主体	律师、银行	律师、政府
日本	经纪人（含宅建士）	司法书士	无	司法书士	宅建士	司法书士、银行	经纪人、政府
英国	经纪人	律师	律师	律师	律师	律师、银行	律师、政府
中国香港	经纪人	律师	资金监管主体	律师	房屋检修主体	估价师、银行	律师、特区政府
中国台湾	经纪人	地政士	建经公司	地政士	经纪人	地政士、银行	经纪人、管理部门

资料来源：贝壳研究院整理。

其次是房地产经纪人内部的角色分工。实现经纪人职业资格制度的国家和地区在房地产经纪人的类别上，按照权责边界不同至少分为两级，如美国的销售员和经纪人，日本的销售员和宅建士，中国香港的营业员和代理人，中国台湾的营业员和经纪人，新加坡的销售员和执行人，新西兰的销售员、店长和经纪人等，由于权责边界不同，经纪人的业务在内部进行了进一步的分工，有助于提升业务效率、促进专业化的实现。（见表 9-4）

表 9-4　各国家和地区房地产经纪人职业角色分工

国家或地区	美国	新西兰	新加坡	日本	英国	中国香港	中国台湾
经纪人职业角色分类	销售员	销售员	销售员	营业员	无	销售员	销售员
	经纪人	店长	执行员	宅建士	无	代理人	经纪人
		经纪人					

资料来源：贝壳研究院整理。

最后是房地产经纪人的法律角色。经纪人法律层面的职业角色由一个国家或地区房地产委托代理制度所决定，如美国，80% 以上为单边代理和独家委托，即经纪人在一次交易中只能代表买卖双方中的一方，与另一方经纪人合作完成交易。这在形式上有点类似于原告和被告的律师，各自作为委托人的独家代理人，发挥代理作用。而这又依赖于经纪行业开展业务中非常重要的资源——房源的组织形式，只有建立起独立的、第三方的房源共享信息平台，并制定严格、详细的使用规则，才能建立起经纪人作为代理人的职业角色基础。而在独家委托和单边代理制度占比不高的国家和地区，经纪人更多作为居间角色，"仅提供媒介联系作用，对委托人与第三人之间的合同没有实质的介入权"，即以撮合交易为主（见表9-5）。

表 9-5　各国家及地区房地产经纪人的职业角色

国家或地区	经纪人角色	房屋资源信息平台
美国	代理	独立高效外部合作平台：MLS（房源共享信息平台）
新西兰	居间	各公司及房地产媒体平台
新加坡	居间	
日本	居间为主	独立外部合作平台：REINs（36％的市场成交份额）
英国	居间	各公司及房地产媒体平台
中国香港	居间	各公司及房地产媒体平台
中国台湾	居间为主	独立外部平台：吉家网（作用有限）

资料来源：贝壳研究院整理。

4.房地产经纪人的佣金费率

佣金费是经纪人向客户提供服务而获取的相应报酬。在建立了独立、外部房源信息平台的国家和地区（无论该信息平台的实际应用效果如何），如美国、日本、中国台湾地区，政府或相关机关对佣金费率规定了上限；在没有独立、外部房源信息平台的国家和地区，如新加坡、新西兰、中国香港地区，佣金费率的收取标准是完全的市场定价。

对比发现，政府或相关机关规定了佣金上限的国家或地区，佣金费率高于佣金市场竞争的国家及地区的佣金费率，即便是换算为单边，也依然如此（见表9-6）。

表 9-6　各国家及地区房地产经纪行业的佣金费率及形成机制(2016 年)

国家或地区	佣金费率	形成机制
美国	5.2%(单边 2.6%)	最早为协会主导下上限 6%,后为协会与政府的博弈、经纪人之间的博弈结果
新西兰	2.3%	完全市场博弈结果
新加坡	2.0%	完全市场博弈结果
日本	5.3%	《宅建法》规定佣金费率上限 6%
英国	1.4%	完全市场博弈结果
中国香港	1.5%	完全市场博弈结果
中国台湾	3.5%	"内政部"规定佣金费率上限为 6%

资料来源:贝壳研究院整理。

5.小结

　　一个国家或地区房地产经纪行业的规模由该国家或地区的国际地位、房地产市场形势、房价水平、政策方向与力度、房地产经纪行业的渗透和佣金水平等多种因素决定。而决定经纪人的人均效率的因素包括房地产经纪行业规模和经纪人数量规模。从本书中所列举的国家和地区经纪人人均效率来看,除了房地产市场化程度较低的新加坡、日本及中国香港地区外,美国、新西兰及中国台湾地区之间,经纪人的人均成交效率差异并不是非常显著。就房地产经纪行业的属性来说,存在着非常明显的"二八定律",在我们采访中,经纪人甚至认为是"一九定律",即 10% 的经纪人占据了 90% 的客源、获取了 90% 的收入。所以,如何缩小这种差距、建立良性的经纪人员职业循环系统是各国和地区房地产经纪人职业化所要解决的重要问题。

二、房地产经纪人职业化的目的

1.房地产经纪人职业的典型特征

　　通过前文对各国家和地区房地产经纪人职业化的分析,可以发现不同的国家、地区在最初推动经纪人职业化上的动机不同，所采取的方式不同，所取得的效果也不同。在第一章的理论部分，我们提出了房地产经纪人职业化最终要达到的目的是建立一定的职业壁垒降低经纪人的被替代性，创造系列条件打造经纪人的职业认同感，让经纪人在正确的方向上充分发挥自主性提升服务效率和质量，最终得到消费者的认同和获取与个人付出呈正相关的经济报酬。

通过对多个国家和地区在房地产经纪人职业化上的实践可以发现，即便是美国这样一个经纪人职业化探索实践超过一百年，有着700多亿美元的行业规模、200万名持牌经纪人、123万名活跃经纪人的国家，房地产经纪人这一职业的核心"魅力"依然是从业者对于高收入的预期。美国仅5%的房地产经纪人没有任何从业经验，造成此种情形的原因是多方面的。

一是房地产市场的高波动性。房地产市场受到经济发展、社会环境、政策、供需等多因素的影响，多个国家和地区的房地产成交变化均表明房地产市场具有较高的波动性，在波动的市场环境和房屋交易的低频下，经纪人群体的流动性加剧，对职业经验的积累不利。

二是房屋交易的低频性。与易耗消费品交易不同，房屋交易属于低频交易。根据美国房地产经纪人协会（NAR）调查，美国每个家庭平均每9年有一次房屋交易，一个家庭在完整的生命周期中从经历第一次买房到最后一次换房，约4~6次。在低频的交易下经纪人如何获得其生活的持续性支出，对经纪人的作业模式、经纪公司为经纪人提供的职业保障提出了挑战。如果经纪人难以从该份职业中获得基本的生活保障，则该份职业就具有很大的风险性。

三是房地产经纪人的作业方式缺乏体面性。经纪人作为买卖双方的中间人，要获取房源和客源两方资源，存量房的房源分布在每一个个体手中，极具隐秘性，被动的门店获房在很大限度上依赖于经纪公司的品牌，而主动的获取房源方式严重依赖于经纪人的个人品牌和资源，常规的发放传单、广告，甚至敲门的方式容易造成客户和经纪人关系的紧张。总之，长期以来，房地产经纪人的作业方式没有发生明显的改变，经纪人的作业方式缺乏体面性。

四是社会公众对于房地产经纪行业的非公正看待。在房地产经纪行业发展的早期,由于缺乏对经纪人的监督和相应的规则,大量危害和损害客户、社会发展的行为导致行业公众对房地产经纪行业和经纪人形成了难以改变的"偏见",这种偏见掩盖了房地产经纪行业和经纪人的真正价值。

在市场的高波动性、房屋交易的低频性、经纪人作业方式缺乏体面性外加公众对于经纪人的不公正看待等多因素影响下,房地产经纪人这一职业对经纪人的核心吸引力降低,对经纪人的吸引力更多体现在了对经济报酬的追求上,成为房地产经纪人作为过渡性职业的明显特征。这就如同纽约早期的出租车司机,只要有使用出租车的地方,开出租车通常都是寻求更好生活的重要的过渡性职业,可以使他们从略高于体力劳动的一般工人提升到小业主或者某出租车行的雇佣地位,营造快速致富的幻想。

过渡性的特征会使得从业者忽略了其核心价值是降低房屋的交易难度,为买卖双方提供真实、符合其需求的房屋交易服务,经纪人不再只是为第一次买房的人提供服务,而是为所有有房屋交易需要的人提供专业的服务。

2.房地产经纪人职业化的目的

职业实现专业化的过程称之为职业化,职业化的目的是建立职业的不可替代性、职业认同感、职业自主性和提高职业的社会地位。房地产经纪人的不可替代性并不是对经纪人完全的职业保护和排他行为,而是设立行业的基础门槛和对经纪人进行持续的考核,以确保经纪人具备相应的从业能力,建立合理的筛选和淘汰机制,而房地产经纪行业内部的专业化分工和职业分工是建立经纪人的职业不可替代性的前提条件。房地产经纪人的职业认同感是从业者不再将经济报酬作为唯一的从业动机,不再将从事房屋交易作为过渡性职业选择,而房地产经纪人的职业认同感的建立需要相应的社会环境和经纪人成长环境。社会环境是指社会对于房地产经纪行业、房地产经纪人价值的正确认知和看待,这需要行业、经纪人、行业协会和政府或相关机关的共同作用,经纪人的成长环境是经纪公司为经纪人的成长提供的支持。房地产经纪人的自主性是指经纪人在职业行为的允许边界内充分发挥其自主性,创新业务模式、探索新的业务技能,从而提升业务效率、推动业务创新。房地产经纪人职业自主性建立在行业明确的行为规范和对经纪人的监管基础之上。房地产经纪人的社会地位体现在客户对经纪人提供的服务的认同和经纪人所获取的经济报酬方面,社会地位的提升建立在经纪人合理的不可替代性、认同感和自主性的基础上。

职业的不可替代性、认同感、自主性和社会地位作为职业化的四个目的,在实现方式上一般是先通过设定一定的门槛筛选更合适的人,通过培训考核留住合适的人,实现一定程度上的不可替代性,在此基础上通过建立行业行为规范对经纪人的行为进行监督,激励建立职业认同感,通过鼓励激发职业自主性,最终获取消费者的认可和与付出成正比的收入。而一旦建立起这样的路径,将形成房地产经纪人职业化的良性的正反馈系统,职业社会地位提高,经纪人的被替代性降低,职业认同感加强,激发更强的职业自主性,并最终体现在对客户的服务和个人的经济报酬上(见图 9-2、图 9-3)。

图 9-2　房地产经纪人职业目初期的
达成路径

资料来源:贝壳研究院。

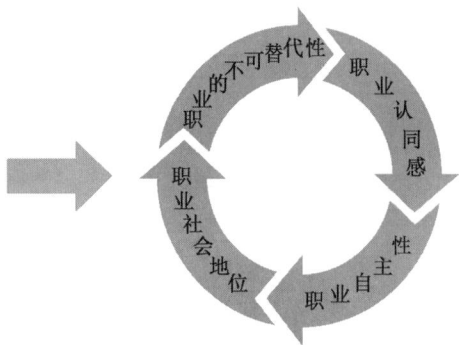

图 9-3　房地产经纪人实现职业化之后的
良性正反馈

资料来源:贝壳研究院。

三、房地产经纪人职业化的要素

不同国家和地区在房地产经纪人职业化上的实践表明房地产经纪人实现职业化需要具备一定的要素,这些要素包括门槛、监管、素养、保障、平台和品牌。由于各国家和地区在推动房地产经纪人职业化时所面临的社会环境、市场环境不同,各要素的出场顺序和组合方式也不尽相同。

1.设门槛

门槛是对进入房地产经纪行业的从业者所设的第一道强制性的筛选机制,也是推动房地产经纪人实现职业化最基础的方式。设定房地产经纪人从业门槛的要素一般包括从业者的年龄、品行、学历、经验、获取从业资格证的要求、从业资格证的更新要求等。对上述要素的组织上,从业者的年龄、品行、学历、经验一般作为申请从业资格证的基础条件,申请者在满足要求后获得参加职业资格证考试的资格,按要求完成相应的学习并通过考试后获取职业资格证,部分国家和地区还要求持有从业资格证的经纪人在执业地注册,成为经纪人后需定期完成学习并更新资格证。

不同国家和地区在房地产经纪人从业门槛要素的设定上不尽相同。英国没有关于房地产经纪人从业门槛的强制性要求,而其他国家或地区初级经纪人的门槛低于高级经纪人;在最低年龄的要求上,绝大部分国家和地区以 18 周岁作为要求;对从业者的品行要求上,中国台湾、日本没有明确的要求,其他国家或地区将经纪人的诚信、有无重大犯罪记录作为主要考核要素;在最低学历要求方面,除中国台湾和日本的销售员外,高中学历成为大部分国家或地区的最低要求;从业经验方面,初级经纪人无从业经验要求,而有在成交合同上签字权的高级经纪人至少需要具备 1 年的从业经验;在满足基础条件后,从业者需要参加考试并获取从业资格证后方可从业(见表 9-7)。

表 9-7　各国家及地区房地产经纪人从业门槛的基本要求

国家或地区	职业分工	最低年龄(岁)	品行	最低学历要求	从业经验	从业要求
美国	销售员	18	诚信、无偷窃等罪行	高中	无	持证从业
	经纪人				2 年	持证从业
新西兰	销售员	18	诚信、无债务违约、无酗酒所致的处罚	本科	无	持证从业
	店经理				3 年	持证从业
	经纪人					持证从业
新加坡	销售员	21	诚信、无债务违约记录	高中	无	持证从业
	执行员				3 年	持证从业

续表

国家或地区	职业分工	最低年龄（岁）	品行	最低学历要求	从业经验	从业要求
日本	销售员	无	无	无	无	无
	宅建士	无	无	无	2年	持证从业
英国	经纪人	无	无	无	无	无
中国香港	销售员	18	监管局认为的合适人选	高中	无	持证从业
	经纪人				1年	持证从业
中国台湾	销售员	无	无	无	无	登记注册
	经纪人	18	无	高中	1年	持证从业

资料来源：贝壳研究院整理。

对经纪人从业资格证的要求上，除英国外，其他国家或地区均通过立法予以强制实施。为落实法律的要求，绝大部分国家或地区成立专门的政府机构或主管部门，仅日本和中国台湾这一职能隶属于已有政府机构和主管部门；在从业资格证的获取方式上，采用客观的考核方式，从业者需要自行学习或者接受指定培训机构的课程培训并参加闭卷考试，考试合格由指定机构向考生颁发从业资格证，监管机构或者协会一并对持牌经纪人建立数据库和档案，从业者获取从业资格证后方可从业，从业资格证并非永久有效，在有效期内经纪人需要根据规定进行更新（见表9-8）。

表 9-8　各国家及地区房地产经纪人从业所需基础知识要求

国家或地区	法律依据	执行机构	获取从业资格证的方式	有无从业资格证更新要求
美国	《房地产牌照法》	各州房地产管理委员会和州级行业协会	接受教育＋考试＋执业地注册	有
新西兰	《房地产经纪行业牌照章程》	房地产代理监管局（REAA）	获取指定学位＋接受教育＋考试	有
新加坡	《地产代理（发牌及注册）规例》	房地产代理理事会（CEA）	接受教育＋考试＋执业地注册	有
日本（宅建士）	《宅建法》	国土交通省	接受教育＋考试	有

续表

国家或 地区	法律依据	执行机构	获取从业资 格证的方式	有无从业资格 证更新要求
英国	无	无	无	无
中国香港	《地产代理（发牌）规例》	房地产代理监管局（EAA）	接受教育＋考试	有
中国台湾	"专门职业及技术人员考试法" "不动产经纪业管理条例"	"内政部地政司"	接受教育＋考试	有

资料来源：贝壳研究院整理。

　　经纪人获取从业资格证的方式是对专业知识的学习和考核，不同国家和地区对于专业知识所要求的范围要求不同，房地产市场的基础（房地产行业术语、房屋属性、分类、功能等），房地产估价，房地产行业的法律，房地产金融、土地、财务和税务等是房地产经纪人从业所必须具备的基本专业知识。就从业资格证考试的通过率来看，虽然日本和中国台湾在对经纪人的基础条件，如年龄、从业经验、学历、品行等方面的要求相对宽松，但是考试通过率低，依然达到了对经纪人较严格的筛选。从业资格证具有时效性，本书列举的国家和地区中，房地产经纪人职业资格证的有效期为1～5年不等，到期前经纪人需要自行或者在指定培训机构完成相应的知识学习方可完成资格证的更新（见表9-9）。

表9-9　各国家及地区房地产经纪人获取从业资格证的要求

国家或 地区	对专业知识 的要求范围	从业资格证 考试通过率	从业资格证更 新周期(年)	从业资格证 更新要求
美国	房地产基础、估价、法律、金融	54％	4年	完成指定课程学习
新西兰	房地产基础、估价、法律、金融、财务、土地	＜30％*	1年	完成指定课程学习
新加坡	房地产基础、法律、土地	约50％*	1年	完成指定课程学习
日本	房地产基础、估价、法律、金融、财务、土地	15％	5年	完成指定课程学习
英国	无	无		无

续表

国家或地区	对专业知识的要求范围	从业资格证考试通过率	从业资格证更新周期（年）	从业资格证更新要求
中国香港	房地产基础、估价、法律	33%	1年或2年	完成指定课程学习
中国台湾	房地产基础、估价、法律、税务	20%	4年	完成指定课程学习

＊为笔者根据访谈得到。

资料来源：贝壳研究院整理。

2.做监管

在房地产经纪人职业化中，做监管是指对经纪人进入行业到作业层面制定详细的规则和制度，对于违反规则和制度的经纪人给予相应的处罚，打造从经纪人进入到作业再到退出的全方位监管，围绕经纪人形成职业监管的闭环（见图 9-4）。

对经纪人在行业进入阶段的监管便是上述设立门槛章节的内容。通过立法、设立独立客观的政府机构或主管机关对经纪人是否具备从业资格做出全方面、强制性的要求，建立持牌经纪人数据库和档案以便持续追踪其职业动态，这些措施均体现了对经纪人进入行业从业的资格监管。

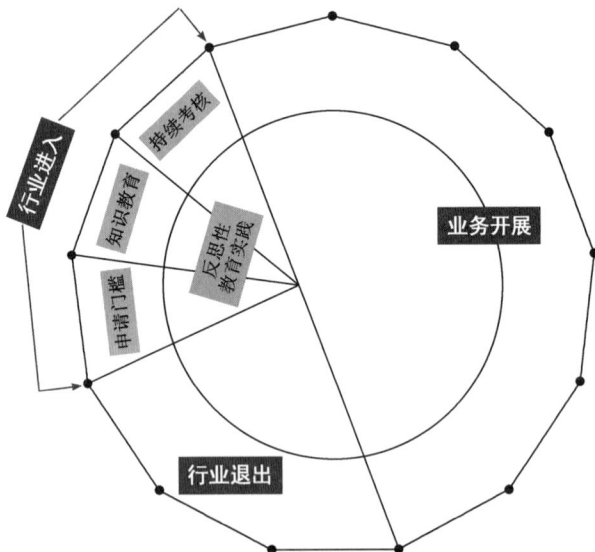

图 9-4　房地产经纪行业行为监管示意图

资料来源：贝壳研究院整理。

业务开展阶段的监管是对经纪人进入行业后业务开展层面的监管,包括对经纪人职责和经纪人对客户义务的约定,对经纪人应该提供的服务、所采取的方式的界定。按照房地产经纪业务的环节划分,业务开展阶段对经纪人的监管包括对经纪人个人营销层面的监管,对经纪人进行房屋营销的监管,对经纪人应该提供的服务环节的监管,对客户资金处理的监管,对佣金费用收取的监管和对个人在服务过程中应该披露事项的监管。在监管的方式上,由立法机构出台行业最高法,如《房地产经纪人法》《宅建法》等,行业监管机构在最高法的基础上制定实施细则并监管经纪人的落实情况。

按照房地产经纪业务的环节划分,业务开展阶段对经纪人的监管包括:

①对经纪人个人营销层面的监管:要求经纪人在获取客户委托的过程对于自己的营销方式要得当、销售术语需准确、营销内容需真实,不能编造虚假信息,不能欺骗和隐瞒客户等。

②对经纪人进行房屋营销的监管:要求经纪人所发布的房源信息必须真实、透明、有效、及时,对房源的描述必须准确,对房屋的配套、价格和未来的价值不可过分夸大,不隐藏房源、不诋毁同行所发布的房源等。

③对经纪人应该提供的服务环节的监管:要求经纪人在与客户签订委托代理协议前向客户明示其职责和应该提供的服务环节、服务收费、服务风险及风险应对策略,并将自己对于客户所委托事宜的处理策略进行说明以取得客户的反馈,从而更高效地开展工作。

④对客户资金处理的监管:要求经纪人不能直接接管和插手房屋交易资金,必须开设专门的资金监管账户进行监管,经纪人对于所介绍或引荐的抵押贷款经纪人等必须披露其利益关联状况等。

⑤对佣金费用收取的监管:要求经纪人按照政策要求收取服务佣金,包括签订协议、向客户说明佣金收取的依据、收取方式、收取时间及发生佣金争议后的处理措施等。

⑥对个人在服务过程中应该披露事项的监管:要求经纪人在委托代理服务期间及时向客户披露一切可能存在的与经纪人个人利益相关的事宜。

退出阶段的监管是当经纪人违反了在进入阶段、作业层面的规定和要求后所接受的惩治和处罚措施。惩治和处罚措施一般包括警告、罚款、没收非法所得、暂停作业或吊销从业许可证、行政拘留及法律规定的其他处罚措施；在监管方式上，一般由监管机构、行业协会和司法机构落实。（详见表 9-10）

表 9-10　各国家及地区房地产经纪人的监管要求

国家或地区	行业进入	业务开展						行业退出	
	门槛、筛选、持续考核	获取委托（个人营销）	房源、客源匹配（房屋营销）	应该提出的服务环节及内容	客户资金处理（资金监管）	佣金费用收取	个人利益披露	违法行为界定	惩治处罚体系
美国	√	√	√	√	√	√	√	√	√
新西兰	√	√	√	√	√	√	√	√	√
新加坡	√	√	√	√	√	√	√	√	√
日本	√	√	√	√	√	√	√	√	√
英国	×	√	√	√	√	√	√	√	√
中国香港	√	√	√	√	√	√	√	√	√
中国台湾	√	√	√	√	√	√	√	√	√

注：按照各个国家或地区是否在每一个要素上有详细的规定判断，如有为√，如无为×。

资料来源：贝壳研究院整理。

以上是对经纪人层面的监管，但是从行业的规范发展来看，仅对经纪人进行监管远远不够，良性的行业发展需要参与方共同遵守规则，所以除了对经纪人的监管外，对于消费者也应该设定合理的规则，建立公平的契约制度，要求消费者予以遵守，从而维护房地产经纪行业和经纪人的正当利益，促进行业良性、健康发展。

3.塑素养

职业素养是很宽泛的概念，包括职业所必须具备的专业水平和从业者的敬业和道德。按照职业素养的定义，职业素养是指在执业过程中表现出来的综合品质，包含职业道德、职业意识、职业行为习惯和职业技能。与职业门槛和职业监管不同之处在于职业素养难以通过外在的、强制性的手段去要求和考核,而是更多地依赖于从业者自身,是从业者自身世界观、人生观和价值观在职业上的体现,是从业者在业务中尽最大努力把工作做好的素质和能力,不以工作带给个人的经济利益为唯一的衡量标准,而是以工作带给个人的人生价值为衡量标准。

　　房地产经纪人的职业素养是指经纪人以诚信、公平和客观作为职业道德,培养遵守规则、尽职尽责的职业意识,始终以坚持客户合法利益最大化作为引导自己行为习惯的标准,持续提升自己的专业能力。房地产经纪人的职业素养一定是根植于经纪人内心、潜移默化坚守正确价值观的体现。当经纪人建立起了自己的职业素养,行业的行为规范和监管对经纪人个人的职业成长来说便不再是障碍和困难。职业素养的建立对经纪人来说是无形的财富,能够助力经纪人获取职业认可和认同感,建立职业荣誉和尊严,从而实现经纪人在房地产经纪行业的长期发展。各国及地区房地产经纪人职业素养的塑造引导如表 9-11 所示。

表 9-11　各国家及地区房地产经纪人职业素养的塑造引导

国家或地区	政策文件	职业道德	职业意识	职业行为习惯	职业技能
美国	《职业道德和行为规范》	诚信、公平、客观	遵守规则、尽责	客户利益最大化	专业
新西兰	《职业行为守则和客户关怀》	诚信、公平	遵守规则、尽责	客户利益最大化	专业
新加坡	《专业服务手册》	诚信、客观	规范	客户利益最大化	专业
日本	无专门政策文件	全面的、强制性的监管界定经纪人的行为边界,对于职业素养无专门的政策文件,但职业素养的相关内容和方向体现在监管的细则中			
英国					
中国台湾					
中国香港	《诚信守则》和《地产代理诚信管理计划》	诚信	规范	客户利益最大化	专业

资料来源:贝壳研究院整理。

设门槛、做监管和塑造经纪人的职业素养均是从经纪人自身层面入手来推动房地产经纪人职业化的实现。除此之外，推动经纪人职业化建设需要建立相应的基础设施，如对经纪人的职业保障，对经纪人作业平台的搭建，对经纪人职业成长所需要品牌的构建等。

4.建保障

建保障是指建立促进房地产经纪行业健康发展、经纪人职业健康成长的行业和职业环境，包括比较平稳和健康的市场环境、市场化的佣金费率和对职业风险的抵御。

平稳健康的市场环境能够有效避免经纪人由于行业环境的剧烈变动造成大规模的流失和轮换，有助于经纪人进行职业沉淀和积累，从而促进个人职业成长，打造职业的经纪人群体。市场化的佣金费率是指房地产经纪行业的佣金应该由市场主导形成，行政手段调控作为辅助，市场化的佣金费率定价是消费者与经纪人双向选择的结果，是促进经纪人职业化的重要手段，是房地产经纪行业优胜劣汰的重要机制。经纪人职业风险的抵御是指对经纪人在业务过程中由于非主观因素所造成的客户或者个人利益受损后的补偿措施，一般包括购买职业保险、缴纳营业保证金等，由于房屋交易过程的复杂性和高度的专业性使得经纪人的业务风险得以放大，有效的职业风险抵御机制能够有效保护经纪人的合法利益，促进经纪人职业化的发展。

5.搭平台

通过对不同国家及地区房地产经纪人职业化发展平台的梳理，平台作为连接经纪人与经纪人、经纪人和消费者的重要纽带，是经纪人开展业务的重要工具，是推动经纪人职业化建设非常重要的设施。平台的类型大致可以分为三类：以美国 MLS 为代表的由独立的行业协会创建的有严格使用规则的经纪人合作平台为一类，以英国 Rightmove、Zoopla 和中国台湾的吉家网为代表的卖方经纪人和买方实时互动的房屋信息发布与交互的平台为第二类，日本、新加坡、新西兰等国家及中国香港则是以房地产经纪公司的内部网络平台作为经纪业务开展的重要平台，公司搭建房源发布及传播的信息平台连接消费者和经纪人,属于第三类平台。

三类平台产生的背景和社会环境不同,运作机制不同,发挥的作用也不尽相同。以美国 MLS 为代表的平台产生于房地产经纪行业发展的早期,在行业格局极度分散、信息传播机制落后的时代,协会搭建了经纪人共享房源信息、合作交易的 MLS 平台,全面、详细的规则设定保证了平台的规范化运行,MLS 对经纪人的核心作用体现在为独立经纪人的成长提供了机会;以英国为代表的房地产互联网信息平台建立在独家委托的机制上,与 MLS 不同的是该平台对消费者开放,卖方将委托的房源上传至平台,买方可以自行进行浏览并直接与卖方经纪人取得联系,对经纪人来说该平台是导入客源的重要渠道;而房地产经纪公司搭建内部网络平台的背景则是由于缺乏 MLS 这样具有独立性和强规则的外部平台,且以多家委托为主,为此,各公司内部信息平台的搭建和对规则的制定成为保证平台价值的重要力量。

随着互联网技术在房地产经纪行业的深度渗透,互联网平台的建设将会是推动经纪人职业化建设的重要措施。互联网的信息平台具有典型的网络效应,房屋信息和客户规模存在着正反馈,房屋信息越真实、齐全、及时,所吸引的客户数量越多;客户数量越多,吸引投放的房屋信息越多。

6.立品牌

房屋交易的低频性、高额性和复杂性决定了房地产经纪行业不具备明显规模效应,所以无论是国际社会还是国内,房地产经纪行业的格局均比较分散。这种非标产品下非标准化的服务行业对于品牌的需求强劲。美国是典型的独立经纪人模式,经纪人通过品牌加盟开设经纪公司并打造个人品牌;非独立经纪人模式的国家和地区,打造品牌是经纪公司的主要手段,通过建立经纪公司的品牌吸引经纪人和消费者,通过经纪公司的品牌形成经纪人和公司的良性互动,通过经纪公司的品牌吸引更多的消费者从而为经纪人的职业成长提供保障。

四、房地产经纪人职业化的模式

通过第二章中"房地产经纪人实现专业化的理论模式"及各个国家和地区房地产经纪人职业化的分析，本书以房地产经纪人职业化的组织和推动机构为依据对各国家及地区经纪人职业化进行分类，并对该类模式产生的条件、表现进行总结，最后对各种模式下的经纪人职业化取得效果进行横向对比。

职业化的组织、推动机构在职业化的不同阶段有不同的形式，在一个国家或地区经纪人职业化的早期，经纪人的职业化一般是行业内的大公司、品牌公司建立内部经纪人的招聘、培训、考核的筛选机制及建立规范公司内部经纪人的行为要求。以公司为单位推动经纪人职业化的，如日本三井不动产、新加坡 ERA 及中国香港中原、台湾信义；但对于美国这样极度分散的房地产经纪格局，很难通过经纪公司的力量推动经纪人职业化，所以美国诞生了房地产经纪行业强有力的行业协会，而协会依靠 MLS 形成了对经纪人的强大黏性，进而奠定了行业协会影响政府决策、制定行业规则方面的话语权。

随着房地产经纪行业在社会中的重要性加强，对经纪人职业化的全行业化提出了迫切的需求。此时，在公司范围内进行经纪人职业化实践的公司会联合、建立以公司为基础的行业组织并吸引更多的公司加入，将原本在公司内部推行的经纪人职业化逐渐拓展到行业组织内的全部成员。但从国际经验看，要推行全行业房地产经纪人职业化，必须将原本在行业组织层面、公司层面实行的措施以法律的形式予以确立，建立起行业内的权威法律依据，并设立专职的执行机构予以落实。各国及地区房地产经纪人职业化的组织和推动机构的起源、变迁及现状详见表 9-12。

表 9-12　各国及地区房地产经纪人职业化的组织和推动机构的起源、变迁与现状

国家或地区	起源	变迁	现状
美国	行业协会	行业协会	行业协会
新西兰	政府	协会	政府

续表

国家或地区	起源	变迁	现状
新加坡	大公司	协会	政府
日本	大公司	政府和大公司	政府和大公司
英国	政府	政府	政府
中国香港	特区政府	特区政府	特区政府
中国台湾	大公司	协会	有关主管部门和协会

资料来源：贝壳研究院整理。

1.协会类——美国

（1）产生的条件

19世纪中后期，美国房地产市场的典型特征是房地产规模逐渐增大，但地理空间极度分散。在规模较小、极度分散的市场格局下，从事房地产经纪业务的公司规模小、分散度高。在行业缺乏规范和监管的情形下，出现了危害消费者利益的事件。此种事件经受害者的传播和利益对手（参与房地产交易的律师、商人）的放大，房地产经纪行业在民众中的声誉快速下降。为扭转此种情形，原本小规模、极度分散的经纪公司联合起来成立行业组织，制定行业组织成员的行为标准，并在行业组织内部进行信息交换，因此奠定了房源共享信息系统（MLS）的发展基础。而MLS的发展又形成了行业协会对经纪人的强大黏性，提供经纪人独立作业的基础。所以美国没有发展起非常有影响力的行业大公司，而是协会制定行业一切行为规范并将其上升至法律层面在全行业强制性实施。

因此，美国房地产经纪人职业化的模式根本上是在特定历史条件下，在规模小且极度分散的房地产经纪市场格局下，自下而上建立了行业规则和房源共享的双重机制。房源共享信息系统是行业协会持续壮大并循环发展的保障，越来越多的经纪人加入促使房源共享信息系统不断完善，房源共享信息系统的不断完善又吸引着越来越多的经纪人加入，行业协会的话语权增强，而又具备了对经纪人进行规范和监管的基础——房源共享信息系统。因此，美国房地产经纪行业协会成了美国经纪人职业化的推动和组织机构。在职业化的初级阶段，协会建立经纪人从业的基础知识要求并进行考核,建立行业行为规范并将其上升至法律层面在全行业推广。因为行业协会积累了大量的资源和数据,所以奠定了行业协会在经纪人反思性实践教育探索上的基础,开启了经纪人职业化的高级阶段。

所以,美国房地产经纪人职业的模式本质上是特殊的历史条件下形成的,而且与美国社会中行业协会的成长环境高度相关。这一模式也仅在美国出现并发展。当今世界,房地产交易规模庞大且地理范围高度集中,而互联网技术的发展使得信息的垄断性大幅度削弱,所以美国房地产经纪人职业化的模式在当今社会很难有成长的基础。

(2)演变及表现

①从主观到客观的经纪人筛选机制

美国房地产经纪人职业化的早期,对经纪人的筛选机制是"自我申请、名人推荐"的主观标准,即申请者寻找当地有名望的人士推荐便可获取经纪人从业资格证书。早期这一形式没有涉及经纪人自身的条件和资质,没有对经纪人所具备的从业素质和基础知识做出要求。随着房地产交易规模的加大,从事房地产经纪业务的从业者规模增大,这一主观的申请门槛很难做到对经纪人真正的筛选。为此,行业协会制定了客观筛选经纪人的标准,从经纪人自身如年龄、学历到接受行业基础知识教育发展到今天的年龄、学历、品行、从业经验、行业基础知识教育、考试、继续教育等,对经纪人的筛选已经由主观演变为客观。而这一转变最为核心的部分,便是对经纪人从业所具备的基础知识有了最低的要求,这是构成经纪人职业化的基本要素。

②先道德层面的软约束,后法律层面的强规范

美国房地产经纪人职业化的早期,对经纪人的行为约束是道德层面的软约束,即呼吁经纪人诚信、不欺瞒客户、以客户利益为上。道德层面上的软约束与经纪人的较强自我交易动力本质上是对立的,软约束无法做到经纪人行为的监管和惩治,尤其是无法对非协会会员起到约束作用。随着房地产经纪行业规模的扩大,对经纪人的行为监管必须从软约束层面上升到法律层面。美国房地产经纪行业协会将原本用于规范会员道德层面的要求进行了扩充并将其上升至法律层面,通过游说立法部门,出台行业最高法,从经纪人的进入、从业行为和退出做了全流程规范,并对违法行为做出

了相应的处罚规定。至此,原本仅适用于协会内部的道德软约束成了全行业的法律规范,构成了房地产经纪人职业化的另一基本要素。

③先初级职业化后高级职业化历程

在全行业实行了经纪人以从业资质为核心的筛选机制及经纪人行为规范和监管后,围绕经纪人群体的职业成长形成了丰富的市场系统,包括经纪人作业工具、职业福利以及非常重要的反思性教育实践。从 18 世纪中后期美国房地产市场稳步发展起,美国房地产经纪人职业化的初级阶段在 20 世纪 50 年代前完全初步实现。二战后房地产交易规模稳步加大,各种技术手段不断发展,美国房地产经纪人高级职业化阶段在 20 世纪 70 年代后快速发展。截至目前,美国围绕房地产经纪人发展形成了系统的职业化生态体系。

2.政府类——新西兰、新加坡、英国及中国香港

(1)产生的条件

此类模式中,按照政府在房地产经纪人职业化变迁中的角色及作用又可以分为以新西兰、英国及中国香港为代表的从始至终政府作为组织和推动机构类,以新加坡为代表的先行业协会后政府类,以日本为代表的大公司推动政府类,而每一细分类中,推动经纪人职业化起步的原因也不尽相同。

新西兰政府推动房地产经纪人职业化的初衷是稳固刚成立不久的政权。新政权成立之初,政府需要对全国范围内的土地进行登记和归置,而负责完成这一工作的便是土地代理人,为了避免土地代理人在业务过程中以个人利益为导向而造成民众利益受损,进而危害到新政府的声誉和政权,新西兰政府从土地代理人的资质和部分行为规范与监管方面开启了新西兰房地产经纪人的职业化。在长达百年的发展历程中,新西兰政府曾在 20 世纪 60 年代至 70 年代将经纪人职业化方面的部分职责让渡给行业协会,但是随后相继收回,并于 2008 年建立了房地产经纪人职业化的专职政府机构——房地产代理监管局。

新加坡全行业层面的房地产经纪人职业化在 2008 年开启,在此之前,新加坡房地产经纪行业协会作为推动房地产经纪人职业化的重要力量,在

其会员内部推行从业基础知识教育培训和考核,制定会员必须遵守的行为规范并对其进行监管。2008年,新加坡司法机构出台房地产经纪行业最高法,并根据落实需要成立了房地产代理理事会(CEA),制定经纪人从业资质标准、对经纪人行为进行全方位监管,开启新加坡房地产全行业房地产经纪人职业化的历程。

英国社会发展的典型特征是受到两次战争的阻断,所以英国作为最先开展工业革命和城市化的国家,在房地产经纪人职业化的连续、可追溯的历程中,1979年作为起点,英国政府推动房地产经纪人职业化的初衷是政府放开了对房地产市场的管控,房地产市场化程度提升,房屋交易活跃,规模扩大,房地产经纪成为社会发展中不可忽略的力量和存在。为此,英国司法机构出台了房地产经纪行业的最高法律,但是该部法律与新西兰、中国香港的最大不同在于没有对经纪人的从业资质做出强制性的要求、没有对经纪人在业务中每一环节行为的对错进行全方位的规范和监管,当然也没有组建专职政府机构。截至当前,英国依然没有专职政府机构推动房地产经纪人的职业化,房地产经纪人职业化的要素也不尽齐全。

中国香港特区政府推动房地产经纪人职业化的初衷是1990年代香港房地产市场在短期内的快速发展下对于房地产经纪行业内大量危害消费者利益和房地产市场健康发展的行为予以管制,司法机构出台了行业最高法律,并根据法律实施需要成立了房地产代理监管局,监管局负责包括对经纪人的筛选和经纪人行为规范的制定和落实。

(2)演变及表现

此类模式的房地产经纪人职业化根据职业化的起源时代的不同而表现不同,比如新西兰在1912年开启全行业层面的房地产经纪人职业化之际采用了主观的经纪人筛选标准和部分环节上经纪人的行为监管(如资金监管),当发展至1950年后,除了英国之外,其他国家和地区房地产经纪人职业化均采取了客观的经纪人筛选指标,出台了全行业最高法律且设立了专职政府机构进行落实。

英国房地产经纪人职业化的独特性体现在经纪人职业化组织和推动机构的缺失、要素的不健全两个方面。在职业化的组织和推动机构上,英国没有成立专职政府机构,关于行业最高法律规定的内容没有统一的执行和落实机构;在职业化的要素方面,英国房地产经纪人没有强制性的行业基础知识获取和考核机制,也没有建立从经纪人进入、作业到退出这样一整套的监管体系。此种情形的后果体现在:首先,消费者并不清楚经纪人对于自己的真正职责和所必须提供的、正确的服务;其次,当发生了利益受损事件后,由于没有专职的政府机构负责,所以消费者并不太清楚如何维权。

3.协作类——日本、中国台湾

（1）出现的条件

日本房地产经纪人职业化的推动是行业内的大公司,如三井不动产,组成小组推动政府机构出台行业法律,对经纪人的从业资质和业务行为进行规范和监管。这些大公司推动政府实施全行业层面经纪人职业化的初衷是行业内存在损害消费者利益的行为严重影响了房地产经纪行业的社会声誉。

中国台湾推动房地产经纪人职业化的初衷和美国、日本、新加坡等类似。房地产交易规模加大,大公司为了扭转中小经纪公司中存在的危害消费者利益和行业声誉的情形,组成行业协会以打造大公司的规范、可靠品牌。但由于协会的影响力有限,最终有关部门出台了行业所谓的"最高法律",建立了客观的经纪人筛选指标和从经纪人进入、作业到退出的全流程监管规范。

（2）演变及表现

日本和中国台湾均没有成立专职政府机构对法律的内容予以落实,而是将经纪人职业化的权责进行了分配,台湾"内政部"的"地政司"负责经纪人的职业资质的审核与发放,行业协会作为行业最高法律内容的执行机构对经纪人的进入、作业和退出进行监管;日本国土交通省负责宅建式的职业资质的审核与发放,与行业协会一并监督经纪人对于《宅建法》的遵守情况。

4.房地产经纪人职业化的效果

房地产经纪人职业化的程度即职业化目标的实现水平。第二章中,将职业的不可替代性、职业的认同感、职业的自主性及职业的社会地位四个方面作为职业化程度的衡量维度。理论上，如果各个维度的细分指标能够全部量化，则可以直接进行各个国家及地区房地产经纪人职业化实现程度的对比。但是实际中，由于部分国家和地区经纪行业规模较小、经纪人数量较少、经纪行业生态较为单调，没有过多关于经纪人群体本身属性的研究和数据，以及在研究中资料获取的难度较大，所以没有办法建立起完全量化的指标，这也是本书中建立定性路径指标的原因。所以在对各个国家及地区经纪人职业化的程度对比上，笔者将对定性指标进行转化处理，以进行不同国家及地区在经纪人职业化程度上的对比。

（1）职业的不可替代性

本书中列举的国家和地区在房地产经纪行业均实现了专业化的分工，经纪人内部形成了不同权责边界的分工，专业化和职业角色的分工有助于推动房地产经纪人在职业领域内纵深探索和发展，从业构筑一定的职业壁垒，降低被其他职业替代的可能性。

房地产经纪人的可替代性从经纪人的职业角色、从业资质（学历要求、年龄、经验、品德等）、从业门槛（知识、教育、考试）、房地产市场化程度（政策性住房的比例）等方面进行衡量。对于房地产市场化程度，前文中发现一个国家或地区商品化住房的占比越高，房屋自由流通的基础越大，经纪人的渗透率越高，而政策性住房比例越高，房屋的流通性越受到限制，而且政策性住房的流通具有一定的标准化流程，没有商品化房屋的流通复杂，所以对经纪人的依赖性相对较低。

为了使最终结果能够对比，根据笔者对于各国家和地区的研究进行了相应的赋值，如表9-13所示：

表 9-13　各国家及地区房地产经纪人职业的不可替代性等级①

国家或地区	住房市场化程度	职业角色	道德品行	最低学历要求	从业经验	基础知识涉猎范围	考试通过率
美国	5	5	2	3	3	4	2
新西兰	5	1	4	5	4	5	4
新加坡	1	1	3	3	4	3	2
日本	4	1	1	1	3	5	5
英国	4	1	1	1	1	1	1
中国香港	3	1	1	3	2	3	4
中国台湾	5	1	1	3	2	4	5

资料来源：贝壳研究院。

　　房地产经纪人这一职业的不可替代性（仅指具有在成交合同上签字的经纪人）由强到弱依次为新西兰、美国、中国台湾、日本、新加坡、中国香港和英国。新西兰房地产经纪人不可替代性强主要是 20 世纪协会推动建立了新西兰经纪人的教育体系，经纪人必须是指定的房地产相关专业的本科毕业生，这一规定构筑了申请经纪人执业牌照的高门槛。而英国由于在经纪人的资质、知识教育等多方面没有强制性的门槛，成为经纪人的门槛、成本都非常低，也就是几乎任何人都可以成为经纪人，造成了英国经纪人较高的被替代性，这也就是苏格兰地区律师担任经纪人业务的主要原因，除了交易制度将产权核验前置外，经纪人由于没有必备的行业知识、无法建立起作业逻辑和体系，所以被取代的可能性大幅度提高。（见图 9-5）

---

　　①　为进行不同国家和地区之间房地产经纪人职业的不可替代性程度对比，本书对所有定性指标进行等级处理，1 至 5 的数字分别代表从低到高。对于年龄，虽然部分国家没有规定，但由于合同法对于劳动人口年龄有规定，各国家及地区差异并不大，所以不予考虑。

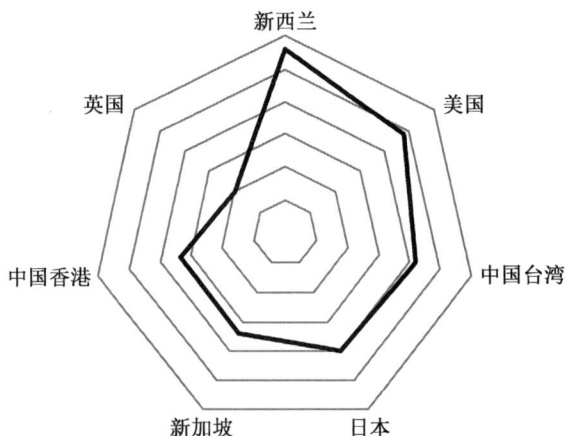

图 9-5 各国家及地区房地产经纪人的不可替代性程度雷达图

资料来源：贝壳研究院整理。

（2）职业认同感

职业认同感的建立需要来自房地产经纪公司内部对房地产经纪人的招聘、考核、激励，外部则需要公众于经纪行业的正确认知，职业认同感最终会体现在经纪人的教育背景、从业动机、投入度、流失率等量化指标方面。但是由于各个国家和地区房地产经纪人职业化发展程度不一、房地产经纪行业规模差距加大，致使最终可量化数据不全，而且统计口径不一，所以无法对各个国家和地区房地产经纪人职业认同感的水平进行衡量，本书仅从是否具备了建立房地产经纪人职业认同感的内外部环境及要素进行总结（见表 9-14）。

表 9-14 各国家及地区房地产经纪人职业认同感建立的环境

国家或地区	职业认同感建立的外部环境			职业认同感建立的内部环境	
	健全的行业法规	专职的组织机构	专职组织机构对行业价值的宣传	经纪人的作业模式	经纪人个人职业成长的助力形式
美国	√	√	√	独立经纪人	高度市场化，多个市场供给方
新西兰	√	√	√	合作	公司内部为主
新加坡	√	√	√	合作	公司内部为主
日本	√	√	√	合作	公司内部为主

续表

国家或地区	职业认同感建立的外部环境			职业认同感建立的内部环境	
	健全的行业法规	专职的组织机构	专职组织机构对行业价值的宣传	经纪人的作业模式	经纪人个人职业成长的助力形式
英国	×	×	×	合作	公司内部为主
中国香港	√	√	√	合作	公司内部为主
中国台湾	√	√	√	合作	公司内部为主

资料来源：贝壳研究院整理。

（3）职业自主性

房地产经纪人的职业自主性是指经纪人在"对与错"的行为边界内发挥个人主观能动性的能力，而"对与错"的行为边界便是房地产经纪行业的行为规范。房地产经纪行业的行为规范是从经纪人进入行业的资质、门槛到经纪人的业务行为及违反一切要求后的惩治措施的全流程的要求和监管。房地产经纪行业行为规范是界定经纪人是否具备从业资质、应该在什么样的边界范围内开展业务，及违反了规范后接受什么样的处罚。唯有建立起行业行为规范，界定"对与错"，才能建立起经纪人和消费者对行业的"敬畏度"。

本书所列举的国家和地区在经纪行业的行为规范建立方面，除英国在经纪人的进入方面未做统一设定外，其他国家和地区从经纪人的进入、业务开展到退出均建立了相应的规范。从边界上来说，涵盖了房地产经纪行业的整个闭环；从颗粒度上来说，渗透到了房地产经纪行业的每一个环节。如果对房地产经纪行业的规范进行形象比喻，行业行为规范就像是一个有外延、内部有分割的圆形。圆形的边界便是经纪人的行为边界，一旦经纪人的行为超出了边界便会接受惩治；圆形内部的分割则是涵盖了从经纪人的进入、作业到退出的全部环节，每一个环节内部的分割则是每一个环节内部的具体细则，越往圆心靠则表明经纪人在各个环节的基本规则之上执行得更好。

（4）职业社会地位

房地产经纪人的社会地位从公众对于经纪人的认同和经纪人付出多

得到的经济回报两个方面进行评价。职业社会地位也是职业化的终极目标，而消费者和公众对于经纪人的认可建立在公众对于经纪人价值正确认识的基础之上，而这一认识除了依赖于经纪人具备行业知识、在法律法规边界内开展业务外，还依赖于对行业职责和价值的积极宣传。可见，消费者和公众的认可是建立在经纪人职业的不可替代性、职业认同感和职业自主性的基础上，也是房地产经纪人不可替代性、认同感和自主性自然而然的结果。通过前文的分析，虽然我们无法给出各个国家和地区在经纪人职业认同感和职业自主性层面的量化对比，但是可以发现除了英国，各个国家或地区均具备了推动经纪人职业认同感和自主性的要素。

在经纪人层面，经纪人的经济报酬是经纪人社会地位的衡量要素，而房地产经纪人的收入除了受到宏观房地产市场环境、调控政策的影响外，与经纪人自身的职业素养、从业经验等个人主观能动性和反思总结能力高度相关。仅从经纪人年收入和社会平均工资来看，新加坡和英国房地产经纪人的收入低于社会平均工资，而日本、新西兰、美国、中国香港及台湾等国家和地区经纪人的收入高于社会平均工资，其中以日本最高，新西兰、中国香港及美国基本处于同一水平，中国台湾房地产经纪人的平均工资比社会平均工资高出 15％左右（见表 9-15）。

表 9-15　2016 年各国家及地区房地产经纪人年收入情况

国家或地区	经纪人年收入（万美元/年）	社会平均收入（万美元/年）	比社会平均工资高（％）	备注
美国	6.36	4.96	28.23	
新西兰	5.60	4.30	30.23	
新加坡	4.40	4.50	−2.22	中位数
日本	6.16	4.16	48.08	
英国	3.33	3.68	−9.51	
中国香港	3.20	2.50	28.00	中位数
中国台湾	2.30	2.00	15.00	

资料来源：贝壳研究院。

五、小结

各个国家及地区房地产经纪人职业化的组织和推动机构发挥作用的重要性及职业化的各要素总结如表 9-16、图 9-6 所示。

表 9-16　各国家和地区在房地产经纪人职业化上的表现

国家或地区	组织、推动机构			职业化的要素							
	政府或有关部门	协会	公司	基础知识及教育			行业行为规范				
				门槛	教育	考核	上位法	各环节监管	投诉处理	公众教育	反思性教育实践
美国	2级	1级	3级	√	√	√	√	√	√	√	√
新西兰	1级	3级	2级	√	√	√	√	√	√	√	√
新加坡	1级	2级	3级	√	√	√	√	√	√	√	√
日本	1级	3级	2级	√	√	√	√	√	√	√	√
英国	2级	2级	2级	×	×	×	√	×	√	×	√
中国香港	1级		2级	√	√	√	√	√	√	√	√
中国台湾	1级	1级	2级	√	√	√	√	√	√	√	√

注：反思性教育实践结果是形成经纪人自己的一套作业逻辑，很大程度上依赖于经纪公司对于经纪人的培训和要求。该部分由于资料的难以获得，目前仅能肯定美国、新西兰、日本和中国台湾实现了几乎全行业层面反思性教育实践目标——建立了经纪人的作业逻辑。

按照发挥作用的重要性程度从高到低依次分为 1 级、2 级和 3 级，按照要素有无相应的要素，√表示有，×表示无。

资料来源：贝壳研究院整理。

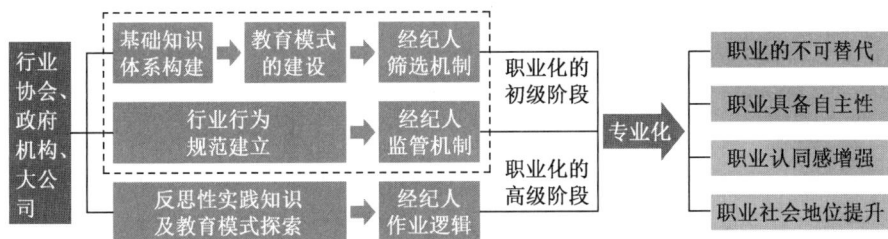

图 9-6　房地产经纪人职业实现专业化的路径示意图

资料来源：贝壳研究院。

在职业化的初级阶段，房地产经纪人职业化在组织和推动机构上，一个国家或地区房地产市场的发展水平和社会发展阶段是决定哪个组织成为房地产经纪人职业化组织和推动机构的重要因素。此外，特定的历史条件下基于特定的目的也是影响因素之一，如新西兰政府为巩固新政权而成为房地产经纪人职业化的组织和推动机构。但是可以发现，各个国家和地区在房地产经纪人职业化的组织和推动方面，无论起初是谁推动，最终都借助了政府或有关主管部门的力量，因为只有政府或有关主管部门能够通过强制性的力量在全行业推行房地产经纪人职业化。

在职业化的初级阶段，职业化要素包括建立行业基础知识体系并将该知识对从业者进行传播教育，以及建立行业行为规范并执行监督。而各要素的演变与时间和社会背景相关。在经纪人的筛选方面，由主观变为客观，美国是在 1930 年代，新西兰是在 1970 年代，而日本（1960）、中国香港（21 世纪初）及台湾（1990 年代中后期）、新加坡（2008 年）在开启全行业房地产经纪人职业化之际便采取客观的筛选标准，所以，采取客观的筛选标准是现阶段房地产经纪人职业化的重要手段。在行业行为规范的建立与落实方面，由道德层面的软约束上升为法律层面的强规定，美国房地产经纪人协会在 1920 年代将协会规范通过立法部门上升至法律层面，而其他国家和地区在起初之际也多从道德品行等软约束层面进行规范，后逐步完善法规中经纪人的行为规范。此外，为执行行业行为规范，设立专职政府机构也是大部分国家和地区的做法。英国没有设立专职政府机构的后果便是行业的价值无法宣传、消费者的维权艰难。

因此，在经纪人职业化的初级阶段，政府必然作为组织和推动力量发挥重要作用，而在推动方式上：①构建行业基础知识体系并将该知识对从业者进行传播教育。建立起从业者即经纪人的基础业务知识体系，这一要素通常与经纪人的从业门槛、资质设定联系在一起，如设定经纪人年龄、教育背景、品行、经验的要求，并要求经纪人接受行业基础知识的教育、培训并进行相应的考核，获取从业牌照，此后在规定时间完成相应的培训、教育计划进行从业牌照的更新。②建立行业行为规范并设立专职政府机构执行和落实。行业行为规范在内容上应该涵盖经纪人自进入、作业（房源获取方式、代理协议内容及签订、房屋挂牌及营销、房屋带看、签订合同及后续服务等)到退出的全流程,行业行为规范的高度必须上升至法律层面,行业行为规范的执行和落实需要依靠专职政府机构。

在职业化的高级阶段,各国家和地区均出现了推动房地产经纪人职业化高级阶段的机构并进行探索。房地产经纪人职业化的高级阶段是反思性教育实践的探索,目的是培养经纪人形成独立、系统的作业逻辑。而这种反思性教育实践的探索必须源自真实的业务场景,是众多业务经验的积累、反思、提炼、总结的结果,所以,房地产经纪人职业化的高级阶段对其组织和推动机构有一定的门槛要求,源自业务、回归业务。因此,只有积累了大量业务行为和数据,并对行为和数据进行分析、提炼和总结的机构才能成为房地产经纪人职业化高级阶段的组织者和推动者。

第十章

我国内地(大陆)推动和实现经纪人职业化的建议

回归本书的初衷,如何推进内地(大陆)房地产经纪人职业化建设是内地(大陆)房地产经纪行业发展的重要使命。内地(大陆)房地产市场逐渐进入了存量房的交易时代,房地产经纪人作为房屋交易,尤其是二手房交易的重要参与者和撮合者,房地产经纪人职业群体已经成为不可忽略的重要社会力量。但目前,在内地(大陆)房地产经纪人的高流动性、高流失率、低职业认同感、"伪"职业自主性和几乎没有社会地位可言的现状下,房地产经纪人该如何将这一份社会需要的职业实现专业化? 房地产经纪人如何实现专业化成为内地(大陆)房地产经纪行业面临的重要问题。

回顾本书的写作逻辑,从职业化的理论探索起步,通过对传统职业在实现职业化的路径上的分析建立了房地产经纪人职业化的理论模型。随后通过对美国、新西兰、新加坡、日本、英国、中国香港及中国台湾等七个国家及地区的房地产市场概括、房地产经纪行业表现、房地产经纪人职业化的初衷及演变和现状、房地产经纪人职业化取得的成果等方面的梳理,对所建立的房地产经纪人职业化理论模型进行了验证。证实虽然房地产市场化发展程度、房地产经纪人职业角色等基础条件不同,但在房地产经纪人职业化上均符合理论路径。只是在职业化的具体要素上由于历史因素、国家或地区政府或房地产市场的发展因素出现了不同的组合方式,但均具备房地产经纪人职业化的组织和推动机构、职业化初级和高级阶段的探索已经最终实现职业一定程度上的不可替代性、职业认同感、职业自主性并最终提升职业的社会地位。

在梳理完国际社会及香港和台湾地区房地产经纪人职业化实践后对内地(大陆)房地产经纪人职业化的现状进行了梳理和分析。从职业化的要取得的效果出发,梳理内地(大陆)房地产经纪人职业群体的现状;从问题出发,梳理了内地(大陆)房地产经纪人职业化的探索和实践,发现内地(大陆)在房地产经纪人职业化推动和实现上存在的问题主要体现在组织和推动机构权责重叠、行业基础知识基本缺失、行业门槛过低、缺乏行业上位法、行业行为规范内容不健全、缺乏经纪人的信用信息追溯机制等方面。总结来看，内地（大陆）房地产经纪人已经成为职业，但未能实现专业化，即房地产经纪人未能职业化，在全行业未能实现经纪人职业化的现状下，链家在公司内部开启了 15 万名经纪人职业化环境构建、经纪人职业成长平台搭建、工具开发及对经纪人行为规范和监管的职业化探索，并取得了一定的效果。

立足现状、梳理问题、借鉴经验，最终目的是给出内地（大陆）房地产经纪人实现职业化的建议，但内地（大陆）房地产市场和房地产经纪行业发展面临的社会环境的变化对内地（大陆）房地产经纪人实现职业化产生的影响不可忽略。本章将通过对内地（大陆）房地产经纪人职业化环境的梳理结合内地（大陆）在房地产经纪人职业化实践上存在的问题及多个国家和地区的实践经验给出内地（大陆）房地产经纪人职业化的实践建议。

一、当前内地（大陆）房地产经纪人职业化的环境

当前，内地（大陆）房地产经纪人职业化的环境无论是与本书中所论述的国家及地区还是 20 年前的内地（大陆）均发生了全新的变化，这种变化主要体现在房地产市场结构和互联网技术在房地产经纪行业的渗透方面。

1.市场结构存量化，存量房交易逐步全国化

自 2009 年左右开始，北京、上海等一线城市率先进入二手房时代。2017 年，一线城市二手房市场总体上呈现进一步深化的趋势，北京、上海、广州、深圳的二手房交易量分别达到新房的 3.3 倍、1.1 倍、1.7 倍和 2.7 倍。除上海外，其他城市均比 2016 年进一步提高，除一线城市外，部分重点二线城市，如南京、厦门等也陆续进入存量房主导阶段。2017 年有 24 个城市二手房成交套数超过新房，且有越来越多的二线甚至三线城市二手房占比超过新房，如常州、中山等。（见图 10-1）

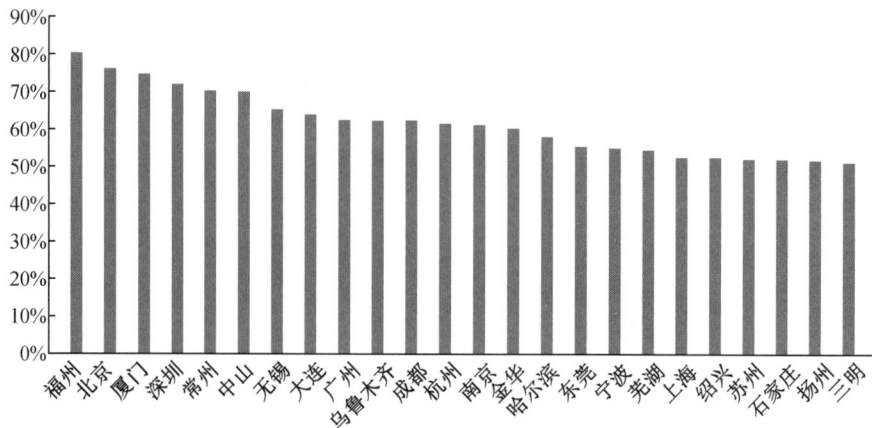

图 10-1　2017 年二手住宅占总住宅成交套数比

资料来源：贝壳研究院。

随着存量住房规模的累积扩大，二手房将从原先新房的补充地位转为市场相对更加重要的地位。对一线大城市而言，随着新房高端化和郊区化，刚需群体只能通过二手房满足基本需求；对于其他更多城市而言，二手房所处城市中心的地段优势将吸引更多消费者。在一些人口体量相对大、土地稀缺、新房供应量极为有限的城市，二手房必将成为满足市场需求的主要途径。

2.行业运行信息化，"互联网＋经纪"重塑行业生态体系

经纪行业与互联网的跨界融合发展。在互联网形势下，一方面传统的经纪机构积极向"互联网＋经纪"模式转型发展，如链家网借助互联网等新一代信息技术，形成集房源信息搜索、产品研发、大数据处理、服务标准建立为一体的以数据驱动的全价值链房产服务平台。另一方面，一批新型的互联网机构积极向经纪领域渗透，比如，58 同城、安居客、赶集网等为代表的互联网媒体，建立房源信息平台向经纪领域发展，以搜房网（房天下）、乐居等为代表的互联网企业从信息平台向线下交易拓展，以端口收入转为佣金收入的方式切入经纪服务。

"互联网＋经纪"重塑经纪发展生态体系。随着互联网等新一代信息技术在房地产经纪领域的深度应用，互联网从信息渠道向交易过程渗透延伸，重塑经纪发展生态体系，主要体现在：一是重塑交易流程，利用互联网

平台发布、查找房源信息、匹配购房需求、实现网上签约等。通过互联网可将购房交易流程中每个环节的关键点以及所需材料、办理时间、事项进展等相关细节实时展现出来，实时监测资金动向、同步房屋产权状态等以防范交易风险。二是房源信息的无差别共享推动经纪人由竞争走向分工合作，房源信息平台使所有平台上经纪人都能获得同等的信息，从过去的房源竞争转向以服务为目标的合作共赢。三是互联网平台为用户提供经纪人的职业信息，使消费者拥有更大的知情权和选择权，并可以对经纪人行为进行监督与评价，改变了过去消费者被动选择的状态。

3.职业环境变化对房地产经纪人职业化实施的影响

（1）推动房地产经纪人职业化的紧迫性

在本书的第二章中对房地产经纪人这一职业实现职业化的必要性进行了论证，房地产经纪人不仅仅是房屋买卖的中介，还是一个家庭的房屋配置顾问，是一个国家房屋流通的重要力量。房地产经纪人职业必须职业化，而且职业化的实践在时间上应该尽可能早，早到该职业出现之际便推行。

在当前内地（大陆）房地产市场结构发生变化，存量房流通逐步全国化的背景下，内地（大陆）存量房房屋交易的规模和体量远超过其他国家和地区，从事房地产经纪业务的经纪人规模也将迎来大规模的增长。按照本书中列举的国家和地区活跃经纪人的人群覆盖情况来看，1位活跃经纪人对应的公众数量，美国为264人、新西兰为330人、新加坡为200人、日本为228人、中国香港地区为311人、台湾地区为535人。以300人和14亿人口作为测算基础进行测算，未来内地（大陆）从事房地产经纪业务的经纪人规模将达到400万人。如此庞大的职业群体，所从事的是高额、复杂、关乎家庭发展及社会稳定的房屋交易业务，其实现职业化的重要性和紧迫性不言而喻。

（2）房地产经纪人职业化实现阶段的同步性

房地产经纪人职业化分为初级阶段和高级阶段。从本书中所列举的国家及地区的实践来看，先推行全行业实现经纪人的初级职业化，后逐步发展形成推动职业化高级阶段的基础和要素，但并不意味着初级阶段完全实现后再推行高级阶段是职业化的必然路径,因为高级阶段的反思性教育实践探索是建立经纪人独立作业的思维逻辑,高级阶段的发展有助于推动初级阶段经纪人职业化的进一步完善,因为建立了独立的作业体系,经纪人的职业稳定性和职业收入会得到保障,从而有助于建立经纪人的职业认同感和自豪感,进而实现职业化的最终目的。目前,内地(大陆)房地产经纪行业快速发展,整个社会发展的节奏加速,知识和信息的传播速度提升、个人学习和成长的途径多样化,互联网技术在房地产经纪行业的使用能够将大量真实的数据和场景快速分析呈现,这些变化为经纪人职业化的高级阶段奠定了基础,提供了要素和方式,所以,内地(大陆)房地产经纪人职业化是初级和高级同步开展的阶段。

(3)互联网技术是助力职业化效果达成的工具

互联网技术在房地产经纪行业的使用主要体现在对经纪人业务逻辑和作业方式的改变上:楼盘字典的建立为经纪人提供了房源录入、房源跟进、房源匹配的一整套房源管理;企业ERP系统的建立为经纪人的业务跟进提供了支持;基于大量真实的行为数据挖掘技术为经纪人聚焦目标客户、提升成交效率提供了条件;VR技术的使用能够助力经纪人带看的烦恼;媒体平台为经纪人曝光房源、房屋营销提供了丰富的渠道。这些技术的使用最终会体现在职业化所要达到的效果上,如职业的不可替代性,经纪人通过互联网技术的使用提升业绩、打造个人品牌、增强个人竞争力,从而降低被替代的可能性;如职业认同感,互联网技术的使用能够部分地代替某些环节的"辛苦"行为,如VR实现部分带看的功能,从而提升经纪人的职业认同感;如职业自主性,基于大量真实成交数据的挖掘,经纪人很难通过信息阻断获取房源和客源,但是经纪人能够基于真实的信息在服务方面更好地竞争;职业的不可替代性、认同感、自主性的提升最终都会体现在职业的社会地位上。

(4)职业化要素在百年演变中未曾改变

美国是房地产经纪人职业化实践的第一个国家,其他国家及地区在房地产经纪人职业化上的探索和演变或长达百年,或几年到近十年,变化的是社会环境、房地产市场、房地产经纪行业规模、格局及商业模式,但房地产经纪人职业化实现的要素类别未曾改变:设门槛、做监管、塑素养、建保障、搭平台、做平台。

内地（大陆）房地产经纪人职业化在过去 20 年的探索中，已经具备了推动职业化的部分要素。政府作为组织和推动全行业经纪人职业化实践的机构，制定经纪人行为规范的监管政策，也探索对经纪人进行执业资质的考核，但在具体对各要素的组织和落实上，依然存在问题，如在组织和推动机构上职能重叠、权责边界不清，没有形成系统的经纪人基础知识体系建设和考核机制，对经纪人的行为规范和监管上没有形成闭环，经纪人的反思性实践探索局限于小范围内的经验传递。

所以，在内地（大陆）推行房地产经纪人职业化的上述 4 个要素不会发生变化，变化的是要素的组织形式和落实方式。从国际经验来看，截至目前，职业化初级阶段的实施上，对经纪人的执业资质考核和行为规范与监管唯有上升到法律层面、强制性推行，才能在全行业推动房地产经纪人的职业化。

二、内地（大陆）房地产经纪人职业化建议

1.健全房屋交易制度，促进交易流程的专业化分工

一方面，早期存在多种类型的房屋产权属性交易制度有待完善。如北京，目前的房屋产权属性高达 10 多种，对于每一种产权房屋的基本属性界定（如建筑面积、使用年限、产权证书等）、交易制度、流程、管理等存在着一些模糊区域，导致房屋在交易过程中出现"钻空子"的行为。此种情况不能简单归咎于经纪人的不负责任甚至欺诈，而是由于制度上存在漏洞所造成的。所以，健全和明细房屋交易制度，唯有完善的制度才能保障房屋交易的有依据，而内地（大陆）地理范围广，各城市应该依据自己的实际情况在国家制度的基础上、边界内制定本区域详细的制度。

另一方面，内地（大陆）关于房屋交易流程的专业化服务缺失。在国外，房屋检查、房屋产权核验、资金监管、抵押贷款及过户交易等已经实现了专业化分工，由专业人员提供，并形成了市场化的服务组织。但在内地（大陆）房地产经纪人参与房屋交易的全部环节，经纪人的从业风险被放

大,客户的体验感受损。内地(大陆)庞大的房屋交易市场为建立房屋交易流程的专业化服务提供了强劲的支持,推动产权核验信息有条件、逐步公开,强制推行第三方资金监管,形成房屋属性检查的是市场化组织。

2.出台行业上位法,成立专职机构、赋予其权力予以推行和落实

行业参与主体尤其是现有多个监管规范的出台机构应对现有监管规范进行梳理,并借鉴国外及中国香港和台湾地区的经验,起草行业上位法并提请全国人大审议通过。上位法从内容上应该包括设立房地产经纪行业监管的专职政府机构,制定和实施房地产经纪人从业资质规定、房地产经纪人作业规范(房源客源获取方式/手段、代理合同内容及经纪人职责、房屋挂牌营销渠道/方式、经纪人个人利益披露、经纪人服务内容说明等)、违反相关规范后的处理流程、调节和仲裁机构、惩罚处置措施等,对经纪人的行业进入、作业到退出形成监管的闭环。

鉴于内地(大陆)地理空间尺度广、城市多样,可以借鉴美国经验,立法部门出台行业上位法后设置专职政府机构,由专职政府机构出台通用的实施细则后,地方政府对应的专职政府机构(以省为单位)在上位法和通用实施细则的基础上根据本省(自治区、直辖市)的具体情况出台适合本地方的实施细则并予以落实执行。

专职政府机构的职责除了对上位法的细化和落实外,还应该承担起向消费者进行行业价值宣传的职责,通过公众教育的方式让公众了解房屋交易本身、了解房地产经纪行业的价值、了解房地产经纪人的职责,一方面增强公众在房屋交易中的风险防范意识,另一方面扭转公众由于不了解而对行业、对经纪人主观上的误解。

3.完善经纪人从业知识体系和传播方式,并进行客观、动态的考核

经纪人从业知识体系的建设是实现经纪人职业专业化的基础,经纪人只有具备了从业的知识基础,才能在房屋交易中聚焦客户需求、为客户房屋买卖需求提供更加完善的方案,成为客户房屋资产配置的专业顾问。建立行业基础知识体系,并对有意从事房地产经纪人职业者设置以知识掌握为主的考核机制,制定房地产经纪人从业资质规范,该规范的主要内容应该包括：

（1）制定经纪人资格审查制度

在从业资格上，设定房地产经纪人的资格审查制度，从经纪人的年龄、学历、诚信记录、犯罪记录等个人背景上作为申请从业资格的基本门槛，在落实方式上逐步推进。年龄方面，目前大部分国家及地区最低年龄要求为18岁，具有独立的民事承担责任者；学历方面，目前大部分国家及地区最低学历要求为高中，建议当前中国对经纪人的最低学历要求为高中，但随着中国义务教育逐步提升至12年、接受高等教育人员数量增加，可以在未来适当提高这一标准；诚信记录和犯罪记录方面，无欺诈行为、无偷窃行为、无行政拘留及监禁等为最基本要求，可以通过个人档案、征信记录等予以核查。

（2）建立经纪人从业知识体系

经纪人的职业资质考试是衡量经纪人是否具备从业知识、是否明确职业职责、是否明确个人行为边界及违反规范后应该接受的惩治处罚措施的方式，重点不在于考试本身，而是在于考试的目的。经纪人从业知识体系目前处于基本缺失的状态，经纪人应该具备什么样的知识体系与行业属性、所处的国家及地区房屋交易制度、经纪人的职业角色相关，土地知识、房地产投资与开发、城市规划、房屋估价、房地产相关法律、房地产税收、房地产金融、物业管理等作为构成房地产经纪人员的基础知识体系在国外及中国香港和台湾地区实施强制性的要求，经纪人参加一定时间的培训，参加并通过考试，获取职业证书。

基础知识的建立与设定应该由专职政府机构牵头、以课题招标的形式在全社会范围内征集，建立起内地（大陆）房地产经纪人的知识基础，并作为经纪人从业资格获取的必要条件进行强制性的要求，促进内地（大陆）形成经纪人职业化教育的市场化组织。在具体的落实和执行上，可以根据经纪人的级别不同，如协理经纪人、经纪人和高级经纪人，做由易到难的要求。

（3）实行经纪人资格考试制度

推行全行业层面强制性经纪人从业资格考试制度。考试内容设定上，涵盖行业基础知识、行业法规与监管等，通过考试者获取房地产经纪人从业资质，并实行执业公司注册制度，在专职政府机构建立经纪人信息库，作为经纪人职业信用档案的基础。

在具体实施和落实上，根据经纪人等级设置不同的考试标准，如协理经纪人、经纪人和高级经纪人，考试范围不同所对应的职业权责不同。考虑到目前国内已经有超过 20 万名的房地产经纪业务从业者，在房地产经纪人职业资格证考试上设定一个较长的时间区间作为过渡，对目前已经从业但未持照者设定如为期 3 年的考试有效期，对目前已经从业且持照者设定接受指定时间、知识的培训教育实现换照。此外，职业资格的有效期可设定为 2~3 年，职业资格更新标准以经纪人接受的继续教育为标准。

4.细化对经纪人的行为监管，并形成监管闭环

（1）出台全行业的经纪人道德标准

经纪人有道德标准可依是经纪人职业化的重要手段，道德标准是经纪人职业素养层面的软约束，建议专职政府机构出台经纪人职业道德标准。该标准从经纪人的职业价值观、经纪人和客户的关系、同行关系等方面入手，在落实和实施上，可以由行业协会通过宣传、宣讲的方式，从道德层面影响经纪人的职业素养，从而达到共同维护行业声誉的目的。

（2）健全经纪人作业环节的监管体系

对经纪人作业环节的监管回归到房屋交易环节本身。建议专职政府机构对目前出台的包含了经纪人行为规范与监管的政策进行梳理和整合，按照经纪人的业务流程，从经纪人获取房源、客源，经纪人自我利益的披露，代理合同签订职责，房源挂牌、展示、营销，房客信息匹配、交易撮合、谈判，从与房屋交易环节中各专业服务者之间的利益等方面界定经纪人的职业及经纪人行为的"对与错"，建立起全流程的管控和监管体系。

（3）设立明确的违法违规行为处置体系

政府专职机构对于经纪人违反职业进入、作业规定确立明确的处理机制和处罚措施；在专职政府机构内部成立专门的部门处理违法违规的房地产交易事件，建立高效、简单的消费者投诉处理渠道；明确对经纪人的处罚措施，如拒发从业资格证、吊销从业资格证、罚款、监禁、黑名单机制；将对经纪人的处罚跟进到经纪人的职业档案中；明确要求房地产经纪公司对在

职房地产经纪人的信息定期更新,上报主管部门备案。在此基础上,让信用档案作为公众选择房地产经纪人的重要参考项,让每一个经纪人在公众的监督下阳光执业。

此外,开通消费者对于经纪人的动态的评价,引导消费者对房地产经纪人和经纪公司提供的服务进行评价,对评价良好的房地产经纪人予以奖励,对评价较差或遭到投诉的房地产经纪人予以警告处罚,建立正向的市场反馈机制。

(4)建立对行业和经纪人的保护机制

在强调对经纪人全方位的监管之际,不可忽略的是存在公众或是由于对行业价值、对经纪人服务的不了解而形成的误解,或是利用行业制度上的漏洞,有意对经纪行业和经纪人群体进行恶意攻击甚至伤害的情形,如对经纪人"莫名其妙"的辱骂、指责,故意拖欠佣金,更有甚者摆出弱势群体的姿态颠倒黑白,如北京一律师,曾以获取经纪人联系方式为由,诱导经纪人在白纸上签名,后该律师在该张纸上草拟经纪人收取佣金的"证据",借此抵赖,拒绝支付佣金。所以,在一遍遍强调对经纪人的监管、强调经纪人的自律和道德建设的同时,应该建立对经纪行业和经纪人正当利益的保护机制,健康的市场发展需要消费者和服务者的双向正反馈机制。

5.促进行业信息平台的搭建和品牌的建设,加速经纪人职业化的推进

宏观环境的变化、技术的变革和中国内地(大陆)房地产市场的规模和结构的转变均使得中国内地(大陆)在推动房地产经纪人职业化的实践上面临着与别的国家或地区不同的环境。

房地产经纪行业信息平台对连接经纪人与消费者发挥着重要的作用,优质、高质量的信息平台不仅仅是房源展示和传播的平台,更是经纪人和客户的交互平台,在这样一个平台上,经纪人的职责是对房屋信息真实性的把控、对房屋信息的完善、对房屋信息变动的及时跟进、对潜在客户的快速反馈,卖方可以通过经纪人放心地将房源进行投放并获取真实、及时的房地产市场信息,买方可以根据自己的需求自行进行浏览和匹配,并获取经纪人提供的真实、全面的顾问咨询服务。该平台要达到上述目标,首先是对信息质量的保证,房源信息必须真实、全面和及时,真实性依赖于经纪

人对房屋的核实,全面依赖于平台所具有的网络效应,及时需要经纪人快速的跟进。其次是制定详细且权责清晰的规则,房源信息质量直接决定着平台的质量,不同于用户生产内容(UGC)的互联网平台,从内容的进一步制作、审核、跟进到经纪人之间的分工、写作、业务分配,平台价值的发挥依赖于对用户设定详细且权责明确的规则。再次是有严格的惩治措施,对于违反平台运营规则的经纪人给予相应的处罚措施,建立平台的权威性,维护平台价值。在内地(大陆),建立高质量的平台,需要政府和企业的共同努力。

随着内地(大陆)房地产交易结构的转变、人口跨地理范围流动的加剧,房屋交易的需求远远突破了原先的熟人圈层。在房屋交易的高额和复杂属性下,客户如何突破熟人圈层快速找到值得信赖的经纪公司和经纪人委托其需求？此时品牌的效应将发挥重要的作用。对客户来说,依赖品牌知名度选择经纪公司和经纪人能够为其所获得的服务和交易安全增加筹码,对经纪人来说,经纪公司和个人的品牌知名度是突破熟人网络获取资源和业绩的重要砝码。内地(大陆)地域范围广阔,城市规模大小不一,在房屋交易突破一、二线城市向三、四线城市渗透的历程中,打造房地产经纪行业的品牌对于促进房屋健康和高效的交易、保障客户利益有非常重要的意义。

内地(大陆)房地产经纪人职业化的建设和推进需要借助一定的基础设施,需要完善部分现有的措施和增加新的要素,需要政府、协会、公司和经纪人的共同努力。在房地产经纪人职业化的推动上,以强制性的手段推动初级阶段经纪人的职业化,同时引导和推动经纪人实现职业化的高级阶段。职业化的高级阶段是经纪人建立系统作业逻辑的实践,除了需要经纪人的自我反思、总结和探索外,还需要一定的社会条件和工具,如房屋基础信息数据的获取,还需要及时、全面、真实的信息渠道,如对目前行业中的优秀经验、方法进行标准化后的组合和传播,需要一定的资金、资源、渠道支持,除了政府的力量外,更需要优秀企业的参与。

参考文献

1.Abbott A. The system of professions：An essay on the division of expert labor[M]. University of Chicago Press，2014.

2.刘思达. 职业自主性与国家干预——西方职业社会学研究述评[J]. 社会学研究，2006(1):197—224.

4.吴洪淇. 美国律师职业危机:制度变迁与理论解说[J]. 环球法律评论，2010(1):101—113.

5. Harold L. Wilensky. The Professionalization of Everyone[J]. American Journal of Sociology，September 1964,70(2):137—158.

6.曾淑惠.评鉴专业化的概念与发展对教育评鉴专业化的启示[J].教育研究与发展期刊,2006,2(3).

7.刘思达.法律职业研究的死与生[C]//社会理论(第4辑).社会科学文献出版社,2007.

8.叶澜. 教师角色与教师发展新探[M]. 教育科学出版社,2001.

9.连莲. 关于西方教师专业化理论与实践的初步研究[D]. 福建师范大学,2002.

10.赵康.专业、专业属性及判断成熟专业的六条标准——一个社会学角度的分析[J].社会学研究,2000(5):32—41.

11.陈时伟.中央研究院与中国近代学术体制的职业化,1927—1937年[J].中国学术,2003(3).

12. Gill Nicholls. Professional development，teaching，and lifelong learning：the implications for higher education[J].International Journal of Lifelong Education 19(4):370—377.

13.魏玉兰. 房地产经纪人培训教程[M]. 京华出版社，2008.

14.陈龙乾,黄贤金.房地产经营与管理——房地产企业的经济作为分析[M].徐州:中国矿业大学出版社,1996.333.

15.周延东,郭星华.职业角色与专业分角色:矫正角色失调的一种新视角——以警察角色的变迁为例[J].探索,2015(2):114－118.

16.房地产代理理事会(CEA).Fewer choose to be real estate agents[R].2006.

17.新西兰房地产代理监管局.https://portal.reaa.govt.nz/public/register－search/.

18.卜凡中.我们房地产这些年[M].浙江大学出版社,2010.

19.陈慧.房地产经纪组织的法律规制研究[D].南京工业大学,2014.

20.中国房地产估价师与房地产经纪人学会.http://www.agents.org.cn/article/list－20130702160635.html.

21.房地产经纪专业人员职业资格考试有关问题解答.http://www.agents.org.cn/article/info－1114.html.

22. Department for Business, Innovation & Skills. THE REGULATORY FRAMEWORK FOR HOME BUYING AND SELLING[R].2012.

23.Department for Business ,Engery&Industry Strategy.RESEARCH ON BUYING AND SELLING HOMES[R],2017.

24.JP Bunker.Professionalism reborn:Theory, prophecy, and policy[J].BMJ Clinical Research , 1994 , 24 (4):1175－1176.

25.Nathan O. Hatch,Burton J. Bledstein.The Professions in American History[J].The Journal of American History 76(2):577.

26.冯玉军.当代美国法律思想的演进谱系[J].法学家 , 2007 (6):124－134.

27.MI Roemer.Comprehensive medical care and teaching[J].American Journal of Public Health & the Nations Health , 1970 , 60 (1):205.

28. Larson, Magali Sarfatti. The rise of professionalism [M]. Transaction Publishers,2012.

29. JM Dunning. Professionalism:A study of English post － 1992

university hospitality management academics［D］. Sheffield Hallam University,2015.

30.MJ Price.The professionalization of medicine in Ontario during the nineteenth centuryJ［J］.Sociology , 1977.

31.E Freidson.Profession of Medicine: A Study of Applied Knowledge ［J］.Social Forces , 1970 , 49 (2).

32.Jeffrey M. Hornstein. A Nation of Realtors:A Cultural History of the Twentieth-Century American Middle Class ［M］. Durham: Duke University Press,2005.

33.Webb J R, Seiler M J. Why People Enter the Real Estate Sales Business［J］. Real Estate Issues, 2001, 26(3): 76—84.

附　录

附录1 美国得克萨斯州经纪人首次考试通过率情况

表 2015 年 1 月 1 日至 2017 年 10 月 31 日得克萨斯州经纪人首次考试通过率情况

编号	培训机构	整体通过率	销售员			经纪人		
			参加考试人数	通过考试人数	通过率	参加考试人数	通过考试人数	通过率
1	360training.com，Inc.	55.25%	826	455	55.08%	21	13	61.90%
2	Agent Ladder	100.00%	5	5	100.00%	0	0	n/a
3	Allied Business Schools，Inc.	52.56%	1572	823	52.35%	30	19	63.33%
4	American School Of Real Estate Express，LLC	67.50%	1772	1192	67.27%	25	21	84.00%
5	Austin Institute of Real Estate	45.84%	3013	1381	45.83%	102	47	46.08%
6	Builder's Academy，Inc.	100.00%	2	2	100.00%	0	0	n/a
7	Capital Real Estate Training Center	50.94%	36	19	52.78%	17	8	47.06%
8	Champions School of Real Estate，LTD	57.61%	18738	10816	57.72%	822	453	55.11%
9	Continuing Education for Licensing，Inc.	59.32%	90	52	57.78%	28	18	64.29%
10	Dearborn Real Estate Education	100.00%	1	1	100.00%	0	0	n/a
11	Kaplan Professional Schools	62.31%	268	164	61.19%	53	36	67.92%

续表

编号	培训机构	整体通过率	销售员			经纪人		
			参加考试人数	通过考试人数	通过率	参加考试人数	通过考试人数	通过率
12	Learn Texas Real Estate Online	84.51%	203	175	86.21%	10	5	50.00%
13	Legends Real Estate School，LLC	46.51%	42	20	47.62%	1	0	0.00%
14	OnCourse Learning Corporation	66.75%	397	264	66.50%	6	5	83.33%
15	Onward School of Real Estate	49.40%	83	41	49.40%	0	0	n/a
16	Purvis Real Estate Training Institute	48.51%	362	177	48.90%	7	2	28.57%
17	Real Estate Career Training	100.00%	1	1	100.00%	0	0	n/a
18	Real Estate Training and Technology Licensing School	55.25%	218	120	55.05%	1	1	100.00%
19	Southwest College of Real Estate	68.75%	16	11	68.75%	0	0	n/a
20	Texas Premier Real Estate School，Inc.	100.00%	1	1	100.00%	0	0	n/a
21	Texas State Online Real Estate，LLC	77.87%	117	92	78.63%	5	3	60.00%
22	The CE Shop，Inc	79.13%	107	86	80.37%	8	5	62.50%
23	The Real Estate Business School	51.90%	570	295	51.75%	8	5	62.50%
24	Train Agents，Inc.	57.95%	1383	802	57.99%	82	47	57.32%
25	Van Education Center	65.00%	376	242	64.36%	24	18	75.00%
26	Virginia College，LLC dba Brightwood College	60.00%	5	3				

续表

编号	培训机构	整体通过率	销售员			经纪人		
			参加考试人数	通过考试人数	通过率	参加考试人数	通过考试人数	通过率
27	Absolute CE	41.27%	38	17	44.74%	25	9	36.00%
28	Academy of Real Estate of El Paso	32.50%	277	90	32.49%	3	1	33.33%
29	Accelerated Professional Education	45.16%	62	28	45.16%	0	0	n/a
30	RE Education & Training, LLC	34.78%	23	8	34.78%	0	0	n/a
31	San Antonio Board of Realtors	43.41%	528	229	43.37%	11	5	45.45%
32	Spencer Training and Testing Development, Inc.	33.33%	3	1	33.33%	0	0	n/a
33	Texas Association of Realtors	44.74%	39	8	20.51%	37	26	70.27%
34①	American College of Real Estate, Inc.	8.33%	12	1	8.33%	0	0	n/a
	合计	58.23%	31186	17622	56.5%	1326	747	56.33%

数据来源:Texas Real Estate Commission.

① 27~33名由于整体通过率低于50%被点名,34名通过率低于10%已经被吊销资格

附录 2　新西兰 REAA 认定的 21 个提供经纪人持续教育的机构

表　2017 年 REAA 认定的 21 个提供经纪人继续教育的机构

机　　构	网　　址
Barfoot & Thompson	www.barfoot.co.nz
Bayleys Realty Group	www.bayleys.co.nz
Colin Wilson Training	www.colinwilson.co.nz
David Blackwell	david@totalrealty.co.nz
Divest Limited	www.divest.co.nz
e—agent	www.e—agent.co.nz
Harcourts	www.harcourts.co.nz
Ian Keightley	www.salescoach.co.nz
LJ Hooker，Harveys Real Estate Group	www.ljhooker.co.nz
Lodge Real Estate	www.lodge.co.nz
The Open Polytechnic	www.openpolytechnic.ac.nz
PGG Wrightson Real Estate	www.pggwre.co.nz
Professionals Real Estate Group	www.professionals.co.nz
Property Brokers	www.propertybrokers.co.nz
Ray White Real Estate	www.raywhite.co.nz
Real Estate Institute of New Zealand	www.reinz.co.nz
Realty Law	www.realtylaw.co.nz
Sales Development Group	www.johnabbott.co.nz
TAFE College	www.tafe.ac.nz
The Real Estate Coach Ltd	www.realestatecoach.co
Unitec Institute of Technology	www.unitec.ac.nz

资料来源：Real Estate Agents Authority，New Zealand.

附录 3 新西兰房地产经纪人获取牌照公认的学历要求细节

表 新西兰房地产经纪人获取牌照公认的学历要求细节

大学	专业及学位	专业课程及要求
林肯大学	商学（估值和房地产管理）学士学位（4年）	必修课： 公共课程："土地，人和经济""研究和分析技能""可持续的未来"； 商科导论课程："应用经济学""商业法""商业财务信息"等； 专业课程："物业概论""城市物业管理原理""房地产市场管理""评估原理""乡村评估原理""物业分析方法""物业投资和案例分析""投资物业评估"。 此外，可根据自己兴趣和职业理想，选择符合要求的其他学科的课程。
奥克兰大学	房地产学士学位（3年）〔该专业在 1987—1992 年间称之为房地产管理〕	"商业和企业""会计信息""商业环境法""商业经济""商业统计学""商业计算""不动产概论""不动产估价""不动产市场""土地使用规划和控制""不动产和投资""不动产经济""不动产法""不动产投资""建筑结构""高级估价""高级不动产开发""新西兰历史上的土地问题""不动产金融和投资""建筑测量""不动产项目""不动产发展趋势"、以及全校性的公共课程
梅西大学	商学（估值和物业管理）学士学位（3年）〔该专业 1992 年之前称之为商学（房地产），1992—2005 年称之为商学（估值和房地产管理）〕	核心商业课： "战略沟通""会计业务""商业经济学""财务基础""背景管理""营销基础""商业法""领导力和团队合作基础"。 房地产专业课： "房地产市场原则""物业估值""房地产金融与投资""不动产法""物业管理和开发""实用物业估值""实用房地产金融与投资"，以及一些主题实践课

资料来源：各大学官网，贝壳研究院整理。

附录4　香港房地产代理监管局现场及在线课程内容摘录

表　香港房地产代理监管局现场及在线课程内容摘录

课程名称	课程内容
诚信执业	《防止贿赂条例》
	代理业常见的贪污舞弊陷阱
	利益冲突及一般不当行为
执业通告——核实卖方身份	香港智能身份证的防伪特征
	通告编号的内容及规定
认识商铺及写字楼的估值	商铺及写字楼估值的常用方法
	租金评估的方法
	续租的考虑因素
住宅楼宇维修保养	有关私人楼宇维修的法规要求
	私人楼宇维修保养工程的规划及步骤
	维修保养工程的监控及质量检查要项
	现行可供业主申请及考虑的资助计划
提供二手住宅物业楼面面积的数据	执业通告简介
	如何从差饷物业估价署及土地注册处取得住宅的实用面积
一手住宅物业销售中的购楼意向登记	简介监管局关于一手住宅物业销售中的购楼意向登记内容及规定
一手住宅物业销售之正确理解售楼说明书及注意事项	如何正确理解售楼说明书所载的数据
	地产代理在一手住宅物业销售中应注意的事项
持牌地产代理有效地控制其地产代理业务的责任	简介监管局关于持牌地产代理有效地控制其地产代理业务的责任的内容及规定
	有关持牌地产代理有效地控制其地产代理业务的责任执业通告

续表

课程名称	课程内容
劳工法例简介	《雇佣条例》
	强制性公积金
	《最低工资条例》
	在雇佣范畴提供平等机会的法例
有关《一手住宅物业销售——进行推广活动及提供物业数据的操守》的执业指引	《一手住宅物业销售条例》中与地产代理实务有关的主要条文
	《一手住宅物业销售——进行推广活动及提供物业数据的操守》
	阐述从业人员在执业上会遇到的提问及解答
标准文件——如何填写物业数据表格	简介相关法例及规例
	如何填写物业数据表格
	如何填写出租数据表格
授权书	书面授权 vs 授权契据
	授权书的内容及授权书的撤销
	代理的责任及注意事项
	相关个案讨论
认识土地查册	香港的土地注册制度
	简介土地登记册中的资料
	怎样取得土地登记册

资料来源：贝壳研究院整理。

附录5　日本国土交通省对违反 REINs 规定的处罚措施

表　日本国土交通省对违反 REINs 规定的处罚

分类	原因	处分方式(从左到右处罚程度依次加重)						
		劝告	提示并公示	警告并公示	限定使用 REINs			除名并公示
					<3个月	3~6个月	>6个月	
上传与报告	延迟执行上传、变更、删除义务	✓	✓					
	没有履行上传、变更、删除义务	✓	✓	✓				
	上传不适当内容(含有暗号等)	✓	✓					
	上传不完整信息	✓	✓	✓				
	虚假信息上传				✓	✓		
	没有中介委托合约的上传	✓	✓					
	没有将上传完成凭证交给委托人	✓	✓					
	成交报告推迟上传	✓	✓					
	没有履行上传成交报告义务			✓				
信息使用	没有得到信息上传者允许将信息传播	✓	✓					
	成交信息不正当使用			✓				
	ID 与密码管理不当	✓	✓					
	ID 与密码不正当使用			✓				

续表

分类	原因	处分方式(从左到右处词程度依次加重)						
		劝告	提示并公示	警告并公示	限定使用 REINs			除名并公示
					<3个月	3~6个月	>6个月	
业务	没有得到信息上传者允许擅自带看	√	√					
	没有得到信息上传者允许擅自联系卖方			√				
	没有履行向委托人汇报业务情况的义务	√	√	√				
	拒绝介绍房源	√	√					
	切户行为						√	
	切户行为惯犯							√
交易	由过失对其他会员造成重大损害的行为		√					
	故意行为对其他会员造成重大损害							√
	由于过失对消费者造成重大损害的行为				√	√	√	
	故意行为对消费者造成重大损害		√	√				
指定不动产流通机构	损害机构信用行为			√				
	对机构造成重大损失的行为					√	√	
	其他违反机构规则的行为	√	√	√				

续表

分类	原因	处分方式（从左到右处罚程度依次加重）						
		劝告	提示并公示	警告并公示	限定使用 REINs			除名并公示
					<3 个月	3~6 个月	>6 个月	
重复违规	对于机构的劝告置之不理的行为			√				
	对于机构的提示置之不理的行为			√				
	对于机构的警告置之不理的行为				√			
	劝告、提示、警告的重复惯犯				√	√	√	
	停止使用 REINs 或者其他处分					√	√	√

资料来源：日本国土交通省、贝壳研究院整理。

附录 6 不同国家及地区房地产经纪行业基础数据

表 各国家及地区 2016 年房地产经纪行业基础对比

2016 年	国家人口规模（万）	二手房交易套数（万套）	二手房流通率	二手房套均价（万美元/套）	二手房销售额（亿美元）	经纪行业渗透率	佣金费率	经纪行业规模（亿美元）	人均行业规模（万美元）[1]	人效（套/人·年）	经纪人覆盖情况[2]	活跃经纪人（万）
美国	33000	545	4.02%	27.6	15042	88%	5.20%	778	213.33	3.92	264	125
新西兰	482	9.04	3.55%	44.27	400	90%	2.30%	7.9	163.90	5.57	330	1.46
新加坡	561	3	2.03%	私人:258 组屋:31	290	60%	2.00%	3.5	62.39	0.64	200	2.8
日本（2015 年）	12600	55.4	0.86%	22.34	1155	100%	5.30%	61.1	48.65	1.11	228	55.15
中国香港	739	3.78	1.37%	81.47	308	70%	1.50%	3.2	43.30	1.11	311	2.38
中国台湾	2356	24.5	2.86%	29.63	698	90%	3.50%	22	93.38	5.01	535	4.4

资料来源：贝壳研究院。

---

[1] 国家或地区每个人所对应的房地产经纪行业规模

[2] 每个经纪人覆盖了该国家或地区多少人

附录7　链家经纪人红黄线制度(摘录)

第八条　违规行为分类

违规类别	解　　释	扣减分数
一类A级违规	黑线,严禁行为,辞退,永不录用	扣减12分
一类B级违规	红线,辞退,严禁行为,三年后可复职	扣减12分
二类违规	黄线,重大违规	扣减6分
三类违规	警告,严重违规	扣减3分
四类违规	轻微违规	扣减1分
五类违规	不作为	扣减0.5分

注:0.5分行为从2018年4月1日开始记录信用分处罚。

第九条　信用记录

对于违规行为,系统会记录对应的行为名称、行为角色人、时间、门店等。

(一)员工初次入职平台内任一经纪公司后,开始进行考核。

(二)员工在职期间,根据信用管理标准,对个人产生的违规行为进行信用分记录。

(三)在职员工产生职位变动时,不对个人的信用分记录产生影响(职位变动包括但不限于离职、调转、升职、降职、复职等情况;变动范围包括平台内任何城市公司,包括变动为商圈经理或经纪人等情况)。

第十条　扣分细则

扣分时间:按照违规行为的认定时间,扣减当事人个人信用分。

第十一条　员工违规处罚

处罚项		公告	辞退	复职资格	扣积分(经纪人)
一次 12分	黑线	√	√	永久无资格	积分作为信用的一种处罚手段,详情见第十四条信用分扣减积分描述
	红线	√	√	3年后	
一次6分		√	——	——	
一次3分		√	——	——	
累计大于等于12分		√	√	3年后	
累计大于等于6分		√	——	——	

注:以上各项处罚并行。

第十二条　累计计算方法

(一)自制度施行日期起,启用新的信用分记录及相关计算规则。

(二)辞退累计周期:截至当前日期365天内的行为,如累计扣减12分,按处罚规则进行辞退。

(三)处罚累计规则:系统对公告、辞退、扣积分等维度进行分别记录,已经计入前一次处罚的违规行为在处理后标记完结。处罚后新的违规行为的扣分继续累计,计入下一次处罚。

第十三条　信用分扣减积分

(一)信用分每扣减3分或3分以上,进行一次积分扣减。

(二)按照执行积分扣减时经纪人的级别,进行积分扣减。

(三)不同级别的积分扣除比例(见下表)。

职级	0、0/1、0/2	1	2	3	4	5	6	7	8	9	10
每分	−20	−50	−100	−160	−230	−310	−400	−500	−610	−750	−900

(四)已减积分的信用分冻结,未扣减积分的信用分继续累计。

第十四条　处罚合并规则

(一)违规行为每认定一次记录一次。

(二)同批检查出同问题分类名称,认定多项违规行为,合并记录为一次[包含不限于以下场景:(1)同一业主同时提供的大于等于两套的备件;(2)平台发起的专项检查中,多次发生的同类违规行为(例如3N4检查中一名经纪人检查出多个虚假带看)]。

（三）若由于系统等不可控的原因,不对经纪人进行处罚(最终解释权归北京链家人力资源中心和北京链家经营管理中心)。

第十五条　追责期

（一）黑线及红线的违规行为永久追责。

【案例】:2015年1月1日经纪人A在工作期间私藏房源,2018年1月20日被举报,经调查,情况属实,则该经纪人被黑线辞退,永不录用。

（二）其他违规行为追责期一年(例如:虚假带看认定时间超过一年不再追责)。

【案例】:2017年1月1日经纪人A在工作期间录入虚假带看,2018年1月5日被举报,则不再追究,也不对其进行信用分值及积分扣减。

第十六条　处罚调整判定原则

如违规行为在处罚执行时,处罚规则发生调整,则遵循最新规则进行处罚。

第十七条　处理结果公示及备案

北京链家经管中心复审后,当日下发处理结果,次日执行处罚流程。